基督教经典译丛

何光沪 主编
副主编 章雪富 孙 毅 游冠辉

The Saints' Everlasting Rest
圣徒永恒的安息

[英] 理查德·巴克斯特 著 许一新 译

Simplified Chinese Copyright © 2013 by SDX Joint Publishing Company All Rights Reserved.
本作品中文版权由生活·读书·新知三联书店所有。
未经许可，不得翻印。

图书在版编目（CIP）数据

圣徒永恒的安息／（英）巴克斯特著；许一新译．——北京：生活·读书·新知三联书店，2013.3 （2024.5 重印）
（基督教经典译丛）
ISBN 978-7-108-04341-2

I. ①圣… Ⅱ. ①巴… ②许… Ⅲ. ①基督教－研究
Ⅳ. ① B978

中国版本图书馆 CIP 数据核字（2012）第 282133 号

丛书策划	橡树文字工作室
特约编辑	游冠辉
责任编辑	张艳华
装帧设计	罗　洪
责任印制	董　欢
出版发行	生活·讀書·新知 三联书店
	（北京市东城区美术馆东街 22 号　100010）
网　　址	www.sdxjpc.com
经　　销	新华书店
印　　刷	北京隆昌伟业印刷有限公司
版　　次	2013 年 3 月北京第 1 版
	2024 年 5 月北京第 12 次印刷
开　　本	635 毫米 × 965 毫米 1/16　印张 22.5
字　　数	276 千字
印　　数	37,001－40,000 册
定　　价	68.00 元

（印装查询：01064002715；邮购查询：01084010542）

基督教经典译丛

总　　序

何光沪

在当今的全球时代，"文明的冲突"会造成文明的毁灭，因为由之引起的无限战争，意味着人类、动物、植物和整个地球的浩劫。而"文明的交流"则带来文明的更新，因为由之导向的文明和谐，意味着各文明自身的新陈代谢、各文明之间的取长补短、全世界文明的和平共处以及全人类文化的繁荣新生。

"文明的交流"最为重要的手段之一，乃是对不同文明或文化的经典之翻译。就中西两大文明而言，从17世纪初以利玛窦（Matteo Ricci）为首的传教士开始把儒家经典译为西文，到19世纪末宗教学创始人、英籍德裔学术大师缪勒（F. M. Müller）编辑出版五十卷《东方圣书集》，包括儒教、道教和佛教等宗教经典在内的中华文明成果，被大量翻译介绍到了西方各国；从徐光启到严复等中国学者、从林乐知（Y. J. Allen）到傅兰雅（John Fryer）等西方学者开始把西方自然科学和社会科学著作译为中文，直到20世纪末叶，商务印书馆、生活·读书·新知三联书店和其他有历史眼光的中国出版社组织翻译西方的哲学、历史、文学和其他学科著作，西方的科学技术和人文社科书籍也被大量翻译介绍到了中国。这些翻译出版活动，不但促进了中学西传和西学东渐的双向"文明交流"，而且催化了中华文明的新陈代谢，以及中国社会的现代转型。

清末以来，先进的中国人向西方学习、"取长补短"的历程，经历了两大阶段。第一阶段的主导思想是"师夷长技以制夷"，表现为洋务运动之向往"船坚炮利"，追求"富国强兵"，最多只求学习西方的工业技术和物质文明，结果是以优势的海军败于日本，以军事的失败表现出制度的失败。第二阶段的主导思想是"民主加科学"，表现为五四新文化运动之尊崇"德赛二先生"，中国社会在几乎一个世纪中不断从革命走向革命之后，到现在仍然需要进行民主政治的建设和科学精神的培养。大体说来，这两大阶段显示出国人对西方文明的认识由十分肤浅到较为深入，有了第一次深化，从物质层面深入到制度层面。

正如观察一支球队，不能光看其体力、技术，还要研究其组织、战略，更要探究其精神、品格。同样地，观察西方文明，不能光看其工业、技术，还要研究其社会、政治，更要探究其精神、灵性。因为任何文明都包含物质、制度和精神三个不可分割的层面，舍其一则不能得其究竟。正由于自觉或不自觉地认识到了这一点，到了20世纪末叶，中国终于有了一些有历史眼光的学者、译者和出版者，开始翻译出版西方文明精神层面的核心——基督教方面的著作，从而开启了对西方文明的认识由较为深入到更加深入的第二次深化，从制度层面深入到精神层面。

与此相关，第一阶段的翻译是以自然科学和技术书籍为主，第二阶段的翻译是以社会科学和人文书籍为主，而第三阶段的翻译，虽然开始不久，但已深入到西方文明的核心，有了一些基督教方面的著作。

实际上，基督教对世界历史和人类社会的影响，绝不止于西方文明。无数历史学家、文化学家、社会学家、艺术史家、科学史家、伦理学家、政治学家和哲学家已经证明，基督教两千年来，从东方走向西方再走向南方，已经极大地影响，甚至改变了人类社会从上古时代沿袭下来的对生命的价值、两性和妇女、博爱和慈善、保健和教育、劳动和经济、科学和学术、自由和正义、法律和政治、文学和艺术等等几乎所有生活领域的观念，从而塑造了今日世界的面貌。这个诞生于亚洲或"东方"，传入了欧洲或"西方"，再传入亚、非、拉美或"南方"的世界第一大宗教，现在因为信众大部分在发展中国家，被称为"南方宗教"。但是，它本来就不属于任何一"方"——由于今日世界上已经没有一个国家没有其存在，所以它已经不仅仅在宗教意义上，而且是在现实意义上展现了它"普世宗教"的本质。

因此，对基督教经典的翻译，其意义早已不止于"西学"研究或对西方文明研究的需要，而早已在于对世界历史和人类文明了解的需要了。

这里所谓"基督教经典"，同结集为"大藏经"的佛教经典和结集为"道藏"的道教经典相类似，是指基督教历代的重要著作或大师名作，而不是指基督徒视为唯一神圣的上帝启示"圣经"。但是，由于基督教历代的重要著作或大师名作汗牛充栋、浩如烟海，绝不可能也没有必要像佛藏道藏那样结集为一套"大丛书"，所以，在此所谓"经典译丛"，最多只能奢望成为比佛藏道藏的部头小很多很多的一套丛书。

然而，说它的重要性不会"小很多很多"，却并非奢望。远的不说，只看看我们的近邻，被称为"翻译大国"的日本和韩国——这两个曾经拜中国文化为师的国家，由于体现为"即时而大量翻译西方著作"的谦虚好学精神，一先一后地在文化上加强新陈代谢、大力吐故纳新，从而迈进了亚洲甚至世界上最先进国家的行列。众所周知，日本在"脱亚入欧"的口号下，韩国在其人口中基督徒比例迅猛增长的情况下，反而比我国更多更好地保存了东方传统或儒家文化的精粹，而且不是仅仅保存在书本里，而是保存在生活中。这一事实，加上海内外华人基督徒保留优秀传统道德的大量事实，都表明基督教与儒家的优秀传统可以相辅相成，这实在值得我们深长思之！

基督教在唐朝贞观九年（公元635年）传入中国，唐太宗派宰相房玄龄率官廷卫队到京城西郊欢迎传教士阿罗本主教，接到皇帝的书房让其翻译圣经，又接到皇宫内室听其传讲教义，"深知正真，特令传授"。三年之后（公元638年），太宗又发布诏书说："详其教旨，玄妙无为；观其元宗，生成立要……济物利人，宜行天下。"换言之，唐太宗经过研究，肯定基督教对社会具有有益的作用，对人生具有积极的意义，遂下令让其在全国传播(他甚至命令有关部门在京城建造教堂,设立神职,颁赐肖像给教堂以示支持)。这无疑显示出这位大政治家超常的见识、智慧和胸襟。一千多年之后,在这个问题上,一位对中国文化和社会贡献极大的翻译家严复,也显示了同样的见识、智慧和胸襟。他在主张发展科学教育、清除"宗教流毒"的同时,指出宗教随社会进步程度而有高低之别,认为基督教对中国民众教化大有好处:"教者,随群演之浅深为高下,而常有以扶民性之偏。今假景教大行于此土,其能取吾人之缺点而补苴之,殆无疑义。且吾国小民之众,往往自有生以来,未受一言之德育。一旦有人焉,临以帝天之神,时为耳提而面命,使知人理之要,存于相爱而不欺,此于教化,岂曰小补!"(孟德斯鸠《法意》第十九章十八节译者按语。)另外两位新文化运动的领袖即胡适之和陈独秀,都不是基督徒,而且也批判宗教,但他们又都同时认为,耶稣的人格精神和道德改革对中国社会有益,宜于在中国推广(胡适:《基督教与中国》;陈独秀:《致〈新青年〉读者》)。

  当然,我们编辑出版这套译丛,首先是想对我国的"西学"研究、人文学术和宗教学术研究提供资料。鉴于上述理由,我们也希望这项工作对于中西文明的交流有所贡献;还希望通过对西方文明精神认识的深化,对于中国文化的更新和中国社会的进步有所贡献;更希望本着中国传统中谦虚好学、从善如流、生生不已的精神,通过对世界历史和人类文明中基督教精神动力的了解,对于当今道德滑坡严重、精神文化堪忧的现状有所补益。

  尽管近年来翻译界出版界已有不少有识之士,在这方面艰辛努力,完成了一些极有意义的工作,泽及后人,令人钦佩。但是,对我们这样一个拥有十几亿人口的千年古国和文化大国来说,已经完成的工作与这么巨大的历史性需要相比,真好比杯水车薪,还是远远不够的。例如,即使以最严格的"经典"标准缩小译介规模,这么一个文化大国,竟然连阿奎那(Thomas Aquinas)举世皆知的千年巨著《神学大全》和加尔文（John Calvin）影响历史的世界经典《基督教要义》，都尚未翻译出版，这无论如何是令人汗颜的。总之，在这方面，国人还有漫长的路要走。

本译丛的翻译出版，就是想以我们这微薄的努力，踏上这漫长的旅程，并与诸多同道一起，参与和推动中华文化更新的大业。

最后，我们应向读者交代一下这套译丛的几点设想。

第一，译丛的选书，兼顾学术性、文化性与可读性。即从神学、哲学、史学、伦理学、宗教学等多学科的学术角度出发，考虑有关经典在社会、历史和文化上的影响，顾及不同职业、不同专业、不同层次的读者需要，选择经典作家的经典作品。

第二，译丛的读者，包括全国从中央到地方的社会科学院和各级各类人文社科研究机构的研究人员，高等学校哲学、宗教、人文、社科院系的学者师生，中央到地方各级统战部门的官员和研究人员，各级党校相关教员和有关课程学员，各级政府宗教事务部门官员和研究人员，以及各宗教的教职人员、一般信众和普通读者。

第三，译丛的内容，涵盖公元1世纪基督教产生至今所有的历史时期。包含古代时期（1—6世纪）、中古时期（6—16世纪）和现代时期（16—20世纪）三大部分。三个时期的起讫年代与通常按政治事件划分历史时期的起讫年代略有出入，这是由于思想史自身的某些特征，特别是基督教思想史的发展特征所致。例如，政治史的古代时期与中古时期以西罗马帝国灭亡为界，中古时期与现代时期（或近代时期）以17世纪英国革命为界；但是，基督教教父思想在西罗马帝国灭亡后仍持续了近百年，而英国革命的清教思想渊源则无疑应追溯到16世纪宗教改革。由此而有了本译丛三大部分的时期划分。这种时期划分，也可以从思想史和宗教史的角度，提醒我们注意宗教和思想因素对于世界进程和社会发展的重要作用。

中国人民大学宜园

2008年11月

目　录

中译本导言 .... 威尔金森（John Thomas Wilkinson） 1
序　言 1
前　言 1

献　辞 1
第 一 章　全书内容概要，略论圣徒安息之性质 1
第 二 章　对圣徒安息的四项重要预备 20
第 三 章　圣徒安息的无比荣美 31
第 四 章　这安息是为何等人而设 49
第 五 章　错失圣徒安息者的悲惨下场 68
第 六 章　罪人的悲惨结局：不仅将失去圣徒的安息，
　　　　　失去今世的享受，还要遭受地狱的折磨 83
第 七 章　圣徒的安息须力求才能得到 98
第 八 章　如何辨别自己是否享有圣徒的安息 120
第 九 章　上帝子民有责任激发别人求此安息 141
第 十 章　圣徒的安息不可指望在世上得到 163
第十一章　在地上过属天生活的必要性 185
第十二章　指导如何在地上过属天生活 207
第十三章　属天默想的性质；适合默想的时间、地点及心态 228

第十四章　深思、情感、自语和祷告在属天默想中的功用 242
第十五章　借助易察之事做属天默想；要防范自己诡诈的心 260
第十六章　默想天国的示范，全书结束 279

结　语 303
译后记 308

中译本导言

威尔金森(John Thomas Wilkinson)

在基德明斯特城中央立有一座西西里大理石雕成的理查德·巴克斯特雕像,它是英皇家艺术学院托马斯·布劳克男爵(Sir Thomas Brock)的作品。雕像的铭文如下:

理查德·巴克斯特
本城在 1641 与 1660 年间
曾是理查德·巴克斯特
的辛劳之地。
巴克斯特以其基督教学识
和忠于教牧职分著称。
在那动荡、分裂的年代,
他极力倡导合一与包容,
向人们指出了通往
"永恒的安息"之路。
此碑为
国教教会与非国教教会
联合共立
主后 1875 年

这雕像是巴克斯特侍奉最高宗旨的象征。他心里时时充满着人类朝圣的意念,唯有在那朝圣之永恒终点的光照下,我们才能明白这朝圣的意义。无论是在他对抗谬误、罪孽的致命打击时,还是在他精准的决疑之中,无论是为教会的统一运筹帷幄时,还是在上层人士中责备灵里的堕落时,巴克斯特始终保持着"时刻心系永恒,时刻准备进入永恒怀抱"之人的姿态。凡其讲解、劝导、反复的说教、一行行的文字、一次次的教训,无不出自他永恒的意识。

这象征还有着另一层意义。它自然而然地将巴克斯特与他的首部——或许也是最伟大的——著作①联系在一起。正如班扬的名字立即能令人想到他的《天路历程》一样,巴克斯特的名字立刻会使人想到他的《圣徒永恒的安息》(以下简称《安息》),即便我们同时也承认前者的知名度广于后者。巴克斯特是一位著述甚丰的多产作家,然而,是本书使他至少在大多数人心中留名。

一

《安息》一书初版于 1650 年,也就是在巴克斯特 35 岁的那一年。其实,本书的大部分是在此前的四五年写成的,因而它出自一位年轻人之笔,而人们却没有普遍意识到这一事实:这不仅是一位年轻人的作品,而且也是一位心力交瘁之人的作品,其原因不止一个。巴克斯特以自己的话描述了本书的成书过程:

> 健康时,我从未想过要写书,或以讲道之外的其他公开方式服侍上帝。但我一度因大量失血而身体极度虚弱,独自卧病于德比郡的约翰·库克男爵家中我的卧室里,除身边伺候的侍者外别无熟

---

① 巴克斯特发表的第一部著作是 *Aphorisms of Justification* (1649),但 *The Saints' Everlasting Rest* 一书动笔时间更早 (*R. B.*, I. 107),正如他自己所述:"我撰写的第二本书(动笔却是最早的)是称作《圣徒永恒的安息》的那一本。"(*R. B.*, I. 108)

人,且被医生们判了"死刑"。那时,我开始就圣徒永恒的安息做更认真的默想,因为据我所知,我自己已置身于今世与永恒的临界上了。为使自己默想的思路不过多地分散,我便动笔就此主题写些东西,只是想写一两次讲道的内容……可我的病弱状态迟迟未得缓解,彼处又没有其他书籍供我阅读,也没有更好的事情可做,我便继续就上述主题写作,最终扩展为后来发表的大部头。①

此描述写于1644年,即作者以为自己死期将近的日子过后约十五年,这与作者就本书的题献辞(日期为1649年1月15日)②中所述是一致的。题献中写道:

> 我开始潜心思考自己的永恒安息之时,正在远离家乡的某处栖身。先前多年的虚弱之后,我因骤然失血一加仑而陷入极度的虚弱之中,身边无一熟人,除圣经外,手边别无书籍可供参阅,且在日日等候死亡的到来;我因极度虚弱,我的记忆力不佳,遂提笔开始为自己的葬礼草拟讲道词,同时助自己默想天国,以使余生和死亡皆不成为苦事。

正如他更详细的说明中所示,作者因施行当时流行的"潜水员救治法"而使身体状况恶化。他写道,他到库克男爵家时,"正值严寒多雪的季节。是严寒,加之其他偶然因素造成了我的鼻子出血。当血流到一两夸脱时,我切开了四条经脉,但无济于事。我又花了几天时间,用潜水员的其他救治法,也未见功效。最后,我做了一次彻底清肠才将血止住。大出血使我衰弱至极,外观大变,以致熟人前来探望我时几乎认不得我。"③

---

① *R. B.*, I. 108.
② Infra, pp. 23–24.
③ *R. B.*, I. 58.

无怪乎，他那时视自己为死期已近。正是在身体如此孱弱之际，他开始了本书的写作。但令作者的生活陷于困顿的还有其他原因。当时的大背景是英国内战正酣的几年间。巴克斯特"蒙上帝恩召"在基德明斯特的侍奉始于1641年，因其侍奉颇有成效，他发现自己的工作"结出了最丰硕的慰藉之果"①，可战争的爆发已打断了他的工作。因该城内"凶暴之甚"，巴克斯特奉友人之劝撤出了基城，来到格洛斯特，经一个月的暂离后又回到基城。之后不久，因受到更多暴力的威胁，他再次撤离，直到六年后才回去。这数年间，作者经历了许多的艰难困苦，对此我们有必要简略提及。

他离开基城后的第一个礼拜日，在奥塞斯特讲道时，听到埃奇希尔之战（1642年10月23日）的消息。次日上午，他"想见识前一天作战的现场"，便行至埃奇希尔，"只见约千具尸首遍陈于双方阵地"，还有不少尸体已经掩埋，而损失惨重的两军仍在对峙之中。巴克斯特一时不知日后该何去何从。

> 当时我真不知自己该走哪条路好。住在家里我感到不安；但特别是在当时，这方或那方的士兵们经常出现在我们面前，我们仍只能听那些时刻可将我们当猎物的野兽的摆布。我既没有钱，也没有朋友在身边；我不知有谁能接待我到任何安全之所规避，而且我也没有任何东西能换得人们为我提供衣食所需。②

在人们的劝说下，他搬到了考文垂，盼望着战事早日结束。他在清教徒牧师西门·金（Simon King）那里住了一个月。战火仍在延烧，他又搬到"地方官的宅邸暂住，并在那里为士兵们讲道"。传到该城的

---

① *R. B.*，I. 58，p. 20.
② 同上，p. 43。

只有战争的消息，而传来的消息都令人心焦。

> 我住在那里时平安无虞，如同在干爽的室内听着户外风雨交加。我们每日听到的都是关于这场或那场战事，这兵团或那兵团打胜仗或打败仗的消息；两次纽伯里之战，格洛斯特被围，惊心动魄的普利茅斯、莱姆、汤顿拉锯战，威廉·沃勒爵士的胜败；纽瓦克失守，博尔顿的大杀戮，规模最大的战事是约克一战，如此等等，不一而足。这样听闻此一方、彼一方的悲惨消息便是我们每日所做的事，以致我每天早上醒来都会有人前来告诉我，某个兵团胜了或败了，哪方打败了对方或被对方打败；"你有没有听说这消息……"这往往就是我每天听到的第一句话。在那些血腥的日子里，谁能杀死最多的敌人，谁就最光荣，情况实在是糟透了。①

困扰着巴克斯特的还有属于他个人的挂虑。在什罗普郡，他父亲虽远谈不上干预敌对的双方的事，却在被皇家士兵洗劫之后，投入了利勒舍尔的监狱。②

内兹比战役（1645年6月15日）的消息，为巴克斯特带来了一次大变动。在一次参观内兹比战场之后，他造访了位于莱斯特的国会派军队总部，一是为打探军中某位老友的下落，二是为了解他更为关心的事。他十分担心军中的信仰状况，因为他听说克伦威尔军队的士兵正在一些危险观念的威胁之下。问题倒不在于军中有恶行，这类问题很少或说根本不能在克伦威尔的军队中有市场，问题出在思想观念上，同时还有对这些观念过于随意的表达。他就此写道：

---

① *R. B.*, I. 46.
② 同上, p. 44.

> 我发现军中有不少诚实的人判断力很弱，又对某些事务知之甚少，却被诱发出争执的态度，而且太热衷于为这种或那种观点辩论；时而为国家民主，时而为教会民主，时而反对某些祷告形式，时而反对婴儿洗礼……为之争论最多、最烈的还是他们所谓的"良心自由"，即民事管理职能无权以强制或约束的手段决定任何宗教事务，相反，每个人都可以在宗教问题上不仅自由地信守，而且可以自由地传讲、行事。①

巴克斯特认为，他从中觉察到一种不仅对法律和秩序，且对教会和国家都十分严重而紧迫的危险，军中比较极端的势力一旦控制了局面，就有可能打开革命行动之门。

如此情势将巴克斯特引向了一项新的严肃使命。友人华雷上校的兵团为他提供了军牧一职，他接受了聘任；因为他相信，其他福音执事未能在军士的属灵需要方面尽责，而他自己也因忽略了如此情势而未曾履行这一责任。也许有所作为的时间已过，巴克斯特的幻想也很快破灭，陷入了绝望——最出人意外的是，事情从一开始便如此。

> 刚到部队，奥利弗·克伦威尔就很冷淡地迎接我，我在那里期间，他再也没有对我说过一句话，也从未给过我一次机会到军官们议事、开会的总部去，我的计划因此大部分都落了空。他的秘书还宣布，有位改革宗的牧师要到军中来唤醒军士们，以解救教会和国家。②

他由此察觉到那里存在着对他的敌意。华雷上校虽然欢迎他，但其

---

① *R. B.*, I. 46, p. 53.
② 同上，p. 52。

他人因此就更不理睬他。

在接下来的两年间，巴克斯特目睹了多场战事，①变得心力交瘁。最终是健康的崩溃结束了他在军中的辛劳，到末后，他相信自己了悟到，就此为止才是上帝的旨意。

> 上帝反对此事的定意再明显不过了……我后来发现，这次大受痛苦是上帝对我的怜悯；因为他们是那样强大有力，乃至我若想在自己的尝试中获得小小的进展，都会在他们的狂暴中送命。于是我最终离开了军队。②

是在此意义上辛劳无果、心力交瘁的情形下，巴克斯特来到了位于德比郡墨尔本的约翰·库克男爵家中，也是在此情形下，他写下了《安息》一书。了解此背景很重要，因为这是读懂本书许多章节之门径。"由身心疲惫而来的忧伤或多或少地可见于全书，特别是一些最具如此特征的章节。"③

以下片断便显示出那战争是多么令作者痛心：

> 四年间，我亲眼所见的景象是何等的令人心碎啊！在一次战役中，一位亲爱的朋友在我身边倒下；在另一次战役中，一位宝贵的基督徒因伤或死去而被抬下战场；我几乎没有一个月、一个礼拜不看见流血的景象，听见流血的消息。在天上却绝不会有这等事情发生。到那时，我眼前不会再满是在伍斯特、埃奇希尔、纽伯里、南

---

① 在兰波特战役（1645 年 7 月 10 日），围困布里奇沃特（7 月 23 日攻占该地），对布里斯托尔的最后攻击（9 月 11 日）——这期间巴克斯特"害了热病"，致使他"非常消瘦而衰弱，过了很长时间我才恢复了先前有的一点体力"；在围困埃克塞特（1646 年 4 月 13 日投降）、围困牛津（1646 年 7 月 24 日投降）、围困班伯里（长达两个月才于 1646 年 5 月 9 日攻陷），还有围困伍斯特（终于 1646 年 6 月 22 日攻占该城）的十一周中大部分时间里，巴克斯特都在场。

② *R.B.*, I. 59.

③ Powicke, p. 8.

忐维奇、蒙哥马利、霍恩卡瑟、约克、内兹比、兰波特等地所见的景象，也不会再为此——厮杀过后尸陈遍野——伤痛欲绝。请看英格兰的喋血四年，兴旺的国家几成废墟；请听全国多数城市、市镇、乡村，传出的只有战争的消息；请判断其中是否不存在悲伤的理由吧！特别是看到这可悲的结果：一场大好的变革，本可借此达到极好的预期，可人心却变得愈加愚昧。这难道还不该令人伤心不已吗？——对未来的担忧令我们揪心，这难道不比我们看到或遭遇的一切更糟吗？——想到福音正在远去，荣耀离开了以色列，如太阳中天陨落，可怜的灵魂情愿留在黑暗、贫穷之中，只能冒着极大的危险才能发出领人得救之光。想到这些该是多么的让人悲哀啊！①

更令巴克斯特伤怀的是"我们可悲的分裂和毫无基督样式的彼此争吵"。他心里想到的特别是英格兰与苏格兰之间的罅隙，他多么盼望两者能合一，以使双方能在合一的教会中同享福音的好处。在作者看来，入侵苏格兰是一场悲剧；克伦威尔呼吁全国为他的进攻获胜而禁食祷告，为他在邓巴打的胜仗而谢恩，这在巴克斯特看来也是可悲的事。以下章节便表达了他的如此感受：

> 身处战争年代，人们对未来的憧憬该是多么甜美！我曾应许给自己的灵魂以充分的满足——那时我将享受和平，看到福音得到大力广传，所有法令都得洁净，真正的纪律能在教会实施，愚昧都得医治，一切逼迫全都停止，讥讽者之口被堵住——这些人以让世界充满对基督的偏见阻止人们归向基督。可眼下，我曾对灵魂应许的安息在哪里？曾期望带给我最大满足的，如今甚至成为我最大的悲哀。我们身边是流血，而不是和平；非但如此，事实表明流血的还

---

① （英文全文版）*S. E. R.* (2nd edn), Pt I, ch. 7, §xv.

是圣徒。曾受联合誓约约束的两个国家曾是世上基督影响力（就教义、敬拜的纯正而言）的一大组成部分，如今两国却彼此残杀，使无数人的灵魂无端离开其身体，而杀害他们的竟是盼望同他们永远在天国里欢喜快乐的人。①

我们在另一章节中也发现了同样发自内心的呼喊：

> 这些使我认真地这样说，也这样想：圣徒在荣耀中安息的日子该有多么幸福甜蜜啊！因为上帝、基督、圣灵只有一位，那时我们将受同一审判，将有合一的心，合一的教会，合一的侍奉，直到永远！那时不再有受割礼与未受割礼的、犹太人与外邦人、重浸派或婴儿浸礼派，以及布朗派、分离派、独立派、长老会、国教派等等之分；唯有基督乃是一切，也在一切之内。那时我们无须再犹豫该加入哪个教派或遵从哪种敬拜条例……可悲的是，连土耳其人和异教徒都能联手作恶，置身真理之中的基督徒们却自愧不如！……然而令我欣慰的是，如今对我投以冷淡目光的老朋友，终将与我在同一安息中快乐欢喜。②

而使巴克斯特心力交瘁的另一原因——也许从某种意义上说是最深层的原因——则是他自身所经历的忧伤，他渴望着从中得到解脱。

> 我们的眼睛、耳朵里几乎全身都爬满了悲哀！有哪一部分能得幸免？各种担心啮噬着我，使我的快乐黯然失色，犹如冰霜冻伤了

---

① （英文全文版）*S. E. R.* (2ⁿᵈ edn), II. 9. 在巴克斯特修订的第七版中，作者加了以下边注："此处所写是指苏格兰的战争……以及一项法令，命所有不为他们打胜而禁食祷告或谢恩，不在任命中寻求上帝的牧师引退，另有一项命令是要赶走各城市、集镇、要塞所有不与他们签约的传道人。"
② 同上，I. 7. XIV。

嫩芽；各种忧愁都在消耗着我，以我的精神为食，如在灼热的阳光曝晒下娇嫩的花朵凋谢……这安息无论有何可受健康无忧的人欢迎之处，我想必可更受像我这样的人欢迎；在过去的十年到十二年间，我几乎没有一整天不受忧患之苦。有多少疲惫的日日夜夜！有多少衰微无力的软弱！有多少急躁的工作效果蒸发！还有摆脱不掉的令人作呕的药物！而且每天都预期着病情恶化！从这一切之中得安息怎能不令人向往？为得到些许缓解，今生我有什么不愿付出，更何况是完全的医治？在永生中，我又当如何估量从今生的痛苦中彻底得解脱？我的痛苦若偶有间歇，其短暂几乎不足让我深吸一口气，准备应对下一场风暴。一个大浪若是过去，下一个便会相继而来。黑夜若是过去，白日终于来临，但黑夜随即便会再来……噢，天上那蒙福的安息啊，在那里，除了持久的平安之外，再不会有这些相扰！①

像这样的章节在《安息》一书中多有所见，不过仅此便足以显示出作者当时忧伤的心态，这种心态与他精神受到的压力和搅扰是分不开的。倘若他心里平静，本书的主体结构虽毫无疑问会是同样的，但其主导全书的语气却会有所不同。

作者的这般心境对于解释本书的另一特征也很重要。有些出人意外的是，读本书并未予人以按情理预期的安宁。这并不是说书中毫无"平静流淌之处"，而是作者带领着读者在一个接一个的论证与呼吁的压力下大步前行。其原因之一是巴克斯特神学立场的特性，"他既非彻底的加尔文主义者，也不认为自己属于阿明尼乌派，但事实上他倾向于后者的程度大于己之所知……加尔文主义在他看来，是一种他的逻辑不容他明确

---

① （英文全文版）*S. E. R.* (2nd edn), XVI.

否认的理论，但他内心却无法抗拒相反的激烈主张。"①在当时盛行的反律法主义思潮中，作者看到了一种危险，即上帝恩典的观念导致很多人将一切事都丢给上帝去做，从而助长了灵里全然的懒惰。他因此才强调得救过程中人的因素。尽管这对清教主义属灵观念的一大基本假设——即人的属灵生命完全仰赖于上帝的恩典——形成了挑战，但巴克斯特确信，在默想上勤奋操练，肯定是人为永恒该做的灵里准备的一部分。②虽然他从不曾否认上帝的恩典，但同时也强调人的奋发努力并持之以恒的必要性，在他看来，这具有头等重要的意义。读者得到的印象似乎是，得救最终是要靠人在属灵操练上的努力。使读者如此印象加深的是，被称为巴克斯特大部分著作特色的就此问题的反复强调；具体到本书中，则是出自他对人们灵魂的炽热情感。"他关心的是永远让自己的良心无愧。他也以同样的心讨论各种两难问题，各种顾虑及担忧：他生怕有哪些遗漏未讲，或可能因此影响他们永恒的福分，导致他们的灵魂灭亡。因此他规劝、讲解，并重复再三，直到他感到自己已无愧于他们的生命，并准备好在最后的审判台前与他们相会。"③

出自巴克斯特神学理念的还有一种认识。他相信地狱就在生死临界的另一端；凡未经悔改而死去的罪人，都注定堕入地狱的永火之中。这是他的加尔文主义所强调的，却源自于他相信是圣经准确无误的教导，他绝对相信如此，尽管他但愿并非如此。这说明了他的劝说何以总是如此迫切，想到此，我们不禁要引用书中的如下片断：

　　确定无疑的是，你无须多日就必进入到永恒不变的喜乐或痛苦之

---

① Powicke, pp. 13, 17.
② L. L. Martz 的 *The Poetry of Meditation* (1954, pp. 153 – 163) 中对巴克斯特如此见解有着全面的论述。另请从本书英文全文版第五部分的引言中留意作者的观点："如同天主教因过多强调人本身的行为，从而贬低了基督功效一样，新教告诉人们，他们的努力仅在于顺服与感恩，但这并非他们得救的条件，求得成圣或多得安慰的途径，从而贬低了人们灵魂得安全与安慰的重要性，其走另一极端的程度也几近令人吃惊。"
③ Baxter's *Practical Works* (4 vols, London, 1847), p. xxiv.

中,这难道还不能使你觉醒吗?找到永生之路的人岂非少而又少?在死亡之路上走的人岂非比比皆是?逃离地狱的永火是何等的困难?半途而废又是何等的容易?我们什么都不知道惧怕,却以为天下太平,结果又会怎样?难道你仍然在那里无动于衷,无所事事吗?为什么?你究竟想要如何?你心里在想什么?这世界就要过去,世间的享乐正在消失,世上的荣誉正离你而去,世间的各样好处将证明于你无益。天国和地狱已离你不远,上帝是公义而忌邪的,他的警告是真实的,他行审判的大日子是可畏的,你的有生之年正在流逝,你的寿数几何无人能知,你已远远地落在时间后边,你混日子已混得太久,你的情况很危险,你的灵魂已深陷在罪里,你与上帝处于陌生状态,你在恶习中变得心硬,你拿不出自己得赦免的确据,倘若你明日就死去,你预备得怎样?你的灵魂离开身体时会带着多么大的恐惧?面对这一切,你难道仍要逍遥度日?你要细想一想,上帝为何忍耐这一切,还供你混日子所需?他的忍耐在承受重压;他的公义在克制自己;他的怜悯在恳求你;基督要为你提供他的宝血及其功效;你可以白白地得到他,得到他便得到永生;圣灵在劝说你;良心在控告你,催逼你;牧者在切切为你祈求,在呼唤你;撒旦正等待那公义断绝你的性命,他好俘获你。时间尚在你手中。机不可失,时不再来。①

二

现在让我们回头来看这部著作本身。《安息》一书的初版于1649/50年1月15日获得出版许可。以后各版的书名页均未做过改变。全书的题献是:"献给我心爱的朋友们,基德明斯特镇的城乡居民,地方官暨百姓。"②但本书(全文版)分为四部分,各部分又分别有题献:第一部分献给

---

① (英文全文版) *S. E. R.* III. 12. VIII。
② 作者自己的那一本带有他的亲笔题词,归基德明斯特市政当局所有。

伍斯特附近劳斯兰池的"托马斯·劳斯准男爵及劳斯夫人"①；第二部分献给"我深爱的朋友们，即布里奇诺斯的居民，地方官暨百姓……以见证第一位蒙差遣到他们面前传讲福音之人对他们的爱"；第三部分献给"我深爱的朋友们，考文垂城的居民，②地方官暨百姓，特别是已故司令官约翰·巴克尔上校和托马斯·维罗比上校，及其军团的所有官兵……以感谢他们的爱戴"；第四部分献给"我主内的朋友们，什鲁斯伯里镇及其附近的居民，地方官、牧者暨百姓……以见证作者对他索伊尔故土及生活在那里的许多敬虔、忠心的朋友们的爱。"

由此看来，《安息》其实不是一本书，而是四本书。在就第二部分及后续部分的"预告"中，作者交待了本书是如何形成此形式的。

> 我起初准备写的只有第一和最后一部分，仅供我自己使用……而第二部分是在我最初计划之外写成的；这部分是为因应我在该观点上时常受到的攻击，部分是因我认为那一点极有论述的必要，与我写本书的主旨密不可分……第三部分是我最后加上去的。

这解释了本书中何以出现多处长篇的离题论述。例如，作者详述了圣经的属天权威问题，书中的该部分完全可自成一篇论著。此乃这部论著结构有欠严整的原因，这也是巴克斯特作品的共同特征。然而，作者在写作本书时是一个感到自己今生时日无多的人。

作者还告诉我们本书的各部分是在何时、何地写成。在围困伍斯特期间，即1646年春夏之交，作者住在劳斯兰池，是在他所在的军团辗转

---

① "本书的第一部分是在贵舍写成，因此我不愿将此作为礼物，而作为你们自己的作品献给你们。"
② 在巴克斯特书稿（书信部分）Ⅵ. fo. 121 中，有一封信的起因便是作者赠送本书并将其中第三部分题献给考文垂城，该信是该城的市长及市政当局寄来的，日期是1651年6月9日。信中称，该书"在一年一度的交接仪式上由一位市长传给另一位市长"。这封信接着写道："我们愿赠您一个我们对您爱戴的象征物——科莱奇银杯，上面刻有作为市徽的像。请欣然接受此馈赠，作为我们对您的爱的见证，愿全能的上帝赐您长寿，让您能为他的圣徒加添安息。"该信刊印在 *A Life of the Reverend Richard Baxter*, 1651–1691 (1924) 一书中。

于莱斯特郡、斯塔福德郡和德比郡之间的时候，那时他仍在军中。及至部队到达德比郡时，已是冬天，是酷寒终使他病倒。①到了那第三周的末尾，他来到莱斯特郡位于柯克比－马洛里的诺维尔先生家，在那里又住了三周。此时，劳斯夫人听说巴克斯特的严重病情，便坚持要他搬到劳斯兰池去，他在那里住了三个月之久，在主人"无微不至的关怀和照料"之下恢复了一些体力，②最后回到基德明斯特。如此看来，本书的写作始于约翰·库克男爵的宅邸，在诺维尔家和劳斯兰池继续，"在极度衰弱的身体所允许的情形下……结束于回到基德明斯特之后不久。"③其中第一、第二和第四部分完成于劳斯兰池；又在基德明斯特补充了第三部分的主体内容。这印证了巴克斯特自己所言："几乎整本书都是在我手边只有一本圣经和经文索引的情形下写成。"④

《安息》一书的第二版（1651）做了相当多的补充：尤其是一篇"敬告读者"（日期为 1651 年 5 月 17 日），作者在其中说明了自己所做的改动、本书的写作方法、对此的反对意见，以及全书的主题设计；就第二部分，作者补充了一篇长"序"——"是针对不信的人及反圣经分子、针对天主教和东正教的"，还有第九章"是我在开头部分允诺过，而后来忘记写的内容"；就第三部分，作者补充了篇幅颇长的一章文字（第十一章），阐述了"安宁的性状"。另外，还在整本书中加了"许多页边引语，特别是古代先贤的话，尽管有人或许认为这些没用，也有人认为这些不过是虚饰，但我认为它们是有帮助的，不仅可丰富所论内容……也可使我免受'孤家寡人'的指责"。⑤

---

① R.B., I. 108.
② "是在贵舍，我受到医院、医生、护士和真诚朋友的照顾，以及（比什么都重要的）日日又适时地为我的康复祷告……而且所有这些都是为了一个与你们素不相识的人而做。" S.E.R., Pt I, Dedication.
③ R.B., I. 108.
④ 同上。另见"全书献辞"、第二版及后续版本的"A Premonition"。
⑤ 这些引自 150 位不同作家的"页边引语"，显示出巴克斯特涉猎之广，表明他熟知各教父的著作，尤其喜爱奥古斯丁和亚历山大的克莱门的作品，对中世纪经院派作者的作品也了解甚广，更出人意外的是，他对古罗马的学术领衔人物塞内加也明确表示出钦佩之意。

自第二版之后本书的改动便是个别而细微的了。①在第七版及以后的版本前面,作者加了以圣体字刻印的标题页。

《安息》所获得的进展颇耐人寻味。在作者1691年离世之前,该书已再版达十二次之多,各次印数大概有1500册,也就是说十二版共发行达18000册。②值得注意的是,本书的前八版几乎是每年一版,而这些年份跨越了清教主义精神渐得人心的时期。第九版在第八版出版三年后于1662年出版,而第十版直到1669年才出版。第十一版出版于1671年,第十二版则出版于十七年后的1688年。这表明在继英王政复辟后及自然神论的兴起的社会背景下,本书的流行程度略逊于前。自1690年后本书的销量也许不多,1690至1754年间的销量极少或全无。不过此时,随着循道运动的兴起和扩展,出现了一种新的宗教局面,带来了与本书内容更合拍的社会环境。引起对本书关注的人物正是约翰·卫斯理,在他编纂的《基督教文库》(Christian Library)中,他让《安息》占有整整一卷的内容,该文库收集了许多基督教作家旨在提升基督徒生命、激励基督徒进取的作品。③

---

① 最显著的例外出现在第九版(1662年)中。初版的第一部分(p. 86)论到圣徒在天上大团聚时是这样写的:"基督徒啊,我想,那会是比你今世所见过的所有聚会都尊贵的聚会;而且比你身在其中的所有团体都快乐。如今,布鲁克、皮姆、汉普登和怀特等人所在的议会或国会一定已成为比他们从地上被接走时都更清楚明白、井然有序、目标正确、乐意舍己、团结一致、无比尊贵、欢欣鼓舞的'议会'。即使为那聚会做看门的,也胜过继续在世上做议长。那是真正蒙福的国会,那也是唯一不会犯错误的教会。"

自第九版后,布鲁克(Brooke)、皮姆(Pim)及汉普登(Hampden)等人名被删去,但巴克斯特称他"对这些人的评判并未改变",只是认为有必要去掉那些可能将某些人"绊倒"的内容。见 R. B. , III. 177。

② 此发行数量是基于巴克斯特在他《五论教会的治理与敬拜》(Five Disputations of Church Government and Worship, 1658, pp. 491–492)一书的后记中所述。他写道,他"最早出版的两本书"(即《称义格言录》及《安息》)"听由书商自行处置",其余印行的作品则"与书商达成协议,将印数的1/15给我赠送友人……有时我得到的1/15达到100册,有时还多几本"。如此算来,以100册为作者从书商处收到的平均数,可表明各版的印行册数当在1500册左右。该后记还透露了巴克斯特写作所得的情况,也是为"回应某些中伤者"而写,那些人一直在就他与书商之间的往来散布毁谤之词。

③ 出版于1749—1755年间的《基督教文库》第一版共50卷,巴克斯特的《安息》是其中的第37卷。尽管收入文库的是经删节的版本,其中却有总题献的大部分内容,第一部分的六章内容,第三部分的前十二章,以及第四部分的前十章。文库的第二版(共30卷)印行于1819—1827年。

约五年后，简写本的问世为巴克斯特的这部著作带来了第二次大传播，事实上是从那时起，《安息》一书变得家喻户晓。编纂这删节本的是基德明斯特不从国教的牧者本杰明·弗赛特（Benjamin Fawcett），其前言注明的日期是"基德明斯特，1758年12月28日"①。在这删节本第一版的标题页上醒目之处，印有引自巴克斯特为亨利·斯库德（Henry Scudder）的《基督徒的行事为人》一书所作的序中的一句话："我认为，唤起人们关注这样一部论著并使用它，使这古老的杰作免于尘封的命运，是对人们灵魂极美好的服侍。"这恰恰也是弗赛特编写简写本所奏的功效，因为是它为《安息》带来了新的莫大机遇。到1814年，简写本已再版达十三次之多。十年后，该版本又以《基督徒著作选》（Selected Christian Authors）第一卷的形式在格拉斯哥出版，并以此形式在五年内再版了五次。1829年，弗赛特的另一简写本在曼彻斯特出版，同年他的又一删节本〔编者为艾萨克·克鲁森（Isaac Crewdson）〕在伦敦发行，他期望的是能将《安息》"缩写成更小、更紧凑的版本，以令其进入更大的人群"。这一期望实现了，到1838年，该版本已再版十一次，共发行约33000册。未经进一步缩写的弗赛特版也在继续发行，1856年该版本由另一出版商再次出版，这一版本或许比其他版本都畅销。经弗赛特缩写的版本，后来被译成威尔士语（1790）和盖尔语（1862）；德语版首见于纽约（1840?），而克鲁森的简写本后来多次被译成法文。

1797年，在英国的阿伯丁市出版了一个近乎全文的版本，书中附有颇为完整的巴克斯特生平，还有一张近1000册的订单。②另有一个完整程度不相上下的版本出版于1866年。在1887年，本书又被收入《古代、近代神学文库》（Ancient and Modern Library of Theological Literature）。在接下来的一个世纪中又有两种缩写本分别出版于1907年和

---

① 该简写本的首版日期为1759年1月1日，由J. Colton and Eddowes出版社在什鲁斯伯里印行，并由"伦敦的J. Buckland、T. Field和E. Oilly等公司经销"。
② Powicke, pp. 31–32.

1928年。①

以上简要记录想必足以表明本书在近三百年的时间里非比寻常的发行量。

三

余下未表的是这部巨著所产生的一些影响。首先是作者自己就《安息》一书所做的该时代的见证。

> 上帝的喜悦经由这本书祝福多人，让他们因之获益……几乎整本书都是在我仅有一本圣经和经文索引在身边的情形下写成；而且我发现肺腑之言对他人心灵的影响力最大。为我听说为数众多的读者因该作品所得的益处，为我反过来因他们的祷告而得的好处，我在此谦恭地向那位驱使我写下该书的上帝献上我的感恩。②

巴克斯特于1658年写就一部较小篇幅的论著——《对未悔改者的呼唤》(*A Call to the Unconverted*)。作者说该书印行了三万多册，并称："上帝以出人意外的成功祝福这本书，胜过我写的其他所有书，唯有《安息》例外。"这表明了后者的影响力之广。与此同时，作者在本书第二版及相继各版所加的"预告"中写道："上帝喜悦赐福该书（指《安息》），使它意想不到地广受接纳，因此我有足够的理由希望，它在过去的一年里所带来的好处，大于其不足所带来的损害。"不仅如此，在作者的所有作品中，他从这本书寻求为自己增添心力更多：

> 必须承认，在我所写的所有书中，我在自己灵里每日进取中最常读来为它所用的莫过于我的《信心生活》(*Life of Faith*)、这

---

① 巴克斯特有两个选集全文收录了本书：(1) *The Practical Works of Richard Baxter* (4 vols) (1707—)，于1847年再版。(2) *The Works of Richard Baxter* (23 vols) (1830) 编者为William Orme。
② *R. B.*，I. 108.

本《论舍己》(Treatise of Self–Denial)，还有《安息》的最后一部分。①

巴克斯特的通信手稿为本书的影响力做了进一步的见证，表明它在牧养敬虔、热心追求的信徒方面产生的果效。以下仅以其中的几封为例。

前任剑桥大学彭布罗克学院院长，1650 年任伦敦圣劳伦斯·朱瑞大教堂牧师的理查德·瓦恩斯（Richard Vines，1600?–1656）② 在获巴克斯特所赠本书后，写信给他说：

> 您题为《安息》的极具价值的论著已收到。其本身的价值便弥足珍贵，更何况我在书上写上 ex donoauthoris（此乃作者所赠）的字样；您在书中传授上帝的例律……今时的邪恶及信仰、诚信的极大败坏使您的著作更显其价值，如此论著如一盏明灯照在风雨交加的黑夜里。③

汉普郡福丁布里奇的亨利·巴特勒特（Henry Bartlett）因其在多塞特附近各县牧师联会的工作著称，他在给本书作者日期为 1652 年 3 月 22 日的一封信中也谈到本书：

> 像您的《安息》这样大篇幅而价格不菲的著作，仅在几年中便屡经重印，这本身足以证明您该印得更多，让您有机会造福于所有人，让许多从未见到或听说过您的灵魂能因《安息》一书而永远称颂上帝。

---

① *Treatise of Self–Denial*（1660），"Premonition"．
② D. N. B.；*S. Clarke*，*Lives of Sundry Eminent Persons*（1683）．
③ Baxter MSS.（Letters），II. fo. 15a（July 1650）．

其后,他在同年 12 月 30 日的信中又写道:

> 我禁不住要感谢上帝并写信告诉您,《安息》一书已如何大地造福于此地……或者说,上帝的美善如何使您的作品成为燃起人们对上帝之爱的工具。

巴克斯特的友人萨里郡罗瑟海希的托马斯·加塔克(Thomas Gataker)是威斯敏斯特会议的成员,他的儿子查尔斯曾就他父亲对巴克斯特著作的赞誉写信给作者说:

> 家父从您的作品中得到了极大的满足和实在的安慰,他在病中曾将其中的一些书作为对心系基督之人的帮助推荐给某些信教的造访者,并特吩咐我将数册您的佳作《安息》分赠给他最亲密的各位朋友,作他的遗赠。①

在写信给作者的教区牧者中,我们可举两位为例。什罗普郡巴斯彻驰的牧师爱德华·劳伦斯(Edward Lawlence)在信中写道:"您的《安息》一书已成为我甜蜜的伙伴。"②在卡特勒斯霍尔牧会的国教派牧师托马斯·贝弗利(Thomas Beverley)在 1690 年写给巴克斯特的信中说:"对我来说,您胜过一位神父和主教……自读过您的《安息》后,二十年来我一读再读。"③

年轻人同样表达了他们对本书的赞赏。在剑桥大学国王学院"学习已近三年"的学生威廉·邓寇姆(William Duncombe)写道:"我无法表达自己是伴着灵里怎样的陶醉和爱的狂喜读完它们的,我是指您的《安

---

① Baxter MSS. (Letters), IV. Fo. 218a (25th September 1654)。有关 Thomas Gataker,见 *D. N. B.*, ad loc。
② 同上,III. Fo. 92a—93a (20th January 1656)。
③ 同上,V. Fo. 226a (12th September 1652)。

息》和《婴儿洗礼》这两本书。"①托马斯·杜立德（Thomas Doolittle）是基德明斯特人，巴克斯特曾送他到剑桥大学彭布鲁克霍尔学院学习，在上大学前，他是律师事务所的试用书记员，但他决心要担负当地牧者的工作。杜立德的信主当归功于作者就《安息》一书中的某些内容所做的讲道，其影响在杜立德自己后来的著作 The Saints' Convoyto, and Mansions in Heaven 一书中反映出来。②

伍斯特郡巴劳教会的牧师托马斯·杰克逊（Thomas Jackson）在给巴克斯特的信中对本书表达出一种别有意味的赞誉，赫里福德、伍斯特和格洛斯特等地的监狱图书馆是由杰克逊牧师建立的。为促请巴克斯特将本书赠送给什鲁斯伯里监狱，他在信中这样写道：

> 我要请求于您的是，因什罗普郡荣为您的故里，为您最初生息之地，想必您一定乐意将您的《安息》及其他助人觉醒的书赠与什鲁斯伯里监狱。③

剑桥大学国王学院的董事约翰·杰尼威（John Janeway, 1633-1657）曾将自己的悔改归主在很大程度上归功于读《安息》一书。他在就"做属天默想的责任"写信给父亲时称："默想之有益，其方式和方向我以前也略有所知，但是巴克斯特先生的《安息》一书使这成为我必修的功课。该书无论如何评价也不会过分，我要因此书而永远称颂上帝。"④

从英国以外各地写来的信件中也多有高度评价巴克斯特这部著作的例证。一位名叫艾贝尔·沃伦（Abel Warren）的人士从爱尔兰的韦克斯福德写信给作者道：

---

① 即 Plain Proof Scripture Proof of Infants Churchmembership and Baptism (1651)。
② A. G. Matthews, Calamy Revised, p. 167. Baxter MSS. (Letters), VI. fo. 28. VI. f. 128. See Also D. N. B., ad loc.
③ Baxter MSS. (Letter), I. fo. 131a (14th June 1672).
④ S. Clarke, Lives of Sundry Eminent Persons (1683), p. 64.

您就《安息》的默想充满了怎样的甘甜啊！对那些因信基督，上帝赐下无论多少对他的爱的人，对那些能在永恒安息中找到哪怕一星点喜乐的人，上帝的灵借您之手写出的这部杰作带来的是何等丰足的属天安慰！愿上帝以千倍的恩惠回报您为本书及您所有著作所付出的爱心辛劳和不懈努力。①

路易·迪穆兰（Louis Du Moulin）②虽反对巴克斯特的普遍救赎观，却也写信给他，促请将本书译成法文。信中说道：

您的著作若能译成拉丁文或法文……或许您会收获甚巨。他们希望您认真考虑，如果您愿意，您可让自己的著作——尤其是您的《安息》一书——使成百万的基督徒收益……但愿您能编纂一精炼的系列，以供有学养及无学养的各类读者所用，成为所有尚称自己为基督徒之人的锡安号角，仅是听闻您的名字也令他们感到满足。③

有着"向印第安人传福音的使徒"之称的约翰·艾略特（John Eliot, 1640–1690），于1656年就他不久前"强力袭来的重病"，从美国麻省的罗克斯伯里写信谈到巴克斯特的这部著作，说：

主用来缓解十字架之苦的工具之一即您这一本书，它是主恩慈的灵助您写成的，而且即或全书不是在您身体极其软弱时所写，其中大部分内容也是在您生病期间写就。您将该书命名为《安息》，特

---

① Baxter MSS. (Letters), IV. For. 234a (10th August 1653).
② 即牛津大学历史学公共教授 Ludovicus Molinaeus，法国改革派神学家 Pierre Du Moulin（1568—1658）之子。
③ Baxter MSS. (Letters), V. fo. 73–74 (12th June 1664).

别是在我跌入谷底时,主让其中蒙福的论点和属天默想的示范在我心中引起的是何等甜蜜的反响啊!①

此外还有来自巴克斯特侍奉的教会会众的见证。时任赫里福德行政长官的罗杰斯上校之妻玛丽·罗杰斯夫人有一阶段曾是巴克斯特在基德明斯特教会的会员,在此期间她"蒙恩甚丰",她后来自赫里福德修书与巴克斯特说:"此地有不少敬虔人都坦承;是你的著作——尤其是你的《安息》一书——使他们与主,也与你建立了密切的关系。"②巴尔卡利的安娜女伯爵(后为阿盖尔女伯爵)是作者亲密的友人。她最初是通过自己的表亲劳德代尔的伯爵听说巴克斯特其人的,她不仅读过他的著作,且在伦敦期间常在他的教会聚会,特别是他在伦敦西区圣邓斯坦大教堂讲道之后。安娜女伯爵后认巴克斯特为她"在主里的父亲"。巴克斯特的两部著作深得她所爱,其中之一便是她灵修时从不离手的《安息》。③

本书在一般信徒中也产生了广泛的影响。"绸布商"理查德·福特是一位才智超群的平信徒。他曾于1653年从雷普顿写信给巴克斯特,在信中他称自己因读《安息》一书大大受益,从而欠了巴克斯特的债。在预定论问题上争论三十年之后,他说:"所有教会都该将能怀着感恩之心接受预定论归功于你。"④贝茨博士在将巴克斯特葬礼上的讲道词题献给亨利·阿舍斯特准男爵时,回顾了巴克斯特对男爵的影响,他写道:"巴克斯特最配得你敬重和爱戴,因为正是在你读他宝贵的《安息》一书时,

---

① Baxter MSS. (Letters), III. fo. 7a (16th August 1656). See F. J. Powicke, *Some Unpublished Correspondence of the Reverend Richard Baxter and the Reverend John Eliot*, ... (1656—1682), in *John Rylands Library Bulletin*, Vol. XV.

② Baxter MSS. (Letters), IV. fo. 228a (22nd August 1658?).

③ F. J. Powicke, *Richard Baxter and the Countess of Balcarres* in *John Rylands Library Bulletin*, vol. IX. Cf. A. Lord Lindsay, *A Memoir of Lady Anna Mackenzie*, *Countress of Balcarres* (1868), passim. 那另一本安娜女伯爵所爱的书是巴克斯特的 *The Divine Life* (1663)。

④ Baxter MSS. (Letters), V. fo. 63.

天国在你灵里留下了最初的印记。"①就柴郡赫尔珀斯东的著名法官沃伯顿之子罗伯特·沃伯顿准男爵有着这样的记载，在他隐修之时，"圣经和巴克斯特的《安息》日日都放在他面前客厅的桌上；他将绝大部分时间花在阅读和祷告上"②。纳撒尼尔·巴纳迪斯顿爵士（1588—1653）出身于古老的萨福尔克郡家族，曾任该郡的郡长，"在他去世不久前的一段时间里，唯喜读巴克斯特的《安息》一书……是上帝满有恩典的旨意将此书带到他身边，作他的指引，领他更快、更直接地进入那安息"③。

论到18世纪时，我们不免想起住在玛德莱的约翰·弗莱彻（John Fletcher, 1729-1785），他是常读巴克斯特著作的人，又尽心为青年传道人的好处着想，他为威尔士的特里维卡学院图书馆的建立出了大力。该图书馆于1768年由亨廷登的赛利娜女伯爵出资兴建。在弗莱彻赠送给该学院的图书中，有《安息》的各早期版本，若假定这部著作对他本人的属灵生命意义重大应是公平的。④再次谈到弗赛特缩写版的影响力，其中很值得注意的一件事乃是，应弗赛特本人之邀，亨廷登的女伯爵于1774年从特雷维卡派了一些学生到基德明斯特去学习。⑤约翰·牛顿（1725—1807）在论及巴克斯特的这本书时写道："在他《安息》的有些片断中蕴含着某种精神……这精神使得许多当代作品相形见绌。"⑥菲利普·道得理奇（Philip Dodderidge, 1702-1751）是巴克斯特著作的热心读者，"事实上道得理奇曾拜他为师"，⑦有确

---

① W. Bates, *A Funeral Sermon for...Mr. Richard Baxter* (1692).
② W. Tong, *An Account of the Life and Death of...Mr Matthew Henry* (1716). 罗伯特·沃伯顿的女儿是马修·亨利的第二任妻子。
③ D. N. B. Cf. S. Clarke, *Lives of Sundry Eminent Persons* (1683).
④ *The Life and Times of Selina, Countess of Huntingdon* (1840), II. 84-86. 特里维卡图书馆现在剑桥大学切森特学院内，馆内仍存有弗莱彻赠送巴克斯特著作时的原信件。这一信息是由该馆馆员提供的。
⑤ 同上，p. 413。
⑥ 摘自牛顿写于1775年1月26日的一封信（Op. cit. I. 295）。
⑦ 就巴克斯特与道得理奇之间关系的详细描述，见于 G. F. Nuttall 的 *Richard Baxter and Philip Dodderidge; A Study in Tradition* (Dr Williams's Library Lecture, 1951)。在道得理奇的通信中，提及巴克斯特的片断随处可见，诸如："我现正以充满喜悦的心阅读巴克斯特的著作"（1724年5月5日）；"我对巴克斯特的著作无论如何赞誉也是不足够的"（1724年10月22日）；"巴克斯特的书是我的最爱"（1724年12月8日）；"我仍每日花一小时时间读巴克斯特的著作，对其敬佩日深"（1725年8月5日）。以上摘自 *Correspondence and Diary of Philip Doddridge*, ed. J. D. Hunphreys, I. 378, 397, 460, II. 58。

凿的证据证明《安息》一书对他影响深刻。

前面已谈到约翰·卫斯理曾在他的《基督教文库》中给本书以重要位置，①还应提到的是，卫斯理的一位传道人约翰·瓦尔顿1763年从国外侍奉回国后，曾客居在作为卫斯理伦敦社团成员的一位女士家。是这位女士将《安息》、卢瑟福（Rutherford）的《书信集》以及劳威廉（William Law）的《敬虔与圣洁生活的严肃呼召》（*A Serious Call to a Holy and Devout Life*）借给瓦尔顿读，后来瓦尔顿就这些书写道：

> 读这些书始令我看到，我的灵魂如同在烈火四周扑打翅膀的飞蛾。我因此离弃了自己污秽的罪，舍弃了自己习以为常的消遣，作为对自己以往罪孽的某种改正。②

从法兰西斯·阿斯伯里（Francis Asbury，1745－1816）的《日记》中不难看出，巴克斯特的这本书明显对他影响深刻。他在日记中写道：

> 1778年1月11日：我刚读完惠斯顿的《约瑟菲斯》的最后一卷。令我惊奇的是，惠斯顿70岁高龄，竟将如此多时间花在枯燥的年代学研究上。巴克斯特则比他善用时间许多，在他以为自己快要进入永恒之时，他所默想、所写的内容是圣徒的安息。
>
> 1781年6月13日：今天，我把自己关起来，读了巴克斯特的《安息》两百页。这的确是一部极为珍贵的著作，诚愿我能每季度将它读一遍。

---

① 值得指出的是，卫斯理曾在他就"我们责备邻舍的责任"讲道时（Lev 1917）引用本书内容。
② W. T. Stephens，*Lives of Eminent Methodist Preachers*（1930 edn）。值得注意的是，菲利普·道得理奇在应卫斯理之请，为青年传道人提供阅读书目时写道："在上一世纪不从国教的作者中……请允许我提及巴克斯特的《安息》。"他还提到了巴克斯特其他的七部著作（1746年6月18日）。

还有记载称，1789年有一位从英国去到美国的传道人在当地出版了卫斯理及其他人的一些作品，但陷入了财政困境。这位传道人去世后，阿斯伯里买下了他库存的印张，并将其装订成册以供销售。阿斯伯里说："我所购得的是《安息》及《基督徒的样式》①两本书的印张，将它们收集起来，装订成册并销售出去。"②有记载称，这两本书得到了畅销！阿斯伯里满有根据地称巴克斯特的《安息》一书为饱含"循道主义精髓"。③

在19世纪同样有着对本书的见证。汉娜·莫尔（Hannah More, 1745–1833）是巴克斯特著作的忠实读者，她在谈到她以灵修为目的的阅读时称：

> 我极少涉猎纯理论著作，从未尝读过论战性的，也不喜欢思想不严谨的灵修作品。对于巴克斯特的著作，我想您会钦佩不已。我最近读了他的《临终之想》（*The Dying Thoughts*）及《安息》两本书……较之我们那些繁复枯燥的现代作品，我更爱巴克斯特的许多作品。④

在长姐去世以后，她还写道："得见不带恐惧的死亡实在令人欣慰……我对她的凭吊既有回想她安详的遗容，也有捧读我最喜爱的巴克斯特的《安息》一书。"⑤

威廉·威伯福斯（William Wilberforce, 1759–1833）同样是巴克斯特著作的勤奋读者，他在赞扬巴克斯特著作的同时，还热情地提到弗赛特的简写本：

---

① 即 A. Kempis 所著 *Christian Patterns or... The Imitation of Christ*。
② Francis Asbury to Jasper Winscom (15th August 1788).
③ J. Lewis, *Francis Asbury* (1927), p. 62. 另请参阅 pp. 87, 94。
④ Hannah More to Sir W. W. Pepys (7th April 1813). *The Life and Correspondence of Hannah More* (1834), III. 341.
⑤ Hannah More to Lady Spencer (22nd April 1813). 同上书，p. 383。

他（巴克斯特）的实用性作品是基督徒智慧的瑰宝；修订、删减这些著作以飨现代读者，不啻为对人类最有价值的一种服侍。他的《临终之想》和《安息》已做了修订和删节。①

　　亨利·马丁（Henry Martyn，1781－1812）又是另外一例，他是查尔斯·沈美恩（Charles Simeon，1759－1836）的年轻同事，后者曾任剑桥圣三一教会的牧师，又在印度和波斯传教。马丁在受按立前夜写道："是读巴克斯特的《安息》起了决定性的作用，使我更多地活在属天的默想中。"②我们发现他此后又写道："巴克斯特这蒙福的人啊，他在写《安息》时能得知虔信与爱上帝之道，其程度是我长久以来有所不知的。"③

　　另一个值得注意、饶有意味的事例是，惠灵顿公爵过世后不久，有人在他居住的阿波斯利宫向格罗萨特博士展示了一本《安息》，其中有一页页角折下，标明这位伟大的军事家在离家去往沃尔莫城堡时读到的地方——"这是人们所知公爵读过的最后一本书，那时离他今生的终点只有几天之久。"④

　　最后，我们要就本书对苏格兰人的敬虔产生的重要影响做一简要回顾。前面已提到本书于18世纪末首度在苏格兰出版，而且订书的人多属劳工或商贩阶层，这表明其发行面有所不同。⑤鲍威奇博士倾向于认为，对巴克斯特著作兴趣的重燃，其至少部分的起因是在霍尔丹派（The Hal-

---

① W. Wilberforce, *A Practical View of the Prevailing Systems of Professed Christians* (1797), p. 294.
② J. Sargent, *A Memoir of the Rev. Henry Martyn, B. D.* (1837), p. 31.
③ Martyn's *Journal* (28th December 1803). 尽管其中似未提到巴克斯特对沈美恩作品的影响，然而从他对清教徒的兴趣及他与马丁的密切来往看，很难相信其中没有巴克斯特作品的某些影响。认为巴克斯特的著作在早期福音派的信仰经历中占有十分重要的地位，这诚为合理的假定。
④ A. B. Grosart, *Annotated List of the Writings of Richard Baxter* (1868), p. 10.
⑤ Supra, p. 13.

danes）影响下开始遍及苏格兰的强势福音运动。① 近三十年后，本书广为流传，如我们所知，到1829年弗赛特的版本已再版五次，尤其是通过林勒森的厄斯金，他是一位有广泛影响力的福音派平信徒。有一点是可以肯定的，正像17世纪巴克斯特的作品在苏格兰广为人知一样，②在19世纪读巴克斯特著作的一些基督教思想界领衔人物有：托马斯·查尔默斯（Thomas Chalmers，1780－1847）、③将《安息》称为"绝世之作"的约翰·布朗博士（Dr. John Brown，1784－1858）、④约翰·凯恩斯（John Cairns，1818－1891）、⑤马库斯·多兹（Markus Dods，1834－1909）、⑥亚历山大·怀特博士（Dr. Alexander Whyte，1836－1921）。怀特还将《安息》一书包括在他就"一些福音派经典及其作者"的讲座中。⑦还应当提到的是，约翰·塔罗克（John Tullock，1823－1885）在他的著作《英国清教派运动及其领袖人物》（English Puritanism and Its Leaders，1861）中有一篇研究巴克斯特的内容，并谈到他的《安息》一书，他写下了这样的赞誉之辞：

> 凡有严肃宗教情感的人读过此书后，极少有不为之动容的；其属天情感之炽热激昂及其对天上荣耀场景的描绘交相辉映，其劝说

---

① Powicke, p. 32. 格拉斯哥大学的斯图尔特·梅奇博士不久前写信给我，称他倾向于将巴克斯特的影响力放在一个更广泛的背景下观察。他写道："导致福音复兴的一个方面，是对宗教改革及后宗教改革历史的兴趣……霍尔丹派与苏格兰教会决裂是因他们的平信徒福音运动遭到非议；且教会传道士与霍尔丹派之间关系紧张，后者的平信徒福音运动总体说来是从公理宗教会和浸信会发起的。有人也许会说，强调历史是福音派信徒对霍尔丹新福音派之独立的回应。我愿将巴克斯特当作求助于历史做法的关键人物。"
② G. D. Henderson, Religious Life in Seventeenth-century Scotland (1937), p. 68.
③ W. Hanna, Memoirs of the Life and Writings of Thomas Chalmers (1852), 4 vols, passim.
④ J. Cairns, Memoir of John Brown, D. D. (1860), p. 381.
⑤ A. R. MacEwen, Life and Letters of John Cairns (1895). 凯恩斯的笔记本里有许多巴克斯特著作的摘录，而他初次接触《安息》一书是在家庭圈子里，他写道："巴克斯特的《安息》作为我家永久的藏书，存放在我们的书架上。"
⑥ 多兹之子编纂的 Early Letters of Marcus Dods (1910) 中写道："巴克斯特失败之处，我不知有谁能获成功"(p. 275)；"巴克斯特的《安息》是一本在各种心情下，每一页都使你受益的书"(p. 274)。
⑦ G Barbour, Life of Alexander Whyte (1923), p. 650.

悲悯感人，其描写富有魅力，其中某些图景之美妙实在令人神往。作者在让他灵里所得的激励尽情发挥，在催促听而不闻者，在冲破亟待他解决的纠结不清的逻辑障碍时，其雄辩是那样具有感染力、说服力与急切感——所有这些都令此书成为自17世纪流传下来的卓越之宗教论著。这部论著最可贵之处尚在于，它在阐述教会对永恒安息普遍认同的观念时的完整性，它呈现的是为教会普遍接受的信仰。①

我们同样不该忘记的是，特伦奇大主教就本书的文采及风格做出的高度评价，他写道：

> 主导着巴克斯特作品——尤其是《安息》一书——的是一种强劲而有阳刚之气的雄辩能力；有时也不乏异乎寻常而非刻意追求的警句，使人一经听到便难以忘怀。在措辞方面，该书确属晚近年代。②

毕竟，是读此书本身能证实《安息》所得的这些赞誉。然而，回想巴克斯特两位同代人的评论也会是有益的。威廉·贝茨（William Bates）博士曾断言："他（巴克斯特）的《安息》一书……是他圣洁而强健的心志的表征。"③埃德蒙·卡拉米（Edmund Calamy）博士则宣称："这是一部引致无数人永远称颂上帝的杰作。"④

---

① Op. cit. p. 331.
② R. C. Trench, *Companions of the Devout Life* (1877), p. 89.
③ W. Bates, *Funeral Sermon of... Richard Baxter* (1692), p. 112.
④ E. Calamy, *An Abridgement of Mr Baxter's Life and Times* (1702), p. 692.

序　言

　　人们普遍认为，总体盛行于1550—1700年间的英格兰清教主义运动，其本质是一场教会改革运动，其主流观点是欲将英国教会的崇拜与管理纳入更贴近各地改革宗和加尔文主义教会的轨道——正如托马斯·克兰麦大主教所推行的那样。这固然是清教主义运动的主要宗旨，然其宗旨并不止于此。清教主义运动就其核心而言，是一场追求生命更新与圣洁的运动，或曰敬虔运动。它主张尊上帝为生命、恩典及其各个方面之主，主张这与尊上帝为有形教会之主同等重要。清教运动的中心目标，则是带领全英国人民信主，使他们做主的门徒，并使其成圣。该运动的领袖主要是圣职人员，是这些在传福音和教会牧养方面的杰出人物。在这些人之中，17世纪中叶四十年间极为突出的一位，便是本书作者理查德·巴克斯特（1615—1691），他不愧为英国有史以来最杰出的传道人和灵修作者之一。1650年《圣徒永恒的安息》一经出版，便立即奠定了巴克斯特在灵修释经领域的尊师地位。尽管原文篇幅有850页之巨，且出自一位先前从未发表过属灵作品的作者之手，但在付梓之初的十年里，本书每年均获再版，在它问世后的三个半世纪中又多次被重印——有时是以简写本的形式，有时是以全文的形式。

　　本书的成书过程也颇为奇崛。巴克斯特自幼求学期间便聪颖过人，青少年时信主后，他就立志要做福音的执事而绝无旁骛。然而他成年后体弱多病，若是生活在我们这个年代，他绝不会通过任何医学检查以证明他能胜任对体力要求较高的工作,但在 17 世纪并没有这类的身体检查。英内战爆发后,巴克斯特认为他有责任离开他作为牧师已在那里有所建树的英中部城镇基德明斯特,而作为军牧加入国会派军队。四年过后,他终于体力不支,一次他失血过多,以为自己将不久于人世,幸有一对家道富裕的夫妇把他接回家中,他在彼处休养数月之后方得康复。在那几个月的日子里,他只有一本圣经在侧。他预期自己不久即将去往天国,便潜心查考、默想圣经中有关天国的经文,并将默想的内容记下来,后又带着这如今称之为本部论著的大部分写就内容回到基德明斯特。

  论文的论述方法(这在西方几乎成为术语)是选取一主题,然后从每个角度就该主题加以探讨,直至穷尽。这便是巴克斯特在本书中所做的工作,犹如本书最后几章所示,这也是他进行默想的方法,又如他所发表的各系列讲道中所示,这又是他与其他清教徒传道人常用的讲道法,这同样是他后来的许多神学著作所展现的论述风格。巴克斯特《圣徒永恒的安息》的主题乃是:默想天国能如何改变我们在世上的生命,激发并坚固我们的爱主之心,调动我们做主的门徒与服侍主的能动性,并使我们的盼望牢牢根植于上帝,以至于无论撒旦射向我们的火箭怎样伤害我们,也无法让我们放慢与上帝同行的脚步,也无法迫使我们离开这道路。巴克斯特的理想历来都是全力以赴的基督徒精神,按他的话说或许就是:从眼下开始,就让我们与上帝一起**猛跑**吧!但无论在何种场合下,他也不忘赞赏和肯定我们在走过今世、奔向荣耀时笃实而稳健的态度。

  深愿所有现能有幸研读《圣徒永恒的安息》一书的中国读者,能像无数前人那样,受到巴克斯特这部佳作的激励;深愿中国读者因读本书,而能与序言作者一同颂赞那位厚赐巴克斯特能力以写就本书的上帝,并能因本书而得永恒的益处。

巴刻 (J. I. Packer)

2012 年 12 月

前　言

　　作者理查德·巴克斯特因本书及多部杰出的实用性著作而享誉于世。他博学、勤奋，是17世纪以圣洁著称的基督教牧师。1615年巴克斯特生于英国西部的什鲁斯伯里（Shrewsbury），1691年卒于伦敦。

　　巴克斯特在动荡的时局中曾侍奉伦敦及英国各地的教会多年，其工作成绩卓著而广泛。但他在各地的侍奉均不及在基德明斯特（Kidderminster）镇的时间长。他对自己在该镇的工作满意度颇高，使人获益也明显更大。巴克斯特在该镇的服侍确实中断了，其中有健康问题的原因，但主要是由于内战之灾，他在基城共计居住了十六年。自1660年告别该镇之后，他就再也未能回去久住；这绝不是他自己的意愿，也非基德明斯特居民的意愿。在他去基城之前，该地的人愚昧无知，亵渎不敬之风盛行，只因上帝祝福这位良牧智慧而忠心的教化工作，他的努力在当地结出了丰硕的义果。起初，这位牧师在整条街上发现只有一两户人家每天做家庭祷告；而在他离开这里时，某些街道忽略每日家庭祷告的就只剩下一两户人家了。在主日，再也看不到人们像往日那样公然亵渎上帝的，相反，在各堂集体敬拜的间隙经过该城的人，随处可听到千百个家庭在诵唱诗篇，朗读圣经和属灵书籍或听道笔记。他对托付给他的灵魂的精心牧养，以及他在他们中的辛劳所取得的成绩均非同一般，经他确定，可领圣餐者的人数骤升至六百人，据他称，其中在真敬虔上他尚无十足把握的只有不到十二人。感谢上帝，当初他欣然引进基城的敬虔精神,如今仍在某种程度上可见于该镇及周边地区;(但愿在更大程度上如此!)这精神在怎样的程度上得到延续,巴克斯特的名字也在怎样的程度上继续受到极大的尊敬与深情的怀念。

作为著作家,巴克斯特受到不少最杰出的同时代人的赞誉,这些人对他知之甚深,因此并未受到偏袒他的诱惑。巴罗博士[①]曾就巴克斯特的著作论道:"他的实用性著作从来无须修订,他论战性的作品极少被人驳倒。"在谈及他的决疑著作时,深孚众望的罗伯特·玻义耳[②]称:"他是该时代最宜做决疑的人,因为他既不怕得罪任何人,也不期望任何人的青睐。"威尔金斯主教[③]则认为,巴克斯特"就凡他论及的主题都做过潜心研究;若是生活在早期教会时代,他很可能成为教父之一;一个时代产生一位巴克斯特这样的人,足矣!"厄舍尔大主教[④]极看重巴克斯特,是在这位大主教的坚辞请求下,他写下了数本实用性著作,特别是他的著名之作《对未悔改者的呼唤》(*Call to the Unconverted*)。曼顿博士[⑤]则大胆地表示,"巴克斯特的著作在他的时代中,比任何人的都更近乎使徒的文字"。贝茨博士[⑥]认为,巴克斯特兼演说家、著作家于一身;贝茨在巴克斯特的葬礼讲道中说:"极少有人能像他那样,在讲道中既能对听者晓之以理,又能动之以情。理性与说服力的所有源泉都在他卓识的眼前开启。人只要不否定理性和上帝的启示,就无法抵挡他讲道的强大威力。他具备惊人的演讲技巧和口若悬河的演说能力。他的讲道风格高贵而不失随意,因为他伟大的情怀无法屈就于修辞的矫饰;他不屑于俗丽

[①] 疑为 Isaac Barrow (1630 - 1677),英国古典文学家、神学家、数学家,牛顿的老师。后期潜心研究神学,曾任查理二世的牧师,剑桥三一学院院长,剑桥大学名誉副校长。
[②] 罗伯特·玻义耳 (1627—1691),英国化学家,自然哲学家,他虽终身致力于科学研究,却虔信上帝。
[③] 约翰·威尔金斯 (John Wilkins, 1614 - 1672),英国教士,自然哲学家,是有史以来少数的几位曾兼任牛津、剑桥两所大学校长的学者之一。
[④] 雅各·厄舍尔 (James Usher, 1581 - 1656),曾任全爱尔兰大主教,也是多产作家。
[⑤] 托马斯·曼顿 (Thomas Manton, 1620 - 1677),英国著名学者,曾任教区执事。
[⑥] 威廉·贝茨 (William Bates, 1625 - 1699),英国长老会牧师,一度为皇家牧师,后为不从国教运动的灵魂人物,在该运动中以"优雅的雄辩家"著称。

的演讲术,相反,他的表达方式极为清晰、有力,极能令人的头脑诚服,极能深入人心,又极能打动人的情感,不被如此有魅力的智者感动的肯定是心钝如牛的人。他受到的是圣灵的驱使,凭天上的爱火而活,故此能在死气沉沉的罪人心中点燃火热与生命,能在冰冷的坟墓中融释冷漠与顽梗。巴克斯特的著述甚丰(计有120部之多),而且题材广泛,足以自成文库,是一座论战、决疑和实用性神学著作的宝库。他的实用性神学著作比我们时代印行的其他同类作品都更具使罪人回转的功效,而且只要教会在世上存在一天,这些著作就必将继续其寻回失丧灵魂的效用。在他的作品中跳跃着一股活泼的脉动,这脉动能使读者始终保持警醒与专注。"在这些证词之上,还应恰如其分地加上巴克斯特实用著作四卷文集编者的证词。文集的前言写道:"也许我们时代没有哪些著作能在笃实的基督教精神、兼具明断与情感、复兴纯正无瑕的信仰方面,可与巴克斯特的著作媲美;在警醒自认稳妥者、教训愚昧无知者、坚定动摇者、安慰灰心者、使追求世俗者回心转意、使真心追求者精进方面,他的这些作品享誉海外、祝福本国的程度堪称举世无双。"以上都是熟识巴克斯特其人其作的名人之见。值得提及的还有名望稍逊的艾迪生先生,①他对巴克斯特的认识虽属偶然,且很不完全,但他却仍以他惯有的优雅与坦率谈道:"起初,我只是偶遇巴克斯特的一页作品,细读后深深地领略到作者的虔敬之心,我因此而购得了全书。"

  无论还有哪些其他原因使然,一定主要是因巴克斯特作为传道人和著作家的卓然声望,使得他在英王复辟②后不久,被任命为英王查理二世的宫廷常任牧师,并以该资格在国王面前讲道。上议院议长克拉伦登③还曾邀他出任赫里福郡的主教,而他在谦恭地写给这位当权者的回信中表示,他认为自己该谢绝此职才对。

---

① 疑为约瑟夫·艾迪生(Joseph Addison, 1672 – 1719)英国散文家、诗人、剧作家、政治家。
② 指英王查理二世于1660年复辟,当时整个不列颠帝国。
③ 指 Edward Hyde Clarendon (1609 – 1674)。

《圣徒永恒的安息》当之无愧地被誉为巴克斯特实用性著作中最有价值的部分之一。作者在撰写本书时远在他乡，除圣经之外，手边没有任何书籍可供参考；当时他的健康状况极其恶劣，以致徘徊在生死线上达数月之久。因此，他最初默想这天国的题目只是为了自助，关于该主题，他说："它使我的获益比自己一生所有的研究都多。"当时，他也许只有30岁出头。他后来在基德明斯特的每周讲座中讲论该主题，并于1650年将此内容付梓出版。这显然是他所发表的所有实用性著述中的第一部。贝茨博士曾这样评论本书："作者写作本书时正徘徊于生死之间，然而本书却突显出作者内心圣洁而饶有生气的特征。为引发我们对天国的渴慕，他揭开了天上圣所的帐幕，展现出蒙福者与上帝同在时将得的荣耀与喜乐。他用以揭示这一切是如此强烈而真实的光，世上一切闪亮的浮华相形之下都失去了光彩，真诚的信徒会因此而轻看浮华，就像成人轻看儿时的玩具一样。为引起我们对永刑的惧怕，他掀去了遮盖地狱的掩蔽物，将地狱的永火活生生地呈现在人眼前，又以极为可怖的笔触，描绘了受咒诅者在永火中受煎熬的惨境；若能充分考虑这些，就连最耽于肉欲的罪人的放荡不羁和荒淫无度也能得到遏制。"

属天安息的话题就其自身的性质而言，对人们既具有普遍的重要意义，也为人普遍关心。该话题的确引人入胜，令人欢喜，这是本书大受欢迎的主要原因。与此同时，也应部分地归功于作者对该主题格外蒙福的阐述手法。人们更渴望从何处看到上帝恩典的运行？在何处更经常地实际感受它？必定是在恩典以调适最佳的手段赐下之处。一些具有卓越判断力和敬虔之心的人士，若明确将自己最初的宗教印象归功于听和读到本书中的重要见解，或者历经多年，发现本书所述与自己的属灵生命实际相符，且能使它不断改进，难道这还不足以成为对本书的有力推介吗？

在这类人士之中，托马斯·杜立德（Thomas Doolittle，1630－1707）牧师便是一例。他将自己的真正悔改归信追溯到了聆听巴克斯特首次就圣徒安息讲道的期间。杜立德乃基德明斯特本地人，当时是一位不满17岁的学生。后来,巴克斯特后送他去剑桥的彭布罗克学院深造,他在那里取得了学位。在进入大学前,他受聘于一位律师做试用书记员,律师因此指派他在主日写一份材料,他极其不情愿地顺从了。翌日,他怀着除在福音的执事上侍奉基督外一生再不致力于其他任何事业的热望,辞职回到家中。因杜立德作为牧者、教师和作家忠心而颇有成效地工作,他至今仍在各教会中备受称赞。

约翰·杰尼威(John Janeway)牧师曾任剑桥国王学院的董事,逝于1657年。杰尼威的传记向我们披露,他的信主在很大程度上是因读了《圣徒永恒的安息》一书。在他后来写给一位近亲的信中更直接地谈到了本书论属天默想的部分,信中写道:"有一功课若得到操练,便可消除一切愁苦的来由。我指的是对真正的基督教信仰所追求的目标做属天的凝思和默想。我们只要力行这一操练,又能操练得当,能每日亲密地与上帝同行一小时,就会对我们当日的生活,乃至我们的一生产生莫大的影响!对于这功课、其益处、操练方式,以及操练的方向,我先前也略有所知,然而是巴克斯特的《圣徒永恒的安息》一书推动我将此操练付诸实施。这是一部无论如何都不会被高估的佳作。我永远都要为此书感谢上帝。"只为了解这位出色的年轻牧师,曾如何喜悦地依据本书所示做属天的默想,他的生平也值得一读。约瑟夫·艾岚(Joseph Alleine,1634 – 1668)牧师最经常引用的就是本书最后的属天默想的示范部分,且从不忘记在引用之前郑重地加上一句:"属上帝的、圣洁的巴克斯特秉着上帝的旨意如是说……"

贝茨博士将他在巴克斯特葬礼上的讲道辞题献给亨利·阿舍斯特男爵,①他对这位虔诚的绅士及巴克斯特最知名的挚友兼遗嘱执行者说:"巴克斯特极配得你最崇高的敬意与挚爱,因为是读他价值无量的著作《圣徒永恒的安息》,将天国最初印刻在你心里。"

---

① 疑为 Sir Henry Ashurst, 1st Baronet (1645 – 1711)。

马太·亨利牧师①的传记让我们了解到这样一位人物——格兰奇的罗伯特·沃伯顿先生，他是以敬虔著称的彼得·沃伯顿（Peter Warburton, 1540－1621）法官之子，也是亨利先生的续弦之父。传记中说："罗伯特·沃伯顿是一位甚喜退隐独处的绅士，在他的后半生尤为如此。在他客厅的桌上，每天都摆放着圣经和巴克斯特的《圣徒永恒的安息》一书在他面前。他一生的大部分时间都花在阅读和祷告上。"

可敬而极虔诚的纳撒尼尔·巴纳迪斯顿爵士②的传记告诉我们："他总是在独自祷告、读经，后来他也读其他优秀作家的著作，而在他去世前的一段时间里，唯独喜爱阅读巴克斯特的《圣徒永恒的安息》一书，唯以预备到那安息中去为乐。这被认为是上帝的特别赐福，是在为他更快、更直接地进入那安息提供指引。"

本书不仅被名士们视为宝贵而有益的著作，在雅各·杰尼威牧师所著《孩童身上的印记》一书中，我们还可看到一名小男孩的事例。该男孩因读本书而明显展露出虔敬之心，且日日加增。本书仅次于圣经，成为他最爱读的书。因此，即使在他健康时，永恒安息的想法看来也吞没了他所有的其他想法，他一直活在对这安息的预备之中，显得更像是熟透的果子，只等去得荣耀，而不像这尘世的居民。这男孩不满12岁便离开了人世。在患病期间，他说："我只求能得到巴克斯特的书，可以在进入永恒前再多读一点关于永恒的事。"

同样引人注目的是，在巴克斯特去世后，人们在他书房里所发现的一张纸，他自己借数点每周收到的来信，记录了因读他所著《对未悔改者的呼唤》一书而信主的人数，并在纸上清楚地写道："就《对未悔改者的呼唤》这本小书，上帝赐下的意外成功大于我所写的其他文字，唯有《圣徒永恒的安息》一书除外。"甚至在作者在世时，虔诚的弗拉维尔

---

① Rev. Mathew Henry（1662－1714），著名不从国教的英国基督教牧师和解经家。
② Sir Nathaniel Barnardiston（1588－1653），英国著名清教徒政治家。

先生①就曾明显指着本书这样深情地说:"巴克斯特每日仰望并愉快地翘望圣徒与上帝同在的永恒安息,他几乎是活在天上,只是作为信心生活的杰出典范而暂且留在我们中间。"巴克斯特自己则在他《论舍己》(*Treatise of Self-Denial*) 一书的前言中写道:"我必须说,在我写过的所有书中,我本人在每日灵修中最常细读的莫过于《信心的生活》(*Life of Faith*)、《论舍己》和《圣徒永恒的安息》的最后一部分。"总的来说,卡拉米博士②就本书的评论颇为有理,他说:"因本书而永远感谢上帝的人将多得不计其数。"

这部对人极有助益的杰作现以缩写本的形式出现。我们期望的是(也很有可能如此),这部节略缩写本能蒙上帝祝福,此外,并在无机会或不擅读长篇巨著的人中间,扩展原著饶有神益的影响力。在将原著缩编成这一篇幅较小的版本的同时,作为缩编者最大的愿望是,这缩写本既能对原作者公正,又能为认真的读者带来更大的享受与益处。我希望这缩写本从某种程度上达至此目的,这主要是借着节略一些离题、受争议,或玄奥的内容,以及节略一些序文、题献、某些暗指上世纪特有环境的内容来实现。特别是借着将数章内容的合并,使之能与整体篇幅更相适;有时为简洁起见,编者还对词句的形式做了更改,而令其仍忠实于原意;编者又将一些陈旧的表达法,变为更通俗易懂的形式。若不是有人建议并力劝我做此缩编工作,我绝不会想到做此尝试,且这些人之中多有值得敬重的名士,其学养、判断力及敬虔之心,使我不敢擅将其名拈来为己所用。无论这缩写本有哪些不足,感谢上帝,为此付出的辛劳(倘若这也可称为辛劳的话)乃是我毕生最感愉快的一次。

思想永恒的安息,对于今人来说,一定与对历世历代的人一样,令人欢欣。我深信,思想的安息如今更具有绝对的必要性,忽略安息的试

---

① Rev. John Flavel (1627 – 1691),清教徒神学家。
② Edmund Calamy (1671 – 1732),不从国教的英国传记历史学家。

探如今也不比以往的年代更少或更弱。人们意识不到永恒安息之宝贵，是因偏爱万千俗务远胜于这安息。但本书中来自上帝的劝说若能得到人们的足够重视，(诚愿圣灵和救主的恩典能令人这样做！)一个虚浮的世代必能变得严肃；因感官享受变得衰弱的心智，必能很快恢复其理性能力，并显示出基督教信仰超越的性质；享乐的虚名必定能被属天喜乐在地上的荣耀现实所涂抹；人生中各种身份和关系必能被真诚信仰的合理性与尊严充满；社会每一分子都必能有效地促进整个社会的美好与福祉；每个灵魂都必因获享为上帝子民存留之安息的权利，这有根有据而饶有盼望的信念，或生或死、或留在世上或去往另一世界，都能欣然接受。

本杰明·弗赛特
1758 年 12 月 25 日　于基德明斯特

献　辞

献给
我心爱的朋友们，
基德明斯特镇城乡居民，
地方官暨百姓

亲爱的朋友们：

　　我本人或拙作若有可资众人利用之处，或堪称全然（但不止）属于你们之处，我深信都是天意，即上帝的心意使然。我初到你们那里去，与你们同住，以及后来不得不离开你们时，无不清楚地意识到这一点……你们盛情邀请我回到你们中间去，你们认真遵守我的教训，我对你们的感情依旧比对别人的更深，且我发现你们普遍而真诚地以爱回报我，所有这些都切实使我相信，我被差到世上，尤其是为侍奉你们的灵魂。是为让我即便死去也仍能对你们的得救有益，我才得以写下这部论著，并将它留在你们的手中。我之所以能这样做，纯然是受主的驱使，与我自己的心愿并无干系。我起初从未想到本书竟得到如此广泛的传播，也从未想到用自己的笔墨烦累这世界……我只是由此看到了上帝是如何驳回、阻止人的心意。

　　我开始潜心思考自己的永恒安息之时，正在远离家乡的某处栖身，经先前多年的虚弱之后，又因骤然失血一加仑而陷入极度的虚弱之中，身边无一熟人，除圣经外，手边别无书籍可供参考，且在日日等待死亡的来临；因我的记忆力极度虚弱也变得很差，我遂提笔开始为自身的葬礼草拟讲道词，同时帮助自己默想天国，以使余生和死亡皆不成为苦事。上帝乐意容此情形持续五月之久，我滞留家中不能做任何其他事，于是就继续手中的这项工作，致使这篇文字渐渐增至你们所见的篇幅。故此，若了解我当时只意在写一两篇讲道的长度，你们对这篇论述的开头过于突兀便不会见怪了，若了解写作本书时，作者的一只脚已踏进坟墓，拙作是出自一徘徊于生死线上之人的手，他的创意和情感的能力均因体力匮乏实有不济，本书主要部分都是在除圣经外作者手边没有一本书的情况下写成的，即使作者有人为点缀之便也无心如此。如今回想上帝的这一安排是何等的甘美啊！这安排迫使我进入了属天默想的美好操练（先前我就发现，它对我的灵魂饶有裨益）；剥夺了我所知道的其他帮助则更是对我的怜悯，这使我的默想全凭这属天题目供给营养，如此默想比我今生所有的冥思都使我获益！

亲爱的朋友们，拙作如是，我仍愿将它献给你们。我灵且要屈膝向仁慈的上帝献上感谢，是他从坟墓中救起了我，并使本书得以侍奉你们；是他借最出色的医生之手，逆转了对我死刑立即执行的宣判；是他在一段时间内中断了我在众人面前的服侍，唯如此才能迫使我对你们有此效用更长久的侍奉，否则我也许永远不会做此尝试……

虽不配，却最爱你们的教师
理查德·巴克斯特
1649 年 1 月 15 日 于基德明斯特

第一章
全书内容概要，
略论圣徒安息之性质

> 这样看来，必另有一安息日的安息，为上帝的子民存留。
>
> ——《希伯来书》4:9

本章提要　　作者热切地提请读者注意使徒上述经文中的重大启示。圣徒的安息之定义，本书的总体内容安排。圣徒安息的前提。作者谦卑地意识到自己无力向读者展示这安息的全部内涵。圣徒安息的内涵包括：1. 圣徒不再使用上帝在世上的赐恩手段；2. 彻底摆脱了一切的恶；3. 身心最大程度地得完善；4. 最亲近地享受上帝——终极福祉；5. 圣徒全身心地、幸福而永久地享受上帝。

亚当的堕落，不仅导致我们人类失去了对上帝的兴趣，不能实际地享受上帝，而且也导致我们内心不再认识他，就连得此福分的真性情也失去了。当上帝的儿子耶稣基督带着复原人类的恩典，向人类揭示他们属灵、永恒的福分与荣耀时，他发现他们之中竟无人能信。一贫如洗的人有时无法相信人能有百元之资，只因一百元远超出了他所拥有的；当时的世人也同样，难以相信他们曾有过的福分，让他们相信耶稣基督再次赐下这福分就更难了。当年，上帝要在一片安息之地上赐以色列人他安息日的安息，可让以色列人相信如此比相信上帝要战胜他们的仇敌，将应许之地赐给他们还要困难得多。而一旦以色列人得到了那地，就再也无法相信在他们所得之外还有更大应许的了。他们一边享受筵席上的口腹之快,一边说:"除此之外,哪还能有什么天堂可言啊!"与因基督而来的更荣耀的安息无法相比,迦南地当然只是这安息的预告与凭据。即使他们对弥赛亚有更大的期望,也不过是能让他们多得地上的福气而已。使徒保罗写《希伯来书》时针砭的主要就是这种执迷不悟的想法,这封书信清楚而充分地论证了旧约时代的各种节期和预表,目的都在于将上帝子民的目光指向耶稣基督这主旨;安息日的安息和迦南地,目的都在于教导他们寻求一**更美的安息**,那才是他们真正的福分。本书的内容是就保罗提出的各种论据做出的结论。此结论包含着使基督徒心安的确据,信徒尽责与受苦的目的,以及福音所应许的、基督徒的特权赋予他们的永生和一切福分的总和。

在个人的苦难、令人疲倦的责任、灰心失望或痛苦的重压之下,有什么比安息更令人神往呢?这安息不仅是我们的安慰,更是我们永恒的福祉。我们在一切功课中能积极进取,在困苦中能恒心忍耐,能荣耀上帝,我们的爱心、感恩及各样恩典之所以能有活力,以至于我们的基督教信仰本身,都有赖于我们对这安息满怀信心而严肃的深思。各位读者,无论你是谁,是年长还是年少,是富有还是穷乏,现在我都要以你主的名义劝勉你、要求你,不要只是读过本书的内容,勉强认同,然后便置于脑后,而是要认真投入这默想的功课,将在基督里的上帝视为你唯一的安息,专注于他胜于一切,因为无须多久,主就要召你去向他交账,判你到永久不变的结局中去了。永生上帝是他圣徒的福祉与安息,求他借这默想将我们属肉体的心变得属灵,将我们属世的心变得属天,使我们能深爱他,以他为乐,求他让这默想成为我们毕生的功课;求他让写这书的我和读这书的你,都永不偏离这条通向永生之路,免得我们"既蒙留下有进入安息的应许",却因自己的不信或疏忽而"赶不上(失去)"那安息。①

---

① 《希伯来书》4:1。

圣徒的安息是基督徒极致幸福的结局，换言之，圣徒的安息乃是得完全的圣徒完全而无尽地享受上帝；这享受是依照他们灵魂到离世时达至的能力程度，也是依照他们在复活和最后的审判后灵魂和身体的最完全程度。根据"圣徒安息"的如此定义，作者将首先在本章中用更多的篇幅表述这安息的性质。第二章将论及上帝为圣徒的安息所做的预备。第三章将描述这安息的无比荣美。第四章将讨论这安息是为何等人而设。第五章将进一步阐述安息的主题，描述不得安息者的结局。第六章，不享有安息者也无法享受地上的年日，而且必将在地狱中受折磨。接下来，第七章将阐明人竭力寻求这安息的必要性。第八章，如何辨明自己是否有权享受这安息；第九章，明确知道自己享有这安息的人有责任帮助还不明确的人。第十章，人不可指望在地上得享此安息。第十一章，论在地上过属天生活的重要性。第十二章，论如何在地上过属天生活。第十三章，属天默想的性质，最适宜默想的时间、场所和态度。第十四章，深思、情感、自语和祷告在默想天国中的功用。第十五章将说明易察之事如何用来推动属天默想，以及要防范自己诡诈的心。在第十六章里，笔者将就属天的默想加以示范。

在这安息的性质问题上，我们有必要预设一些前提，诸如：

寻求安息的乃是必有一死的人。因为天使和已得荣耀的灵魂早已享有了这安息，而魔鬼和下了地狱的灵魂则无望得此安息。

寻求安息的是选择唯独将上帝视为自己人生目标与福祉的人。凡以他物为自己福祉的，从起步上就偏离了。

寻求安息的人仍与自己的人生目标相离。这乃是自人类始祖犯罪以来，整个人类面临的可悲情景。当年基督带着使人重生的恩典来到世间，他发现没有一人静止不动，人类全都听命于撒旦，走在永久灭亡的路上，全都在匆忙向地狱飞奔；基督以定罪止住他们的脚步，又以悔改使他们的心和生命真诚地转向他。主期望信他的人了解他们将达至的圣徒的安息这一目的地，了解圣徒安息的无比荣美，并认真为此而活。一个不为人了解的目标即便再好，也不会让人渴慕它，为它而努力。主也期望人不仅了解自己与这安息相离的光景，也真实地了解这安息的距离之远。因为全然不知自己与上帝相离，且在奔向地狱的人，当然也会全然不知何为天国之路。一个发现自己失丧了上帝和自己灵魂的人，又怎能不惊呼"我完了"呢？之所以得此安息的人少而又少，是因人们不愿相信自己在享有权上远离安息，在实际行动上与这安息背道而驰。有谁会去寻求自己不知早已失去的东西呢？正如基督所说："康健的人用不着医生，有病的人才用得着。"①

这安息的另一前提是上帝这超然的**动因**，没有这动因我们就都会呆立不动，而不是朝着自己的安息迈进。若不是上帝推动我们，我们就寸步难移。我们基督徒最不可缺少的智慧就是始终顺服、信靠上帝。正如使徒保罗所言："不是我们凭自己能承担什么事，我们所能承担的，乃是出于上帝。"②基督更是明确地告诉我们："离了我，你们就不能作什么。"③

这安息的下一前提是，凡寻求这安息的人，内心要遵循属灵生命的**原则**。上帝推动人不是像推动石头一样，他乃是赐人以生命；他不是让人的生命不靠他而自行其是，乃是让他们顺从他这原动力。

这安息更要求寻求它的人常保持**认真**、**勤奋**努力的态度。将恩赐埋藏起来的人必得懒仆人的工价。基督是通向圣徒安息之门，是通向这安息的唯一道路。主说"那门是窄的，路是小的"，我们必须奋力争取才能进去，"将来有许多人想要进去，却是不能"。这话的意思是："天国是努力进入的。"④若是起先属灵，末后属世，也不能到达圣徒的目的地，"惟

---

① 《马太福音》9:12。
② 《哥林多后书》3:5。
③ 《约翰福音》15:5。
④ 《马太福音》7:14，《路加福音》13:24，《马太福音》11:12。

有忍耐到底的必然得救"。①从没有一个渴慕上帝不胜过世上一切的人能与上帝共享安息,"因为你的财宝在哪里,你的心也在那里"②。我们身上残余的旧本性会极大地削弱、妨碍我们对上帝的渴慕,但绝不能泯灭这渴慕。再考虑到我们渴慕遇到的阻力,有的从我们本性中对立的原则而来,有的源自我们恩典的软弱,加之我们仍旧与渴慕的那目标遥遥相离,我们对目标的寻求必须不辞辛劳,竭尽全力。基督徒若想在属天安息中获益,所有这些都是必要的前提。

我们既拾级进入了安息之所的外院,何不看一下那幔子里面是什么呢?我们既表明了进入安息的先决条件,又何不揭示出这安息所包含的内容如何呢?可惜的是,笔者对那荣耀知之甚少!保罗被提到乐园里时瞥见的,他无法言说,也不容他言说。纵使他用天上的言语述说天上的事,若是无人听得懂,也无济于事。我能指给你看的只有主向我启示的事!主开启了一些亮光,把我们将得的基业指给你我看!这不是上帝对巴兰那样的启示,巴兰虽眼目睁开,看到雅各的帐棚、以色列帐幕之华美,却命中无分,日后注定还是要灭亡;③这也不是上帝对摩西那样的启示,摩西虽远远地望见了应许之地,却不得进入其中;④这就像福音书中提及的,买卖人遇见了重价的珠子,只有变卖所有,买了那珠子,才心安;⑤又如天向蒙福的司提反敞开那样,他随即进入其中,向他启示的荣耀必属于他。⑥

圣徒在天国的安息包含如下几层含义:圣徒不再使用上帝世上的赐福手段;他们彻底摆脱了一切恶;圣徒个人的身体、灵魂最大程度地得完善;圣徒最亲近地享受上帝——终极福祉,并且全身心地,幸福而永

---

① 《马太福音》10:22。
② 《马太福音》6:21。
③ 参见《民数记》24:5。
④ 参见《民数记》20:12。
⑤ 参见《马太福音》13:45—46。
⑥ 参见《使徒行传》7:55—56。

久地享受上帝。

1. 天国安息包含的一个内容是，**圣徒不再使用上帝世上的赐福手段**。我们到达天国之时，就是我们世上的旅程完毕之日。工人得工价，说明他完成了自己的工作。我们到达旅途的终点，说明我们走完了世间的道路。先知讲道之能终必归于无有，说方言之能终必停止；凡属过渡性质的知识也必归于无有。①祈祷不再会有，因为已没有这样做的必要，我们那时可以尽情享受曾经祈求的一切；我们也无须再禁食、哀哭、谨守，因为天国是罪与试探所不能及的。当讲的道已讲过；对人的服侍也止息了；教会的圣礼不再有用；曾辛苦劳作的人被召进来得酬劳，因为粮已入仓，稗子已被焚烧，工作都已完成；不悔改重生之人永无指望，而圣徒则永不惧怕。

2. 天国的安息又意味着圣徒将彻底摆脱一切的恶，就是在世间旅程中与我们形影相随的所有的恶，这恶是人类与至善者上帝相离的必然结果；他们也将与藐视基督及其恩典的人必受的永火、永无宁日的煎熬无缘；恶是可悲的遗传，它既是与生俱来的，也是我们现行的果报，本是我们和下地狱者罪有应得的！而天国里全然没有污秽或不洁净存在，凡这样的事都进不了天国。在那里，毫无悲哀伤痛可言，也没有苍白的面孔、倦怠的身躯、无力的关节、无助的婴儿期、衰老的年纪、有罪的诙谐、令人痛苦憔悴的疾患、揪心的惧怕、耗人的忧虑，也没有任何可称为恶的事。在世人引以为乐的事上，我们曾流泪哀哭；在安息中，我们的哀伤将尽化为喜乐，我们的喜乐也不再能被夺去。

3. 这安息的另一内涵是，**圣徒身心将最大程度地得完善**。天国的荣耀既如此辉煌，圣徒自身若不变得完善，与那荣耀相适，那荣耀对他们就不会有何益处。经上说："上帝为爱他的人所预备的，是眼睛未曾看见，

---

① 参见《哥林多前书》13:8。

耳朵未曾听见，人心也未曾想到的。"①因为属世的眼睛无法看见，属世的耳朵无法听见，属世的心无法明白那荣耀；但在天国里，上帝将使圣徒的眼睛、耳朵和心都能感受那荣耀，不然他们又如何能享受它呢？人的眼力越是完善，天上的美妙就越是悦人；人的胃口越是完美，天上食物就越是可口；人的听力越是完美，天上的天韵就越是动听；人的灵魂越是完善，天上的喜乐就越是令人欢欣，天上荣耀对我们来说也就越是璀璨夺目。

4. 而这安息的主要部分却是**我们最亲近地享受上帝——终极福祉**。对此，笔者若有些茫然，对自己表达的内容知之甚少，请读者不要见怪。对于我们将来如何，主既没有显给主所爱的门徒约翰看，约翰只能笼统地说，"主若显现，我们必要像他"②，就难怪笔者对此知之甚少了。我既对上帝知之甚少，对于享受他该是怎样的状况，自然也不会了解很多。我既对灵界知之甚少，对众灵之父，对自己的灵魂前去享受他时的状态，所知必会更少！我站立着俯视地上的一群蚂蚁，可以对它们一目了然；它们却不了解我——我的存在、我的本性、我的想法——何况我与它们同为受造之物；我们对伟大的造物主的认识，肯定更是微乎其微，但他对我们所有人都了如指掌！使徒保罗如同透过镜子瞥见的，让我们对将来在荣耀中要看见的，能略微有些若明若暗的了解。我如果对一个世人讲述圣徒在世上的圣洁和灵里的喜乐为何物，他是无从了解的，原因是人不在恩典之中，就无法清楚地认识恩典；如果我向他讲述天国的荣耀，他岂不更要当作天方夜谭了！然而，对圣徒谈论这些事，我就更有信心一些，因为恩典可容他们模糊地了解，并稍稍预尝到那荣耀。

人和天使若一定要探讨一语道出那安息的状态如何蒙福，那么，有

---

① 《哥林多前书》2:9。

② 《约翰一书》3:2。

什么能与"最亲近地享受上帝"的更佳表达方式相比呢？基督有一句话曾带给信徒满足的喜乐！他说："父啊，我在哪里，愿你所赐给我的人也同在那里，叫他们看见你所赐给我的荣耀。"①这字字都充满着生命与喜乐。所罗门的荣耀若能让示巴女王如是说，"你的臣子、你的仆人常侍立在你面前听你智慧的话，是有福的"②；那么，常侍立在上帝面前、目睹上帝和羔羊的荣耀的人，岂不更是福乐无边？对这些人，基督要"将生命树的果子赐给他吃"，也"必将那隐藏的吗哪赐给他"。③而且，基督还要叫他们在他父的殿中做柱子，他们也必不再从那里出去。他还要将上帝的名和上帝之城的名——这城就是从天上、从他父那里降下来的新耶路撒冷——还有他的新名写在他们身上。④不仅如此，基督还要赐他们在他的宝座上与他同坐！经上说："这些人是从大患难中出来的，曾用羔羊的血把衣裳洗白净了。所以，他们在上帝宝座前，昼夜在他殿中侍奉他。坐宝座的要与他们同住。宝座中的羔羊必牧养他们，领他们到生命水的泉源，上帝也必擦去他们一切的眼泪。"⑤瞎眼而受蒙蔽的世人啊！你能向我们展示如此的荣耀吗？那是我们上帝的城，在那里，上帝的帐幕就在人间，他要与我们同住，我们要做他的子民，上帝要亲自与我们同在，做我们的上帝。⑥那里有上帝的荣耀光辉照耀，又有羔羊为那城的灯。⑦那里没有地上的咒诅，只有上帝和羔羊的宝座在其间；他的仆人们将在那里侍奉他，也要见他的面，他的名字必写在他们的额上。⑧这些话是真实可信的，也是必要快成的事。⑨

---

① 《约翰福音》17:24。
② 《列王纪上》10:8。
③ 《启示录》2:7，2:17。
④ 《启示录》3:12。
⑤ 《启示录》7:14—15；7:15，7:17（中文和合本中译作："坐宝座的要用帐幕覆庇他们"）。
⑥ 《启示录》21:3。
⑦ 《启示录》21:23。
⑧ 《启示录》22:3—4。
⑨ 《启示录》22:6。

如今，我们也可以像米非波设那样说："只要我们的主平安地回来，任凭这世界将一切取去也可以。"①因此，已经称义的人哪，你要在主里欢喜快乐，与他的仆人大卫同声唱和："耶和华是我的产业，是我杯中的份；用绳量给我的地界，坐落在佳美之处；我的产业实在美好。我将耶和华常摆在我面前，因他在我右边，我便不至摇动。因此，我的心欢喜，我的荣耀快乐；我的肉身也要安然居住。因为你必不将我的灵魂撇在阴间，也不叫你的圣者见朽坏。你必将生命的道路指示我。在你面前有满足的喜乐，在你右手中有永远的福乐。"②若不是上帝早在我们出世之前就说了这些话，我们这样想、这样说会是怎样的僭妄啊！若不是圣经有此明示，我今生今世都不敢想，圣徒蒙恩受拣选乃是上帝明明白白的真理。若不是上帝亲口说，圣徒是他的儿女——对他倾诉、与他团契、住在他里面、他也住在我们里面，我们这样讲又会是何等大的不敬啊！若不是出自上帝之口，我们又岂敢想"圣徒要发出大光来，像太阳一样"，"与基督同作后嗣"，③审判世人，坐在基督的宝座上，与基督和天父合而为一呢！上帝既说了，岂会不做？他的应许既发出，岂会不兑现？一定会的，因为耶和华上帝诚实无伪，所以他必将对基督乐意荣耀的人成就自己的应许。

基督徒啊，你当欢欣鼓舞，因为你与上帝相近的日子已近在咫尺，那时你想与上帝有多么亲近，就有多么亲近。你要生活在他的家庭里。这难道还不够？就是在上帝的殿里看门，也强于住恶人帐棚。④你将永远在他面前侍立，侍立在他宝座的左右，与他同在一室，在与他同在的内室中。你还想与上帝更亲近吗？你要做他的儿女，他要做你的父；你将承受他的国；不仅如此，你还要成为他儿子的配偶。你仍想与他更亲近

---

① 参见《撒母耳记下》19:30。
② 《诗篇》16:5—11。
③ 《马太福音》13:43；《罗马书》8:17。
④ 参见《诗篇》84:10。

吗？你将成为他儿子身上的肢体；他要做你的头；你要与他合一，他又与父合一，正如主亲自为你向他父代求的那样："使他们都合而为一。正如你父在我里面，我在你里面，使他们也在我们里面。你所赐给我的荣耀，我已赐给他们，使他们合而为一，像我们合而为一。我在他们里面，你在我里面，使他们完完全全地合而为一，叫世人知道你差了我来，也知道你爱他们如同爱我一样。"①

5. 我们还必须补充的是，**这安息包括圣徒全身心地、幸福而永久地享受上帝**。安息不像是安放好的石头，只要找到重心就再也不动。圣徒的身体必将发生巨变，不再是不能承受上帝国度的血肉之躯，却要成为有灵性的身体。②那将来的形体不是我们播种的，而是上帝随自己的意思赐给我们的，并叫各等子粒各有自己的形体。③恩典若能使基督徒较昔日判若两人，得以这样说，"我可不是从前那个人了"，那么未来的荣耀难道不会让我们发生更大的改变吗？我们的灵体将在高过太阳之荣耀中，怎样强过这软弱、恶臭、病态的血肉之躯，我们的感受力也将怎样超越我们现有的感受力。毋庸置疑的是，上帝将怎样提升我们的感受力，增强其能力，他也会怎样提升我们所能感受的幸福，并将用他自己全然充满我们的感受。可以肯定的是，若不是为让圣徒的身体得以分享他的荣耀，上帝就不会让这些身体复活，并永远长存了。圣徒的身体既在基督的顺服和受苦上有分，将来也必在蒙福上有分。基督赎买的是圣徒的全人，所以圣徒全人都将在这赎买来的永恒福分中有分。圣徒得荣耀的身体将有着何等蒙福的用途啊！他们将侍立在上帝和羔羊的座前，不停地称颂："我们的主，我们的上帝，你是配得荣耀、尊贵、权柄的，曾被杀的羔羊是配得权柄、丰富、智慧、能力、尊贵、荣耀、颂赞的。因为你用自己的血从各族、各方、各民、各国中买了人来，叫他们归于上

---

① 《约翰福音》17:21—23。
② 《哥林多前书》15:50；《哥林多前书》15:44。
③ 《哥林多前书》15:37—38。

帝。哈利路亚！救恩、荣耀、权能都属于我们的上帝。哈利路亚！因为主我们的上帝，全能者作王了。"①各位基督徒，这是何等蒙福的安息啊！这安息似乎又是没有停歇的，因为经上说："他们昼夜不住地说：'圣哉！圣哉！圣哉！耶和华上帝是昔在、今在、以后永在的全能者！'"②如果连圣徒的身体都有如此美好的用途，他们的灵魂又将会怎样投入到对上帝和羔羊的侍奉中去啊！灵魂的能力和容量既最大，其活动的强度也必最强，其享受也必是最幸福的享受。正如人身体的感官若是行为得当，就能因此感受、享受其对象一样，灵魂同样能因其行动而靠认识、记忆、爱慕、悦人的喜乐来享受其对象。这是灵魂的享受。它是靠着这些"眼"去观看，靠着这些"手"去拥抱其对象的。

认识本身就能予人以满足感。理性灵魂如何优于感性灵魂，哲人发现自然奥秘、获知物性神奇的乐趣，也如何优于酗酒、宴乐、好色之徒的乐趣。真理既如此引人入胜，那么认识真理之主上帝又该怎样令人喜悦呢！人类灵魂的认识能力是何等的卓越！它使人足以环游地球，测知太阳、月亮、星球及太空，在多年前精确地预知每次日食、月食发生的时刻。而人类灵魂的至为卓越之处却在于，它可以认识那无限的上帝，他创造了万物——今世的只是其中一小部分，来世的则比这多得多。我们值得称颂的主万分地智慧、恩慈！他所创造的认知能力自来就有着倾向于真理、向往真理的特性，并将真理视为自己寻求的目标。基督徒啊，当你久久地仰望天国，能瞥见主基督时，你有时难道不像保罗那样同感上到第三层天，不知灵魂在身内抑或身外，见到那无法言说的景象吗？③你难道不会像彼得那样情不自禁地说："主啊，我们在这里真好！"④"但愿我能住在这山上，能永远望着面前的景象！"你难道不曾长

---

① 《启示录》4:11，5:12，5:9，19:1，6。
② 《启示录》4:8。
③ 参见《哥林多后书》12:2—4。
④ 《马太福音》17:4。

久地仰望那"公义的日头"①，直到因他令人惊异的光辉而感到目眩？其光辉难道不曾令地上的一切在你面前变得阴沉暗淡？尤其是在为基督受苦的日子里，主常会极清楚地向属他的人显现，你难道不曾看到有一位像神子，在烈火中与你同行？基督徒啊，请你相信我，更请你相信上帝；你今生在基督里对上帝的认识再多，与你将来对他的认识相比也是微不足道的；你今生的知识与将来的相比，甚至根本称不上是知识。因为，正如我们今世的身体将会完结一样，我们今世的知识也会完结，代之以更为全备的知识。经上说："知识也终必归于无有。我们现在所知道的有限，等那完全的来到，这有限的必归于无有了。我作孩子的时候，话语像孩子，心思像孩子，意念像孩子；既成了人，就把孩子的事丢弃了。我们如今仿佛对着镜子观看，模糊不清，到那时，就要面对面了。我如今所知道的有限，到那时就全知道，如同主知道我一样。"②因此，基督徒不要以"认识上帝，并认识耶稣基督，这就是永生"③这话为奇。享受上帝和基督乃是永生，而灵魂的如此享受皆寓于对上帝和基督的认识之中。那些只懂得享受世事，听信世人之言的人，以为认识上帝不足为乐。但正如经上所说："我们知道我们是属上帝的，全世界都卧在那恶者手下。我们也知道，上帝的儿子已经来到，且将智慧赐给我们，使我们认识那位真实的，我们也在那位真实的里面，就是在他儿子耶稣基督里面。这是真神上帝，也是永生。"④

记忆在这蒙福的享受中也不会闲置无用。圣徒从那高处既能回望往事，也能瞻望未来。将今昔的诸事加以比较，蒙福的灵魂对自己的景况必生出不可思议的评价与感受。伫立山巅，世间的旷野和天上的迦南皆历历在目。身在天国而回望世间，并将两者做比较、评判，怎能不叫圣

---

① 《玛拉基书》4:2。
② 《哥林多前书》13:8—12。
③ 《约翰福音》17/:3。
④ 《约翰一书》5:19—20。

徒的灵魂狂喜并感叹:"这一切不是基督宝血的重价换来的吗?无怪乎,那屈尊降世者是配得称颂的,那设立救恩的万爱之源则更是加倍配得称颂!这不正是我们信心的依归吗?这不正是圣灵工作的目的吗?难道不是上帝恩典的飓风将我吹进了如此美好的港湾?基督吸引我的灵魂,岂不就是为了把我带到这里?这道路是何等的有福,那目标则更是双倍的有福!这岂不就是圣经所说的,传道人频频传扬的荣耀吗?我看到那福音实在是大好的消息,它其实是关乎天上的安息和美事的消息,是传给万国的关乎他们大喜乐的消息!我昔日的哀伤、我昔日的禁食、我昔日痛苦地受辱、我昔日步履沉重,不都归结为眼前的荣耀吗?我的祈求、谨守、怕犯罪,不也有了眼前的结果吗?我的所有苦难、撒旦的所有试探、世人的所有嘲笑讥讽,岂不也以此为结果?可卑的人性啊,你曾长期、顽梗地抗拒眼前的祝福!不配的灵魂啊,这难道就是你百般不愿来的地方?属灵的功课可曾令你厌倦?世界可曾令你难舍?放下一切、舍弃一切、为此受苦,不曾难上加难吗?你竟不愿死去以达至如此境界?你这诡诈的心啊,险些把我出卖到永火里去,错失这无比的荣耀!我的灵魂啊,你此时难道不羞愧?你竟曾质疑那将你带到这里的爱?你竟对你主的信实心存疑虑?在本该怀疑自己的事上,你竟怀疑他的爱?你竟消灭圣灵对你的感动?你竟错解上帝的旨意,对他以眼前的一切为目标的道路怨声载道?如今你才心悦诚服,你的救主是为要救你,在他赐下渴望时如此,在他阻拦你的私欲时亦如此;在他包扎你心灵的伤口时如此,在他破碎你的心时亦如此。如今你得了冠冕,这并不归功于你不配的自我,荣耀归于耶和华和羔羊,直到永远。

那时圣徒全然、亲近而幸福地享受的乃是上帝的**慈爱**。圣经告诉我们:"上帝就是爱,住在爱里的,就是住在上帝里面,上帝也住在他里面。"①可怜的灵魂眼下常抱怨说:"我要是能更爱基督该有多好!"到那

---

① 《约翰一书》4:16。

时，除爱他之外你别无他想。今生你对主如何可亲可爱知之甚少，所以对他的爱也甚少；到那时，你亲眼所见将感动你的心，眼前绝伦的美景会让你的心常因爱而陶醉。基督徒啊，每当记起你所经历的主爱，即便今天不也会激起你对他的爱？主的恩慈，是否常使你的心融化，他圣洁、良善的光辉，是否常使你冰冷的心感受到温暖？到那时，你必住在爱里，在他里面享有一切，因为他就是一切，那时你的心又将会怎样？爱，既是工作，也是工价。上帝那时会让我们尽情地爱他，曾拥抱情欲和罪的灵魂，那时将亲热地拥抱上帝，那会是何等大的赏赐啊！不仅如此，上帝总是以爱回报对他的爱，且是千百倍地回报。基督徒啊，那时你的心将被爱充满着；倾心地爱上帝，上帝则必千百倍地爱你。他儿子的双臂既在十字架上展开，容罪人用长枪刺穿他的心；在荣耀中，他又怎会不向你敞开他的双臂和他的心呢？他爱你难道不是在你爱他以先，这爱到时岂会停止？当初他爱你时，你岂不是他的仇敌、罪人，连你自己都厌恶自己？你在舍己时，离弃的不正是你的自我吗？到那时，你既是他的儿女，一个得完全的圣徒，能以些许的爱回报他的大爱，他岂不更要爱你无限？曾因爱而为行将毁灭的旧耶路撒冷哭泣的主，那时将怎样地因爱荣耀中的新耶路撒冷而欢喜快乐啊！

　　圣徒啊，请你相信如此，并思想以下的事：你将永远地被那无始无终之大爱的膀臂环绕；正是这爱，将上帝的爱子从天上带到地上，从地上带到十字架上，从十字架上带到坟墓里，又从坟墓里带到荣耀中；正是这爱，曾在世间备受劳苦、饥饿、试探、嘲弄、鞭打、掌击、唾骂、被钉十架、受枪刺之苦；正是这爱，曾为我们禁食、祷告、谆谆教诲、哀哭、流汗、流血，乃至于死；正是这爱，将永远地怀抱着你。到受造者的完全之爱与非受造者的极致完全之爱相会时，绝不会像约瑟与兄弟重逢时那样，伏在对方的颈项上哭泣；那将是为爱而有的欢乐，而不是为爱而悲戚。是的，那时这消息必传入撒旦的宫里，说约瑟的弟兄们来了，说圣徒们已安抵基督的怀中，远离了地狱之险。那爱也不像大卫与约拿单的爱，他们的爱以被迫分离的悲哀告终。信徒啊，你要知道这一事实，让这成为你永远的安慰——上帝慈爱的膀臂一旦揽住你，罪和地狱就永远不能从那膀臂中将你夺去。那时，你无须再与无常的受造界打交道，与你交往的将是那位"没有改变，也没有转动影儿"的众光之父。①他的爱绝不会像你在世上对他的那样稀少、淡漠，且忽高忽低。无论你曾对他有多少敌意，曾多么无情地冷落他，多么粗暴地抗拒他，都不曾令主停止爱你；在他把你变得真正可爱之后，又怎会反而不再爱你呢？那使你对他忠贞不贰，即使遭受患难、困苦、逼迫、饥饿、赤身露体、危险、刀剑，也不能使你与他的爱隔绝的主，②他自己的爱岂不更将始终不渝！你可以切实地"深信无论是死，是生，是天使，是掌权的，是有能的，是现在的事，是将来的事，是高处的，是低处的，是别的受造之物，都不能叫我们与上帝的爱隔绝"③。这样，我们岂不只能像使徒保罗那样感叹："既是如此，还有什么说的呢？"④无限的爱对有限者而言，必然是琢磨不透的奥秘。难怪就连"天使也愿意详细察看这些事"⑤。而圣徒们若在世上就仔细察看，为要"明白基督的爱是何等长阔高深，知道这爱是过于人所能测度的"⑥，他们永恒的安息就必因爱而寓于对上帝的享受之中。

圣徒在安息的享受中，喜乐也占有极大的成分。以上谈到的一切导致的正是喜乐，也以喜乐为结果；喜乐且是蒙福之人因所见、所识、所爱、被爱而得的难以想象的满足。它是上帝所赐的那"白石，除了那领受的以外，没有人能认识"⑦。这喜乐是外人完全无法干预的。基督所有

---

① 《雅各书》1∶17。
② 《罗马书》8∶35。
③ 《罗马书》8∶38—39。
④ 《罗马书》8∶31。
⑤ 《彼得前书》1∶12。
⑥ 《以弗所书》3∶18—19。
⑦ 《启示录》2∶17。

怜悯的作为导致的都是圣徒的喜乐，也是以他们的喜乐为目的。他哭泣、他忧伤、他受苦，都是为圣徒们能喜乐；他差来圣灵做他们的保惠师；他反复地应许，又向他们揭示未来的福乐，为的都是他们的喜乐可以得到满足。①他为他们开活水之泉，是为让他们不再口渴，让这活水直到永生中也在他们里面喷涌。他管教他们，是为将安息赐给他们。他将常在他里面喜乐当成他们的功课，并再三嘱咐他们要喜乐。②他从不让他们进入过分恶劣的境地，总是让他们有理由喜乐，而不是忧愁。在世上，主岂不也念念不忘让我们得安慰吗？到我们的灵魂为喜乐全然做好准备，基督也为灵魂预备好喜乐的时候，那喜乐又将是怎样的呢！永远的喜乐那时将是我们的工作，我们的日常事务！我们的喜乐看来将大于受咒诅者所受的折磨，因为他们的折磨是被造者的折磨，是为魔鬼及其使者预备的，而我们的喜乐是我们主的喜乐。父赐给子的同一荣耀，子已赐给了圣徒，他们将在主的宝座上与他同坐，正如他在父的宝座上与父同坐一样。③可怜的灵魂啊，你祷告祈求喜乐，等候着得喜乐，抱怨没有喜乐，你渴望有喜乐；到那时，你的喜乐将依照你的承受能力而满足你，甚至超过你心中所愿、所求。此时，你却要谨慎而行，时常警醒，让上帝量给你应得的年日及喜乐的程度。他也许会将这喜乐留到你更需要它的时候。你失去安逸，好过于失去救恩的保障。纵令你满心恐惧地在痛苦中死去，那也仅是瞬间的事，恐惧、痛苦都会消失殆尽，取而代之的是难以想象的喜乐。正直人的惧怕只是暂时的，正如假冒为善者的快乐是暂时的一样。上帝的"怒气不过是转眼之间，他的恩典乃是一生之久。一宿虽然有哭泣，早晨便必欢呼。"④永生将是何等蒙福的早晨啊！可怜，卑微而萎靡不振的灵魂啊，若是从天上有声音告诉你，上帝

---

① 参见《约翰福音》16:11。
② 参见《腓立比书》4:4。
③ 参见《约翰福音》17:22；《启示录》3:21。
④ 《诗篇》30:5。

爱你，赦免了你的罪，保证你在那喜乐中有分，你会怎样地满心欢喜！而当你确知这喜乐是属于你的，且在你清楚意识到之前就在天国里了，那时你的喜乐又该是怎样的啊！

　　这不仅是你自己的喜乐而已，这喜乐且是与上帝**同乐**，正如爱是你与他彼此相爱一样。你信主时，天上就曾为你欢喜，①到你得荣耀时，天上难道反会没有欢喜？众天使难道不会在那里迎候你，庆贺你的安全抵达吗？是的，这乃是耶稣基督的喜乐，因为我们得喜乐之时，正是他替我们担当、劳苦、受难、受死的目的达到之日；那时，他"要在他圣徒的身上得荣耀，又在一切信的人身上显为希奇"；②那时，"他必看见自己劳苦的功效，便心满意足"。③这就是基督的收获，劳力的农夫那时便得了粮食；④因这收成，他并不为自己受难后悔，反要为他赎买来的产业而欢喜不尽，他的圣徒也要在他里面欢喜快乐。不仅如此，天父自己也必因我们的喜乐而加倍地喜乐。正如我们让他的圣灵担忧，我们的罪孽叫他厌烦那样，我们得福分也将同样令他欢喜。在世上，他是怎样从很远之处就望见归来的浪子，又是怎样急切地跑去迎接他！他以怎样的慈怜之心抱着儿子的颈项亲吻他，把上好的袍子穿在他身上，把戒指戴在他指头上，把鞋穿在他脚上，又为他杀了肥牛犊，吃喝快乐！⑤这固然是快乐的重逢，却无法与那最后大团圆时的拥抱、欢乐相比。不止如此，正如他与我们同爱、同乐一样，他还将此看作自己的安息，同时也是我们的安息。到救赎、成圣、保守、荣耀的大工均已永远而完美地完成之时，那将会是怎样的安息日啊！"耶和华你们的上帝是施行拯救、大有能力的主。他在你中间必因你欢欣喜乐，默然爱你，且因你喜乐而欢呼"。

---

① 参见《路加福音》15:7。

② 《帖撒罗尼迦后书》1:10。

③ 《以赛亚书》53:11。

④ 《提摩太后书》2:6。

⑤ 参见《路加福音》15:20—24。

①那时，我们将在我们的上帝里面尽情欢喜，在我们的爱中得安息，在他里面快乐欢歌。

　　我战兢的心让我几乎不敢再写下去。我仿佛听见那全能者的声音在对我说："谁用无知的言语使我的旨意暗昧不明？"②主啊，只求你宽宥你的仆人。我虽没有窥探那些未经启示之事，却只能哀叹自己的悟性太迟钝，头脑太平庸，情感太麻木，表达能力太低下，远远无法与偌大的荣耀相称。如今，我只是耳闻。求你让你的仆人能面见你，拥有这喜乐；那时我才能得到更贴切的概念，才能更充分地荣耀你；那时，我会鄙视时下的自己，鄙视自己眼下所有的亏欠。的确，"我所说的是我不明白的，这些事太奇妙是我不知道的"。③只是"我因信，所以如此说话"④。主啊，除轻率之外，你还能寄望于尘土什么？除污秽之外，你又能寄望于败坏什么？软弱与不敬虽是我自己败坏的恶果，而这火却是从你的祭坛而来，这工作却是奉你之命而做。我不曾向你的约柜里面窥探，也不曾在没有你吩咐时伸手去扶约柜。求你用羔羊的血洗净这些污秽。地上对你没有亏欠的侍奉根本不可能存在。求你接受你爱子对此的解释吧："心灵固然愿意，肉体却软弱了。"⑤

---

① 《西番雅书》3:17
② 《约伯记》38:2。
③ 《约伯记》42:3。
④ 《诗篇》116:10。
⑤ 《马太福音》26:41。

第二章
对圣徒安息的四项重要预备

本章提要　　为圣徒进入安息预备道路的主要有四件大事：1. 基督荣耀地显现；2. 使死人总体复活；3. 施行最后的审判；4. 授圣徒以冠冕。

如今，通向天堂之路不再像律法和咒诅掌权的时代那样，是封住的了。亲爱的基督徒，我们因此要找到主给我们开的那条路，这路"又新、又活，从幔子经过，这幔子就是他的身体"；我们借此"得以坦然进入至圣所"，能有更充分把握地来到上帝面前；①我们还要看到，那把发火焰之剑②已被移除，我们又能望进上帝的乐园了。因我知道这绝不是禁尝的果子，而是可作食物的果子，可悦人灵里的眼目，它也是一棵能叫人有真智慧、真快乐之树，极其令人向往；所以，我要靠着圣灵的帮助，不仅自己摘下来吃，且要尽我的能力给你们大家吃，让你们也能受用。这殿的廊子十分辉煌，那殿的门叫作"美门"。以下是作为这廊之房角的四件事：

1. 上帝的爱子在大荣耀中再临、显现，这完全可以算作他子民的荣耀。因为上帝的爱子正是为了他们的缘故，曾降世为人、受难、受死、复活、升天；他再来也定是为了他们的缘故。基督再来是要收取子民归给他自己，他在哪里，叫他们也在那里。③新郎不是因离婚而离去，他也

---

① 《希伯来书》10:19—20，22。

② 《创世记》3:24。

③ 《约翰福音》14:3。

不是要离开我们,一去不返。他留下的信物足以让我们确信事情并非如此。我们有他的话语、他的诸多应许、他的圣礼,表明他的死,直等到他来;①我们又有他的圣灵指引我们、安慰我们、使我们成圣,直等到他回来。我们时常得到他爱的明证,向我们显明他并未忘记自己的应许,也没有忘记我们。我们每天都可见到他要来的先兆。我们既看见无花果树长叶,便知道夏天近了。②尽管放纵的世人说"我的主人必迟来",圣徒却要翘首仰望,因为他们得赎的日子近了。③基督徒弟兄姐妹们,主若果真不再来,我们如何是好啊?我们被留在怎样不堪的情况之下?难道他会让我们置身在世上的狼群、狮子群、毒蛇种类中间,而忘记我们?难道他以重价赎买了我们,却任我天天犯罪、受苦、叹息,然后死去,而不回来接我们?那是绝对不可能的事。那岂不是像我们对基督一样冷酷无情了吗?我们在世上稍觉温暖就不再亲近他,可基督对我们却不像是那样。他既甘愿降世受苦,就必定会凯旋再来。他既甘愿降世赎买我们,就必定会再来得到我们。若非如此,我们所有的盼望又何在?若非如此,我们的信心、我们的祷告、我们的流泪、我们的等候又会遭遇怎样的下场?若非如此,圣徒的一切忍耐有何价值?若非如此,我们岂不是落得比别人更悲惨?诸位基督徒啊,基督不是让我们撇下整个世界吗?他又怎会将我们撇给这世界呢?他不是让我们厌弃一切,又怎会容我们被所有的厌弃呢?这样做岂不都是为了他的缘故,为让我们得到他,而不是他以外的一切吗?难道你以为在所有这些之后,他竟会忘记我们,离弃我们吗?让这种想法远远地离开我们的心吧!可当初他在地上时,为何不留下来陪伴他的子民呢?你问为什么?难道他在地上的工作没有完成?难道他不必去为我们得荣耀?难道他无须向父替我们代求,无须让人知道他在受苦(plead his sufferings),无须充满圣灵,又差他来,无

---

① 《哥林多前书》11:26。
② 参见《马太福音》24:32。
③ 参见《路加福音》21:28。

须取得权柄，以征服他的仇敌吗？我们世上的居所不会长久。假若他留在地上，我们只能享受他不多时日便死去，又如何是好？而且在天上，还有更多的子民与他同住，其中还包括历代圣徒的灵。他要我们凭着信心，而不是凭眼见活在地上。①

基督徒弟兄姊妹们，主亲自从罪孽、众罪人及坟墓的禁锢中将我们释放的那一天，将是怎样的日子啊！他来时不会再像他第一次降临时那样，受贫穷、受蔑视、被吐唾沫、被击打，以致被钉十字架。对主漫不经心的世人啊，到他再来时，你就再也无法轻视他，忽略他了。他再来时必满带着荣耀。天使天军为庆贺主的降生时都不能不赞美上帝，到那日，天使和圣徒又当以怎样的欢呼，将荣耀归与上帝，将平安、喜悦归给人啊！② 博士们看见一颗星，就从遥远的东方前来朝拜那马槽中的婴孩，他再临时整个世界又当怎样承认他是王啊！他骑着驴都曾在"和散那"的欢呼声中进入耶路撒冷，到他临到新耶路撒冷时，将会带来怎样的和平与荣耀啊！他在取了奴仆的形象时，众人都会惊呼："这是怎样的人，连风和海也听从他了？"③到众人看见他在荣耀中降临，连天地都听从他时，又会怎样说呢？经上告诉我们："那时，地上的万族都要哀哭。"④以恐惧之心看待、谈论那日子，对于不知悔改的罪人来说，是适宜的。可对于笃信的圣徒来说，就不适宜了。罪人望见主必将哀哭，说："那不正是我们轻慢其宝血，抵挡其恩典，拒绝其忠告，不服其带领的那一位吗？"而圣徒却怎能不以无比的快乐欢呼："那正是曾用宝血救赎我们，用圣灵洁净我们，用他的律例典章带领我们的那一位啊！我们曾经信靠他，他也从未辜负过我们的信靠；我们曾经长久地等候他，今天终于知道我们的等候不是徒然的！噢，受咒诅的败坏曾极力让我们信

---

① 参见《哥林多后书》5:7。
② 参见《路加福音》2:13—14。
③ 《马太福音》8:27。
④ 《马太福音》24:30。

靠世界和眼前的事,还说:'何必无休止地等候主呢?'如今我们看到,凡等候他的都是有福的。"①基督啊,我们眼下难道不该热诚地"求你的国度降临"吗? 圣灵和新妇都说:"来!"听见、读到的人也该说:"来!"我们的主则亲口告诉我们说:"是了,我必快来。"阿们! 主耶稣啊,我愿你快来!②

  2. **另一通向天堂的乃是耶稣基督使人的身体从尘土中复活,并让这身体与灵魂复合的伟大作为**。这是上帝无限能力与慈爱的奇妙功效! 不信的人会说:"这若是真的,那才怪了,散佚的骨头和尘灰怎能再变成人呢?"让我怀着敬畏之心,向上帝祈求那使我复活的伟大能力。你可曾想过,是什么支撑着陆地广袤的实体? 是什么在为汪洋大海限定水域? 涨落不止的潮汐从何而来? 光芒四射的太阳比整个地球大多少倍? 对上帝而言,死人复活岂非和从无到有造天地同样易如反掌? 我们不要只盯住尸骨、灰尘和困难不放,却要放眼于上帝的应许。作为基督徒,我们当放心将自己死后的遗体交给尘土,那牢狱不能长久地囚禁我们的身体。我们尽可以平安地躺卧、安息,因为前面不是无休止的长夜,我们也不会永远长睡不醒。你担心的若是复活时会赤身露体,岂不知,那时你会穿着华美的衣裳。你担心的若是复活后流离失所,请不要忘记保罗的话:"我们这地上帐棚若拆毁了,必得上帝所造,不是人手所造,在天上永存的房屋。"③你要欣然将这朽坏之躯留在身后,因为你再次得到必是永不朽坏的身体。你要潇洒地将这属世的、属血气的躯体留在身后,因为你再次得到的将是属天、属灵的身体。你放弃这身体时虽伴随着莫大的羞辱,然而你要在荣耀里赢得新的身体。你虽因软弱而与自己的旧身体分离,却要在大能中复活,正如保罗所说:"就在一霎时,眨眼之间,号筒末次吹响的时候;因号筒要响,死人要复活,成为不朽坏的,我们

---

① 《以赛亚书》30:18。
② 《启示录》22:17、20。
③ 《哥林多后书》5:1。

也要改变．"①"那在基督里死了的人必先复活。以后我们这活着还存留的人必和他们一同被提到云里，在空中与主相遇"。②基督徒啊，你现在就可以因这些应许而欢欣，因为再过几许，你就要欢庆这应许的兑现了。那就是我们的主必成就的日子，我们要在那日子里欢喜庆幸。那坟墓既锁不住我们的主，就也锁不住我们。他曾为我们而复活，凭着同样的大能，他也必让我们复活。"我们若信耶稣死而复活了，那已经在耶稣里睡了的人，上帝也必将他们与耶稣一同带来"。③所以，我们切不可眼睛只盯着坟墓，却要越过坟墓看到未来的复活。而且，我们"务要坚固，不可摇动，常常竭力多做主工，因为知道你们的劳苦，在主里面不是徒然的"。④

  3. 圣徒安息的序幕还包括接受公开而庄严的审判过程。在审判席前，圣徒首先将被判无罪、被判称义，然后他们将与基督一同审判世界。从创世起直到那日，各族各民，不分长幼，都必须前来接受基督的判决。这是何等可怖，又是何等可喜的日子啊！对于忘记自己的主要再来的人来说，它是可怖的；对于等候、盼望见到那一日的圣徒来说，它是可喜的！那时，全体世人都将领略上帝的恩慈和严厉；对于即将灭亡之辈，他是严厉的；对于他所拣选的，他满有恩慈。人人都必须将自己所经管的交代明白。⑤人人都必须就上帝所赐的时间、健康、才能、怜悯、苦难、赐恩手段、提醒等一一交账。就连他们早已忘记的少时的罪、暗中犯的罪，也必在天使和众人面前展露无遗。世人将看到，坐在那里审判他们的正是主耶稣，他们曾忽视他，不顺从他的话，辜负他的牧养，恨恶他的仆人。到那时，他们自己的良心将会大声谴责他们，使他们记起自己

---

① 《哥林多前书》15:52。
② 《帖撒罗尼迦前书》4:16—17。
③ 《帖撒罗尼迦前书》4:14。
④ 《哥林多前书》15:58。
⑤ 参见《路加福音》16:2。

的一切过犯。到那时，可怜的罪人能向谁求助呢？谁能体会他内心的恐惧呢？到那时，世界已帮不了他，旧日的伙伴也帮不了他，圣徒既帮不了也不愿帮他。唯有主耶稣能帮他，不幸的是，他不愿意。罪人啊，曾几何时，基督满心情愿要帮你，可你不愿接受他的帮助；而如今你不得不求助于他，他却不愿再帮你了。你就是"向山和岩石说：'倒在我们身上吧！把我们藏起来，躲避坐宝座者的面目'"①，也无济于事了，因为你一向抗拒那高山、岩石的主，它们听从的是主的，而不是你的命令。因此，我要在上帝和将要审判活人、死人的主耶稣基督及其国度面前，奉劝你认真思考这些事。

谦卑、蒙恩的灵魂啊，你又何必胆战心惊呢？那位不愿使哪怕挪亚一人在洪水中丧生，又在所多玛的倾覆时不曾疏忽哪怕一个罗得，不到他离开就不行毁灭的主，到那日怎会忘记你呢？"主知道搭救敬虔的人脱离试探，把不义的人留在刑罚之下，等候审判的日子。"②他知道如何在那一天使他的仇敌惊惶万状，又让他的子民欢乐无比。"那些在基督耶稣里的，就不定罪了。律法的义成就在我们这不随从肉体，只随从圣灵的人身上。谁能控告上帝所拣选的人呢？"③是律法吗？经上说："那赐生命圣灵的律在基督耶稣里释放了我，使我脱离罪和死的律了。"④是良心吗？经上说："圣灵与我们的心同证我们是上帝的儿女。有上帝称他们为义了，谁能定他们的罪呢？"⑤既然我们的审判者不定我们的罪，又有谁能定我们的罪呢？是主曾对行淫之妇说："没有人定你的罪吗？我也不定你的罪。"当他说"众人虽拒绝你，为你定罪，我却不会"时，则比彼得对主说此话信实可靠得多。⑥主对你我的应许是："凡在人面前认我的，

---

① 《启示录》6:16。
② 《彼得后书》2:9。
③ 《罗马书》8:1, 4, 33。
④ 《罗马书》8:2。
⑤ 《罗马书》8:16, 33—34。
⑥ 参见《马太福音》26:33。

我在我天上的父面前也必认他。"①

审判我们的将是我们亲爱的主,他爱我们的灵魂,也是我们的灵魂所敬所爱的那一位,这对我们来说是怎样无可比拟的大喜事啊!审判你的若是你最亲密的朋友,你如何会感到害怕?妻子如何会因受丈夫的审判而惊慌呢?基督徒啊,基督难道不曾降世为人,为你受苦、哀哭、流血、受死吗?到那时他怎会定你的罪呢?他不是曾替你受审、获罪、受死吗?到那时难道他还会定你的罪?他救赎你,使你重生、成圣并保守你的工作岂不是几近完成,到那时,他难道会让所有这些化为乌有?因此,到那日我们绝对无须惊恐,且可以确信,我们的主对我们不会有一丝敌意。到那日,让魔鬼战栗,让拒不悔改的罪人战栗吧,我们却要为那日欢呼雀跃。在我们欢喜快乐之时,却看到多数的世人处于恐惧战兢之中;在我们被宣告为国度的承受者的同时,②却听到世人被判进入永火;眼见我们本城的邻里、一同聚会的、住在同一屋檐下的人、在世上比我们有名望的,此时被鉴察人心的主永远地分离出去,悲悯、庆幸之情必定会深深地打动我们。一定是在那日壮观而慑人的异象中,使徒保罗才悲悯地感慨道:"上帝既是公义的,就必将患难报应给那加患难给你们的人;也必使你们这受患难的人与我们同得平安。那时,主耶稣同他有能力的天使从天上在火焰中显现,要报应那不认识上帝和不听从我们主耶稣福音的人。他们要受刑罚,就是永远沉沦,离开主的面和他权能的荣光。这正是主降临,要在他圣徒的身上得荣耀,又在一切信的人身上显为希奇的那日子。"③

况且,我们非但与那审判带来的恐惧无缘,还要成为审判者。基督将率领子民同他一起行使他的权柄,他们将坐着认同基督公义的审判。经上写着:"岂不知圣徒要审判世界吗?"还写着:"岂不知我们要审判天

---

① 《马太福音》10:32。
② 参见《雅各书》2:5。
③ 《帖撒罗尼迦后书》1:6—10。

使吗?"①若非基督这样说,如此擢升简直令人难以置信,听起来似乎是人在口出狂言。但就连亚当的七世孙以诺也做过如此预言,说:"看哪,主带着他的千万圣者降临,要在众人身上行审判,证实那一切不敬虔的人所妄行一切不敬虔的事,又证实不敬虔之罪人所说顶撞他的刚愎话。"②圣徒还将得管辖的荣幸:"到了早晨,正直人必管辖他们。"③但愿满不在乎的世人能"有智慧,能明白这事,肯思念他们的结局!"④但愿到他们看见"天必大有响声废去,有形质的都要被烈火销化,地和其上的物都要烧尽了"⑤的时候,仍能有现在的心境。因为"现在的天地还是凭着那命存留,直留到不敬虔之人受审判遭沉沦的日子,用火焚烧。这一切既然都要如此销化,你们为人该当怎样圣洁、怎样敬虔,切切仰望上帝的日子来到。在那日,天被火烧就销化了,有形质的都要被烈火熔化。"⑥

4. 为圣徒安息的最后一项预备则是**圣徒被庄严地授以冠冕并承受国度**。由于他们的头主基督受膏为王,为祭司,作为他身体的子民因此也要在上帝面前做王、做祭司,永不停息地献上赞美。到那日,正是主基督——那公义的审判者——要将那为圣徒存留的公义冠冕加在他们头上。因他们至死忠心,他就赐给他们生命的冠冕。⑦况且,按着他们在地上增长了的才干,他们将来治理的权限也必扩大,他们的尊位也必升高。他们的尊位并非虚名,而是真正的治权。基督将要赐他们坐他的宝座,并赐他们治理万国的权柄,正如基督从父那里领受的一样。不仅如此,他还要"把晨星赐给他"⑧。主一边亲自赐给他们产业,一边还要夸

---

① 《哥林多前书》6:2—3。
② 《犹大书》15。
③ 《诗篇》49:14。
④ 《申命记》32:29。
⑤ 《彼得后书》3:10。
⑥ 《彼得后书》3:7,11—13。
⑦ 《启示录》2:10。
⑧ 《启示录》2:28。

赞他们:"好,你这又良善又忠心的仆人,你在不多的事上有忠心,我要把许多事派你管理,可以进来享受你主人的快乐。"①

在"你们这蒙我父赐福的,可来承受那创世以来为你们所预备的国"②这庄严而蒙福的宣告中,主基督要授圣徒以冠冕。这宣告字字句句都充满了生命与喜乐。"来"——是主向我们举起金色的权杖,准许我们进入荣耀。此时你可以如愿以偿地靠近主,而无须怕受伯示麦人所受的审判,因为律例上所写攻击我们的字据已经撤去。③这"来"已不同于我们往日听到的,"背起你的十字架,来跟从我"④中的"来"字。那个"来"虽也是亲切的呼唤,而此时的"来"则更亲切得多。"你们这蒙赐福的"——主既亲口这样宣判我们,我们就实在是有福的了!原因是,尽管世人把我们看作是受咒诅的,我们也很容易这样看,然而主赐福的人必定是蒙福的,唯有他咒诅的才是受咒诅的,而且他的赐福是不可收回的。"我父"——在父的爱里、在子的爱里的人都是有福的,因为子与父原为一。⑤正如子见证了他的爱一样,父也在拣选圣徒,将他们赐给基督,更在差遣基督并接受他的赎价上,见证了自己的爱。"承受"——我们不再是奴隶,不再只是仆人,也不再是未成年的孩子——与仆人仅在名分上而不是在产业的拥有上有别;如今我们是上帝国度的承受者,和基督同做后嗣。⑥"国"——这是名副其实的国度!"万王之王"、"万主之主"正是我们的主恰如其分的位分;与他同做王,则是我们的头衔。享受那国度有如享受阳光,人人得到的都是完整的。"所预备的"——上帝既是我们的福分之始,也是我们的福分之终。他为我们预备了天国,

---

① 《马太福音》25:23。
② 《马太福音》25:34。英王钦定版圣经译作:Come, ye blessed of my Father, inherit the kingdom prepared for you from the foundation of the world. 下文依此译注释。
③ 《歌罗西书》2:14。
④ 《马可福音》8:34。
⑤ 《约翰福音》10:30。
⑥ 《罗马书》8:17。

又为天国预备了我们。这预备是为上帝的决策与命定的预备，为执行它，基督还做了进一步的预备。"为你们"——这并非只就信徒整体而言，圣徒若不是逐个的个体，就等于根本不存在；这是就你个人而言。"那创世以来"——这不仅是以亚当堕落后上帝的应许为起点，而是亘古以来就有的。

至此，我们已看到基督徒平安到达天国，并满有荣光地被带入他的安息。在下一章里，让我们再进一步巡视我们天上的住处，思想其殊荣，试看哪里有荣耀可与此荣耀相比。

第三章
圣徒安息的无比荣美

本章提要　1. 这安息是基督赎来的产业；2. 是圣徒白白得来的礼物；3. 是唯圣徒才能享有的；4. 它是圣徒与天使的会合；5. 这安息的喜乐直接来自上帝；6. 这安息来得恰逢其时；7. 这安息也来得恰如其分；8. 这安息完美而没有罪与苦；9. 它也是永恒的安息。

让我们再稍走近些，看这安息还具备哪些荣美之处。愿我们在近前观看的同时，主将我们藏在磐石穴中，用他宽厚的恩手遮掩我们。①

1. 圣徒的安息是极大的殊荣，被称为赎买来的产业，②是上帝爱子的宝血结出的硕果；也是其首要的成果，是那宝血结出的一切果子、产生之一切功效的最终目的与完善。主为我们舍命，没有什么爱比这更大的了。③在安息中，我们的救赎主近在眼前，而我们心里对主为我们受死、流血的爱那时仍记忆犹新！想到是在这流淌的宝血中，我们得以渡过世界的暴虐、撒旦的陷阱、肉体的诱惑、律法的咒诅、上帝受冒犯的震怒、愧疚良心的控告、恼人的疑惑，还有小信之心的忧惧，如今终于安然来到上帝的面前，我们的心将会充满持续不断的喜乐！眼下主向我们呼喊着："你们一切路过的人哪，这事你们不介意吗？你们要观看，有像

---

① 参见《出埃及记》33:22。

② 参见《以弗所书》1:14。

③ 参见《约翰福音》15:13。

这临到我的痛苦没有？"①我们却极少留意那悲切的声音，极少转过头来察看他的伤口。而到**那时**，我们得完全的灵魂却能感受这爱，并因这爱而心中燃起对他的挚爱之火。蒙救赎的圣徒将会以惊人的感悟能力，永久地仰望他们配得称颂的救赎主！他既是那救赎他们的，又是那赎价，也是他们的产业！那时看着他因爱而来的伤口，引起的不再是我们懊悔的伤痛。主复活后的第一句话就是对罪孽深重的罪人说的："妇人，为什么哭？"②他知道如何唤起蒙恩者的爱与喜乐，而不再是悔恨的阴云和倾盆的泪雨。我们所享有的既是用最亲密朋友的性命换来的，我们就会对它百般地珍惜！朋友临终时若将一件他爱的象征物赠给我们，我们一定会精心地收藏，此后每当看到它的时候，我们就会想起这位朋友，就像上面签着他的名字一般！我们主的死、主的血，难道不更会永远使我们得到的荣耀充满着对他爱的甜蜜吗？我们购买货物时会记下所付的价钱，同样，在我们的称义和荣耀上也将写下其重价——基督的宝血。他受难，是为满足唯有血价才能满足的公义要求，是为担当罪人本该担当的罪责，这样，他们才能重得失丧了的生命和因堕落而失去的福祉。基督救赎的作为使天父大得喜悦，父因此赋予基督权柄以提升他所拣选的人，赐他们基督自己所得的荣耀；而这一切"原是那位随己意行做万事的，照着他旨意所预定的。"③

    2. 圣徒冠冕上的另一颗明珠则是，这安息乃**无偿**的赠与。赎买而来与白白赐予，这两者是连接上帝圣殿柱顶花环的两条金链。④基督为此付上了重价，在我们却是无偿得来的。在基督的赎价面前，黄金白银相形之下都不值分文；我们的祷告、流泪，以及任何价值不及基督宝血的，也都远远不足付这赎价；我们能付出的只不过是接受的行动；这安

---

① 《耶利米哀歌》1：12。
② 《约翰福音》20：15。
③ 《以弗所书》1：11。
④ 参见《列王纪上》7：17。

息，我们是白白得来的，是千金难买的无价之宝。以感激之心接受别人为我们偿清债务，绝不等于我们自己还债。天父若白白地赐下他的独生子，爱子又白白地为我们偿清了罪债；上帝若是本可以要求我们偿还本金，却情愿接受爱子的偿付方式；我们只要诚意接受，圣父和圣子就白白赐我们赎回的生命；假若父与子又白白地差圣灵来，使我们有能力去接受；那么，这其中难道还有什么不是我们白白得来的吗？惊异地想到这一切竟是白白得来，圣徒将会怎样永远不停地赞美主啊！他们必这样感叹道："主在我内心看到了什么，竟判我适合进入如此佳境？昔日我只是可怜、病态、受鄙视的罪人，如今竟被披上荣耀的光辉！昔日我这在地上爬行的蠕虫，如今竟被提升到如此尊贵的地位！不久前，我还在呻吟、悲泣、死亡之中，此刻心中却是喜乐满溢！而且，我的身体正在朽坏之中，却从坟墓中获救；我正感觉在尘土、黑暗中好像已被遗忘，顷刻之间却置身于上帝的宝座前！我竟能如末底改，从被掳之囚中获救，来到王面前；①又能如但以理，从狮子坑中获救，又被立为总长，统管众总督与通国！②谁能测度这无尽的爱呢？"倘若要以是否配得做我们被接纳的先决条件，我们恐怕只能像使徒约翰那样坐在那里大哭了，因为没有人配得。唯有"犹大支派中的狮子"是配得的，且他已得胜了；是凭着他的名号，我们才有分于这安息。③在那里，我们将奉上大卫曾经不肯受的，④更为我们白白得来的安息赞美主。在世上，我们的使命则是："白白地得来，也要白白地舍去。"⑤

若说我们的安息是无偿得来，其中并没有我们的功劳，已经够稀奇了；说这安息的得来正与我们的功劳相抵触，与我们只能招致自己灭亡

---

① 《以斯帖记》2:6；8:1。
② 《但以理书》6:23；6:2、3。
③ 《启示录》5:4—5。
④ 《历代志上》11:18。
⑤ 《马太福音》10:8。

的长期努力相抵触，就更令人称奇了。那时，想到我们应得的惩罚与我们领受的大恩之间的天壤之别，想到我们本该落入的悲惨下场与我们所处的蒙福结局之间的天壤之别，再朝地狱里望下去，看地狱与我们所领受的之间的天壤之别，我们会是何等惊诧无比啊！想到"那地狱原是罪要带我去的地方，基督却把我领到这里！在那里，死原是我为自己的罪应付的代价，上帝却借着我主耶稣基督赐我这永生作礼物。是谁使我得此截然不同的结局？若任我偏行己路，随心所欲，此刻我岂不早已身陷地狱的火海了吗？若不是当初上帝出于怜悯领我脱离灭亡之路，我岂不会在所多玛耽延，直到被毁灭之火吞没吗？"如此华贵的冠冕，竟戴在如此败坏的罪人头上，如此高的提升，竟与如此长久的不结果子、不仁不义发生在同一人身上，如此罪孽的反叛，竟能以如此十足的喜乐告终。这些无疑会成为我们永远的感叹！但所有这些无一归功于我们自己，也不归功于我们的任何灵修、辛劳，更不归功于我们的疏懒。我们知道赞美当归与谁，且永远要将赞美归给他。正是为此目的，那无限的智慧才将人类拯救的全盘计划浇注在"赎买"和"无偿"的模具中，为的是让人的爱与喜乐得以满足，使恩典的尊荣被高举到极致；使人的功劳之念头无法模糊或遮盖恩典的旗帜；也使天国之门因这两个枢纽而得以开启。因此，让人的"配得"二字写在地狱之门上吧！在天国与永生之门上，却将鲜明地写着——"白白赐下的恩典"。

3. 这安息为众圣徒所特有，它不属于任何其余的人类之子。整个埃及若都在光照之下，以色列民享受到的光也不会少；但那光若是唯以色列民得以独享，他们的左邻右舍却活在幽暗之中，就使以色列民更加意识到自己受到了何等特殊的恩待。特殊的恩典比一般的恩典更能打动人心。法老倘若和以色列民一样安然渡过红海，红海对于以色列人就失去了如此之大的纪念意义。①若不是其他所有世人都被洪水吞没，挪亚的

---

① 《出埃及记》14:26—29。

得救就不足为奇。若不是所多玛、蛾摩拉剩下的居民尽都被毁灭，罗得的得救也不会为人称道。①正因一人得蒙光照，另一人却被留在黑暗里；一人被更新，另一人仍受着自己情欲的奴役，才使得圣徒惊呼："主啊，为什么要向我们显现，不向世人显现呢？"②只因上帝单单向以色列所有寡妇中的一个差派了先知，又在所有大麻风患者中只洁净了一个乃缦，③他的怜悯才变得更加显而易见。到两个同睡一床的人，两个同在地里耕作的人，一个被提，另一个被撇下之时，④必是双方都感受特别强烈之日。到那时，众圣徒俯首看那火湖，就会在倍感庆幸的同时，在颂扬上帝的公义审判的同时，欢喜高歌："昔在、今在的圣者啊，你这样判断是公义的！"⑤

4. 然而，这安息虽为圣徒独享，却为**全体圣徒共享**；因为蒙福的众灵——即圣徒与天使——将在天上汇总，成为得完全之圣徒的团体，基督则是这团体的头。至此，圣徒的合一才告完成。我们曾怎样一同劳力、一同侍奉、一同受危难、受困苦，那时也必怎样一同大得报偿和解救。我们曾怎样一同受讥讽、受轻蔑，那时也必怎样一同得接纳、得尊荣。我们曾怎样一同度过忧伤的日子，那时也必怎样一同享受蒙福的日子。与我们一同受逼迫、监禁的，那时必与我们同住安慰之所。我们曾常常叹息，仿佛异口同声；我们曾有泪同流，我们的渴慕曾是我们合一的祷告。而到那时，我们所有的赞美都将汇成同一个旋律，我们所有的教会将汇成一个教会，因为我们必要在基督里合而为一，就像他与父合而为一。⑥当然，我们必须谨慎，不要在圣徒身上寻找只存在于基督里的事。不过，预想与亚伯拉罕、以撒、雅各同住天国既是我们合法的喜

---

① 《创世记》7：23；19：29。
② 《约翰福音》14：22。
③ 参见《列王纪上》17：8—16，《列王纪下》5：27。
④ 参见《马太福音》24：40。
⑤ 《启示录》16：5。
⑥ 《约翰福音》17：22。

乐,到亲眼看见并实际享有这一切时,我们又会怎样无比欢欣啊!每想到那日,我们将与摩西同唱,将与大卫同吟诗歌赞美上帝,将与所有得赎的灵魂永远同声颂赞那羔羊;想到我们将看到以诺与上帝同行,看到挪亚享受其独行义路的结果,看到约瑟享受他诚实廉洁的结果,看到约伯享受其恒心忍耐的结果,看到希西家享受其行正事的结果,而所有圣徒都享受信心的结果,我们怎能不深感快慰!在那里,我们不仅要见到与自己相识的圣徒,还要结识各时代我们不曾谋面的所有圣徒,并与他们和睦相伴。不仅是圣徒,天使也将成为我们蒙福的相知。如今甘心侍奉我们的牧者,那时将欣然与我们一同欢乐。那些曾因我们悔改在天上有大欢喜的,在我们得荣耀时将会欣然与我们同乐。那时,我们才能恰如其分地像大卫那样说:"凡敬畏你的人,我都与他作伴。"① 我们那时"乃是来到锡安山,永生上帝的城邑,就是天上的耶路撒冷。那里有千万的天使,有名录在天上诸长子之会所共聚的总会,有审判众人的上帝和被成全之义人的灵魂,并新约的中保耶稣。"② 属天安息最美好的地方就在于,我们将"与圣徒同国,是上帝家里的人"③。

5. 圣徒安息的另一特点是,我们将从上帝直接支取喜乐。现在我们的喜乐没有一样是直接从上帝而来的——都是从地球,从人,从太阳、月亮,从天使的帮助,从圣灵,从基督而来——都是二手、三手的,甚或更多,有谁知道?在天使手中,那喜乐虽不受罪人瑕疵的影响,但毕竟受到受造之物之不完全的影响;而喜乐若是来自于人,就必然受到罪人的瑕疵和受造之物不完全这两种影响。上帝的道本身是何等的活泼,鞭辟入里!④ 而一经人的软弱之手,却常不能深入人心。那配得称颂的福音字字珠玑,句句千金,足以深入、刺透最迟钝的灵魂,完全支配人的

---

① 《诗篇》119:63。
② 《希伯来书》12:22—24。
③ 《以弗所书》2:19。
④ 《希伯来书》4:12。

思想和情感；而一经人手，它却常像水溅洒在石头上！我们所经管的上帝的事虽是属天的，但我们的处理方式却是属人的。我们能接触到的上帝之事少得可怜，却无处不留下我们自己的手印。上帝若是亲自讲道，那道就必定是鞭辟入里、感化人心的道。基督徒即使在世上也可凭经验得知，最直接得来的喜乐——最少有人的参与，径直从圣灵而来的——往往是他能感受到的最甘甜的喜乐。常在私下祷告、默想的基督徒往往是最富有活力与喜乐的人，因为他们的来源直接得多，是从上帝本身而来。这不是说，我们应当放弃听道、读经、讨论，忽视上帝的圣礼，而是说，在运用这些手段时，生命要活在高处，这才是基督徒应有的心态。在这些间接领受中固然也有喜乐，但满足的喜乐却只寓于与上帝毫无阻隔的同在之中。那时，我们没有烛光也必有光照，没有太阳也必如永昼，因为"那城内又不用日月光照，因有上帝的荣耀光照，又有羔羊为城的灯。不再有黑夜。他们也不用灯光、日光，因为主上帝要光照他们，他们要作王，直到永永远远。"①到那时，我们的心不是靠圣经照明，也不以成文的律法为生活准则；因主将让律法成全在我们心里，我们都会在上帝面前完备地受教。我们那时的喜乐不是从应许支取而来，也不是凭借信心或盼望支取的。那时，我们不靠圣礼和"这葡萄汁"与主生命相通，基督将在他父的国里同我们喝新酒，②以直接享受上帝作安慰之酒，使我们酣畅。有需求却没有供应，这是沉沦地狱者的状态。 有需求而靠受造之物得供应，这是我们在地上的状态。有需求而直接从上帝那里得供应，将是天国里圣徒的状态。全然自足而毫无需求，乃是上帝固有的特权。

  6. 这安息的另一不凡之处在于，它的到来**恰逢其时**。那位指望自己的葡萄园按时令结好葡萄，又让他的子民"像一棵树栽在溪水旁，按时候结果子"的，也必适时地赐他们以冠冕。③那位在人困乏时用喜乐的言

---

① 《启示录》21:23；22:5。

② 《马太福音》26:29。

③ 《以赛亚书》5:1—7；《诗篇》1:3。

语扶助他的，①也必将适时地让大喜乐的时刻来临。那些行善不丧志的，若不灰心，到了时候就要收成。②既然连背叛他的人上帝都不忘按时赐他们春雨秋雨，又为他们定下收割的节令，立约定下四季中的白日黑夜，③那么他荣耀的收获也一定不会误了节气。毋庸置疑的是，上帝一天都不会延误自己的应许，在"正满了四百三十年的那一天"就将以色列带出埃及，④在他子民得荣耀的时节上，他也不会延误哪怕一天或一个小时。我们在世上度过了黝黯的漫漫长夜之后，那时东方破晓、公义的日头升起，岂不是恰逢其时？我们在艰难险阻中走过漫长而沉闷的旅程之后，那时回家岂不是恰逢其时？我们在进行过长期殊死的争战，落得遍体鳞伤之后，在得胜中享有平安，岂不是恰逢其时？人们活在无休止的厌烦之中，特别是圣徒，他们的极度厌烦是世人无法感受到的；这厌烦有时是因人们蒙昧的头脑，有时是因人们刚硬的心肠，有时来自于自己平日的疑惑、忧虑，有时因缺乏灵里的喜乐，还有时是因感受到上帝的震怒。在困顿中的基督徒渴望得自由，为此经年祷告和等候之后，那时自由来得岂非恰逢其时？我们常悲叹在旷野中望不见迦南地，在外邦之地听不见锡安的歌声，在汪洋大海中找不见港湾，在赤日炎炎之下得不到安息，在离开这地之前见不到天国，所有这些岂不皆因时候未到吗？

7. 这安息来得不仅适时，且完全适合于**圣徒永恒的生命**。圣徒的全新特性恰好符合他们面对这安息时的心态。其实，他们的圣洁只是来自其火源的小火花，且是基督的灵在他们心中点燃的，圣徒心中因此而燃起的圣洁之火念念不忘其属天的来源，时时注视着其发源之地。世间的冠冕、国度都不能使圣徒得安息。由于圣徒不是以如此低廉的价格赎买来的，他们被赋予的因此也不是如此低下的特性。由于上帝要从圣徒得的

---

① 《以赛亚书》50:4。
② 《加拉太书》6:9。
③ 《耶利米书》5:23—24；33:25。
④ 《出埃及记》12:41。

是灵里的敬拜，与他本身属灵的特性相符，于是他要赋予他们属灵的安息，与他们属灵的特质相符。认识上帝和他的基督，在与上帝、基督的相爱中得满足，在享受天父上帝和不停颂赞他圣名中永远长乐，这便是圣徒的天堂。那时，我们将活在自己的本原之中。眼下，我们就像水缸中的鱼，水缸只可供我们生存；可它怎能与浩瀚的大海相比？眼下，我们所得的是放进来的少许空气，可容我们呼吸；可它怎能与锡安山上扑面而来的馨香清风相比？眼下，我们所得的只是一缕阳光，照进我们的幽暗，只是一丝温暖容我们不至冻僵，到那时，我们却要永远活在那光源之中，其火热将使我们永远地充满生机。圣徒的品性如何，他们心中之所求也如何；与此安息相适的将是我们新特性之所求。我们心中的欲望若仍属败坏，仍在歧途上，弃绝它、湮灭它，比满足它需要大得多的恩典。而属灵的渴望却是上帝亲手播种的，他无疑会浇灌它，使其生长茂盛。上帝激起了我们饥渴慕义之心，为的是让我们在满足这渴慕中蒙福。基督徒啊，这安息正是你心之所求，涵盖着你内心所向往的一切，正是你渴盼、祈求、为之辛勤努力的。在天国里，你将得到这一切。在地上，你情愿拥有基督里的上帝，胜过拥有整个世界；在天国里，你就必得到他。眼下你对他的爱没有十足的把握吗？在天国里，你将对他的爱确信无疑。作为基督徒，你可以极尽所愿，竭力而求，上帝必将你所愿所求的赐给你，不只是半个国度而已，而是让你享受整个国度，更有这国度的王。我们如今是在渴望与祈求中度日，而我们的永生却要在满足与享受中度过。这安息不仅与圣徒的性质和渴望相合，也完全符合圣徒的需要。这安息所包含的正是圣徒的真正所需，那时提供给他们的不是受造的舒适安乐之总和，那些就如大卫身上扫罗的战衣，与其说使他们受益，不如说是他们的累赘。[①]圣徒最需要的是基督和完全的圣洁，这正是上帝将要提供给他们的。

---

① 《撒母耳记上》17:38—39。

8. 不仅如此，这安息更是**绝对完美的**。到那时，我们将要享受的是没有悲伤的喜乐，不会厌倦的安息。在那里，我们的美德中不再夹杂败坏，我们的安慰中也不再伴着痛苦。在那宁静的港湾里，不再有如今将我们抛上抛下的恶浪。在世上，我们今天安好，明天就可能患病；今天受尊敬，明天就可能受羞辱；今天高朋满座，明天就可能形影相吊；况且，我们的杯中不仅有酒，也有醋。①启示纵令将我们提上三层天，撒旦的使者也必随之向我们发动进攻，肉体上的刺也会让我们降到地上。在天国里，却全然没有这样的变幻无常。完全的爱若能除去惧怕，②那么完全的喜乐就必能除去忧伤，完全的幸福也必定能驱逐一切残存的痛苦。那时，我们将彻底摆脱所有从罪与苦而来的恶，从而得安息。

天国最彻底排除在外的莫过于罪，不论它是人性中的罪性还是行事为人中的罪孽。因为经上说："凡不洁净的，并那行可憎与虚谎之事的，总不得进那城。"③天国若可容纳不完全的灵魂，基督又何须曾经一死？正如使徒约翰所说："上帝的儿子显现出来，为要除灭魔鬼的作为。"④基督的宝血、他的圣灵做完所有这工，最终绝不会把我们留在污秽之中。"光明与黑暗有什么相通呢？基督和彼列（'彼列'就是撒旦的别名）有什么相和呢？"⑤基督徒啊，一旦你进入天国，就不会再犯罪了。你长久以来为自己不犯罪祷告、谨守，这对你岂不是最可喜的消息？我知道，你只要有选择，就情愿选择远离罪恶胜过拥有整个世界。到那时，你的愿望必得到满足。曾在各项侍奉中与你形影不离的硬心和污秽想法，到那时将永远地留在身后。你的心智也不再会受蒙昧无知的干扰，所有难解的经文到那时都会变得清楚明了，所有看似矛盾之处都将

---

① "醋"在《诗篇》69:21 中指邪恶势力对义人的迫害。在《马太福音》27:48、《马可福音》15:36、《路加福音》23:36、《约翰福音》19:29 中，罗马兵丁给耶稣喝醋均从此意。
② 《约翰一书》4:18。
③ 《启示录》21:27。
④ 《约翰一书》3:8。
⑤ 《哥林多后书》6:14—15。

变得和谐一致。如今最可怜的基督徒，到那时会比地上所有圣徒都完美属天。到那时，一切谬误都会永远地消失，我们的心将被上帝自己充满，他的光耀将使我们里面不再留下一丝阴影，那该是何等令人快活的日子啊！到那时，上帝的面光就是供我们解读真理的经文。不少虔诚人今生因误以为是的热情而使弟兄受骗、堕落，在他们发现自己的谬误后，又不知如何使弟兄醒悟。然而在天国里，我们必在真理中合一，如同在那就是真理的主里合一。我们还将摆脱自己意愿、情感、行为中的一切罪而得安息。到那时，我们不再存有眼下导致我们远离上帝的叛逆本性，不再受败坏势力的压迫，也不会再因这些败坏的存在而烦恼——到那时，没有骄傲、暴躁、懈怠、麻木不仁能再进入我们的心；我们与上帝和属上帝的事不再陌生；我们对他的情感不再冷漠，我们的爱里也不再有缺欠；我们的行为不再表里不一，让圣灵担忧；我们也不再会有任何的丑行或不圣洁的行为。我们将永远地止息这一切而得安息。到那时，我们的心意必与上帝的旨意契合，如同镜子内外的面孔一模一样，而且我们将永远也不再背离这种状态，像背离我们的律法、定则一样。"因为那进入安息的，乃是歇了自己的工，正如上帝歇了他的工一样"。①

受苦是人类犯罪的结果，而在天国里，两者必将一同止息。

那时，我们必将止息了对上帝大爱的所有**疑惑**，不再有"疑惑有如长在好土地上的蒺藜恶草"的说法，疑虑到那时将被统统拔除，不再能搅扰蒙恩的灵魂。我们也不再能听到诸如此类的话："我该做些什么才能知道自己的结局？我怎样才能知道上帝真是我的父？怎样才能知道我的心是正直的？怎样才能知道自己的悔改是否真实？怎样才能知道自己的信是真诚的？我深怕自己的罪没有得赦免，深怕自己所做的全是虚伪，深怕上帝不接纳我，深怕他不听我的祷告。"所有这些在安息中都将化作对上帝的赞美。

---

① 《希伯来书》4:10。

我们将从一切**上帝不喜悦**的感觉中得安息。地狱不会混杂在天国之中。已蒙恩的人在地上思念上帝，有时会感到烦躁不安，沉吟悲伤，内心惊恐，不肯受安慰；仿佛上帝用忿怒重压其身，又用一切的波浪困住他。①但那蒙福的日子将使我们确信，上帝虽然会一时向我们掩面，却要以永远的慈爱怜悯我们。②

到那时，我们不会再受撒旦的**任何试探**。基督徒可以既着意抗拒诱惑，又受引诱而不认自己的主，这是何其可悲的事啊！对基督徒心理的这类可怕暗示，放进他想象中的这类亵渎想法，是多么折磨人啊！它有时是把上帝想得残酷，有时是低估基督的念头，有时是对圣经的怀疑，还有时是对上帝安排的诽谤！它有时是受迷惑而信靠世上的事，有时是玩弄犯罪的诱饵，冒险追求肉体之乐，还有时干脆是无神论本身！尤其是在我们明知自己诡诈的心如同火绒见火即燃时，这种折磨就更甚！撒旦在地上虽有权在旷野中试探我们，他却无法进入那圣城；撒旦可以让我们站在地上耶路撒冷的殿顶上，他却无法接近新耶路撒冷；他可以把我们带上高耸的险峰，他却上不了锡安山；即使他能，到那时已被我们主的国度全然吸引的灵魂也会将世上的万国及其荣耀视为粪土。是的，撒旦到那时再试图诱惑我们也是徒劳。

我们所有来自**世界和肉体**的诱惑到那时也必停止。在地上，我们无时无刻不活在危险之中。每个感官、每个肢体都是一个诱惑的陷阱；每个受造之物、每种怜悯、每种责任对我们都会成为一张网罗。我们几乎无法睁眼而不见危险——或是妒忌比我们地位高的人，或是藐视地位不及我们的人；或是垂涎别人的名望、财富，或是傲慢、冷酷地看待别人的贫寒窘迫。看见外形姣好的人，则诱发我们的情欲；看见有残疾的人，就引发我们的鄙夷之心。毁谤人的传言、无聊的谈笑、放纵的言语

---

① 参见《诗篇》77:2—3；88:7。

② 《以赛亚书》54:8。

多么轻易就能潜入我们的心！我们需要多么经常、着力警醒自己之所好啊！有英俊美貌吗？我们就以此为傲！有残缺吗？我们就心生怨怼！长于思考、才高过人吗？这多容易使我们自我膨胀，寻求人的喝彩，轻看自己的弟兄啊！学浅才疏吗？这又多么容易让我们小看自己不具备的学问！身居权位吗？滥用他人的信任、独断专行、以一己之私规范、支配他人的利益，会成为多么大的诱惑！自愧弗如吗？这多么易使我们妒忌他人的长处，将他们的言行置于我们的审判之下！我们能否富有而不过分炫耀，贫穷而不忿忿不平？我们能否不懈怠己责，不以事工替代基督呢？这不是上帝为我们设下的网罗，而是我们的败坏使这些变成了我们的网罗。所以，我们自己才是自己最大的网罗。我们的安慰在于，未来的安息将使我们摆脱这一切。撒旦既无法进入那安息，那时就无法再加害于我们了；相反，那里的万事都将同我们一起赞颂我们伟大的救主。

到那时，我们怎样从试探中得安息，也必将怎样从世界的暴行、逼迫中得安息。祭坛下灵魂的祷告那时将会得到回应，上帝必因地上的人流他们的血为他们伸冤。① 那将是圣徒得冠冕，得荣耀的时刻。如今，"凡立志在基督耶稣里敬虔度日的，也都要受逼迫"②，到那时，凡和基督一同受苦的，也必和主同享荣耀。③ 眼下，我们只能因基督的缘故被众人恨恶；到那时，基督却要在他遭人恨恶的圣徒身上得荣耀。④ 在地上，我们成了一台戏，给世人和天使观看，被看作世界上的污秽，万物中的渣滓，⑤ 人们排斥我们，辱骂我们，把我们的名当作卑贱而厌弃；到那时，我们却要因所得的荣耀而在同等程度上受瞩目，而逼迫我们的人不管是否愿意，都必被关在圣徒的教会之外，与我们隔绝。眼下，我们几乎不能在

---

① 《启示录》6:9—10。
② 《提摩太后书》3:12。
③ 《罗马书》8:17。
④ 《马太福音》10:22；《帖撒罗尼迦后书》1:10。
⑤ 《哥林多前书》4:9, 13。

家里祷告或赞美上帝,我们的声音让世人恼怒;到那时,看到我们赞美、欢喜而他们在呼号哀哭,他们会怎样地受折磨啊!弟兄们啊,你如今只要做上帝的工,就会失去世人的爱;但请想想,在天国里无人不争相为你的工作助力,无人不与你同心欢喜,同声赞美。在那之前,你却要在忍耐中保全自己的灵魂。①你要将所有的羞辱编作冠冕戴在头上,把它看作比世上财富之总和还要大的财富。因为,"上帝既是公义的,就必将患难报应那加患难给你们的人;也必使你们这受患难的人与基督同得平安。"②

  到那时,我们也会从彼此之间令人痛心的**分裂**和基督徒不该有的**纷争**中得安息。在地上曾分歧重重的圣徒,在天上却要和睦相处,那将是一幅多美的图景啊!彼处不再有争竞,因为傲慢无知,腐败堕落都将荡然无存。彼处不再有结党营私,也不再有针对弟兄的谋算。天上倘若有痛心或羞愧,那肯定是因我们记起了自己在地上的所作所为,正如约瑟的弟兄们见到约瑟时记起他先前如何冷酷地待他一样。所有世人都反对我们难道还不够,我们自己难道还要彼此相争吗?这时,受逼迫的日子反显得可贵了,因为逼迫使我们在相爱中紧密团结,而信仰自由的阳光和教会的兴旺却被我们的内部相争碾作尘土!圣徒在荣耀中安息的日子更显得可贵,因为在那里,只有一位上帝、一位基督、一位圣灵,所以我们能永远地保持同心合一,教会合一,侍奉合一。

  到那时,我们也要从**分担弟兄的疾苦**中得安息。地上的教会犹如一所医院!有的在蒙昧无知、心灵麻木中叹息,有的因不结果子的软弱而苦闷,有的在行为不端、明知故犯中流血;有的为贫穷匮乏而哭泣,有的因病痛疾患而呻吟,还有的为接二连三的灾难而悲苦难言。而远比这大得多的忧伤却是,看到我们所珍视的亲密朋友偏离基督的真理,罔顾基督也罔顾他们自己的灵魂,什么都不能使他们从危险中觉醒——看着不

---

① 《路加福音》21:19。
② 《帖撒罗尼迦后书》1:6。"与基督"在圣经原文中作"与我们"。

敬上帝的父亲或母亲，弟兄或姐妹，妻子或丈夫，子女或友人，想到他们若在这未得重生的状态下死去，就注定要永远地沦入地狱；想到福音离开了，荣耀从我们的以色列身上移去，诸多可怜的灵魂甘愿留在黑暗与赤贫之中，却吹灭了本可以为他们照明，使他们得救的光！得安息的日子将使我们从这一切之中解脱出来，哀伤的日子将告结束。主啊，那时"你的居民都成为义人，要永远地承受地土，成为你种的栽子，成为你手的工作，使你得荣耀"。①

到那时，我们也必从自己个人的苦难中得安息。在生活于安逸、富足之中的人看来，这似乎不算什么；而对日复一日地遭受磨难的人来说，想到天国就会令他们欣慰无比。可叹，我们眼下的日子虽生犹死，每时每日都充满了苦难！我们的救主容许一定的苦难落在我们身上，是为让我们知道自己当看重的是什么，提醒我们当看轻的又是什么，才能在他智慧、恩典的计划中有用，才能让我们在最后完全的复原中获益。痛苦侵袭着我们的每个感官，占有着我们灵与肉的每个部分及其能力；有哪一个部分是在独受其苦，独遭摧残？而到永恒的安息来临之时，罪和血气，泥土及其痛楚都将被抛在身后。那福境中是何等的祥和，除了恒久悦人的平安之外，不再有搅扰！那福境中只有安康，没人罹患疾病！那福境中充满了喜庆，凡进入那里的都做了王！那福境中是圣徒的大会合，凡在其中的都是祭司！那是何等自由的国度，除了在至高君王面前之外，无人再是仆人！到那时，如今的穷苦者必不再劳顿——不再受饥渴、寒冷、赤身露体之苦，也不再有刺骨严寒或赤日炎炎。我们的脸上不再有苍白与哀伤；再没有友情的破裂或好友的离散；我们的关系中不再伴有烦恼，我们的住所中也不再听到哀声；上帝将擦去我们一切的眼泪。②我的灵魂啊，暂且忍耐你在地上帐棚里的软弱吧，过不多时，你救

---

① 《以赛亚书》60:21；《诗篇》37:29。
② 《启示录》21:4。

主的脚步声就要在你门前响起。

那时，我们也要从尽责的辛劳中得安息。尽心尽力的官长、父母、牧者常抱怨说："我身上的担子实在太重了！"每种关系、每个国家和时代都赋予我们不同的责任，认真尽责的基督徒因此会怨嗟道："担子又重，我又软弱，真让我不堪重负！"而为我们存留的安息将卸去我们所有的重担。

同时，我们也将从因不在上帝里面而必然伴随我们的各种扰人的烦恼中得安息。混杂在我们的向往与盼望、渴慕与等待中的烦恼，那时都会止息。我们不再会探看箱中而嫌财宝太少，不再会探看心中而不见主基督，也不会一次次地在圣礼中寻求他；这些都将以最蒙福又满足地享有主而告终。

9. 我们冠冕上的最后一颗明珠则是——**那安息将永无止境**。若非如此，一切享受相形之下都会化作乌有。一想到要失去它，我们的喜乐就会由甜变苦。想到一旦失去天国，就连天国里也会有了地狱；正如下地狱的人只要想到有望逃离那里，就会感觉像天堂一样。死亡使得地上所有的快乐都变得暗淡无光。知道快乐将在自己手中流失，会怎样地毁掉我们的快乐！然而，蒙福的永恒啊！在其中，我们的生命不再受这类想法的袭扰，我们的喜乐也不再被这类的忧虑打断；在其中，"我们要成为上帝殿中的柱子，必不再从那里出去"①。我们在做奴仆时，身体只是暂时租用的，而且仅以短暂的一生为期；但福音告诉我们："儿子是永远住在家里。"②"我的心啊，你要抛弃对今世之乐的梦想，不要紧抓住世界和肉体不放。你要经常思索，仔细思索'永恒'这个词。活着，永远活着不死！欢欣，永远地欢欣！这是何等的妙不可言啊！"可怜啊，下地狱的灵魂，哪怕千百万年后你能逃离那里，也会无比快乐！快哉，进入天国的圣徒，哪怕千百万世代之后你被剥夺在天上的权利，也会无比悲哀！"永恒"一词的含义是——罪人将受的折磨、基督徒将得的荣耀乃绝对而永无

---

① 《启示录》3:12。
② 《约翰福音》8:35。

止境。若是罪人能细察"永恒"一词的含义，我想这必能使他们从沉睡中惊醒。若是蒙恩的人能细察"永恒"一词的含义，我想这必能使他们从最深的痛苦中复兴，并说："主啊，我既要这样永远活着，我也要永远地爱你。我的喜乐既永不止息，我对你的感恩又焉能止息？可以肯定的是，我既永远不会失去我的荣耀，就永远不会停止赞美你。我和我的荣耀既得以完全，得以长存，我的荣耀就必是你的荣耀，正如我将属于你而不属于我自己一样。你荣耀我的最终目的是荣耀你，因此在你将无比荣耀的冠冕加在我头上之时，荣耀你也将是我的目的。'但愿尊贵、荣耀归与那不能朽坏、不能看见、永世的君王、独一的上帝，直到永永远远。'"①

至此，我已尽我所能向你展示了正在临近的荣耀之一瞥。然而，在其荣美非凡面前，我的表述是何等的词不达意啊！读者，你若是一位谦卑、真诚的信徒，正在渴望与辛劳中等候这安息，你不久便会亲眼目睹、亲身感受到以上所述都是真实的。当你面对眼前蒙福的胜景而惊叹不已，痛惜世人的愚妄无知和远离此境之时，才能明白以上所述与那安息的全貌相比，还差着十万八千里呢！尽管如此，只盼以上内容能燃起你的渴望，激发你的努力。你要起而力行；要猛跑、努力、搏击，并坚持不懈——因为必有荣耀的奖赏在前面等着你。上帝绝不会让你失望；你也不要辜负了自己，不要因耽延而背叛了自己的灵魂，所有一切都是你自己的。基督徒们若能时刻思念如此的荣耀，你想他们在生活和工作中会成为怎样的人？他们对天国的思念若是鲜活的，又确信如此，他们灵里的光景又会如何？他们的心难道还会是那样沉重？他们的表情难道还会是那样伤感？他们难道还需要从地上求安慰？难道还会那样不愿受苦，惧怕死亡？难道不会切盼早日享受那安息吗？求主医治我们属世的心，免得我们"因为不信，不得进去"那安息②。

---

① 《提摩太前书》1:17。

② 参见《希伯来书》4:6。

第四章
这安息是为何等人而设

本章提要　　享有这安息的是上帝的子民，其特征如下：1. 他们是上帝从亘古就拣选了的；2. 是天父赐给基督的；3. 他们已得重生；4. 他们深信罪之邪恶，深信自己的罪将导致极悲惨的下场，深信受造之物之虚空本质，深信基督能满足一切；5. 他们的意志得到了相应的更新；6. 他们已与基督立约；7. 并持守圣约。作者诚请读者以上帝子民的特征检视自己；又进一步以圣经经文证明，上帝的子民必享有这安息，且唯上帝的子民能享有这安息；这安息正为他们存留，在进入天国之前是享受不到的。本章最后表明，圣徒的灵魂离开肉身后，即刻就能享受这安息。

笔者在那"高山"上描绘圣徒安息之荣美时，感觉那里甚好，故此于彼处逗留颇久，若不是我的畅想与主题严重失衡，我仍会在那里流连更久。仰望天上的乐土怎会有乏味可言？读到如此高远而辉煌无比的荣耀，陌生人会问，这该是为何等稀世之辈而预备的啊？并指望看到某些璀璨明星的突然闪现；殊不知，将得此荣耀的只是些上帝由尘土一抔所造，因被赐予不可见的理性灵魂而有生气，又因上帝恩典无形的复原能力而正在得矫正的人！你也许以为，想必是些有功德在身的人才配得此荣耀，要不就是身带贵重的资财才能到天上换取荣耀；殊不知，人生来一无所有，因此也没有什么是配得的；不仅如此，人应得的与荣耀恰恰相反，而且只要可能，人就必然向自己应得的下场走去；只因人被上帝的爱俘虏，带到万有之主的面前，感恩备至地接受他作自己的主，并信靠他，他就靠着主，又在主里面得到上述殊荣！更具体而言，这安息是为上帝在亘古之先就拣选了的人而设；是上帝赐给这些人救主基督的；他们已得重生；深信人有罪的状态是邪恶的，其结局是悲惨的；深信被造之物其本质是虚空，基督却能满足一切；他们的心意已得更新；他们已与基督立约；又将这约持守到底。

1. 这安息是为圣经称之为"上帝的子民"的人而设，"**上帝从创立世界以前就拣选了他们，使他们在他面前成为圣洁、无有瑕疵**"①。他们只是人类中之一部分，这一点在圣经和人类的经验中都是显而易见的。经上说："这小群人，他们的父乐意把国赐给他们。"②他们的人数比世人想象得少，却又不像某些悲观的人认为的那样稀少，后者虽明知自己愿做上帝的子民，却怀疑上帝是否愿做他们的神。

2. 这些人是**上帝赐给他爱子的**，在迷失的状态下蒙基督救赎，又被他提升到荣耀中去。经上说"父已将万有交在子手里"③，但其程度仍不如他将自己所拣选的交给爱子那样。福音书指出，他（父）已赐给子权柄，管理凡有血气的，叫他将永生赐给父所赐给他的人。④使徒保罗则清楚地表达出两者之间的区别，他说，父"将万有服在他（子）的脚下，使他为教会作万有之首"⑤。尽管基督从某种意义上的确是为所有人做了赎价，⑥但不如像为他的子民那样在特别意义上做了赎价。

3. 这些人成为上帝子民的一项重要条件是，他们必须得重生。未得重生就成为上帝的子民，就如同未经出生就成为某人的孩子一样，是绝不可能的。我们既生来就与上帝为敌，所以就必须经过重生，才能成为他的儿女，否则就依然处于与他为敌的状态。我们若竭力洗心革面，灵里却

---

① 《希伯来书》4:9；《以弗所书》1:4。
② 《路加福音》12:32。
③ 《约翰福音》3:35。
④ 参见《约翰福音》17:2。
⑤ 《以弗所书》1:22。
⑥ 《提摩太前书》2:6。

未得这新生命，结果也只能使我们更加自以为是，而绝不意味着得救。

4. 上帝子民里面的新生命凭着**确信**，或曰深刻感受属天之事，而显明自己的存在。

他们深信罪之**邪恶**。圣灵使这些罪人认识并感受到自己曾乐在其中的罪，原来比毒蛇、蟾蜍更可憎，比瘟疫、饥荒更有害；罪乃是违犯那至高者上帝的公义法则，是对上帝的羞辱，它对罪人具有毁灭性。重生的罪人听到对罪的指责时不再无动于衷，相反，只是提到他的罪就会深深地触动他的心，可他愿意让你一针见血地指出他的罪。他以前总是不解，人们为什么总是对罪大惊小怪，认为人即便稍越雷池也无关大碍，却认识不到是其中十恶不赦的罪使得基督必须为这罪而死，不信基督的世人也必因这罪永远在地狱中受折磨。而如今情况却不同了，上帝使他的瞎眼得以看见，认识到罪无比邪恶的性质。

重生的人确信，是罪导致**他们悲惨的下场**。他们往日读上帝律法的警告，如同在读爪哇国的战争故事，如今却发现那正是他们自己的故事，发觉读的是对自己的末日宣判，就仿佛看到自己的名字写在下地狱者的名册上，又听到律法像拿单那样宣告："你就是那人！"[①]上帝的震怒昔日对罪人来说，只是像躲在换衣间里观看窗外的暴风雨，又像是健康的旁观者看病人受苦；而如今，他发觉这病恰恰是生在自己身上，自己就是那被定罪的人——从律法的观点上看，他是死的，是必须下地狱的，假若这定罪执行，他就将绝对而无可挽回地落入地狱的悲惨下场。这就是圣灵在每个重生的人心里所做不同程度的工。若不是先认识到自己有罪，且被定了罪，罪人怎能来到基督面前求赦免呢？若不是发现自己在灵里是死的，又怎能来到基督面前求生命呢？正如耶稣所说："康健的人用不着医生，有病的人才用得着。"[②]了解自己的惨境后随即找到解救办

---

① 《撒母耳记下》12:7。

② 《马可福音》2:17。

法，必然能免除大部分的麻烦。而明白上帝怜悯带来的喜乐，或许能使人很快地忘记对惨境的感受。

　　他们同时深信，被造之物是虚空的，不足以满足人的渴望。人人生来都是偶像崇拜者。从人类之初堕落时起，我们的心就远离了上帝，且从那时起，被造之物就变成了我们崇拜的偶像。这是我们人性的重罪。凡未重生之人都将上帝受敬拜的特权以及他们内心的至高地位归给了受造之物；换言之，人若遇见苦恼，就会飞快地跑去向受造之物寻求帮助，将它看作自己的救主。人们虽口称上帝和基督为"主"、为"救主"，但他们内心指望的却是上帝借以施展其作为的受造之物。享乐、利益、名望是未重生之人寻求的"三位一体"，是他们属肉体的老我将这三者合而为一，当作自己崇拜的对象。自己要做神乃是人类的原罪，也是一代代地在我们人性中衍生的最严重的罪。在上帝该成为我们的指引的地方，我们偏行己路；在上帝该成为我们至高无上的君王的地方，我们自己做王——上帝为我们颁下的律法，我们诟病它，企图修改它，只要有可能，我们还会将它颠倒过来；在上帝该看顾我们的地方（我们必须靠他看顾，否则必灭亡），我们却要自己看顾自己；我们本该在每日的领受中依靠他，可我们却情愿将自己的命运操在手里；我们本该顺从上帝安排的时候，却常怨天尤人，还以为自己能做出比上帝更高明的安排。我们本该尽心寻求上帝、爱他、信靠他、荣耀他，可我们一心寻求、所爱、信靠、荣耀的却是我们属肉体的自我。我们情愿所有人的目光和依靠都集中在自己身上，而不是在上帝身上；情愿所有人将感谢都归与我们自己，而不是归与上帝；我们乐于看到自己，而不是上帝，成为世上唯一受尊崇、景仰的对象。所以，我们生来就是自己崇拜的偶像。而一旦上帝使人的灵魂重生，这大衮神像就仆倒在地。① 这就是上帝拯救的伟大作为之主要目的——使人心回转，归向他自己。他使罪人相信，人作为

---

① 大衮系古巴勒斯坦非利士人的主神，见《士师记》16:23；《撒母耳记上》5:2 等处圣经经文。

被造者，既无法做自己的上帝，让自己得到天国的福气，也无法成为自己的基督，从地狱的惨境中救拔自己，回归到自己的福祉上帝面前。上帝不但凭着自己的话语，且靠着他奇妙的安排而做拯救的工作。这就是他在人身上做悔改的工作时，常有苦难不幸发生在人身上的原因。在上帝最强力的话语被人当作耳旁风的时候，他会让事实说话，迫使人倾听。若有人把自己的荣誉声望当作他的神，上帝就会让他陷入卑贱、羞辱之中；若有人将自己的金钱财富当作崇拜的偶像，上帝就会让他陷入金钱无法帮助他的境地，或让他的财富插上翅膀离他远去，这对人回转是何等大的帮助啊！若有人将享乐当偶像，无论是风流之眼、好奇之耳、**饕餮**之嗜，还是贪欲之心所想的，上帝统统从他身边挪去，或将这些变作苦胆、茵陈，这对人回转又有何等大的助益啊！上帝在将人投入使他衰弱的疾病，使他内心伤痛，唤起他的良心谴责他，这其实是在对他说："你的声望、钱财、享乐若是能帮助你，你就试试吧。这些能医好你受伤的良心吗？能支撑你摇摇欲坠的帐棚吗？能让你即将离去的灵魂留在肉身里吗？能从我永久的震怒中救拔你吗？能从永火中赎出你的灵魂吗？大声呼求你那些偶像吧，看现在它们是否仍能做你的上帝、你的基督。"这对罪人又是怎样的棒喝啊！这时，人的理智才会在真理面前低头，就连肉身也会承认受造之物的虚空，那欺哄我们的魔鬼此时也会原形毕露。

上帝的子民也深信人绝对需要耶稣基督，基督能完全满足人的渴望，**他是至尊的救主**——正如饥荒中的人深知自己需要食物，听到、读到对自己定罪宣判的人急于得到赦免，因债务系狱的人亟须偿清债务一样。此时，罪人感到身上压着无法承受的重负，看到唯有基督能将它移去；他意识到律法宣告他犯了叛逆之罪，唯有基督能使他与上帝和好；他就像一个被狮子追赶的猎物，若不赶紧找到避难所就会丧生；此时上帝让他置身于必须做出抉择的境地——要么是让基督使他称义，要么是被永远地定罪；要么是让基督拯救他，要么是永远葬身地狱之火；要么是让基督把他带到上帝面前，要么是与上帝永远隔绝！难怪有位殉道士面对行刑的烈火仍在高呼:"唯有基督!唯有基督!"①能使人在饥饿中得饱足的不是金银,而是饼;同样,能使被定罪之人得安慰的莫过于赦免。

此时,为得着基督,罪人将万事都看作粪土;他先前以为有益的,现在因基督都看作有损的。②罪人既看到了自己悲惨的下场,而且他自己和世上任何人和事都无法解救他,因此他意识到除了基督之外别无拯救之恩。他看到,尽管被造之物和他自己都不能使他得救,基督却能。他看到,人自以为义的无花果叶虽遮盖不住人的赤裸,基督的义却大得足以遮盖人所有的罪——我们的自义虽与律法要求的公义不成比例,基督的义却与律法的公义相齐。他若是为我们代求,上帝就绝不会不听;他的位格如此之尊贵,他的功绩如此之显赫,以至于父对他有求必应。以前,罪人对基督之尊贵的认识有如盲人对太阳光辉的认识;而这时,罪人却像睁开瞎眼,看到了那四射的光辉一样。

5. 有了如此深信之后,**人意志的改变也会显露出来**。举例而言,人的理智若宣判罪是邪恶的,人的意志就会憎恶、离弃它。这不是说,人敏感的嗜欲有了改变,或在任何形式上变得厌恶嗜欲的对象;而是说,在它胜过理智,使我们陷入冒犯上帝的罪,而不以圣经为准则,让理智做主,让感官为仆的时候,人的意志会憎恶这种紊乱与恶。同时,对于罪所导致的痛苦,人此时也不仅能看清,而且为之痛悔。人此时已不可能坐视自己对上帝的冒犯,坐视人自己招致的祸患而不感到痛悔了。凡真正认识到是自己置基督于死地,也置自己于死地的人,内心无不在某种程度上感到罪疚。他即使不泪水洗面,也必会由衷地哀叹,他的心必能感受他理智所看到的事。被造之物此时被他看作虚空而弃绝,从他心灵的尊位上赶下去——这并不是低估受造之物的价值,或责难人去使用它;危害在于人错把受造之物当偶像,在于它非法篡夺王位。受造之物

---

① 16世纪基督教新教殉道士约翰·兰伯特(John Lambert)的名言。他受火刑殉难,在火焰烧过他举起的双手时高喊"唯有基督!唯有基督!"
② 《腓立比书》3:7—8。

若是我们寻求的目标，基督又怎能成为我们的道路呢？我们内心若爱被造之物胜过上帝，又怎能寻求基督使我们与上帝和好呢？在每个未得重生之人的心中，被造之物就是他的上帝、他的基督。不借着基督从寻求被造之物转向寻求上帝，就不是真正的回转；同样，被造之物若是占据着我们的心，我们也不是真正的信基督。人从罪中悔改，弃绝偶像，真心接受基督，是上帝动工又成全了的同一工作。①与此同时，我们的意志会忠心信靠天父上帝，信靠主基督。既深信其他万事都绝无可能成为他的福祉，罪人就会看到他的福祉尽都寓于上帝之中。既深信唯有基督能够也愿意为他与上帝调停，罪人就会满怀对基督的感恩之心，接受他做自己的救主和主。使徒保罗就此的训诲是："当向上帝悔改，信靠我主耶稣基督。"②永生首先在于"认识独一的真神上帝"，然后就是"认识他所差来的耶稣基督"。③将主看作我们的上帝是圣约的自然部分，其超自然部分则是将基督看作我们的救主。前者是必不可少的，也是后者蕴含的意思。接受基督而不怀着感恩与爱，就不是使人称义的信；而且这爱不是后来结出的果子，而是在信的同时发生的，因为信心乃是以全心接受基督。正如主基督所说："爱父母过于爱我的不配"属于他，也不能靠他称义。信心意味着接受基督为自己的救主和主——若非同时在这两种关系中接受他，就谈不上接受。信心不仅是承认他为我们受难，接受他的赦免与荣耀，而且是承认他对我们的主权，顺服他的带领和拯救方式。

6. 真诚地与基督立约，也是上帝子民不可或缺的特征之一。此前，罪人绝不是在严格意义上，也未安心置身于与基督立约的关系中。如今他确信，基督无条件地邀请他，同意与他立约，而他自己现在也真诚地同意与基督立约了；协议因此完全达成。依据此约，基督在与罪人的融洽关系中将自己交付给他，罪人也将自己交付给基督，让基督做自己的

---

① 参见《腓立比书》1:6。
② 《使徒行传》20:21。
③ 《约翰福音》17:3。

救主与君王。人此时毅然做出的决定是:"我盲目地被血气、情欲、世人和魔鬼牵着走,为时已经太久了,我险些因此彻底灭亡。而现在,我要全然听从我主的差遣,是他用自己的血赎回了我,要领我进入他的荣耀之中。"

7. 我还要补充说,上帝的子民是**将此约持守到底**的人。圣徒尽管会受诱惑,却绝不否认基督是自己的主,或放弃对他的忠贞,也绝不反悔自己的圣约;只要他仍持守作为圣约前提的信心,说他背弃圣约就是不恰当的。那些虽口头上与主立约却没有诚意的人,固然有可能践踏圣约之血,不把它当作圣物,他们是借这宝血成圣,也是借这血与教会以外的人分别出来;然而,上帝所拣选的却不会这样受诱惑的欺蒙。真信徒虽必会持守圣约,守约却是他们得救的条件,也是他们不断活出新生命、结果子、保持称义地位的条件,只是这并非他们最初称义的条件。永世蒙福的是那些伸出敬爱之手,领受了上帝白白赐下的应许,又在圣约上签字画押,加盖封印的人,这圣约确保我们享有作为先决条件的恩典,也享有依这条件赐予的国度!

以上各点便是上帝子民当具备的基本要素,却不是对他们一切卓越之处的完整描写,也不是辨认他们的所有标记。各位读者,因你有作为基督徒的盼望,或具备作为人的理性,我因此要恳请你,首先对自己做一评判——因为不久的将来,你必接受那位公义上帝的审判——然后诚实地回答以下的问题。我不问你是否记得圣灵在你心里做工的时间或顺序,其中或许有很多你不肯定或记错的地方。只要你能肯定圣灵确实在你里面动了工,你是否知道自己是何时或怎样接受它就无关紧要了。然而,你要仔细省察,用以下的问题扪心自问:你是否完全相信你整个灵魂从总体上堕落了?是否相信你整个生命从总体上是败坏的?你是否相信罪的性质是极其邪恶的?是否相信根据你所违犯的圣约,哪怕是最小的罪也当受永死的刑罚?你是否认同那正直公义的律法,并明白这律法已定了你死罪?你是否认识到,凡受造之物都有着绝对的欠缺,其本身无法成为你的福祉，你也无法靠它们使自己免于悲惨的下场？你是否认识到你的福祉仅在乎于上帝，他是人生的最终目的，而基督是通向这目的的必由之路，你只能经由基督被带到上帝面前，否则就面临着永久的灭亡？你是否认识到你绝对有必要享有基督，在他里面足具使你赢得任何讼案所须满足的条件？你是否发现这值得你"变卖一切所有"来买的珠子之宝贵？① 你的悔改是否像口渴难耐的人那样，渴望得到的不仅是靠读书、受教育来改变观念？你的心是否恨恶你的罪和由此而来的悲惨结局，这是不是你灵魂的重负？你即使没有因这两者无法承受的重负而哀哭，是否也能为此发自内心地哀叹？你是否撇弃了所有自以为义的想法？你是否从心里赶出了所有偶像，受造之物是否因此不再能做你的王，你如今是不是上帝和基督的仆人？你是否接受基督做你唯一的救主，并盼望你的称义、复原、得荣耀唯独自他而来？他的律法是否你生命和心灵最有权威的司令官？他的律法在血气面前，在你最看重的荣誉、利益、享乐甚至生命面前，是否常能得胜？基督在你心中、情感中是否占有最崇高的地位，你对他的爱虽不及自己所愿的那样，但对其他事的爱也没能与对他的爱相比？你是否为此已真诚与他立约，将自己交托给他？你最关心、最谨慎努力的，是不是让他看到你忠实这约？哪怕是陷入罪的围困，你是否也不毁约，不变换自己的主，也不屈从于任何其他的管理，哪怕这可以换得整个世界？对上述问题你的答案若都是肯定的，你就是上文所说的"上帝子民"中之一员，上帝的应许对你来说就如同板上钉钉，那蒙福的安息也必为你存留。唯当谨记的是，你要如基督所说，"常在我里面"，且要"忍耐到底"，因为"他若退后，我心里就不喜欢他"②。然而，你心里若还没有发生如上的变化，无论你受欺哄的心怎样想，无论你虚假的盼望如何强烈，你终会自付代价，并会看

---

① 《马太福音》13:44—46。

② 《约翰福音》15:4；《马太福音》24:13；《希伯来书》10:38。

到，你只有彻底悔改，否则圣徒的安息就不属于你。诚如摩西临终对以色列民忠告的那样："惟愿你有智慧，能明白这事，肯思念你的结局。"①诚愿趁你的灵魂尚在肉身之内，手中尚有银价，②眼前尚有机会和盼望之时，让你的耳朵打开，让你的心听从上帝的忠告，那样你也能与他的子民同得安息，"能与众圣徒在光明中同得基业"。③

若仍需进一步的见证，圣经中有着多处明确的宣称，**上帝子民必享这安息**是千真万确的事。例如，经上说："他们（圣徒）却羡慕一个更美的家乡，就是在天上的。所以，上帝被称为他们的上帝，并不以为耻，因为他已经给他们预备了一座城。"④他们被称为"蒙怜悯、早预备得荣耀的器皿"。⑤《以弗所书》也表明："我们也在他（基督）里面得了基业，这原是那位随己意行作万事的，照着他旨意所预定的。"⑥还有，"预先所定下的人……又叫他们得荣耀"。⑦上帝凭他永恒的旨意为他子民设定的安息，又有谁能夺得去呢？圣经告诉我们，圣徒蒙救赎，恰恰是为进入此安息。《希伯来书》说道，"我们既因耶稣的血得以坦然进入至圣所"⑧，这"进入"既意味着我们今生凭着信心和祷告而进入，也意味着此生过后便完全拥有它。《启示录》还说，圣徒因此在天上向"用自己的血从各族、各方、各民、各国中买了人来，叫他们归于上帝"的基督唱新歌。⑨到那时，倘若不是基督白白的受难，他的宝血白流，看不到"自己劳苦的功效"，就"必有……安息为上帝的子民存留"⑩。圣经为圣徒应许了

---

① 《申命记》32:29。
② 参见《箴言》17:16。
③ 《歌罗西书》1:12。
④ 《希伯来书》11:16。
⑤ 《罗马书》9:23。
⑥ 《以弗所书》1:11。
⑦ 《罗马书》8:30。
⑧ 《希伯来书》10:19。
⑨ 《启示录》5:9。
⑩ 《以赛亚书》53:11；《希伯来书》4:9。

这安息。繁星点点怎样缀满了穹苍，上帝的这类应许也怎样布满了整本圣典。基督曾亲口对圣徒们说："你们这小群，不要惧怕，因为你们的父乐意把国赐给你们。"①他又说："我将国赐给你们，正如我父赐给我一样，叫你们在我国里，坐在我的席上吃喝。"②上帝赐恩的所有手段——圣灵在人心里做的工，众圣徒美善的行动，主的每个就悔改与相信、禁食与祷告、叩门与寻找、努力与勤奋、奔跑与打仗所发的命令，皆证明有安息为上帝的子民存留。我们若得不到心中渴慕的天国，心中挚爱的耶稣基督，圣灵就绝不会在我们心中点燃这炽烈的渴慕与爱。这位"把我们的脚引到平安的路上"③的主，无疑也必引领我们到达那平安的目的地。过程与目的乃是密不可分的！主基督告诉我们："天国是努力进入的，努力的人就得着了。"④他还应许我们说："你们这跟从我的人，到复兴的时候，将要坐在荣耀宝座上。"⑤圣经还让我们确信，圣徒未来安息的"起始、预尝、凭证、印上印记"都在今世。⑥经上还说：圣徒"虽然没有见过他（基督），却是爱他。如今虽不得看见，却因信他，就有说不出来、满有荣光的大喜乐，并且得着你们信心的果效，就是灵魂的救恩。"⑦还有，他们"欢欢喜喜盼望上帝的荣耀"⑧。上帝既赐"所应许的圣灵为印记"给他们做得基业的凭据，⑨岂会不让他们完全拥有这基业呢？圣经还指名提到那些已进入这安息的圣徒，如以诺、亚伯拉罕、拉撒路，还有那与基督一起钉十字架又信了他的强盗。⑩这些人既然已

---

① 《路加福音》12:32。
② 《路加福音》22:29—30。
③ 《路加福音》1:79。
④ 《马太福音》11:12。
⑤ 《马太福音》19:28。
⑥ 见《歌罗西书》1:13，《希伯来书》3:14；6:4；《以弗所书》1:14；《哥林多后书》1:22，5:5，《提摩太后书》2:19，《哥林多后书》1:22，《以弗所书》4:30。
⑦ 《彼得前书》1:8—9。
⑧ 《罗马书》5:2。
⑨ 《以弗所书》1:13。
⑩ 《路加福音》23:39—43。

得了安息，所有信徒将来也必得安息。不过，人若是认识不到圣经的目的端在于做我们奔向那蒙福国度的向导和带领，也是我们完全享有它的特许状和授权书，纵使将圣经中的所有证据都罗列出来，也无济于事。

圣经不仅证明确有安息为上帝的子民存留，同时还证明了，这安息**仅仅是为圣徒存留的**，因此其余的世人在这安息中无分。请看圣经是怎样说的："非圣洁没有人能见主。人若不重生，就不能见上帝的国。不信子的人得不着永生，上帝的震怒常在他身上。无论是淫乱的，是污秽的，是有贪心的，在基督和上帝的国里都是无分的。恶人，就是忘记上帝的外邦人，都必归到阴间。使一切不信真理，倒喜爱不义的人都被定罪。那时，主耶稣同他有能力的天使从天上在火焰中显现，要报应那不认识上帝和那不听从我主耶稣福音的人。他们要受刑罚，就是永远的沉沦，离开主的面和他权能的荣光。"[1]罪人若在今生完结之前真心愿意接受基督为自己的救主和君王，愿意让基督以自己的方式和最公道的条件拯救他们，他们原本是可以得救的。上帝白白地将永生赐给他们，他们却不肯接受。在他们看来，肉身的享乐比圣徒的荣耀更值得向往。这两样，一种是撒旦摆在他们眼前的，另一种是上帝摆在他们眼前的。在两者之间，世人有选择的自由，可他们选择的是"暂时享受罪中之乐"，[2]而不是与基督同享永恒的安息。所以，他们得不到他们不肯接受的，这岂不是很公道吗？当初，上帝如此恳切地敦促他们，不厌其烦地劝他们进入恩典之中，他们却不肯，这些人除了被关在门外，还会有什么结局呢？尽管人败坏至极，不到被上帝恩典的强大能力战胜就不肯降服，但我们仍可以恰如其分地说，只要他愿意降服，就必依上帝要求的条件得救。人不能行正道，反陷入明知故犯的罪孽之中，这并不比奸淫者无法爱自己的妻子、恶人无法不恨自己的弟兄更可以原谅——而且难道不比上述

---

[1] 《希伯来书》12:14；《约翰福音》3:3, 36；《以弗所书》5:5；《诗篇》9:17；《帖撒罗尼迦后书》2:12, 1:7 9。

[2] 《希伯来书》11:25。

人恶劣得多，理应受到严厉得多的刑罚吗？罪人在地狱里必定会因此永无休止地责怪自己的意志。地狱乃是依照人作为理性主体的品性，良心所受的恰如其分的折磨。巴不得罪人到那时只消说"这是上帝的错，不是我们的错"，良心就能得安宁，折磨就能得减轻，就能使地狱对他们而言不再是地狱。可是，一想起自己当初的一意孤行，地狱之火就只会燃得更烈，噬啮良心之虫就会永远不死。

  上帝的旨意是，这安息必为他的子民存留，**直到他们进入天国才能享受得到**。除去创造了万有的上帝，有谁该当支配万有？你会问为什么我们在地上没有安息？这就如同问我们为何不能只过春秋而不过冬季，为什么一定要天在上，地在下一样。凡事都只能逐步达至完全的地步。最健壮的男子最初也只是孩童。最博学的学者也只能从字母学起。最高耸的橡树最初也只是一颗橡籽粒。今生乃是我们人的婴儿期，我们怎能在母腹中长成，生下来就有长成的身量呢？我们的安息若是能在此生得到，上帝的多数安排就会失去意义。人若是能在今生就享受他们的福分，上帝岂不会失去因教会奇迹般地得救、因仇敌的覆灭而得的荣耀吗？我们若此生就都福乐圆满，毫无罪咎，完美无瑕，上帝使我们成圣、称义、未来获救这些荣耀的作为还有何用？——我们今生若是一无所缺，就不必紧紧地信靠上帝，也不必切切地呼求他了。我们若是想要的都有了，他恐怕就很难听到我们的音讯了！圣徒若是能选择自己的处境，上帝也许就听不到摩西在红海和旷野唱出的赞美之歌，也听不到底波拉、哈拿、大卫、希西家由衷的称颂之辞了。读者自己对上帝最热情的赞美，不也往往是在处境危难时发出的吗？上帝从这世界得到的最大的荣耀、最美的颂赞，乃是因基督的赎买、和解和拯救罪人的作为，这些工作难道不常是在人遭遇困境的背景下成就的吗？——在上帝失去施恩机会的时候，人也必失去享受恩典的喜乐。凡是上帝未得赞美之处，也必是人失去安慰之处。圣徒的祷告得到的是何等甜美安慰的回报啊！我们若非如那浪子般，连属世享乐和利益的豆荚都吃不到，又何能知道自己有一位慈悲心肠的天父？我们若不是感受到自己"劳苦担重担、饥渴、贫穷、痛悔"①，就也永远不会感受到基督恩慈的心。战士和云游四方的人都爱回首脱险的经历；当身居天国的圣徒回首自己在地上的罪与痛苦，忧惧与眼泪，仇敌与危险，匮乏与灾难的时候，更是会感到喜不自禁。正因如此，蒙福者才会在颂扬羔羊时说：他"用自己的血从各族、各方、各民、各国中买了人来"，又叫他们脱离了痛苦、匮乏和罪，而"成为国民，作祭司，归于上帝"②。倘若他们在地上除了满足、安歇之外别无经历，在天上又怎会有那样欢喜快乐呢？

况且，**我们在今生也没有能力得安息**。人的灵魂在恩典上如此软弱，如此易于犯罪，与自己肉体如此难舍难分，在此种情况下，他又何能得到完全的满足与安息呢？除非我们远离了罪、各种缺欠和仇敌，灵魂又何能安息呢？人的灵魂在所有这些持续不断的骚扰之中，又岂有安息可言？基督徒为什么常常用保罗的话发出慨叹，"我真是苦啊！谁能救我脱离这取死的身体？"③他们若能在现有情况下安息，又何必"向着标竿直跑；这样跑，好得着奖赏；努力进窄门"呢？④ 如同灵魂一样，我们的肉身在地上也不能得到安息。我们眼下的肉身还不是如太阳般明光闪耀的身体，也还没有从"朽坏的变成不朽坏的，必死的变成不死的"⑤。它是我们的牢笼与重负，充满着软弱与缺陷，以至于我们一生的大部分时间都必须用来修复它，补给它不断的需要。我们永存的灵魂又怎能在如此混乱的居所中得安息呢？这病态、倦怠、令人厌恶的身体必然只能在得到精炼之后，才有能力得享安息。我们今生享受的对象是不足以为我们提供安息的。可叹，举世上下有什么能为我们提供安息啊？在世上其所

---

① 《马太福音》11:28；5:6；《以赛亚书》66:2。
② 《启示录》5:9—10。
③ 《罗马书》7:24。
④ 《腓立比书》3:14；《哥林多前书》9:24；《路加福音》13:24。
⑤ 《哥林多前书》15:54。

拥有的最多的人，他们的负担也最重。最看重于此、以此为乐的人，最终无不嗟叹，那些全是毫无意义，是只能给人带来烦恼的东西。人们希望在地上为自己营造天堂，等他们要享受它的时候，它总是从他们身边飞逝。凡对主的作为稍稍留意的人都不难发现，他的工作最终目的均在于拆毁我们心中的偶像，使我们轻看这世界，而在他里面寻求安息。他在哪些方面对付我们最多？还不是在我们最期望从中得到满足的事？你若有一个你所溺爱的孩子，这孩子也许就会变成你的忧愁。你若是有一位你信赖的朋友，你铁定他不会变心，他也许就会成为你的灾祸。这些怎会是你的安息之地、安息的国度呢？我们今生的享受不足以为我们提供安息，而足以为我们提供安息的上帝我们今生享受到的又极少。他并没有在地上预备他荣耀的同在内室。他在他与我们之间拉上了帷幕。我们作为受造之物离他甚远，作为脆弱的浮生离他更远，而作为罪人则离他岂止十万八千里！我们时而听到他一两句安慰的话，领受一两件他爱的信物，以维持我们的心和对他的盼望不失落，但这并不是我们完全的享受。已将上帝看作自己命定之分的人都必得他拯救，他们怎能在距离他无比遥远，在对他一星半点的享受中得安息呢？

我们眼下尚无力得到安息，还因为我们必须先证明自己配得此安息。基督只会将冠冕赐给配得冠冕之人。在得胜之前，我们如何配得冠冕？在跑完全程之前，我们如何配得奖赏？在葡萄园里的工做完之前，我们如何配领工价？在用所得的十两银子赚到钱之前，我们如何配管理十座城？在我们像良善、有忠心的仆人那样尽心之前，如何配得进去享受主的快乐？上帝不会改变其公平的顺序，不会在你劳力之前赐你安息，不会在你得胜之前赐你荣耀冠冕。要说明我们的安息何以该当存留到来世，这些理由难道还不够吗？基督徒读者啊，因此你要谨慎，你怎敢在地上谋求、顾惜自己的安息呢？你怎敢因你在肉身中的烦恼、劳苦和匮乏而抱怨上帝呢？你的贫穷、疾病、你恶毒的仇敌、你无情的朋友使你烦恼吗？在世上必然如此。这世代的恶事、徒有其表的"信徒"犯罪、罪人的顽梗使你烦恼吗？在你未得安息之前，必然如此。你自己的罪、自己的恶、你狂乱的心令你厌烦吗？你越厌烦自己越好。不过，在这一切厌烦之中，你又是否愿意寻求上帝——你的安息呢？你是否愿意打完你的仗，跑完你当跑的路，努力到底呢？若不是这样，你更该抱怨的是自己的心；你要让它更加烦恼，直到它更渴慕属天的安息。

在本章结束之前，尚有一事需要补充提及，那就是，**圣徒的灵魂即使在与身体相离的那段时间里，也必享有难以想象的恩福与荣耀**。有什么比保罗的话说得更明白的呢？"我们时常坦然无惧，并且晓得我们住在身内，便与主相离"，或毋宁说，我们是在做客旅，"因我们行事为人是凭着信心，不是凭着眼见。我们坦然无惧，是更愿意离开身体与主同住"①。这位使徒还说："我正在两难之间，情愿离世与基督同在，因为这是好得无比的。"②保罗若非期待在身体复活前就享有基督，又怎会陷入两难，情愿离世呢？相反，难道他不该因此而不愿离世吗？因为在肉身里，他已在部分地享受基督。基督对那强盗说的话更是再明白不过："今日你要同我在乐园里了。"③若没有灵魂在离开肉身后随即蒙福或受苦这一回事，在财主和拉撒路的比喻中，基督就不可能有如此明显的暗示了。我们的主在为死人复活争辩时指出："上帝原不是死人的上帝，乃是活人的上帝，"④由此可见，亚伯拉罕、以撒、雅各那时都在灵里活着。"在主里面而死的人有福了"⑤这句话若指的仅仅是在阴间歇息，那么动物和石头也同样有福了；绝不可能如此。在阴间休息显然是一种咒诅，而不是祝福。若是那样，活着岂不更是幸事吗？侍奉上帝、行善、享受人生的各种慰藉、与圣徒交通、圣礼的安慰，还有基督很多安慰的

---

① 《哥林多后书》5:6—8。

② 《腓立比书》1:23。

③ 《路加福音》23:43。

④ 《路加福音》20:38。

⑤ 《启示录》14:13。

总和,这一切难道不比躺在阴间渐渐腐烂更蒙福吗?上帝因此应许了进一步的福分,否则圣经为什么说,我们将成为"被成全之义人的灵魂"呢?① 毫无疑问,到复活时,圣徒的身体也像他们的灵魂被成全一样,必被成全。圣经告诉我们,以诺和以利亚已被提到天上去了。②我们是否该认为只有他们得了荣耀呢?彼得、雅各、约翰同主基督一起在山上时,不是还见到了摩西吗?③ 而经上说,摩西死了。④摩西若是在复活前不能分享那荣耀,基督将摩西显现给三位使徒看时,难道是在捉弄他们的感官?司提反在说"求主耶稣接收我的灵魂"时,⑤灵魂被主接收,在他看来岂不是显而易见的事吗?主若是接收了他的灵魂,他的灵魂无疑就不是睡了,也不是死了或毁灭了,而是与主同在,见证着主的荣耀。满有智慧的所罗门在说"灵仍归于赐灵的上帝"时,⑥也有这层意思。圣经为什么说我们"得永生","认识上帝就是永生",还说"信子的人有永生"呢?⑦ 上帝的国又如何会在我们心里呢?⑧ 倘若在复活前我们的生命有一漫长的中断,那就谈不上是永生,或"永远的国"了。⑨圣经说:"所多玛、蛾摩拉和周围城邑的人……受永火的刑罚!"⑩倘若恶人已在永火中受折磨,那么圣徒无疑也已在享受永恒的福分了。经上说,使徒约翰在得见荣耀的启示时,是"在灵里"⑪,"我在灵里被带到……"⑫而当保

---

① 《希伯来书》12:23。
② 《创世记》5:24;《列王纪下》2:11。
③ 《马太福音》17:3。
④ 《约书亚记》1:1。
⑤ 《使徒行传》7:59。
⑥ 《传道书》12:7。
⑦ 《约翰福音》3:15, 17:3, 3:36。
⑧ 《路加福音》17:21。
⑨ 《彼得后书》1:11。
⑩ 《犹大书》1:7。
⑪ 《启示录》1:10 希腊原文意为"在主日,我在灵里……"中文和合本译作:"当主日,我被圣灵感动……"
⑫ 《启示录》17:3 原文意为:"我在灵里被他(天使)带到旷野,"和合本译作:"我被圣灵感动,天使带我到旷野去。"

罗"被提到第三层天上去"的时候,他不知自己是在身内抑或在身外。①这意味着,人的灵无须身体的载负也能承受这些荣耀之事。约翰所言:"我看见在祭坛底下,有为上帝的道、并为做见证被杀之人的灵魂"②,也隐含着同样的意思。基督说"那杀身体不能杀灵魂的,不要怕他们"③,指的难道不正是恶人杀了我们身体,只是让灵魂与身体分离,我们的灵魂却依旧活着吗?基督的肉身死去时,他的灵魂既依然活着,我们的灵魂也必如此。他对强盗所说"今日你要同我在乐园里了",以及他在十字架上的呼喊"父啊,我将我的灵魂交在你手里"均显明了同样的意思。挪亚时代那些不信从者的灵若是"在监狱里"④,即活活受折磨的状态中;那么,义人被分别出来的灵就一定是处在与那些灵刚好相反的福乐状态中了。因此,忠信的灵一经脱离自己肉身的监禁,就立即有天使护卫着他们;基督及所有义人得完全的灵就立即与他们相伴;天国一定立即成为他们的居所,而上帝则立即成为他们的福乐。这样的人死去之时,可以坦然无惧、深信不移地像司提反那样说:"求主耶稣接收我的灵魂!"并像基督那样,将自己的灵魂交在父手里。⑤

---

① 《哥林多后书》12:2。
② 《启示录》6:9。
③ 《马太福音》10:28。
④ 《彼得前书》3:19—20。
⑤ 《路加福音》23:46。

第五章
错失圣徒安息者的悲惨下场

本章提要 一、失去天国意味着：1. 将失去圣徒必得的个人完善；2. 失去上帝本身；3. 得不到爱上帝的满心喜悦之情；4. 也失去与众天使、得荣耀的灵魂蒙福团契的机会。二、因如下缘故，失去天国的悲惨必将加剧：1. 罪人的认知将变得清晰；2. 他们的认知力将增强；3. 他们良心的应用将变得更真实而精确；4. 他们的感受力将变得更活跃；5. 他们的记忆也将得到扩展和增强。

读者啊，假如你不认识基督，也不了解以上描述的上帝子民圣洁的性质和圣洁的生活为何物，而且至死都活在这种状态之下，我要告诉你，你就绝无可能在天国的喜乐中有分，也尝不到圣徒的永恒安息之分毫。我可以像以笏对伊矶伦那样毫无戏言地对你说，"我奉上帝的命报告你一件事"①，既然上帝的话语句句是真，你将来就绝不会在平安中见上帝的面。我奉上帝之命将这判决转达给你，你若愿意就接受它，若不能接受就要逃离它。我深知，你只要谦卑、真诚地顺从基督，就必能逃脱这判决；他必因此接受你做他子民中的一员，并分给你他选民的永恒产业。我的信息倘若能有幸产生如此功效，我绝不会像约拿那样，抱怨上帝不将警告中的审判执行在你身上，反要因上帝竟让我这信使无比欢喜而感恩不尽。然而，你若是在不重生的状态下活尽了自己的寿命，犹如

---

① 《士师记》3:20。

天在头上、地在脚下那样铁定的是,你必被关在圣徒安息的门外,也必在永火的刑罚中有分。我想,你可能会质问我:"上帝几时让你看过那生命册,几时告诉你谁将来要得救,谁将来又要遭拒?"我的回答是:"我的话不是针对你或某个人而言,而是泛指着未得重生之人得出如上的结论。如果你也是这样的人,那么它也是针对你的。我的目的也不是要断定谁将来会悔改,谁不会,更不是说你永远不会悔改。我只是要向你说明,只要你不坐失良机,你前面会有怎样的盼望。我的本意更是要劝你,在天国之门向你关上之前及时醒悟,而非告诉你悔改、回转已无门。"不过,上文对上帝子民的描述如果与你内心的状况不符,你最终的得救是否就难说了呢?我何须升到天上才能知道,"非圣洁没有人能见主","清心的人必得见上帝","人若不重生,就不能见上帝的国"①等上帝的话语?我又何须上到天去询问基督那些他降到地上,又差在他使徒里面的圣灵告诉我们,基督和使徒还为全体世人留下记载的事呢?我虽无法洞悉你心中所想,因此也无法辨别以上描述的是你的状况与否,但你只要愿意,并为之努力,就可以知道自己是不是天国的承受者。我的盼望主要是,你的结局虽是悲惨的,却能醒悟到这一点,从而能逃避那悲惨的下场。但如果你罔顾基督和他的拯救,又怎能逃脱得了呢?绝无可能,就像魔鬼得救一样不可能;而且,上帝在圣经中谈到像你这样的罪人不能得救,比说魔鬼不能得救说得更明确、更频繁。我想,只消察看一下自己的案情,就必令你惊恐不已。当年伯沙撒王"看见写字的指头,就变了脸色,心意惊惶,腰骨好像脱节,双膝彼此相碰"②。而你呢,上帝的手指着你说的何止是一两句话,整本圣经都是针对你说的,提醒你将失去一个永恒的国度,这又该令你怎样不寒而栗啊!我乐于见你将此事放在心上,所以我首先要向你说明,失去天国的情形将会是怎

---

① 《希伯来书》12:14;《马太福音》5:8;《约翰福音》3:3—5。
② 《但以理书》5:5—6。

样的；然后要向你说明这种悲惨会因何而加剧。

一

1. 罪人将失去圣徒在天上享受的**荣耀的个人完善**，这是他们的莫大损失。他们将得不到比正午的日头还夺目的明光闪耀的身体。罪人的身体复活时虽比在地上时更属灵，但那只会使他们更能感受到地狱折磨之苦的剧烈。到那时，他们巴不得自己的各个肢体都是死的，因而感受不到加在他们身体上的刑罚；他们巴不得整个身体仍是一具腐尸，巴不得再次倒毙在尘土的掩埋之中。到那时，他们更享受不到的是蒙福者得到的道德上的完全，心灵的圣洁性情，没有高兴行上帝旨意的意愿，没有行为上的完全正直；相反，罪人会像在地上一样有着顽梗的意志，它憎恶良善，偏爱邪恶，暴虐成性。他们的认识能力固然会因先前的诱惑不复存在，且因经历了先前错觉的虚妄，而变得清醒得多，但他们仍然性情依旧，只要有可能，他们仍乐意犯以前同样的罪，只是没有了机会。罪人与得荣耀的基督徒之间未来的差距之大，甚至大于癞蛤蟆与天穹中太阳之间的差距。财主的紫色细麻衣袍、奢华的飨宴都不曾将罪人提升，他那时甚至还不如曾在他门前，满身生疮的拉撒路。

2. 罪人**不能享有与上帝融洽的关系，也没有与他的亲密团契**。"他们既然故意不认识上帝"，反而对上帝说，"离开我们吧！我们不愿晓得你的道"。① 上帝因此就断不会把他们留在他的家中。他绝不会容他们承受他圣徒的基业，也不会容他们站在他的面前；相反，他会"明明地告诉他们说：'我从来不认识你们，你们这些作恶的人，离开我去吧！'"② 罪人那时还会妄求拥有基督和天国，就仿佛他们曾是真诚笃信的圣徒一样。诅咒发誓的、酗酒淫乱的、贪爱世俗的人那时会说："上帝是你们的

---

① 《罗马书》1:28；《约伯记》21:14。
② 《马太福音》7:23。

父，不也是我们的父吗？"只是到基督将他的信徒从他的仇敌中分别出来，将他忠心的朋友从假意奉承者中分离出来的时候，哪里还有他们妄求的余地呢？他们必发现，上帝并不是他们的父，因为他们不愿成为他的子民。罪人不愿让上帝借他的灵住在他们心里，邪恶所住的帐棚因此就必定没有上帝的同在，他们也不能居住在上帝的城里。唯有在地上与上帝同行的人，将来才能在天国与他快乐同住。世人极少知道，失去上帝的灵魂将失去的究竟是什么！地球若是失去太阳，将会是一何等阴冷的地牢！肉身若是失去了灵魂，将会是何等可厌恶的行尸走肉！而所有这些都远远无法与失去上帝相比。正如享有上帝便是圣徒的天堂一样，失去上帝乃是罪人的地狱；正如享有上帝意味着享有一切一样，失去上帝将意味着失去一切。

3. 罪人还将失去**爱上帝的满心喜悦之情**——也就是认识上帝的欣喜、仰望上帝荣面时的欢愉、爱上帝之无法言喻的喜悦、对上帝赐我们无限慈爱的感恩之情、圣徒恒久的喜乐，以及上帝用以满足他圣徒的源源不断的安慰。失去所有这些非同小可！上帝在地上使用一个君王治理国度，尚不及他在天上使用一个最卑微的仆役，因为他在天上的任用，远远高于对地上君王的任用。上帝视人的品性用人。罪人啊，你们的心今生从未思念过上帝，从未因他的爱而变得温热，从未渴望过享有他，也从不以谈到、听到他的事为乐；只要你知道如何办得到，你们情愿在地上逗留，对荣耀赞美上帝反而不感兴趣。既如此，你们又怎能成为天上赞美乐队的成员呢？

4. 罪人将被剥夺与**天使和得荣耀之圣徒蒙福团契**的机会。他们非但不能与快乐的众灵朝夕相处，不能跻身于这些夸胜的王之中，反必将被赶入地狱，并和与上述众灵性情品质截然相反的灵为伍。嘲笑、辱骂圣徒，憎恶他们，对他们幸灾乐祸，不是享受他们所得之祝福的办法。罪人啊，你们将被排除在圣徒的团体之外，是因你们当初将自己排除在他们之外；那时你们只能与圣徒相隔绝，因为你们在地上不愿加入他们其中。在自己的家里、城里，甚至国家里，你们都容不下他们。你们像亚哈对待以利亚那样，将圣徒视为"使以色列遭灾的"，又像犹太人对使徒那样，将圣徒视为"搅乱天下的"。①倘有不幸发生，你们就把一切归咎于圣徒。他们若是死去或被放逐，你就为他们的消失而拍手称快，认为那样可使国家免受其扰。他们诚恳地责备你们的罪，你们感觉是在受骚扰。他们圣洁的生活使你们的良心不安，因为看到他们，你们就无地自容。听到他们在自己的家庭里祈祷、唱诗赞美，你们就恼怒。既如此，你们将来与他们相隔绝，又何足为奇呢？他们不再烦恼你们的日子已不远了。到那时，在他们与你们之间将会是一条不可逾越的壕堑。即便是在此生中，圣徒虽受"戏弄、穷乏、患难、苦害"②，他们虽也有个人的不完全之处，但以圣灵的判断，他们却是"世界不配有的人"③。在将来，世人就更远远不配在荣耀中与他们团契了。

二

我知道很多人容易这样想，他们今世没有如上所说的美事也过得去，为什么来世就非要它们不可呢？因此，我要向这些人显明，失去天国，到时将意味着极痛苦的折磨，好让他们现在就能警醒三思。

1. 在来世，罪人的认知能力将变得清晰，能体认他们失去的一切价值如何。他们现在不知为失去上帝痛惜，是因他们对上帝的宝贵一无所知；他们不痛惜失去圣洁的职任和与圣徒团契的机会，是因他们感受不到这团契的价值。人若失去了一件珍宝，却以为那只不过是一块普通石头，就不会为失去它而惋惜；只有当他意识到自己所失，其实价值连城之时，才会痛惜不已。到那时，下地狱者的认知力虽不会变得圣洁，却

---

① 《列王纪上》18:17；《使徒行传》17:6。
② 《希伯来书》11:36—37。
③ 《希伯来书》11:38。

因清除了众多的谬误会变得清晰。如今他们以为，名望、财富、享乐、健康、长寿比永恒的福分更值得自己为之效力；而当这些将他们撇在惨境之中，当他们经历了从前只是读过、听说过的事的时候，想法就会截然不同了。在未堕入汪洋大海之前，他们不愿相信水能淹死人；在被投入熊熊烈焰之前，他们不愿相信大火能烧身——而当他们身历其境的时候，再相信就不难了。使他们轻忽上帝、憎恶对上帝的崇拜、中伤他子民的种种谬误，到那时都会被他们的经历驳倒、清除。随着知晓的事情的增多，他们的痛悔之心也必加深。可怜的灵魂啊！他们的认知力若能全然离他们而去，他们所知若还不及白痴、畜类，还会让他们稍好过一些；或者他们在地狱里知道的并不比在地上多，他们所遭受的损失对他们的折磨也会轻一些。他们若不知有天堂那样的去处，到时也许还会觉得自己很快乐呢！眼下了解真相，尚有助于他们避免陷入惨境，但他们不想了解，不想读书、探求以了解；而当他们了解的真相只能使他们的焚身之火烧得更旺时，不管他们是否愿意，就都会了解了。眼下他们沉睡不醒，误以为自己是世上最快活的人，而到死亡唤醒他们的时候，他们将会怎样恍然大悟啊！不想看见的人，那时必看见，而且必将羞惭不已。

2. 罪人的认知将来既变得清晰，也**得到扩展**，使他们更能了解自己失去的荣耀何其宝贵。在他们的认识能力增强的同时，他们看到的真相也得到扩展。较比如今在地上只是听说上帝的震怒、犯罪的愚蠢、罪人将受的折磨，到他们的灵魂亲身遭受这折磨时，其感受又该是何等之切啊！较比其春风得意之时，人在临刑时对生命价值的感受又该是何等之深啊！而下地狱者在彻底失去永恒的福分时，对自己损失之重的感受将要强烈不知多少倍；正如深池的容积大于贝壳一样，比起罪人眼下肤浅的认知力，他们未来增强了的认知力所容纳的，将极大地加剧他们所受的痛苦。

3. 罪人的**良心**必将这教义真实地应用到他们自己身上，这将使他们所受的折磨极度加深。到那时，他们再说"这是**我**自己的损失，是**我**永远无法挽回的悲惨结局"，就不难了。这教义如今难以使他们感到不安，其主要原因是，他们未将这教义应用到自己身上。你很难让他们相信罪人会有如此悲惨的下场，让他们相信这可能是他们自己的结局则更难。这使得他们对多少讲道信息充耳不闻，把多少提醒当作耳旁风。任凭基督的仆人如何明白、中肯地指明他们未来面临的惨境，他们也不相信自己会有那样的下场。任凭传道人费尽唇舌告诉他们，不悔改就必失去天上的荣耀，必遭受莫大的痛苦，他们也以为那些与己无关，只与犯了重罪的人有关。天下再难不过的事恐怕就是让一个罪人明白自己有罪，让他们看到自己处于上帝的震怒之下，处于被定罪的状态之下。相反，由于他们不了解重生为何物，又与圣洁陌路，因此很容易觉得自己不是罪的参与者，满以为自己能得见上帝，并且得救，似乎他们是世上最圣洁的圣徒。就是再清楚地了解自己的光景，也极少会有人像这样惊呼："我就是那个罪人！"或是承认自己若在眼下的光景中死去，就将永远地灭亡。而当他们蓦然发现自己已置身地狱的幽暗之地，亲身感受地狱之火烧身，又知道自己已被永远地关在上帝的同在之外时，将上帝的忿怒应用在他们自己身上，就成为再容易不过的事了；他们那时会声嘶力竭地哭号着承认："这痛苦的确是我的！我怎么那么蠢！我的损失大得难以置信，如今已无法挽回了！"

4. 罪人的**感受能力**那时也将变得更敏锐，而不再迟钝。刚硬的心如今把天堂、地狱当作小事。我们将永恒的荣耀与永久的惨境都摆在他们面前，却像是对沉睡之人说的；我们的话如同石头打在墙壁上，只是弹回来弄伤我们自己的脸。我们谈及未来那些可怕的事，却像是对死人说的；我们探入他们的伤口，他们却没有感觉；我们简直是在对牛弹琴，而不是在对人讲话；过不多久，他们就将会同大地一起战栗。而到这些死一般的灵魂复活时，其情感将会变得何等强烈，其感知力将变得何等敏锐，恐怖会怎样地折磨他们，他们的悔恨又将是多么深啊！他们那时会怎样激烈地谴责、申斥自己！又会怎样恼怒自己先前的愚顽不灵啊！

与他们失去天堂时的哀号相比，世上最深情的妻子失去丈夫，最温柔的母亲失去孩子时的悲痛，也变得相形见绌。可怜那些追悔莫及，自我折磨的绝望灵魂啊！他们恨不得撕碎自己的心，从而成为替上帝对他们自己执行审判的人！是他们一手招致了自己的灾祸，所以他们也将亲手执行对他们的定罪。即使是撒旦，也不如他们自己在如此程度上导致了他们的犯罪，因此也不如他们自己在如此程度上成为折磨他们的工具。到那时，他们巴不得自己能变成石头或其他什么无感受、无知觉的东西！到那时，他们若能像往日听说这些事时那样若无其事，像听道中受到得此下场的警告时那样，睡过整个受刑罚的永世该有多好！然而，他们的愚钝已离他们而去——那时愚钝已不复存在了。

  5. 而且，罪人那时的**记忆力**也会与他们的认知力和感受力一样强大。他们的记忆力若是不再有用，忘记自己失去了天堂，这损失也不会那样折磨他们。到那时，他们尽管会将自己的彻底灭绝看作极大的怜悯，可他们却无法把自己存在的任何一部分哪怕搁置在一旁。本来有助于他们获得幸福感的认知力、良心、感受力和记忆力，那时没有一样不在活生生地折磨着他们。这些能力本该怎样用来汲取上帝的爱，引发与上帝同在的永恒喜乐，那时就必怎样为他们招致上帝的烈怒，导致没有上帝同在的无休止的悲哀。眼下，他们没有闲暇去思考今生以后的事，记忆中也没为这些事留下余地；但到那时，除懊悔自己的莫大损失之外，他们不再会有任何别的事可做，他们的记忆力也不再会有其他用途。上帝愿意世人将关于他们永恒结局的教义"写在房屋的门框上，系在手上，记在心上"；要他们将此牢记在心，"无论坐在家里，行在路上，躺下，起来，都要谈论"①；世人既拒不接受上帝的忠告，这些就将永远地铭刻在他们的被囚之地，无论他们朝哪个方向看，都无法回避。想到自己失去的荣耀是何等浩大，他们就备受煎熬。倘或这结局可以豁免，

---

① 《申命记》6:6—9。

倘或这损失尚可由其他来弥补，事还算小。倘或他们失去的只是健康、财富、朋友、性命，就算不得什么。可他们失去的是价值无比，是关乎永恒的荣耀啊！那时更令他们痛悔不已的是，想到自己本来满有机会享受这荣耀。他们会记起："曾几何时，我也完全有可能像别人那样进入天国。我被放置在世界的舞台上，如果我当初信了基督，今天早就拥有那永恒的产业了。我本可以与天国里蒙福的圣徒在一起，如今却落得与地狱里的伙伴同受折磨。主不是没有将生与死摆在我面前，供我选择；我既选择了死，深受其苦就是我应得的报应。当初我若是奋力奔跑，奖赏如今早就递到我面前了；当初我若是努力，如今早已享有了成果；当初我若是拼命打仗，如今早就得胜，有冠冕戴在我头上。"①更令他们痛苦的是，想起当初得冠冕不仅有可能，而且可能性非常大。一想到这些，他们就必痛心疾首："当初圣灵的强风时刻准备帮助我，劝我做新人，全心信靠基督，撇弃世界。我差一点就决定要为上帝而活了。我甚至开始厌恶那诱惑我的下贱情欲。我也开始摆脱旧时的同伴，与信徒相交；可惜我走了回头路，没能继续前行，违背了自己的诺言。我差不多被说服要做一名真正的基督徒了，可惜我回绝了人的劝说。忠心的传道人在向我透彻解明真理时，多么让我心动啊！唉，天国对我来说几乎唾手可得！差不多要到手的福分，我却失去了！假如我当时继续寻求主，如今早就与圣徒们一同蒙福了。"

罪人那时想到自己错失了良机，就更是令他们悔恨不已。"过去我贻误了多少个星期，多少个月，多少年啊！若是好好利用这些时间，我如今该会是多么快乐啊！当初的我真是糟糕！我有那么充裕的时间，怎会抽不出时间在主里进取？我在各种辛劳之中，怎会没有想到为永恒劳力？我有时间吃喝、酣睡，怎会没时间用来救自己的灵魂？我有时间嬉笑空谈，怎会没时间祷告祈求？有时间去挣得世界，怎会没时间争取在天国

---

① 参见《提摩太后书》4:7—8。

里有分？唉，我现在才觉察到时间是多么宝贵！我曾拥有那么多的时间，如今却已时不我与。以前我的时间多得不知如何打发，如今却是时光逝尽，不能复得。巴不得我能找回那些岁月中的哪怕一年，让我重新活一遍！若是那样，我会怎样抓紧悔改！会怎样切切地祷告！会怎样洗耳恭听传道人的信息！会怎样仔细审视自己结局！会怎样珍惜光阴！如今为时晚矣，唉，为时晚矣！"

记起主曾多么频繁地劝他们回转，他们就更是悔恨交加。"牧师曾多么愿意看到我逃离这煎熬啊！他在苦口婆心地劝我的同时，是带着怎样的爱与恻隐之心啊！可我却笑话他。有多少次，他都说服了我，可接着我又窒息了自己的认信。有多少次，他中肯地剖析了我的内心光景，可我不想看到自己最阴暗之处。若能看到我真心寻求基督，牧师会有多么高兴啊！我信主的朋友们曾经告诫我，执意顽梗、漫不经心终会为我带来怎样的恶果，可我不信，还把他们的话当作耳旁风。上帝曾屈尊，不厌其烦地劝我回转！圣灵曾与我的心角力，就仿佛不愿遭拒！基督又曾怎样站在外面叩门，一个接一个安息日地向我呼唤：'开门吧，罪人，向你的救主打开你的心门吧！我要进来，我与你，你与我，一同坐席！'① 你为什么还要耽延？虚空之想在你心里还要存到几时呢？难道你不想得赦免，得圣洁，成为蒙福的人吗？你究竟要等到几时？'"对来自天上如此恳求的回忆必导致下地狱者对自己的悔恨！"当初，我何苦要让基督忍耐得厌倦？何苦徒然让天地之主追寻我，直到他呼唤我悔改、回转喊到厌烦为止呢！那忍耐如今化作烈怒，以无法抗拒的强大力量落在我头上，实在是公平的！在主基督向我呼喊'难道你不想得洁净？你究竟要等到几时'的时候，我心里——至少我的实际表现——做出的回答是：'永远也不。'而今在我哭号着'还要多久，我才能摆脱这痛苦的煎熬'的时候，得到的回答同样是'永远也不'岂不是再公平不过的了吗？"

---

① 《启示录》3:20。

下地狱的罪人那时想起依多宽松的条件，他们当初就可逃离这悲惨下场，尤其心如刀割。他们要做的不是移除大山、征服列国，不是一点一画都不差地履行律法，也不是让他们为自己所有的过犯付上代价以满足公义的要求。其实，基督想让他们负的"轭是容易的"，想让他们担的"担子是轻省的"①。他们只需悔改，真诚地接受基督作他们的救主；不再以其他任何事为乐，唯将主视为自己至高的生活目的；弃绝世界与血气，将自己交给主柔和、恩慈的管理；离弃自己谋划的道路，行在他圣洁而可喜悦的路上。到那时，受尽折磨的可怜罪人会说："我遭受这一切是罪有应得，有谁不愿付出如此少努力以避免这灾祸呢！我竟对如此恩惠的条件置之不理，还称主是'严苛的主人'，又以为对他快乐的服侍是受奴役，而侍奉魔鬼和血气才是自由，当时我真是昏了头！我曾毁谤上帝的圣洁道路是不必要的古板，认为基督的律法过于严苛，嫌我为来生做得太多，这更是愚蠢至极！为基督、为行善而受的所有苦加起来，比起我眼前要永远受的折磨，又算得了什么？我错失了的天堂岂不能弥补我失去的一切？我在地上所受的一切的苦处，在天国里岂不都会忘记吗？早知如此，哪怕基督要我做得再多，不管是常活在恐惧、哀伤之中，还是让我遭受几百遍的死亡，我岂不都会去做吗？更何况他说的只是，'你信就必得救。寻求我的面，你的灵魂就必存活。背起十字架来跟从我，我就赐你永生'呢！② 这是何等恩惠的条件！何等宽松的条件！我这当受咒诅的罪人啊，竟不愿相信而接受！"

想起他们出卖自己永恒的好处换来的是什么，必成为最折磨下地狱者的想法。当他们将罪中之乐的价值与圣徒必得的"大奖赏"③的价值做对比时，两者之间的天壤之别必会令他们无比惊诧！回想自己卑贱的肉身

---

① 《马太福音》11:30。
② 《路加福音》8:12；《历代志下》7:14；《耶利米书》38:17；《马可福音》10:17—21。作者所用英王钦定版圣经 (King James Version) 的 10:21 中作："And come, take up the cross, and follow me."
③ 《希伯来书》10:35。

之乐，浮生中短暂的辉煌瞬间、对积攒金银的痴迷，再想想那永世的荣耀，他们必后悔莫及地说："上帝啊，这就是我为自己的灵魂挣得的一切，我竟把自己的祝福寄托在这些垃圾上！"这种想法将怎样撕扯着他们的心，简直无法形容。那时，他们会痛责自己当初的荒唐："我这痛苦不堪的罪人啊，怎会如此廉价地出卖了自己的灵魂？怎会为一堆渣滓污垢与自己的上帝分离？怎会像犹大一样，为几两银子出卖了我的救主？我当初对天堂的期望只是南柯一梦，如今才如梦方醒，那期望全都破灭了。当初我口中的美味如今已变作苦胆，我杯中的佳酿已变作苦酒；如今一觉醒来，往日的享乐尽然成空。我以无价之宝换来的难道就是这些？这是何等愚蠢的交易啊！'我赚得了全世界，却赔上了自己的灵魂'①，更糟糕的是，我竟为世间的区区小利而放弃了天堂！"巴不得罪人在沉湎肉身享乐之时，在思谋如何在世上赢得金钱、地位之时，在明知故犯地冒着灭亡的危险犯罪之时，在不顾良知的阻拦而犯罪之时，就能想到这些！

想起是**他们自己执意导致了自己的毁灭**，他们所受的煎熬就愈发加深。假如是有人强迫他们犯罪，假如是因他人的过犯使他们受刑罚，假如别人是导致他们灭亡的元凶，那时他们良心的悔恨会好过很多。但想到犯罪是他们自己意志的选择，世上无人能强迫他们违背自己的意志而犯罪，他们就必心痛如割。备受煎熬的灵魂那时会想："以前我在世上的仇人还不够多吗，我难道还要与自己为敌？上帝不会给魔鬼、世人偌大的能力胁迫我犯哪怕是最小的罪。他们只能诱惑我，是我自己经不住诱惑才作了恶。难道我只能自残灵魂，自流己血，而别无选择吗？对我来说，再也没有比自己更凶残的敌人了。上帝赐我灵魂的每样益处我都拒绝了。他将怜悯丰丰富富地赐给我，一次又一次地解救我，为的是吸引我的心去归向他；而且，他还温柔地管教我，让我在自己不顺服之恶果

---

① 《马可福音》8:36。

的重压下呻吟；我虽在痛苦中满口答应侍奉他，却从未真心想这样做。"回忆起是他们造成了自己的灭亡，是他们一意孤行地坚持走叛逆之路，甘心侍奉魔鬼；是这，在永恒中啃噬着罪人的心。

　　令罪人良心的伤口裂得更深的是，他们不仅记起自己的所作所为，还记起他们曾**为自己下地狱不惜代价，不辞辛劳**。他们投入了多少心力以抗拒圣灵，抵挡上帝怜悯、审判和他话语的能力；投入了多少心力以遏制自己的理智的能力，禁止自己的良心发声，才招致了自己的毁灭啊！所有这些都是他们试图要做的，且亲手付诸实施。他们明知自己一直活在上帝烈怒的威胁之下，明知上帝可瞬间令他们倒毙在尘土之中，将他们投入地狱，却一味朝此结局狂奔。罪人们为自己下地狱付出了何等大的努力啊！节制小酌本可使人健康、放松，这样做的花费并不多；可他们却偏要狂饮烂醉，付上穷困、羞耻、疾病作代价。人本可以知足常乐，可他们却偏要贪得无厌、野心勃勃，宁可付上忧虑、肉身的劳累、内心的狂乱作代价。他们任凭怒气折磨自己，任凭妒忌、报复焚烧己心，任凭污秽的生活损害自己的健康、财产和好名声；他们情愿如此行而自食其果，却不容自己的灵魂得救。将来，他们悔恨自己的荒唐时必恼怒地说："为了下地狱，我难道值得付出那样大的代价和努力吗？不付代价而免下地狱岂不快哉，我又何苦枉付高价为自己买折磨呢？我想，得救都无须那样费力，我难道不能不做这么多而不灭亡吗？上帝要我'做成得救的工夫'①，与此同时，我又何必辛辛苦苦地做成自己下地狱的工夫呢？假若当初我为进天国做的努力能像为下地狱所做的这样多，我早就得到天国的福分了。我曾埋怨敬虔之路太乏味，舍己的过程太痛苦，反倒情愿为撒旦、为自己的灭亡不遗余力。当初我爱基督若能像爱世俗享乐、名利一样深，思念享乐、名利能像思念基督一样多，又努力寻求他，此时我该有多快活啊！我受地狱之火的煎熬，是我付出高

---

① 《腓立比书》2:12。

昂的代价买来的结果；我不能享受天国，是因上帝将它买来放在我手里，我却不要，这结局是再公平不过的了！"

　　读者啊，诚愿上帝说服，你今世就做智者而三思，免得进入地狱再做此想而追悔莫及，那将是多么大的不幸啊！不要说这些只是假想，你只需一读福音书中财主在阴间受痛苦时的念头[①]就可以明白。天国之乐是由理性灵魂在理性的行动中享受的，同样，地狱之苦也是由理性灵魂在理性的行动中遭受的。此生过后，人依旧是人，所以其感受、行动也依旧会是人的感受和行动。

---

① 《路加福音》16:19—31。

第六章
罪人的悲惨结局:不仅将失去圣徒的安息,失去今世的享受,还要遭受地狱的折磨

本章提要　一、下地狱者将失去的今世享受包括：1. 从上帝和基督获益的奢望；2. 一切的指望；3. 良心的安宁；4. 一切属肉体的欢乐；5. 一切现世之乐。二、下地狱者将遭受的痛苦极其惨烈：1. 地狱之苦的创设者是上帝本身；2. 罪人受折磨的下场；3. 折磨是上帝对罪人施行报复的结果；4. 上帝乐意对仇敌施以刑罚；5. 撒旦和罪人自己将替上帝施刑；6. 地狱的折磨是遍及全人的；7. 这折磨得不到缓解；8. 这折磨将是永无止境的。证明顽梗的罪人甘冒受地狱折磨之险是不智之举；规劝罪人投靠基督，以策安全。

经上说："惟独敬虔，凡事都有益处，因有今生和来生的应许。"我们若是"先求上帝的国和他的义，这些东西都要加给"我们了；这同样也是对罪人失去属灵及今世赐福的警告；因他们不先求上帝的国和他的义，因此他们不仅要失去上帝的国和义，也要失去他们曾孜孜以求的事，在地狱里"连他们所有的也要夺去"①。如果能保有时下的享受，他们也不会太在乎是否失去天堂。如果他们曾经为基督"撇下所有的"②，就必发现所有的都会在基督那里得到补偿，因为他就是他们的所有。可惜，罪人既然为其他事抛弃了基督，就将既失去基督，也失去他们为之

---

① 《提摩太前书》4:8；《马太福音》6:33，《马太福音》13:12。
② 《马太福音》19:27。

撒弃耶稣的事，连今世的享受也要失去，还要受尽地狱之苦。

一

1. **罪人在上帝的恩惠和基督的功绩中，受益的奢望那时将破灭。** 眼下是因有这种不实之想在为他们壮胆，做他们抵挡恐惧的挡箭牌，否则恐惧就必抓住他们。但到他们幻想破灭，欢乐不再之时，还有什么能缓解他们遭受的折磨呢？人若是已濒临灭顶之灾，却满以为自己安全无虞，他就会像没事人一样逍遥。倘若人除了相信自己是快乐的，或相信自己将是快乐的之外，就再也没有能使他快乐的事，这快乐就比人所希望的廉价得多。正如真正的信心是导致重生的恩典一样，虚妄的信心则是导致不悔改的祸害。何以有如此众多的人本可以得赦免，却情愿坐以待毙呢？其原因就在于他们自以为早已得了赦免。如若可能，你试问地狱里成千上万的灵魂，是怎样的愚痴将他们带到了那里？他们中的绝大多数都会这样告诉你："我们自以为一定是得救了，直到发现自己已置身地狱才如梦方醒。我们本可以更热切地寻求重生及敬虔的能力，却满以为自己已是基督徒了。是自以为是的感觉使我们陷入了眼前的惨境，但如今已补救无门了。"读者啊，我必须诚实地告诉你，那些高枕无忧、不圣洁、在主面前不谦卑的人，通常自信结局会是好的，但终必证明那只是导致他们灵魂下地狱的错觉。在地狱里无人还能这样相信。以虚妄的自信欺哄罪人只是撒旦的伎俩，他是想借此蒙住罪人的双眼，使他们能贸然跟从他；到时候，他才会让真相大白，罪人必看到自己身居何处。

2. **罪人也将失去一切盼望。** 今生，他们虽受到上帝震怒的威慑，却有逃脱这震怒的指望为他们壮胆。眼下我们很难劝服极恶劣的酒徒、赌咒者和嘲弄者，只因他们盼望像现在这样就能得救。快乐逍遥的世人哪，得救岂是像你们期望的那样廉价！而且世人的奢望是那样固执，还以为到审判时他们可以向基督为自己申辩，说自己曾"在他面前吃喝，奉他的名传道，奉他的名赶鬼"①；他们矢口否认自己在基督饥渴、赤身露体，或在监牢里时不看顾他，直到基督以判下地狱来驳回他们的强辩。②噢，那些到时只能告别自己一切指望的人下场将是多么惨啊！经上说："恶人一死，他的指望必灭绝，罪人的盼望，也必灭没。恶人的眼目必要失明，他们无路可逃，他们的指望就是气绝。"③"气绝"正是恶人的绝望之贴切而可怕的写照。灵魂离开肉体时无不伴随着巨大的痛苦，指望离开恶人时也同样。灵魂怡然在肉身中久住多年之后，转瞬之间就离开了它，盼望离开罪人时也一样。灵魂既离开肉身，就不复在世上与肉身同住，而恶人的指望则是与他的灵魂永远地诀别。死人复活的神迹能使灵魂与肉身再次复合，下地狱者希望复燃的奇迹却是绝对没有的。我觉得，在世上见到的最悲惨的景象，莫过于看着一个罪人死去，想到他的灵魂和盼望同时离他而去。他将带着何等可悲的变化出现在另一个世界啊！那时若有人能去问那绝望的灵魂："你是不是还像昔日那样自信可以得救？"他的回答该是何等凄惨啊！巴不得安枕无忧的罪人能及时醒悟到这一点！读者啊，在你能凭圣经的应许说出你所有盼望的根据之前，你就不要止步——让这盼望洁净你的心，激发你在敬虔上的努力，以至你越是盼望就越能少犯罪，越是盼望就越能不折不扣地顺服主。你的盼望若是这样的盼望，你就要靠着主的力量继续前行，就要谨守着自己的盼望，因为"信靠他的人必不至于羞愧"④。但你若尚未得到主的恩典在你灵里做工的可靠证据，你就要抛弃自己的指望。"人若不重生"，就永远不要指望得救，永远不要指望非圣洁就能得见主，也不要指望爱父母或自己的生命胜过爱主的能在基督里有分。⑤抛弃这类幻想是

---

① 《马太福音》7:22—23。
② 参见《马太福音》25:43—46。
③ 《箴言》11:7；《约伯记》11:20。
④ 《罗马书》9:33。
⑤ 《约翰福音》3:3；《希伯来书》12:14，《马太福音》10:37—39。

迈向天国的第一步。有人若是走错了路，你首先要怎样做才能使他回归正途呢？你必须让他抛弃偏行己路而能达到目的地的幻想！假如他家住在东边，他却在往西走；只要他指望自己的方向是对的，就会继续走下去；只要他一直怀着这样的指望，就会离家越走越远。只有当他不再指望脚下的路能使他回到家中，只有他调转方向，回到正道上，才可以指望到家。罪人啊，对你的灵魂来说也恰恰如此：你生来就没有走在通往天国的道路上，你已在歧途上行走了多年；如今你仍在这条路上走着，还指望能得救，原因是你与许多其他人相比并不算差。除非你抛弃幻想，看到自己一直在与天国背道而驰，否则你永远也不会回头，永远也不会得救。世上最容易使你的灵魂错失天国的，莫过于一边走在不能得救的歧途上，一边错误地指望自己能得救。由此可见，下地狱之人的悲惨会因此怎样加剧，他们既失去天堂，也将失去如今支撑着他们的所有指望。

  3. 到那时，罪人将失去眼下让他们活得心安理得的良心的假安宁。看到为数众多的罪人若无其事地活着，有谁会想到，他们无须多久就将倒卧在地狱的永火之中呢？他们像顺服上帝的信徒一样，对地狱没有恐惧之感，而且他们心中常比必将得救的人更少一些忐忑不安。欢乐无忧的人们啊，但愿你们的安全感能够持久！主曾这样提醒世人，说："人正说平安稳妥的时候，灾祸忽然临到他们，如同产难临到怀胎的妇人一样，他们绝不能逃脱。"①罪人虚妄的平安是何等地残酷啊，它必将以灭顶之灾告终！人人的灵魂生来都是撒旦的要塞。在基督前来发出审判和地狱的可怕警号，用警告、恐怖的重炮轰击它之前；在灵魂被迫于基督纯然的恩典面前降服，让这位主做自己的管理者之前，灵魂在罪人里面就处于虚假的平安状态；只有到基督将撒旦赶出去，"胜过他，夺去他所倚靠的盔甲、兵器，又分了他的赃"②，那时他在人的心中建立起的才是

---

① 《帖撒罗尼迦前书》5:3。

② 《路加福音》11:22。

稳固而持久的平安。所以，你若仍处于前一种平安之中，就绝不要以为它可以持久。在与基督为敌的状态下，你的灵魂焉能享有持久的平安呢？上帝对其宣战的人，焉能有平安可言呢？笔者对你最美好的祝愿莫过于，让上帝闯入你不知为自己的永恒忧虑的心，把你从虚幻的平安中摇醒，使你俯伏在基督脚下，说："主啊，你要我做什么？"并因此而从主那里得到更大、更可靠的平安。这种平安绝不会被真正打破，反会成为你永久平安的起点；它不会像世上无根基的平安那样，随着人的死亡而耗尽。

4. **罪人将失去一切现世之乐**。谈到自己今世的欢笑，他们那时会说："那是狂妄；论（他们的）喜乐说，有何功效呢？"①那只不过是"锅下烧荆棘的爆声"②，燃烧片刻便灰飞烟灭，不复再现。人们先前对他们谈论死亡和审判时，他们不厌其烦，因这些谈论令他们扫兴。他们无法忍受去想自己的罪及其危险，因那些想法会败了他们的兴致。他们完全不懂得什么叫为罪痛悔流泪，什么叫在上帝大能的手下谦卑自己。他们可以用欢笑赶走懊悔，用歌舞赶走忧虑，将那些使人郁闷的想法驱赶净尽。他们曾以为默想、祷告足以使他们愁苦、发疯。可怜的灵魂啊，岂不知你们来世的生活会有多么悲惨！那时，你们有的只剩下悲哀——剧烈的、成倍的、撕心裂肺的悲哀；到那时，你们既无法享有圣徒的喜乐，也不再享有先前的欢笑！你以为地狱里会有哪怕一个快活的灵魂，一个高兴的表情，或一点插科打诨的余地吗？你们如今高喊着："一点欢笑胜过一车愁苦。"但可以肯定的是，导致永恒喜乐的一点点敬虔的忧愁，远胜过你所有愚蠢的欢笑，因为那种欢笑到头来必将以悲哀告终。

5. **罪人也将失去所有的感官享受**。那些将此奉为他们的生活目的、他们的天堂、他们崇拜对象的人，到时非但必失去上帝，也必将失去这

---

① 《传道书》2:2。

② 《传道书》7:6。

一切。傲慢、野心勃勃的人到时会从自己声望的巅峰怎样一落千丈啊！他们的骨灰与一无所有的乞丐不会有任何区别，他们的灵魂也同样不比乞丐的更受尊敬或恩宠。有多少杰出、高贵、有学识的人将被关在与基督的同在之外啊！那时，他们不再享有自己昔日豪华的宅第、松软的床榻和舒适的睡椅；不再能欣赏自己设计考究的花园、绿茵的草地和田间丰饶的收获；他们的餐桌不再陈设华贵、侍者如云；财主也不再"穿着紫色袍和细麻布衣服，天天奢华宴乐"①，更等不来围观者的钦羡赞赏。这些人将会在伤悲之中，而不是在玩乐消遣中度日。罪人那时面临的是何等巨大的变化啊！他们的欲望之火将变得微弱！就连彼此相见也让他们心如刀割！他们必诅咒见面的日子，因为再次相见必令他们羞惭悔恨不已。诚愿罪人们现在就能醒悟，对彼此说："眼前的享受能伴我们进入来世吗？那时想起来，这些怎能不成为我们的折磨？我们那时会不会觉察到如今我们不是在真正为友，而是在伙同作恶？只为一尝虚妄之乐，我们又何须出卖永恒的无尽喜乐呢？来吧，我们既然一起犯了罪，就让我们一起祈求上帝的赦免，就让我们互相搀扶着去往天国，而不要再相互欺哄、相互毁灭了吧！"在人们急于用一切满足自己的肉体欲望的同时，诚愿他们明白自己欲求的究竟是什么！他们只是在希求自己受的诱惑加增，希求自己的网罗收得更紧。

二

失去现世的享乐必加重罪人失去圣徒平安的损失，而遭受地狱的煎熬又会使他们的损失成倍加重。考虑到如下几方面，地狱的折磨就更显其惨烈：

1. 地狱之苦的**创**设者是上帝本身。罪人犯罪冒犯的恰恰是上帝，所以也是上帝因他们的冒犯而刑罚他们。是上帝为自己的仇敌预备了痛苦

---

① 《路加福音》16:19。

的折磨。他的怒气将在地狱中不断地折磨他们。是他义怒的气息要点燃那地狱之火。他的烈怒必成为罪人灵魂无法承受的重负。与罪人打交道的若只是受造者，他们或许还会好过些。而在全能者击打之下的人可是有祸了！因为经上说："落在永生上帝的手里，真是可怕的！"①即或全世界的人与他们作对、整个受造界的力量联合起来惩罚他们，也非此可比。眼下，他们宁肯冒触怒上帝之险，也不愿得罪房东、顾客、师傅、朋友、邻居，或得罪自己的肉欲；到那时，他们情愿千百倍地受整个世界的憎恶，也不愿失去上帝的赞许，但已无济于事了。上帝的烈怒是怎样的摧枯拉朽之火啊！在世上，它只消稍稍点燃，我们就如"草必枯干"！②我们的力量顿时消散，变得软弱；我们的俊美顿时变为丑陋！烈火烧尽地里枯干的麦秸儿，尚不如上帝的震怒毁灭这些罪人那样轻而易举。人若不能为基督忍受牢狱之苦、忍受绞刑架、火刑，或几声嘲笑，到时又何能忍受上帝义怒的烈火呢？

2. **受煎熬之地**、**受煎熬的下场**乃是特为荣耀上帝的公义而设。在上帝乐于荣耀他的权能之时，他创造了诸世界。上帝所造万物的完美秩序彰显着他的智慧。他对万物的养育彰显着他的恩慈。上帝的震怒只消在地上燃起一点火星，整个世界就会被大水淹没，唯有挪亚一家八口得救；所多玛、蛾摩拉、押玛、洗扁就会被来自天上的大火焚毁；海水就会在一些人头上合拢，大地就会开口将另一些人吞下去；瘟疫就会使成千上万的人灭亡。③犹太人现时的悲惨遭遇，更是我们眼前上帝烈怒的活见证！然而在来世，上帝的仁慈和公义必将尽显无遗。上帝那时将以连将要享有它的圣徒如今都无法测透的方式荣耀他的仁慈，同样，他也必彰显出自己的公义乃是唯上帝才有的公义。上帝不认为地狱的永火对叛逆者来说太热；而且，即便他们在那火中不停地焚烧几百万个世代，上帝

---

① 《希伯来书》10:31。

② 《以赛亚书》40:7。

③ 《创世记》8:17—22，10:19；《民数记》16:30；《诗篇》91:6—7。

也不后悔将这灾祸降在他们身上。如此成为全能者烈怒之对象的人有祸了！他们那时必像在上帝忌邪的怒火中燃烧的树丛，且永远也不会被烧尽！

3. 下地狱者将遭受的一定是极度的痛苦，因这是**上帝报应的结果**。烈怒是可怖的，报复更是无法平息的。那时，大而可畏的上帝会说："现在，我叛逆的受造者要为滥用我的忍耐付出代价。可曾记得，我赐你们安乐，又屈尊劝导、恳求你们，都无法使你们归向我吗？你们以为我会永远那样受轻慢吗？"他因此要报复叛逆者辜负他的各种仁慈，报复他们对基督及其救恩的所有侮慢。诚愿人能预见这一切，能切切地祈求上帝免去他们的灾祸！

4. 请再想一想，上帝虽巴不得人们能接受基督和他的怜悯，可他们却一味地反叛，所以**他就乐于对他们施以刑罚**。上帝的确曾告诉我们说："我心中不存忿怒"；但他也说过，如果"荆棘蒺藜与我交战，我就勇往直前，把它一同焚烧"①。若是"创造他们的不怜恤他们，造成他们的也不施恩与他们"②，这等受造之物会是多么悲惨啊！主曾怎样喜悦善待他们，也必怎样喜悦毁灭他们，使其灭亡。③上帝乐于对其施刑罚的人实在是有祸了！他对这等人说："你们遭灾难，我就发笑；惊恐临到你们，我必嗤笑。惊恐临到你们，好像狂风，灾难来到，如同暴风，急难痛苦临到你们身上。"④天上、地下除了上帝之外无人能救助他们，而上帝却以他们的灾祸为乐，这是何等可怕的事啊！尽管圣经并不是从字面意义说上帝"发笑、嗤笑"，只是以人的态度做比喻；但以此来比喻上帝折磨罪人的行动，恐怕是再恰当不过的了。

5. 还应思考的是，**撒旦和罪人自己将成为上帝刑罚的执行者**。在地上

---

① 《以赛亚书》27:4。
② 《以赛亚书》27:11。
③ 《申命记》28:63。
④ 《箴言》1:26—27。

成功地诱使他们远离基督的魔鬼,那时将成为惩罚罪人听从其诱惑的工具。这就是撒旦因罪人侍奉他而给他们的回报——报答他们违抗上帝的命令,离弃基督,任凭自己的心听信他的谗言。他们当初若是像侍奉撒旦那样侍奉基督,基督早就赐他们上好的奖赏了。罪人那时将成为自己的惩罚者,也是极为公平的事;这样,他们可以亲眼看到自己的完全毁灭,到那时,他们除去怨自己之外,还能怨谁呢?

6. 再请想想,罪人将受的折磨是遍及全人的。罪人生命的各个层面都参与了犯罪,所以他们生命的各层面都逃脱不了地狱的折磨。灵魂既在犯罪中起了主导的作用,因此就首当其冲成为煎熬的对象;灵魂既在性质上优于肉身,它在地狱中受的煎熬因此也远超过肉身;灵魂的喜乐既远胜于一切感官的享受,其痛苦也将超过肉体的痛苦。并不只是因它是灵魂,而是因为它是有罪的灵魂,所以必受煎熬。若非燃料可燃,大火就不会烧起;而木柴若是干透,燃烧起来火势会是多么凶猛啊!罪疚之于下地狱的灵魂,就如同引火线之于火药,引得地狱的烈焰在自己身上熊熊燃烧。罪人的身体同样必承受这地狱的痛苦。人今世对自己的身体百般顾惜,体贴珍爱,穿戴考究,而它到地狱里要忍受的是什么啊!它傲慢的外表到那时将变得卑下!地狱之火又怎会顾念罪人的身体曾如何悦目动人!往日喜爱奇观艳景的眼目,那时看到的一切只会令他们胆寒——上面有盛怒的上帝;和上帝同在的是他们曾鄙视的圣徒,在享受罪人已丧失的荣耀;而罪人周遭只有魔鬼和受咒诅的灵魂。他们回首往事会这样说:"还不是我们的宴乐、游戏、狂欢导致了如此下场?"那些听惯了莺歌美韵的耳朵,那时听到的只有他们地狱同伴的哀号;做儿女的在那里怨怼自己的父母,是父母助长他们作恶,并为他们充当作恶的榜样;夫与妻,主与仆,牧者与会众,官长与庶民,都将自己悲惨的结局归咎于对方,是对方阻止自己尽职,是对方对罪孽视而不见,是对方在该明示前面的危险时闭口不言。罪人的灵魂和肉身必像这样同陷灾祸之中。

7. 罪人在地狱中所受的折磨将得不到缓解,是这使得痛苦雪上加霜。

在今生，有人若告知他们地狱的可怕，或者良心使他们五内不安，他们身边总是能找到排遣——他们世俗的友伴、手中的事务、社交的圈子、嬉戏欢笑，等等。他们还可借酒、借玩乐、借睡觉以消愁。可到地狱里，这一切排遣的媒介都会去之无踪。在世上，他们刚硬、狂妄、不信的心，曾像一堵高墙庇护着他们，免使他们心里不安。撒旦则亲自前来为他们宽解，正如他起初对人类始祖夏娃说的那样："上帝岂是真说不许你们吃吗？其实你们吃了也不一定死。①上帝岂是真说你们必在地狱里灭亡吗？其实没有那一回事；上帝比那仁慈得多。即或有地狱，你们又何须怕它？你们不是基督徒吗？基督的血不是为你们而流的吗？"基督的灵怎样是圣徒的安慰，撒旦就怎样是罪人的安慰。窃贼入户夜盗时小心翼翼，生怕惊醒屋主；撒旦为不惊醒罪人，则比贼盗小心得多。但到罪人死去时，撒旦就不再讨好、安慰罪人了。那时，被抛弃的罪人到哪里去寻找宽慰呢？那些拖罪人堕入陷阱，并向他保证安全无虞的，到时都已离弃了他，连它们自己也被离弃了。罪人所有的安慰都消失殆尽。当初，他罔顾上帝的警示，而那时公义的上帝必将自己说过的话付诸实施，一点一画都不差。

8. 最令这些磨难加重的还是它**永无止期**。亿万个世代过去之后，这折磨仍如开始时一样难耐。倘或这煎熬有终止的盼头，瞻念前路也会使下地狱者好过一点，而想到**永远**就会让他们更加痛苦难耐！在世上，他们从未厌倦过犯罪，上帝因此也不会厌倦惩罚他们。对罪，他们从未真心痛悔过，上帝也不会后悔让他们受折磨。他们既违犯了永生上帝的律法，因此就必永久地受刑罚。他们当初就知道自己拒绝的是永恒的国度，被永世关在那国度门外又何足为奇呢？他们永存的灵魂犯了违抗上帝的罪，因此就必永久地遭受痛苦。那时，他们若能仍躺在阴间，或是再次倒毙在坟墓之中，都会觉得快活无比！他们将声嘶力竭地呼喊着：

---

① 《创世记》3:1，4。

"死亡啊，如今你到哪里去了？快来中断这悲惨的生命吧！巴不得这痛楚能撕裂我的心，终止我的存在！巴不得我终有一死！巴不得我从来不曾存在！"想到永久，他们的心必会如刀绞般地发出如此悲叹。当初，他们总是觉得讲道、祷告太过冗长；那时他们才看到永无休止的折磨会有多长！他们享乐与受折磨的时间长度怎能同日而语！一个有如昙花一现，另一个将持续整个永世。罪人啊，请不要忘记，你今生的时日已所剩无多。你已站在永恒的门口，死亡正等着开启它的大门，将你推进去。你还想昏睡几夜，再在地上游荡几日吗？然后，你的昼夜更替就必停止——你的想法、忧虑、享乐都将被永恒吞没，你只能进入永不改变的悲惨结局之中。天国的喜乐怎样超乎我们的想象，地狱的痛楚也怎样超乎我们的想象。永恒的磨难可是难以置信的磨难啊！

然而，在我看来，顽梗的罪人还是决定要孤注一掷，他们的想法是："如果我必须下地狱，那也没办法。与其按照圣经的要求生活，我还不如用它来碰碰运气。或许我也能像别人一样逃过刑罚，说不定我还能忍受地狱之苦呢。"噢，可怜的受造者啊，我要力劝你，在你做此决定之前，留意以下几个问题，并以人的理智仔细掂量一下：你是谁，竟能承受上帝的烈怒？你的力量能有几何？岂不是如与烈火对抗的蜡果、禾秸，与风力对抗的糠皮，与龙卷风对抗的尘土？纵使你力如铁，骨如钢；纵使你的根基坚如地，能力大如天，上帝义怒的气息岂不能同样令你迅即灭亡？更何况，你不过是一抔会喘气的泥土，只是靠着你所竭力抗拒的上帝之养育和恩典，在世上存留不多日，便被百虫噬尽。面对上帝全能的权柄和震怒的迹象——如霹雳闪电及其劈开巨树、摧垮坚筑的无形能力，又如在你身边肆虐的灾难——你为什么胆战心惊？你若见到降在埃及人头上的众灾，大地裂开吞下大坍和亚比兰，以利亚从天上降火烧灭五十夫长及其随从①等景象中的哪一种，不都会令你失魂落魄？

---

① 《出埃及记》7—12；《民数记》16:28—32；《列王纪下》1:9—10。

既如此，你又如何能承受地狱的灾祸呢？在世上，诸如牙疼、痛风、结石、断肢、或赤贫、耻辱，这些小疾苦为什么令你惊慌害怕？与地狱的煎熬相比，所有这些叠加在一起，还算是快活的日子呢！死亡的临近为什么如此令你惊恐？它是怎样冷酷地撞击着你的心啊！可与你不以为然的地狱折磨之地相比，阴间还算得上是天堂呢！让你身体的某一部分在火中烧，肯定是其痛难忍吧？更遑论让你全人在地狱里永远遭受万倍以上的痛苦！光是想到、谈到地狱都让你惶恐不安，难道你还能承受那些折磨本身？主耶稣提到的那财主何以在阴间向亚伯拉罕大声抱怨自己所受的痛苦？① 你那些同伴临终时何以丧胆，改变了往日狂妄的谈吐？他们何以不再像你一样轻看地狱？难道你从未见过一个处于绝望中的人，不曾与这样的人交谈？其谈吐是多么惶恐不安，其生活又是何等沉重不堪！他所拥有的一切都不能使他快乐：他饮食不甘，见朋友心烦；他活得厌倦，却又害怕死亡。下地狱者的悲惨若是可以忍受，人又何以不能更容易一点地忍受这些对地狱的预尝？假若看见魔鬼以某种可怕的身形出现在你眼前，你会怎样？你岂能不魂不附体，毛骨悚然？既如此，你又如何能忍受永远活在只有魔鬼、下地狱者相伴的环境之下，不仅时时看到他们，与他们同受折磨，且受他们折磨呢？我还要问你，上帝的烈怒若是轻易能忍受的，他的爱子又何以如此重看它？他"汗珠如大血点，滴在地上"② 。那生命之主尚且极其难过地说："我的心里甚是忧伤，几乎要死。"③ 他在十字架上还大声喊着："我的上帝，我的上帝！为什么离弃我？"④ 若是有谁能轻易承受如此痛苦，那想必是耶稣基督无疑。与你相比，他的承受能力不可估量。罪人啊，你愚昧地以为自己是安全的，却是有祸了！连基督都感到难负其重的刑罚，难道你以为你能

---

① 《路加福音》16:23。
② 《路加福音》22:44。
③ 《马可福音》14:33—34。
④ 《马太福音》27:46。

承受得了吗？上帝的爱子仅是在律法的咒诅之下，尚且陷入极大痛苦，汗如血滴，而你这脆弱、愚顽的受造之物，且要受因抗拒福音而受咒诅，"要受的刑罚该怎样加重"①，你反倒不怕？求恩慈的主借你的悔改，让你的心智恢复正常吧，免得你付出承受不了的高昂代价之后才醒悟！

　　读者啊，现在我要求你做出自己的决定：你准备将以上信息派作何用？是将它抛诸脑后，还是认真加以考虑？你已将上帝的很多警告当耳旁风，难道还要如法对待此处的警告吗？请你注意，上帝不会永远只站在那里警告、预言罪人的灾祸而不行动。他的报复之手已然举起，他的击打已然在即，将要遭受击打的人有祸了！你要将本书丢掉，说它满纸谈论的都是地狱和咒诅吗？你也曾这样诽谤传道人。莫非你不想让我们告诉你这些事？对于上帝让我们晓谕众人的事，我们却保持沉默，难道你非要我们担当流你灵魂之血的罪名不成？难道你自己在安逸、沉默中灭亡，还要我们陪你一同灭亡，而不讲出令你不快的真相吗？纵使你想犯此惨无人性的罪孽，我们也不能那样愚蠢啊！像这样的讲道或文字很容易遭人恨，渴望博得人们喝彩却是人的本性，讲述引人不快的事也不能为我们带来什么快乐。但请你仔细想想，以上所述确真与否？假如它虚幻不实，我愿同你一起反对人无端地危言耸听。然而，这些警示若是出自上帝之口，你既不听，也不加以考虑，只能说明你是怎样顽梗的罪人啊！如果你是上帝子民中的一员，这教义对你来说就是安慰，而不该令你惊恐。如果你还没有重生，我想，你听说天堂就该像听说地狱一样畏惧，除非天国、得救只是些空洞的字眼而已。对你传讲天国与怜悯，是为劝你去寻求，而不是拒绝它；对你传讲地狱的可怕，则是为劝你逃离它。假若你已全然失去了逃离地狱的希望，再对你说什么也无济于事了；但只要你还活着，就仍有逃离的希望，所以我才要千方百计要把你

---

① 《希伯来书》10:29。

从昏睡中摇醒。眼下必须有怎样的心,才能想象得出,有怎样的口才,才能描述得出上帝烈怒下的灵魂所遭受的痛楚!罪人们啊,那时,你们必会向耶稣基督哭喊着,说:"噢,求你宽恕,求你怜悯,怜悯我这可怜的灵魂吧!"所以,我现在才要以主耶稣的名义向你大声疾呼:"人啊,善待、怜恤自己的灵魂吧!"上帝怎会怜恤不听劝告而怜恤自己的人呢?你骑的马只要看到前面有深坑,你就很难逼它跳下去;难道你竟顽梗到有人警告你地狱的可怕,你却偏要跳进去的地步吗?圣经提醒世人说:"他(上帝)发忿恨,谁能立得住呢?他发烈怒,谁能当得起呢?"①我想,无须别人再多说什么,你只消立刻抛弃使你灵魂下地狱的罪,将自己完全交付给基督。马上下决心,马上付诸行动吧!这样,将来我在得安息的众圣徒之中,就定能看到你的面孔。愿主劝服你的心,毫不迟疑地与他立约!你若是顽固至死,可就再也无药可救了。但到那天,你不要说没人曾诚实地警告过你,没有朋友曾力图使你免受那地狱之灾。

---

① 《那鸿书》1:6。

第七章
圣徒的安息须力求才能得到

本章提要　　圣徒的安息受忽视已到了令人吃惊的地步。作者为人们忽视这安息而扼腕，他激励读者借思考以下问题而奋起努力：1. 我们人生的目的是什么，今生我们必须做的工作是什么，人生是何等短暂无常，我们的仇敌则是不遗余力；2. 我们的天赋，所蒙的恩典，我们与上帝的关系，我们的苦难，都在激发我们努力寻求这安息；3. 还应想到，我们所得到的帮助，我们所宣信的是什么，而我们的努力永远不够；4. 各样恩赐的目的都是为让我们竭诚努力，懒散的结果是连已做的一点努力也成为无用功；我们已虚掷了不少光阴；我们的回报将与努力成正比；5. 努力寻求乃是上帝的命定；人人都证明或将要证明这一点；连最优秀的基督徒临终时也会痛惜努力不够；失去天国常因努力不足，不努力就绝对得不到天国；6. 上帝、基督、圣灵以殷切的态度对待我们；上帝殷切倾听，回应我们的祷告；牧者殷切地教导，劝勉我们；整个受造界都殷切地为我们服务；罪人热心侍奉魔鬼，我们曾热心于属世之事，如今也是；天堂、地狱中的事均无戏言。

上帝为圣徒预备的安息既是如此确定无疑，又是那样荣耀非凡，为什么热切寻求它的人却不多呢？人们会想，对于如此无与伦比的荣耀，有人哪怕只是听说一次，知道它必须努力争得，又相信自己所听是真，也会万分热切地渴慕它，甚至废寝忘食，也不再顾及其余，不再谈论、寻求别的，只谈论、寻求如何得到这宝贝。奇怪的是，人们天天听到这种安息，又声称天国的安息是自己信仰的一个基本内容，却极少去关切它，极少为此努力，就仿佛从未听说过这样的事，或对所听到的一字也不信一样。以上责备不仅是针对属世之心、不信之众的，也针对表面上宣信的人，甚至也是针对一些敬虔人本身的。

追逐名利的人专心致志地寻求地上的事，以致无心，也无暇寻求属天的安息。无知的罪人啊，是"谁迷惑了你们呢"？① 是世界在蛊惑人们，把他们变成贪欲的畜类，甚至使他们癫狂。请看人们是如何奔波忙碌，为虚空之事巧取豪夺，与此同时却罔顾永恒的安息！为在世上比自己的弟兄略高一筹，他们蝇营狗苟，与此同时却罔顾圣徒为王的尊贵！他们对肉体享乐的追求永无满足，与此同时却将上帝的赞许、天使的欢欣看作恼人的负担！对养育子孙，扩充财富（对贫穷者来说，也许是糊口度日），他们孜孜不倦，与此同时审判却在临近！而对于如何应付那审判，他们从未花费哪怕一个小时认真考虑过！为使自己和子孙有一生用不完的积蓄，他们是怎样起早贪黑，年复一年地辛苦劳作啊！但对于今世以后如何，他们却从来不想！与此同时还对我们喊着："不这么麻烦，难道我们就不能得救吗？"他们清晨就唤仆人起来干活，却极少呼唤他们一起祈祷、读经！这世界究竟能为爱它之人、尘世之友做些什么，使他们迫不及待地跟随它，不辞劳苦地寻求它，基督和天国却如此受冷落？今世之后，世界又能为他们做什么？人进入世界都不免经过剧痛。人走过世间常伴着无休止的忧愁与艰辛。人离开世界则是瞬间的事。失去理智而受蒙蔽的人啊！欢笑享乐能永远站在你一边吗？在你岌岌可危的时刻，金银和属世的荣誉能证明是你可靠的朋友吗？在你遭难的日子里，它们岂能垂听你的呼求？到你濒临死亡时，它们岂能应允你的呼求或解救你？它们能陪你到来世吗？它们能贿买那审判者，将你毫发无损地救出吗？

---

① 《加拉太书》3:1。

它们能在蒙福的圣徒中为你购得一席之地吗？名利若果真能做到这些，那财主又何用祈求人"用指头尖蘸点水，凉凉他的舌头"呢？① 难道今世享乐、名望的一丝甜味能比永恒的安息更有价值？难道它能补偿人所失去的永久财富？名利岂能给人以一丝一毫的盼望呢？这罪恶、骗人的世界啊！有多少次，我们听到你忠心的仆人最终在控诉你："是这世界欺骗了我，毁了我！是它用我的成功奉承我，可如今却把我抛弃在无助之中。想当初，我若是像侍奉它那样忠心地侍奉基督，他绝不会让我像今天这样不得安慰，毫无指望。"这些人尽管怨嗟声声，后来的罪人却毫不引以为戒。

至于**世俗之众**，他们不愿听从劝告，除在表面上尽一般的宗教义务之外，还要努力争取得救。若有人到他们居住的城里传福音，他们或许只会在当天花少许时间去听一听，其余的时间就待在家里；或者只有家主到教会来，家中其余的人都留在家里。若是没人前来清楚而大有能力地传福音，全城会有几个人肯走哪怕一两里路到外边去听，他们却不惜长途跋涉去逛市场，只为满足肉身之需！他们知道圣经是上帝的律法，将来受审判时，他们必须依照这律法被判无罪或被定罪；他们也知道，"惟喜爱耶和华的律法，昼夜思想，这人便为有福"②；但他们不愿下功夫，哪怕一天读一章圣经。他们若是带着圣经去到教堂，回到家中就会整周都将其束之高阁，这是他们为圣经派上的最好用场。上帝虽吩咐他们要"不住地祷告，常常祈求"③，可他们既不常在家庭里祷告，也不常独自祷告。但以理情愿被扔进狮子坑，也不肯停止每日在家中三次祷告，甚至连仇恨他的人都能听得到；④可世俗之人宁可冒险成为撒旦那吼叫着的狮子的永久牺牲品，也不去寻求自己的保障。要不就是他们冷

---

① 《路加福音》16:24。
② 《诗篇》1:2。
③ 《帖撒罗尼迦前书》5:17；《路加福音》21:36。
④ 《但以理书》6。

漠无心的祷告遭到上帝的拒绝。因为上帝当然地认为,人群中那些只是偶尔做一两句祷告的人,并不在乎自己之所求。这些人断定自己不配去天堂,因而认为它不值得他们更经常、更恳切地祈求。倘若在每早、每晚不祷告,不切切地寻求主的住家门上做记号,到主的烈怒向不祈祷的家庭倾倒下来时,我们的城市会像经瘟疫肆虐之地,房内的人纷纷倒毙,房外是审判的记号——恐怕有一家幸免,就会有十家被画上处死的记号;而且可以说是房门在那里哭求,"主啊,求你怜悯我们"①,因为是门里的人不祷告。更甚的是,倘若你能看到人们在自己的内室里做些什么,在一座城里,你极少能发现有人从早到晚哪怕只花一刻钟,切切地向上帝为自己的灵魂祷告!可叹,这些人是何等轻看永恒的安息啊!所以他们才懒洋洋,疏于为自己的福分尽本分,他们只是在教会、在众人面前尽一点宗教义务,促使它们这样做的只是习惯和虚名。你若劝他们读些好书,了解教义问答中的信仰依据,以祷告将主日奉献给上帝,默想、聆听主的话语,禁绝一切属世的观念和言论;他们会觉得这种日子乏味无比,似乎天国毫不值得努力去寻求一样。

还有一等人是**徒有其表的信徒**,他们可以尽各种外在的义务,却从不听从劝告,在信仰上下内在的工夫。他们可以传道,可以听讲、阅读或谈论天上的事,可以在家庭里祷告,可以参与团契或善工,希望在基督徒中受尊敬;但你永远别想劝他们做自己更属灵的功课,即经常而热切地在暗中祷告和默想;认真做自我省察;经常思念天上的事;保守自己的心思、言谈及行为方式;约束自己的肉身欲望,不去满足它的贪求;爱仇敌,真诚地饶恕他们,看弟兄比自己为重;将自己所有、所做的都置于基督脚前,看对他的侍奉和他的喜悦重于一切;随时做好死去的准备,甘愿抛下一切到基督那里去。你休想说服这些徒有其名的信徒去做上述哪怕一件事。他们当中若有人欢喜地接受福音,那只是灵魂表层的

---

① 《诗篇》123:3。

事，他绝不会将这种子深埋土里——福音只能改变他的观念，却从未融化、再造他的心，他们也从未让基督在自己的心里执政掌权。由于他的信仰多只停留在观念上，他做的事、讲的话因此也都停留在观念的层面。在争论中，这等人常表现得无知、大胆、自负，而不是以爱心和顺服，谦卑地领受自己能认识到的真理。从这类人轻看他人的判断力及人格，极少以郑重、谦卑的态度谈论基督之伟大就可以看出，他们的信仰只停留在头脑的层面，而并未深入到其内心。试探之风可以像吹动羽毛一样将他们裹挟而去，因为他们的灵魂并没有基督与恩典做根基。在私下交谈中，从不见他们谦卑地悲叹自己灵里的欠缺，或痛心地承认自己不像主基督；反而只以某派别或某教会成员的身份聊以自慰。这等人堪称为属世的假信徒，他们是让属世的忧虑和欲念把福音挤住了的人。他们知道自己必须信，否则就不能得救；因此也读经、听道、祷告，也离弃了先前罪中的伙伴与行为，但他们一心要得到的是眼前的事。他们的判断力也许对他们说，上帝是他们的人生目的，而他们的心和情感却从不对自己这样说。世界比上帝占有他们更多的感情，因此世界才是他们崇拜的偶像。尽管他们不像世人那样追求观念和猎奇，但他们持有的观念往往是最能为他们世上的好处服务的。这种人的心受属世性情的瘟疫侵袭，就像有恶病缠身一样，他们暗中的祷告极为软弱无力，他们的自我省察和默想极为肤浅，他们在警醒己心上极为不足，在爱上帝、与上帝同行、在上帝里喜乐、渴慕上帝方面，更是一无所有！这些以及其他各种徒有其表的信徒，尽管可以跟着你做些信仰上的表面文章，却从不肯费心费力下内在的、属灵的功夫。

就连**敬虔人本身**，在寻求自己的永恒安息一事上也往往过于疏懒。我们的光和我们的热，我们的言和我们的行，是何等的不成比例啊！有几个人在疾速奔跑，像奔向天国的样子？相反，我们常站在那里一动不动；我们常懒散地做工，在空谈、玩笑中虚掷光阴；我们甚至还在做上帝的工时偷工减料！我们听道就像没听一样；我们祷告就像没有在祷告一样；我们省察、默想、指责罪，根本不像做这些事的样子！我们享受基督，就好像并不享受他，就好像已学会像使徒教导的"用世物"①那样享用属天的事。是冰冷的迟钝使我们麻木！我们的死期已临近，也明知如此，却无动于衷；我们已站在永恒福乐或永远惨境的门口，却不察觉；死亡正在敲门，我们却听而不闻；上帝和基督在呼唤我们，向我们大声疾呼："你们今日若听我的话，就不可硬着心；趁着白日（赶紧）做工，黑夜将到，就没有人能做工了。"②主的意思是，要立即着手，加紧工作，为自己的生命劳力，付上全副精力、全部时间！机不可失，时不再来！可我们的振奋并不强于半睡半醒的状态。死亡和审判到来的脚步匆匆，转眼之间就会发生，马上就要临到我们！可我们却慢条斯理，不慌不忙！主啊，无动于衷是何等不理智、何等属世、属地狱的态度啊！热切寻求的基督徒到哪里去找？在我看来，各地的信徒对于他们永恒的结局都漫不经意。他们对此只是顺便留意一下，而不将它看成关乎自己永生的大事。我若不曾患上同样的瘫症，又怎能以泪水和着墨水写下这些文字！责备他人时，又怎能伴着羞愧的叹息！为普遍的麻木不仁悲哀时，又怎能如此伤痛！

　　我们当中的**当政者**是否在认真履行自己的职责？他们对上帝有没有热心？是否在建造上帝的殿？是否以上帝的荣耀为重？是否持守真道，反对罪与罪人，将其看作我们平安的搅扰者、我们所有苦难的唯一来源？他们扩充自己的权势、增添自己的财富、赢得自己的荣誉，扩展自己的影响力，可都是为最大限度地推进基督国度的缘故，就像不久就要对自己所经管的交账一样？

　　对自己的工作严肃认真的**传道人**又何其少啊！尤其可悲的是，就连有些最优秀的传道人也没能致力于助人得圣徒的安息！我们是否能

---

① 《哥林多前书》7:31。
② 《希伯来书》3:15；《约翰福音》9:4。

用"圣灵的明证"①大声指责人们抗拒福音；我们对待罪，能否像扑灭在自己城内肆虐的大火一样，我们是否在奋力救人脱离火海？我们能否像真"知道主是可畏"②的人那样规劝自己的同胞？我们在竭力劝人接受基督、得重生、建立信心、追求圣洁的同时，是否相信没有这些他们就绝无可能得永生？我们的恻隐之心能否怜恤那些愚昧无知、漫不经心、执迷不悟的众人？每当望着他们的面孔时，我们是否为他们而心碎，唯恐在安息中见不到他们？我们能否像使徒保罗那样，"流泪地告诉"他们属情欲、属世之人的结局；能否像保罗那样，"或在众人面前，或在各人家里"，一年四季，泪流满面地教导他们？③我们劝导他们，是像抢救他们灵魂，还是与此相反，在努力赢得挑剔听众的认可；就仿佛传道人要做的只是在一小时内讲述一段动人的传说，在下次讲道之前则无须继续看顾自己的会众？我们是否让属血气的审慎遏制了自己火热的心，使我们讲道中最能触动人心的主题听起来死气沉沉？我们在处理残害自己会众灵魂的罪恶时是多么的温和！总而言之，我们对天上的事缺乏严肃性，我们取悦于人的讲话方式使人们的信仰表面化，使人们习惯于在听上帝的道时无所用心，而毁灭他们的恰恰是这种习惯。恳求主赦免教会侍奉中的，尤其是我自己侍奉中的如此重罪！

众人又是否比执政者或传道人更看重永恒的安息一些呢？怎能指望如此？读者啊，你只需留意一下自己，就可以回答这个问题。你要责问自己的良心，容它对你讲实话：你是否在把永恒的安息看作自己的当务之急，当作今生必求之大事？你是否已竭尽一切谨守、努力之功，"免得人夺去你的冠冕？"④你是否在分秒必争地疾驰，唯恐贻误了时机，功未竟而身先死？你是否在奋力猛进，冲破重重阻拦，"努力面前的，向着标

---

① 《哥林多前书》2:4。
② 《哥林多后书》5:11。
③ 《腓立比书》3:18,《使徒行传》20:18—20。
④ 《启示录》3:11。

竿直跑，要得上帝在基督耶稣里从上面召你来得的奖赏？"①你的良心能否见证你在暗中的呼求、叹息和流泪？你的家人能否见证你认真教导他们敬畏上帝，告诫他们不要落入那"痛苦的地方？"②你的牧者能否见证他听到你发出的心声："我当怎样行才可以得救？"③他能否见证你跟从他声讨你的败坏，热切地寻求主？你的左邻右舍能否见证你责备罪人，又为自己弟兄的得救费了心，尽了力？让所有这些见证今天就能在上帝和你之间做出判断，看你对永恒的安息是否有真诚寻求的心。你虽不曾盯着自己的仆人做事，但从他做出的事上，你就能看出他是否在偷懒；同样，你只消省察自己所做的工，也能看出自己是否在永恒的事上消极怠工。你对基督的爱、你的信心、你的热心，你其他的恩典是强是弱？你以什么为乐？你将什么看做自己的保障？你是否已万事俱备？如果今天就是你离世的日子，你准备好了吗？你交往过的人是否都会祝福你？你不妨以如上问题做一判断，它们很快就可以显明你是竭诚努力的人，还是消极怠工的人。

　　蒙福的安息啊，人们将你看得如此微不足道而忽视你！荣耀的国度啊，人们是如此地低估你！漫不经心的人类子孙可知道，被他们忽视的是怎样的国度！他们若是知道，想法肯定就不同了。读者啊，诚望你能意识到，轻看永恒的安息是多么不顾死活的事，它又使你因此陷入了何等深的罪孽。同时我希望，你不要至死都活在如此定罪之下。倘若医生告诉你，"你只按我的嘱咐做一件事，我保证能治好你的病"，你会不按医嘱去办吗？那么，我也要告诉你，你只消按我的嘱咐为你的灵魂做一件事，我就保证你得救无虞；那就是摆脱懒散怠惰，全力去做一名名副其实的基督徒——若是那样，我不知有什么能妨碍你得到永恒的福分。你背离上帝有多么远，就要多么全心全意地寻求他，毫无疑问，你就必

---

① 《腓立比书》3：13—14。
② 《路加福音》16：28。
③ 《使徒行传》16：30。

寻见他。你对耶稣基督有多么冷漠无情，就要多么切切地寻求他，毫无保留地顺服他，你就必得救在握。然而，基督带来的满足虽是完全的，他的应许虽是白白赐予的，上帝的恩典虽是广大的，你若本该以热切的心去接受，却只停留在口头上，受益就绝不会有丝毫增多；你若本该努力寻求，却在闲散度日，最终就必定失去冠冕。所以，你就要赶紧行动，认真寻求。感谢上帝，你还有时间这样做。

为表明这样敦促你不是没有理由的，我还要在此列出激励你去追求的各种考虑。你要像摩西对以色列人所说的那样，唤醒自己的心："我今日所警教你们的，你们都要放在心上；因为这不是虚空与你们无关的事，乃是你们的生命。"①愿主打开你的心门，将他这忠告深深铭刻在其中！

1. 你要想一想，**我们的努力程度必须与欲达的目标相符，与必做的工作相合，与一生的短暂无常相适，与仇敌对抗的努力相抵**，这是何等合情合理的事。

基督徒渴慕、努力的目标之伟大是人的理解力无法尽知的。有什么能比上帝得荣耀，我们和他人的灵魂得救——逃脱地狱之苦，获得天国的荣耀——更美好、更重要，更必要的呢？面对如此重要的事，人无论怎样追求都不过分，又怎会有过分热切的渴望，过分炽热的爱慕，过于勤勉的努力呢？岂不知，我们的祷告若不获胜，我们的努力若不成功，我们就会永远地灭亡吗？

基督徒在世时**要做的事**无比重要，无比繁多。我们的心意需要得到更新，我们的败坏需要得到克制，我们的旧习、试探、属世的爱好需要被战胜，我们的血气需要被制伏，我们要能轻看自己的生命、朋友和名望，我们的良心需要有根有据地得安宁，我们需要得到得赦免和拯救的确据。上帝将这些赐给我们，虽不是因我们的功劳，但我们若不热心寻

---

① 《申命记》32:46—47。

求、努力争取，他也不会将这些赐给我们。况且，我们还有许多知识要获得，有许多律例典章要遵守，许多责任要行使；每个世代、每年、每日、在我们所到的每个地方、与我们打交道的每个人，环境的每次变化，都要求我们付出新的努力；妻子、儿女、仆人、邻舍、朋友、敌人，都在呼唤我们的责任。因此，请你做出判断，手上有如此多的事要做的人是否能不尽心竭力，拖拉耽延、虚掷光阴又是否明智。

　　时光在流逝。**再过不多日**，我们就不复留存于世。不少疾病正准备攻击我们。眼下还在讲道、听道、交谈、行事为人的我们，无须多久就会被抬走，埋在土中，供百虫消受，在黑暗中朽烂；我们已离此不远，谁也不知自己是否能听到下一次讲道、享受下一个安息日，甚至下一个时辰。明白生命如此短暂、工作如此伟大的人又当怎样勤奋地努力呢！

　　此外，我们还有**仇敌**在一刻不停地为使我们灭亡而密谋着、努力着。撒旦是多么不遗余力地为我们制造各种试探啊！因此，我们"务要谨守、警醒，因为你们的仇敌魔鬼，如同吼叫的狮子，遍地游行，寻找可吞吃的人。你们要用坚固的信心抵挡它。"[1]撒旦的那些仆役、假师傅、讥诮者、逼迫者，是多么不辞辛苦啊！还有我们与生俱来的败坏，更是在一刻不停地忙碌着！软弱无力的抵抗岂能让我们立于不败之地？我们为保守自己，岂不该比仇敌为毁灭我们付出更大的努力吗？

　　2. **想到我们所得的恩赐与怜悯，我们与上帝的关系，以及他放在我们身上的苦难，就当激励我们奋发努力。**

　　我们所得的恩赐多且大。世上凡有气息的人，有谁得到的教导比我们更直白、劝告更有说服力、告诫更经常不断——无论得时不得时？[2]有谁听到的讲道比我们多，多得让我们甚至开始厌烦？有谁享受的安息日比我们多，多得让我们开始亵渎它？有谁面前的好书这样多，多得让

---

[1] 《彼得前书》5:8—9。

[2] 《提摩太后书》4:2。

我们不知该挑选哪一本？有谁比我们与上帝更亲近？有谁像我们这样多地看到基督被钉十字架的景象？天堂和地狱的事对谁像对我们这样敞开？像我们这样的人又当怎样向着天国飞奔！我们既得这样丰满的羽翼，又当怎样矫健地飞翔！我们既得好风、潮汐之助，又当怎样乘风破浪！上帝子民获得的恩赐绝不在少，因此就没有理由在寻求上帝的工作上只做一般性的努力。

我们所有人的生命中都充满了**上帝的怜悯**。上帝宽仁地厚赐我们海中、陆地、天上、地下的丰富。我们吃喝、穿戴都离不开上帝的恩惠。我们从里到外也都充满着他的恩惠。数算这些恩典，无异于数算满天的星斗、海边的沙粒。地狱与世间、天堂与世间只要有别，就可以肯定我们蒙了怜悯。上帝爱子的血若是怜悯，就可以肯定我们是凭着**怜悯**而属于上帝的。上帝若认为赐我们再多、再好也不过分，我们又怎能觉得为他做得太多呢？每当我将自己蹉跎而无用的生命与我所得之经常而奇妙的恩惠做比较，就总会使我汗颜，使我无语，使我欲辩无词。

比较所得的恩赐与怜恤，**我们与上帝的关系**尤其宝贵。我们不是上帝的儿女吗？岂能不报之以最贴心的爱，最孝敬的顺服？我们不是基督的新妇吗？岂能不顺从他、爱他？可我们的在天之父却如是说："我既为父亲，尊敬我的在哪里呢？我既为主人，敬畏我的在哪里呢？"①我们的主耶稣也说，"你们称呼我夫子，称呼我主，你们说的不错"②；但我们的勤奋若与我们同上帝的关系不相称，在说自己是他的儿女、仆人的同时，我们就是在控告自己。仆人为讨自己的主喜悦，日复一日地辛勤劳作，这又是在怎样审判那些不为自己伟大的主努力的人，并给他们定罪呢？可以肯定的是，上帝这样的主人是独一无二的，也没有任何仆人的劳苦能期望得到像他仆人能得的报偿。而在我们偏离了上帝的道，或在

---

① 《玛拉基书》1:6。
② 《约翰福音》13:13。

路上徘徊时，所有被造之物都可以成为主手中的杖，把我们带回正道，并督促我们前行！这时，我们最甜美的恩惠也会变作愁苦。而且，我们的主无须杖，也能使我们成为自己的刑鞭；我们患病的躯体会令我们痛苦呻吟，我们困惑的心会令我们五内不安，我们的良知会使我们心里如蝎子蜇咬。辛勤劳力岂不比挨鞭笞更容易忍受吗？难道我们宁愿受苦，也不愿起而力行？竭诚努力的人虽然也会遭遇痛苦，但可以肯定的是，他们良心的安宁和他们对基督的忠心，会在相应程度上缓解他们的杯中之苦。

3. 为激励自己积极寻求，我们还应想到，我们得到的是怎样的帮助，我们宣信的是什么，可以肯定的是，我们永远不会努力过多。

在我们对上帝的侍奉中，整个自然界都在为我们提供帮助。太阳、月亮、星辰都在为我们发光、发挥作用。点缀着各类植物、繁花、果实、禽鸟、走兽的大地，充满着各类海生动物的海洋，还有空气、风、霜雪、火焰、热能、云彩、雨水，等等，无不在我们工作的同时在旁伺候。况且还有天使在做我们"服役的灵"，为我们效力。[①]不仅如此，我们还有上帝的忍耐相候；有主耶稣基督祭上的宝血相候；又有圣灵与我们退缩的心抗争，在侍奉我们；此外，还有福音，它边推进边相候，边传讲边相候，边祷告边扶助，侍奉着高枕无忧的罪人。既然有天使和人，甚至主自己在旁相候，犹如为我们举烛照明，我们若在那里无所事事，难道不是不可容忍的罪孽吗？基督徒啊，我劝你，无论是在祷告时，是在责备犯罪之人时，是在履行各种责任时，都不要忘记你的努力有着怎样的帮助，由此断定自己当如何行。

我们宣信的信念是，上帝乃人类的终极福祉；我们宣信的是，人类的所有福分都寓于上帝的慈爱之中，因此人当将他的慈爱看得重于一切，当寻求这爱胜过寻求一切；我们宣信的是，上帝乃是我们唯一的

---

① 《希伯来书》1:14。

主，因此他是我们侍奉的首要对象；我们宣信的是，我们当尽心、尽性、尽力地爱我们的主；我们宣信的是，我们在世上的要务乃是荣耀上帝，寻求救恩。这些信念究竟是体现在我们的实际行动中，还是我们的行为在否认自己的宣信之辞？

不管我们的帮助和信念怎样激励我们去努力，我们肯定永远不会努力过分。我们在做过一切之后，能否说："我们是无用的仆人？"①何况我们实在知道，自己在凡事上都有亏欠。无人能过度顺服和侍奉上帝。虽然一切盲目的行动或依靠自己能力的侍奉，都可被称作"行义过分"②，但只要我们仍在遵循世间的法则，就永远不可能有过分的义。世人的恶念迷住了他们的心，所以才认为忠心、殷勤地侍奉基督是愚蠢之至。时候将近，那时他们就不难承认，人无论怎样爱上帝、侍奉上帝都不过分，而且人无论怎样热切地救自己的灵魂也都不过分。我们很容易为世界做得太多，却不可能为上帝做得太多。

4. 让我们再想一想，**各样恩赐本质上都是为促使人殷勤努力，在去往天国的路上蹉跎耽延必将前功尽弃**，想到我们已浪费了许多宝贵的时光，而且**我们的努力必与将得的回报成正比**。

让我们对各样恩赐的**本质及其倾向**做一观察。如果你爱上帝，就会觉得做什么去侍奉他、讨他喜悦都不过分。爱总是让人迫不及待，积极主动，察言观色。如果你爱基督，你就会遵从他的命令，而不会指责他的命令太严苛。如果你有信心，这信心就会督促、激励你。如果你对荣耀充满盼望，这盼望就会像上紧的发条，带动你灵魂的所有齿轮转动。如果你敬畏上帝，这敬畏就会使你从懈怠中惊醒。假若你有热心，这热心就会炽烈燃烧，甚至能"吞吃了你"③。这些恩赐在何种程度上满足了你，你就会在何种程度上认真、努力地做上帝的工。

---

① 《路加福音》17:10。

② 《传道书》7:16。

③ 《利未记》26:38。

懒散拖延者必前功尽弃。有不少人就如亚基帕王,"几乎做了基督徒"①,他们最终必发现自己离得救只有一步之差。若有两人赛跑,跑得慢的既得不到奖赏,自己做过的努力也枉费了。若有人举重,却用力不足,其结果同根本不用力并无两样。基督徒因未能全力以赴,白白丧失了多少尽过的本分啊!主耶稣警告人们说:"有许多人想要进去(天国),却是不能"②,倘若他们当初奋力力争,原是可以进去的。所以,你要再勤奋一些,再努力一些,让你所做的一切不致前功尽弃。

　　而且,我们岂不是已**浪费掉了许多宝贵的光阴**吗?对于我们有些人来说,童年、青年已经过去;对另一些人来说,中年也过去了;我们前面的寿数几何殊难预测。我们在睡眠、空谈、玩乐中荒废了多少光阴,把多少时间都花在属世之想、属世之虑上!我们该做的工做得又何其少!逝去的时光已无法找回,难道我们还不该珍惜、善用所剩不多时光吗?旅人若是白天睡了大觉,或耽延了差不多一整天的时间,到傍晚他就只能匆忙赶路,否则就到不了目的地了。

　　毋庸置疑的是,将来上帝必依你付出的努力报偿你。种子只有埋在地里,死去,才能结出许多子粒来。③不管你付出怎样的辛劳,忍受怎样的痛苦,永恒的安息都会尽数补偿给你。在天国里,无人会因自己在世上付出的努力、遭受的痛苦感到后悔。没有人会说:"我若是省点力气,少祷告一点,对自己不那么严格,像我周围的邻居那样该多好!"相反,回首自己付出的辛劳,所受的苦难,回想上帝的大能又如何带领他们经历了这一切,必将成为基督徒的莫大的欢欣。我们都可以像保罗那样说:"我想,现在的苦楚(与辛劳)若比起将来要显于我们的荣耀,就不足介意了。"④我们的劳苦只在一时,而我们的安息却是永世的。若苦干一小

---

① 《使徒行传》26:28。

② 《路加福音》13:24。

③ 《约翰福音》12:24。

④ 《罗马书》8:18。

时，就可以一辈子做王，有谁会拒绝全力以赴地苦干那一个小时呢？"上帝并非不公义，竟忘记你们所做的工和你们为他的名所显的爱心。"①上帝难道不会擦去我们一切的眼泪，②使我们忘却尽责中的一切愁苦吗？

5. 同样值得思考的是，**勤奋努力是上帝命定的得救之路；所有人都认同，或将要认同这一点；就连最优秀的基督徒死时也会痛惜自己疏于努力；人们错失天国常因努力不足，而享有天国的条件永远不会降低。**

是上帝的至高智慧使**努力**成为得救的必要条件。有谁比天国之主上帝更熟知通向天国的路？当人们说我们太严格时，他们指控的是上帝，还是我们呢？假如严格是错，那么错在吩咐我们这样做的主，而不在我们这顺服吩咐的人。就是这些人常质问我们是否比所有世人都有智慧；而事实上，他们貌似比上帝更有智慧。他们的语言与上帝的律法怎能有相通之处？经上说："天国是努力进入的，努力的人就得着了。你们要努力进窄门；将来有许多人想要进去，却是不能。凡你手所当做的事，要尽力去做，因为在你所必去的阴间，没有工作，没有谋算，没有知识，也没有智慧。要做成你们得救的工夫。应当更加殷勤，使你们所蒙的恩召和拣选坚定不移。若是义人仅仅得救，那不虔敬和犯罪的人将有何地可站呢？"③任凭他们以各种似是而非的道理去攻击圣徒圣洁的努力吧，只需指出上帝的意念不同于他们的意念，上帝吩咐我的要比我所做的多得多，就足以驳斥他们所有的"道理"；虽然我看不出还有什么理由让我这样做，但有上帝的理由就足够了。除了造我们的上帝之外，有谁该为我们制定律法？除了必将我们迁往天国的那一位，有谁该为我们指示天国之路？除了赐下救恩的那一位，又有谁该制定得救的条件呢？所以，任凭世人、血气、魔鬼去诋毁圣洁而勤奋的生活吧，我的回答是，是上

---

① 《希伯来书》6:10。
② 《启示录》21:4。
③ 《马太福音》11:12,《路加福音》13:24,《传道书》9.10,《腓立比书》2:12,《彼得后书》1:10,《彼得前书》4:18。

帝命令我这样做。

不仅如此，古往今来没有人将来不认同这样的生活，所有人终必证实圣徒的努力是正当的。有谁不愿去行人人终必赞同的道路呢？这固然是一条"到处被毁谤的"道路，①但我要告诉你，如今反对它的人，到审判时必认同它；时下反对它的人，过不多久想法就会改变。假若他们能进天国，在进入之前就必须被改变；假若他们下地狱，他们那时的判断也会截然不同，不管他们是否愿意。喜欢随波逐流的人，请记住这一点。你为什么不愿随从所有人都将认同的意见和道路呢？为什么一定要认定自己不久就必改变的判断呢？巴不得你今天就能同那些沦落地狱里的人一样明白！

就连有些最优秀的基督徒，临终时也会痛悔今世疏于努力。那时，他们会后悔地说："我当初若是更圣洁，更属天，为自己的灵魂更努力一千倍该有多好！世人怪我做得太多，而我自己的良心责备我做得太少。受世人的嘲讽总比受良心的鞭挞好过多了。我宁肯因寻求得救而受魔鬼的羞辱，也不该因忽视救恩而受上帝的责备。"连这些属天风度惊世之人，到时都会为自己欠缺的努力悔恨不安。

错失天国皆因努力不足。若是连那些"听了道，当下欢喜领受；就多照着行，并且乐意听他（基督带领）"②的人都会灭亡，这难道还不该让我们从漫不经心中猛醒吗？不少人跟随基督已行出很远，可当他们必须撇下所有属世的利益和期望时，却离弃了主。上帝定意让天国不易得。而且安息只能发生在劳苦之后。经上说："非圣洁没有人能见主。"③构成我们诚意的乃是我们孜孜以求的态度。而你如果不认真，就不是一个基督徒。这不仅在于人在多么高的程度上有着基督徒的身份，而且在于人活出怎样的基督徒生命及其实质。台上的击剑手与战场上殊死搏斗的战士

---

① 《使徒行传》28:22。

② 《马太福音》13:20；《马可福音》6:20。

③ 《希伯来书》12:14。

之间差异有多大，徒有其表的基督徒与真正的基督徒之间差异就有多大。人们要是不奋力争取也能得救，就绝不会看重它，也不会受上帝道路之一切荣美的吸引。上帝既定意让人此生非经热诚追求，来世就不能得享安息，那么奋发而竭诚努力岂不才是我们的明智之举吗？

6. 读者啊，为说服你（倘若有此可能）为争取进入天国而采取严肃认真的态度，让我再补充几点值得思考的方面。请想一想：

上帝以真诚待你，你何不该以同样的真诚待他？他的命令、提醒、应许字字当真。在他的审判中，他也绝不含糊。他在用洪水毁灭世界时，在用大火烧尽所多玛、蛾摩拉时，在使犹太人四散流离时，不都是如此吗？因此，现在岂是我们拿上帝当儿戏的时候？耶稣基督在赎买我们时是那样当真。他教训人，顾不得吃喝；他的祷告夜以继日；他在行善时，朋友甚至以为他情绪失控；他在忍耐时，禁食达四十天，他受试探、被出卖、被吐口水、受击打、被戴荆冠、汗流如血，他被钉十字架，被枪扎，以至于死。这其中可有半点的玩笑成分？既如此，我们难道还不该以严肃认真的态度寻求自己得救吗？

圣灵在邀请我们得福分上是严肃认真的。他的工作既经常又迫切，且紧追不舍。他简直就是在与我们"较力"。我们抗拒他时，他忧伤；难道我们还不该在顺服他的工作上采取认真态度吗？上帝认真地聆听我们祷告，认真地赐我们怜悯。他同我们一起受苦。他看重我们的每一声呻吟叹息，他把我们的每一滴"眼泪装在他的皮袋里"①。每当你遇到麻烦时，总是祈求上帝认真听你的祷告。而我们若是在寻求他的努力上疏忽怠慢，只做表面文章，又何能指望得他真正的恩惠呢？

基督的传道人严肃认真地规劝、教导你。他们切切地祈求上帝，又劝导你，渴望你的灵魂得救胜过渴望得到世上一切的好处。倘或他们劳累致死，或因传福音殉道，他们会认为自己死得其所，为拯救你的灵魂而

---

① 见《诗篇》56:8。

得胜了。别人如此看重你的得救,甚至为此舍命,难道你反倒对自己的得救马马虎虎、漫不经心吗?

所有被造之物都在怎样殷勤地服侍你啊! 太阳在分秒必争地围绕地球转动!① 泉水一刻不停地为你喷涌,河水日以继夜地为你流淌,春秋四季为你各守其时。你的耕牛每日是怎样辛勤地为你效力啊!你的马儿是怎样载着你疾驰!难道唯独你该整日无所用心吗?上帝所造的一切都在殷勤地服侍你,难道你反要如此漫不经心地服侍上帝吗?

世人和魔鬼的仆役是认真殷勤的。 他们工作就仿佛总是做不够——他们忙忙碌碌,好像生怕下地狱太晚;他们极力攻击传道人、讲坛信息和他们面前的一切。难道你为自己得救而努力还不及他们为自己的灭亡所做的吗?你的恩主难道不远胜过他们的主子?你所做的工难道不比他们的更美好?你所受的激励难道不大过他们所受的?你将得的赏赐岂不比他们的强万倍?你过去也是撒旦和情欲的认真侍奉者,而且殷勤唯恐不及。你那时是多么热衷于玩乐,与损友相伴,以及罪中之乐啊!如今为寻求上帝难道你却不那样热衷了吗?你对今生的事甚至热衷至今。若是有了病,你会怎样热切地申诉自己的痛苦!若是穷困,你为生计是何等辛苦劳作啊!你得救的大事难道不比这重要得多吗?

天堂和地狱中的事都是当真的。 圣徒所得的福分是货真价实的福分,受咒诅者在地狱里所受的折磨也是毫不含糊的折磨。天上没有漫不经心、似睡非睡的赞美,地狱里也没有漫不经心、似睡非睡的哀哭。无论是天上的赞美,还是地狱中的哀哭,都是发自内心的。读者啊,到你死亡、受审判的时候,对永恒的感受将会是怎样深切啊!我想我能预见到,你回想起自己当初如何轻看这些事就觉得不可思议。我想我甚至可以听到,你为自己的糊涂颠倒而号啕哀哭。

读者啊,我既已将这些无可辩驳的道理都摆在你面前,就要以上帝

---

① 此句是根据当时盛行的地心说。

的名义**要求你做出决定**：你是准备顺服，还是相反？我确信你的良心已相信自己有努力追求的责任。既如此，难道你还敢继续走在自己世俗而漫不经心的路上，无视理智的明白作证，无视上帝的命令，也无视自己良心的光照吗？你还敢像往常那样放荡度日，斗胆犯罪，极少祷告吗？你还敢像往常那样亵渎安息日，轻看对上帝的侍奉，漠不关心自己永恒的结局吗？还是你决心要"准备好你的心"，开始全力以赴地为自己的得救努力，冲破人的阻拦，轻看世人的嘲讽与逼迫，"放下各样的重担，脱去容易缠累你的罪，存心忍耐，奔那摆在你前头的路程"呢？① 我盼望后者才是你下定的决心。不过，因为我知道人心的顽梗，又热切期望你的灵魂能得永生，所以我还要劝你留意思考以下这些问题，还要奉上帝之命叮嘱你：不要窒息自己的良心，也不要湮灭自己的信心，而是要真诚地回应它，循着良心与信心而行。

假设，靠着努力追求敬虔，你可以变得富有，得到荣誉，在世上地位高升，疾病得痊愈，或在地上永远亨通地活着，你会怎样生活，怎样殷勤地侍奉上帝？圣徒安息的福分难道不比所有这些都美好千倍吗？假设，违犯安息日，忽略个人和家庭的敬拜，生活放荡是刑事重罪，你会怎样生活？永久的灭亡难道不比今世的死亡可怕得多吗？假设，上帝通常都像对亚拿尼亚和撒非喇说谎那样即时审判每个罪行，你又会怎样生活？永久的烈怒岂不比这可怕得多吗？假设，你有位老相识起死回生并告诉你，他因你也有的罪在地狱里受了怎样的折磨，从此以后你会变成怎样的人？上帝的警示难道不更应令你惊恐吗？假设，你知道今天是你世上的最后一日，你会怎样度过这一天？你虽不知今天是否你世上的最后一日，但可以肯定的是，你最后的日子越来越近了。假设，你亲眼看到这个世界彻底销化，世上一切的辉煌、浮华都化作灰烬，这景象会说服你去做什么？这景象是你必然要看到的。假设，你已看到那审判

---

① 《彼得前书》1:13，圣经新译本；《希伯来书》12:1。

的宝座,看到书卷已展开,罪人魂不附体地站在审判者的左边,而敬畏上帝的人欢天喜地地站在他的右边,两种人得到的是截然不同的宣判,目睹此景,你会变成怎样的人?总有一天,你必看到这一景象。假设,你看到地狱敞开了,所有下地狱的人都在其中永无休止地受煎熬;你又像司提反一样看到天开了,所有圣徒都在天国的荣耀中为得胜而欢呼雀跃,从此以后你又会如何生活!无须多日,你就必看到这一切。假设,你在地狱里只逗留了一年、一天、哪怕只是一个小时,亲身感受到如今只有耳闻的痛楚,你再谈到地狱时会是何等的恐惧战兢,又会怎样为能远离它而祈求祷告!难道你非亲受地狱之苦,就不把上帝论及地狱的话语当真吗?再假设,你只能享有天上的荣耀一年,你会怎样努力,唯恐被剥夺那无与伦比的荣耀啊!

　　如上我已讲得够多了,这些若仍不能激起罪人认真地为自己的得救而努力,至少也能让他们无言以对,使他们在上帝的审判面前无法推脱。只是,像我们在临终的朋友身边那样,说什么、做什么已对他们无济于事,为见证我们对他们的爱,我们只能为他们哭泣、哀悼,对罪人可悲的灵魂我也只能这样做。一想到他们将如何站在上帝面前——惊惶失措,哑口无言——我的心就不禁为他们战栗!那时,上帝必这样对他们说:"你把世界、撒旦而不是我当作自己更要好的朋友,是吗?他们为你做的难道比我还多?现在看他们能不能搭救你,弥补你失去天国的损失,待你像我本想待你的那样好?"可怜的罪人到时将何以作答?虽然我们对人说话,人听而不闻,我们对上帝诉说,却可以指望他垂听:

　　"主啊,你曾发自内心地为死去的拉撒路哭泣叹息,如今求你可怜这些死一般没有感应的灵魂,让他们也能因怜恤自己而哭泣叹息。你曾差你的仆人传讲福音,如今求你亲自对世人开口。人们听不进我对着他们耳朵所说的话,却会听你对着他们的心说话的声音。主啊,你一直在叩击人的心门,人们却不开门,现在就求你破门而入吧!"

　　为向信徒表明,他们为什么更该为寻求天国而劳力,我想请他们经过慎思之后回答以下问题：凡被上帝拣选为蒙他怜恤的器皿的人，当如何努力？在自己重生时，在良心的不安中，在疑惧中，在其他的剧烈痛苦中，痛感自己有罪的人，当如何悔改？常在祷告中向上帝为自己的漫不经心认罪的人，当如何奋发？与上帝有着圣约关系的人，当如何忠心？像上帝家中的儿女那样与他亲近的人，当活出怎样的样式？尝过努力顺服之甘甜的人，当如何加倍努力？众多对自己灵魂在永恒中的结局模棱两可的人，当怎样寻求了解自己的结局？成圣还不完全的人，当如何在圣洁上努力？其生命、责任与众人的灵魂得救或灭亡攸关的人，当以怎样的方式做人？伟大上帝的荣耀靠其彰显的人，又当是何等的人？既如此，基督徒啊，我要以你主的名义挑战你，请你经慎思后回答这个问题："我们为人该当怎样圣洁、敬虔？"①而且你口中所答还要与你活出的生命相符。

---

① 《彼得后书》3:11。

第八章
如何辨别自己是否享有圣徒的安息

本章提要　　作者基于如下理由促请人们做自我察验：1. 察验可使人得出肯定的答案；2. 撒旦、罪人、人的己心及很多其他事，都必阻碍我们得安息；3. 人极容易、普遍、危险地在是否享有安息上错误判断自己；自我评判远不如忽略此问题带来的痛苦更大；上帝不久将审判我们每个人，因此做自我评判对我们是有益的；4. 对如何做自我评判的指导；5. 自我评判的两个标准——是否将上帝视为自己的终极福祉？是否真心接受基督做我们的主和救主？

既有如此荣耀的安息近在眼前，而且除上帝的子民之外无人能享有它；大多数世人又凭着什么能在不确知自己是否在这安息中有分，也不鉴察自己是否有权享有它的情况下，心安理得地活着呢？主既已将那唯顺服的信徒才能获得的天国福分向世人全然敞开，又将其他世人必受的永久痛苦充分显明了；在我看来，所有相信这一切真确无误的人，在没得到自己是这国度之承受者的完全确据之前，就绝不该有丝毫的心安。主啊，人们虽明知自己不久若不进入永恒不变的喜乐之中，就必进入永世不变的痛苦之中，如今却在不能肯定对自己的判决的光景中苟且活着，就仿佛从未听闻有此天渊之别的结局一样，这是何等不可理喻的愚妄啊！这些人究竟是活着还是死了？是睡着了还是醒着？他们都在想什么？他们还能否找得到自己的心在哪里？若是在世间的法律上卷入一桩重大讼案，他们会如何迫切渴望知道判决是否对自己有利啊！若是在世间的法庭上面临与自己生死攸关的审判,他们会如何迫切渴望了解自己是得赦免还是被定罪啊!尤其是在关切能救他们性命的情况下。他们若罹患重病,会怎样关切地询问医生:"你看我究竟能不能逃过这一关?"但是在自己是否能得救的问题上,他们却偏偏心安理得于不确定的状态。

假如你问大多数的人,他们"心中盼望的缘由"何在,①他们会对你讲出"因上帝是仁慈的,而且基督已为罪人而死"这类笼统的理由,凡人都能像他们这样讲,可若要他们证明自己在基督和上帝的救恩中有分,他们就只能环顾左右而言他了。倘若上帝或有人当真要问这些当中的某个人:"朋友,你的灵魂所处的光景如何?它是否已得赦免、得重生,是否已成圣?"对方会像该隐谈及亚伯时那样,说:"我不知道!我岂是看守自己灵魂的吗?②我只盼望好事;我把自己的灵魂交给上帝看管;我一定会像别人一样平安无事;感谢上帝,我从不怀疑自己已经得救了。"正因你从未怀疑过,你才有理由去怀疑;更何况,你一向在过分自信中漠视自己的灵魂。你的话除了暴露出你在有意回避自己能否得救的问题之外,还有什么呢?你正像一个船长,对自己的舰船不闻不问,还在那里说:"我要任它在礁石、风浪间冒险前行;我要把它交给上帝;它会像别的船只一样平安无事。"这是对上帝多么可怕的冒犯啊!从表面上看,这似乎是信靠上帝,背后藏着的却是他们有意罔顾自己灵魂的态度!你若果真信靠上帝,就必同时接受他的治理,在他指定的道路上信靠他。上帝要求你"更加殷勤,使你所蒙的恩召和拣选坚定不移"③,你就当在这条路上信靠他。他在圣经中划定了一条路,命你省察、审断自己,使你能借以确定自己是否享有安息。一个旅人若是不知自己的方向对错,却一味循着某个方向前行,还说:"希望我是对的,我只管一直往

---

① 《彼得前书》3:15。
② 参见《创世记》4:9。
③ 《彼得后书》1:10。

前走，结果如何，就交给上帝吧！"这不是极为愚蠢的做法吗？在去往永恒的路上，你若不认真探究自己的方向是否正确，难道不是同样愚蠢吗？探究可使你少费很多冤枉力气，少走很多冤枉路，而你若对此不闻不问，则有可能错失救恩，毁灭自己。

你若不肯定上帝是你的天父还是仇敌，若知道上帝的一切的完美都可被用来对付你，在想到、谈到上帝之伟大时，你又怎能不心怀恐惧？你若不知耶稣基督的血究竟是否洁净了你的灵魂，在审判中基督是会定你的罪还是判你无罪，他究竟是你蒙福的依据还是你的绊脚石，你是否会在其上"跌碎"或被"砸得稀烂"，①在想到、谈到基督时，你又怎能不心怀恐惧？在打开圣经读其中的一章时，它又怎能不使你不寒而栗？在我看来，除了那些导致你审断自己、洗心革面的章节之外，圣经的每一页对你来说，都该像伯沙撒王见了人指在墙上写的字那样，使你惊惶失措。②若是读到上帝的应许，你就不知这些是否将成就在你身上。若是读到上帝对你自知有过之事的警告，你就是在读自己的判决书。难怪你恨恶一针见血的讲道，像亚哈王谈及先知时那样评论传道人："我恨他，因为他指着我所说的预言，不说吉语，单说凶言。"③在参与祷告时，你怎能不忐忑不安？在领受主的圣餐时，你怎知它是你的祸还是福？在你确知你的友朋、荣誉、房屋、田产之中蕴含着的是上帝的慈爱之前，在你确知离开这些时你就必与上帝共享安息之前，又如何能从世间的拥有之中得到安慰？在囚徒知道自己的判决之前，给他音乐、衣饰、官位对他又有何意义？他只想知道自己能否免于一死。因为他若知道自己第二天就必须去死，纵使死得富有、体面也无法带给他多大的安慰。我想，在知晓自己的永恒结局之前，对你来说也应是一样的。我想，当你躺下来休息时，若不确知自己是否得救就该让你难以入睡，要么就是从睡梦

---

① 《路加福音》20:18。
② 《但以理书》5:5—6。
③ 《列王纪上》22:8。

中惊醒，难以安寝。看到上帝的子民在通向荣耀的路上如此安然而行，你自己却没有享有那荣耀的盼望，这难道不令你伤悲吗？你又怎敢想到自己临终的那一刻？你知道这并不遥远，而且是无法避免的，也没有任何办法能防止它的发生。倘若你今天就要死去（有谁知道"一日要生何事"呢？①），你竟不能肯定自己死后是要上天堂还是下地狱？在逃离这种危险境地之前，你又怎可能快乐无忧？你要做出怎样的改变，才能在想起大审判的日子和永火时，让自己心里没有惧怕？当你听说这些的时候，难道不像腓力斯那样惊惧吗？② 墓地看守人看到天使下来，把封住基督坟墓的石头滚开，既"吓得浑身乱战，甚至和死人一样"③，你又岂能想象在地狱中与恶魔同住？除非你有根有据地确信自己将幸免于此。你在如此情况下若竟能安枕无忧，那不是因为你的床太松软，就是因为你的心太刚硬。

　　世人对自己得救的普遍不肯定状态若本无药可医，他们就只好像忍受其他不可避免的痛苦那样，忍而受之了。可悲的是，出现这种状态的共同原因却是，人明明不肯定自己是否得救，却听之任之，是人们不听劝告而采取补救之法。消除这种不肯定的最大法宝就是自我鉴察；换言之，就是按照圣经的法度，认真下功夫去检视自己的心。人们要么是不懂得这功课的性质及其功用，要么是不愿下功夫去做这功课。不信你去逐个询问一间千人教会的每个会众，你会发现，一生哪怕花过一小时仔细察验自己是否有资格去往天国的人都寥寥无几！读者啊，你要责问自己的良心，你在何时、何地，在上帝面前，以圣经的经文，郑重其事地让自己的心做过这功课？看你的心是否已得更新，是否圣洁，它大部分时间是在信靠上帝还是被造之物，是在思念天国还是世界？你几时曾做过彻底的自我察验，直到发现自己灵魂的真实光景，并以此对自己做出评判？

---

① 《箴言》27:1。
② 《使徒行传》24:25。
③ 《马太福音》28:2—4。

由于这工作如此重要，且又如此普遍地受到忽视，我接下来要表明的是，通过自我鉴察而确知自己能否得享安息是可能的；我还要说明，人省察、知晓自己永恒结局的障碍何在；接着，我还要提供一些自我鉴察的指导，为读者提供源自圣经的两个标记，人们可借此评断自己，并确知自己究竟是不是上帝的子民。

1. 圣经的经文显示出，人是可以确知自己是得救的，**而且人也应当为此而努力**。经文屡次告诉我们，圣徒先贤们确实地知道自己已称义，将来必得救。圣经的宣告是："一切信他（基督）的，不至灭亡，反得永生。"① 倘若我们无从了解自己是信他的人与否，这宣告就是徒然。圣经将上帝的儿女和魔鬼的后裔截然加以区分；又激励我们要"更加殷勤，使你们所蒙的恩召和拣选坚定不移"；还殷切地督促我们："要自己省察有信心没有，也要自己试验。岂不知你们若不是可弃绝的，就有耶稣基督在你们心里吗？"② 圣经还训示我们：要常常喜乐，呼叫"阿爸，父"，渴慕基督再来，盼望他快来，并要求我们用这些话彼此劝慰。③ 若不是在某种程度上确知自己是上帝的儿女，又有谁能发自内心地这样做呢？

2. 在不让我们从事自我察验的诸多阻拦之中，撒旦无疑扮演着重要的角色。假如他竭尽自己的全部能力，运用所有的途径和手段能达此目的，他绝对会不遗余力地阻止你检视自己，更胜于阻止你尽其他所有的义务。他最不愿看到上帝的子民有喜乐，有确据，得到不朽坏的权利，这些都是忠实实行自我省察可为他们带来的益处。至于不信的人，撒旦知道，一旦他们诚实地检视自己，就会发现他在欺骗他们，发现自己面临的危险，从而很有可能摆脱他的控制。人们若是了解了自己的结局，

---

① 《约翰福音》3:16。
② 《哥林多后书》13:5。
③ 《帖撒罗尼迦前书》5:16，《罗马书》8:15，《提摩太后书》4:8，《启示录》22:20，《帖撒罗尼迦前书》4:18。

他又怎能如愿以偿地使千百万人的灵魂下地狱呢？人们只消彻底省察自己，有圣经如此明晰的光照、如此可靠的定则，又怎能不了解自己的下场呢？网罗若是不加掩饰，鸟儿自然会逃离。撒旦善于巧取人的灵魂，而不显露自己的渔钩、渔线，也会不用声响和自我现形把人吓跑。所以他千方百计地阻挠带领人自我省察的事工，阻拦牧者，使他们不去助人省察，钝化上帝穿透、剖开灵魂的道，转移他们的注意力，或是用偏见蛊惑他们。撒旦知道牧者探查人心的道是针对某听道者的情形和需要的，所以只要有可能，他不是让此人无法到场听道，就是让他在听道时睡去，要么就是用世间的忧虑、世人之谈，使这道悄然离开他，或者施计使人不能将这道付诸行动。

自我鉴察的另一大阻拦是来自于恶人。他们做出的示范，与他们愉快的交往或交谈，他们常主张的属世忧虑，他们对敬虔者的取笑、嘲讽，还有他们的劝告、引诱、威胁等，所有这些都诱使人产生盲目的安全感。上帝难得打开可怜的罪人之眼，让罪人看到自己误入歧途，眼前又有众多撒旦的使徒准备着哄骗他，让他再次置身前主人的权下。他们会说："哪里的话！你活得这么正派，从未伤害过任何人，竟然还要怀疑自己是否得救？上帝是仁慈的，像你这样的人要是都不能得救，那么多人该怎么办？你认为自己的前辈都怎样了？像你一样活着的朋友、邻居将来的情况又如何？难道他们都会下地狱吗？算了吧，你要是听信那些传道人的话，他们会逼得你神经错乱的。所有人不都是罪人吗？基督不是已为救罪人死了吗？别让那些想法烦恼自己了，你会平安无事的。"可悲的是，成千上万的人都是在如此魔咒的欺哄之下高枕无忧，直到死亡和地狱让他们梦醒！主无时不在呼唤罪人，对他们说："引到永生，那门是窄的，路是小的，找着的人也少；总要自己省察；①应当更加殷勤，使你们所蒙的恩召和拣选坚定不移。"而世界却叫嚣着："千万不要怀疑自

---

①.《马太福音》7:14；《哥林多后书》13:5。

己,别用那些想法烦恼自己。"罪人啊,在无所适从之中,你要仔细思量,最终将审判你的乃是基督,而不是你的前辈、邻居,或是朋友;基督若是判你下地狱,那些人都无法救你;因此一般的理性就可以告诉你,你得救的盼望不能寄托在愚昧之人的话上,而只能寄托在上帝的话语之上。亚哈王只愿求问说奉承吉言的众多先知,是这注定了他的灭亡。①他们可以用谗言诱人落入陷阱,却不知如何从陷阱中把人救出。圣经因此告诫我们:"不要被人虚浮的话欺哄,因这些事,上帝的忿怒必临到那悖逆之子。所以你们不要与他们同伙。"②

但最大的阻拦还是人们自己的心。有些人十分无知,甚至不知自我察验为何物,也不知传道人劝他们审视自己是什么意思;还有些人不了解省察自己的必要性,反以为人人都该理所当然地相信自己的罪已得赦免,不管是真是假,对此提出质疑才是大错特错;另有些人以为得救的确据是无法得到的;又有些人认为,人们的永恒结局并无甚差别,大家既都是基督徒,就无须再杞人忧天了;至少有人不了解其差别何在。他们如同尼哥底母一样,对重生持有的是浅薄的看法。有些人不相信上帝会使人们的来生有着天渊之别,因此他们也不愿检视自己,看人们今生有何不同。有些人十分麻木,我们就是能为他们做些什么,他们也不放在心上,只是勉强听过就作罢。有些人被自恋和骄傲牢牢地把持着,连怀疑都不肯怀疑自己是否面临着危险,就如同傲慢的店主对劝其记账的忠告不屑一顾,溺爱的父母不愿相信或听说自己孩子的恶行一样。有些人深陷罪恶,根本不敢审视自己,反而敢冒可怕得多的审判之险。有人深爱罪恶,深恶上帝的道路,以至于不敢审视自己的生活方式,唯恐这样做会迫使他们从深爱的道路转向深恶的道路。有些人打定主意不改变自己的现状,他们将自我察验看作无用,因此忽略了事。他们走在歧途

---

① 《列王纪上》22:1—40。
② 《以弗所书》5:6—7。

上时日已久，行出甚远，除非寻求一条新路，他们就是在用自己的永久结局赌博，听凭自己生灭。许多人只顾忙于世事，无暇定下心来评断自己是否有资格进入天国。另一些人是受自己懒散之心的阻拦，甚至不愿费力去花一个小时来审视自己的心。而最普遍且危险的阻拦则是常被称作"假定"的虚妄信心和盼望；是这虚妄的信心和盼望在蒙蔽着多数世人的心，使他们想不到自己面临的危险。

即便有人能冲破所有这些阻拦，着手行使自我察验的义务，确据也并不是唾手可得。太多的人在寻求答案的过程中是在自我欺骗，其原因不外乎以下两种：人内心存在着许多的困惑与蒙昧，尤其是未得重生的人，他们很难说清自己做的是什么，心里的想法又是什么。正像某个房子里东西摆放得杂乱无章，想找什么都难以找到一样，内心处于混乱状态的人也是如此。大多数人都让自己习惯于做"家里的陌生人"，极少观察自己内心的性情与活动。不少人在察验之前就决定如何评判自己了，就像一个受了贿的法官，审案时貌似要公正断案，事先却早已决定判哪方有理了。人在断自己的案子时往往会偏袒自己，很容易将自己的大罪判小，小罪判无；很容易将自己的天然禀赋看作上帝恩典的作为，因此这样说："这一切我从小都遵守了；我是富足，已经发了财，一样都不缺。"① 多数人的自我察验只做了一半，若是不易完成，或不能很快完成，他们就会气馁，结果是半途而废。他们用错误的标记与规则审断自己，不了解基督教信仰的精义何在；其中有些人评判时超过了圣经的标准，而另一些人则与这标准有所不及。而更常见的是，人们试图依靠自己的力量去完成这项工作，其结果是常流于失败。正如有些人指望圣灵在没有他们亲身参与的情况下完成这项工作一样，另一些人试图靠着自己，而不寻求、指望圣灵的帮助。两种人均注定无法得到得救的确据。

还有一些阻碍使得连真正的基督徒也不能因确信自己得救而心安。

---

① 《路加福音》18:21；《启示录》3:17。

恩典上的软弱便是这些阻碍之一。太细小的东西让人很难让人分辨得出。大多数基督徒都仅仅满足于略有恩典，而不能持之以恒地追求灵里的强壮与成熟。对这类人来说，首要的补救办法或许就是坚持不懈地操练自己，使自己的恩典得以加增。你要依照上帝指示的方式侍奉他，他就必赐你更多的恩典。诚愿基督徒能把浪费在怀疑自己是否有恩典的大部分时间，都用在寻求更多的恩典之上；能把投在无谓的哀怨上的热忱，都投入到祈求更多的恩典之上！基督徒啊，切盼你将此看作来自上帝的忠告。到你能够笃信不移、爱心火热的时候，就不会再怀疑自己是否有信、有爱了，正如汗流浃背的人不会怀疑自己有温暖，身强力壮、精力充沛的人不会怀疑自己是否活着一样。

使基督徒不得心安的另一原因是，他们着眼于能显明自己是怎样的人的印记，多过着眼于告诉他们该做什么的诫命；就仿佛他们当下的状态一准就是他们永恒的结局，就仿佛他们眼下若是未得赦免，就无药可救了。人若是因未得赦免而躺在那里哀哭，与此同时他的主却一直站在他身边，要赐他赦免，并劝他接受，这种人难道不是愚不可及吗？基督徒啊，使人称义的信心并非相信上帝对你有何特别的恩宠，而是接受基督能使你在上帝面前变得可爱。所以，我们与其在怀疑自己是否有基督上枉费时间，还不如原原本本地接受基督。

使有些基督徒焦虑的另一原因是，错把有时随确据而来的喜乐当作**得救的确据**；就仿佛孩子见不到父亲的笑脸，听不到父亲说安慰的话，就不再相信自己是父亲的儿子，或者父亲若不再有微笑、说安慰的话，就不再是他的父亲了一样。

基督徒若不了解上帝总是以寻常的方式传递安慰，心中的不安也会加增。他们以为，除等候上帝赐下安慰的一天到来之外，他们就无事可做。而他们必须知道的是，上帝安慰的内容尽都寓于他的应许之中，因此他们要尽可能经常地靠每日默想这些应许来支取安慰，只有这样，才能指望圣灵将安慰传递到他们的心里。应许带来的喜乐与圣灵带来的喜乐乃是同一喜乐。

　　还有些基督徒期望得到的确据其程度超过了上帝通常所赐。只要他们稍有疑虑，就以为自己没有确据。他们没有想到，确信是存在着诸多不同程度的。只要他们依然生活在世，就只能"所知道的有限"①。加之，他们初得安慰是建立在不充分的根据之上。甚至连敬虔的人也可能会这样，他有更充分的根据得安慰，却并不了解这些根据。正如一个幼儿，在了解自己的生命之前就有了生命，他会对自己和其他事物产生许多错觉，但这并不说明他没有生命。所以，当基督徒在自己初得的心安上看到欠缺时，不应将此判断为自己的安全有缺失。

　　不少人总是疑虑自己是否得救，是因他们生来的能力有所不足。很多人虽心灵诚实，心智却比较软弱，不知如何进行自我评断的工作。他们愿意接受上帝的应许，却否认由此而来的明显结论。上帝若不用其他方法填补他们在理性上的不足，我不知他们如何才能得到清楚、稳固的平安。

　　不安的一个重要而太普遍的原因是，人们私下里还在犯**某些明知故犯的罪**。这只会减损我们的恩典，渐渐难以察觉得到这些罪。凡不彻底摧毁的罪，就会变的模糊难辨；因有罪当道，恩典就静止了，失去活动的迹象；人几乎听不见恩典在讲话，是因有败坏在那里鼓噪。罪也使人心灵的眼睛关闭，或变得暗昧无光，麻木不仁，使人看不到、感觉不到自己的光景。更尤其，罪招致上帝将他自己、他的安慰、圣灵的帮助统统收回，没有这些，人们即便久久地寻找也难得安息的确据。上帝使罪与平安两相隔绝。你只要坚持自己的骄傲、爱世界、肉体的情欲等任何与基督徒身份不符的陋习，就休想指望得安慰。凡"将他的假神接到心里，把陷于罪的绊脚石放在面前"，来到牧者或上帝求安慰的人，"我耶

---

① 《哥林多前书》13:9。

和华在他所求的事上，必按他拜许多假神的罪报应他。"①

令人不得心安的另一极重要而普遍的原因是，恩典若不在**持续**而活泼的操练中，人们就无法保有它。唯有努力操练，才是安慰得满足之法。平安与安慰是主基督对信徒忠心、顺服的鼓励；因此，尽管这些不是我们靠顺服挣来的，但我们的平安、安慰却常随着我们在属灵功课上的努力程度而起落。正如祷告要想取得成功，除有基督的宝血与代求之外，祈求者还须有信心与热情，我们在诸事上的顺服也同样。你做属灵功课——特别是在暗中向上帝的祷告上——次数若是越来越少、越来越流于形式，越来越冷漠，却发现快乐并未减少，我就不能不担心，那快乐不是来自血气就是来自魔鬼的。再者，恩典若不付诸行动，就绝对显露不出来，人自己也很难感觉得到它的存在；因此，行动的缺乏必然地导致确据的缺乏；而朝向无比荣美之目标的行动则必然带来安慰。在基督里爱上帝的行动本身，就有着无可比拟的甘甜。一个最具备恩典的人，若是不在行动之中，就如同一把上好琴弦、调好音的诗琴，闲置在那里不动，既发不出妙音，它就与一块普通的木头并无两样。当技艺娴熟的乐师用它弹奏时，它才会发出美妙的音韵。每个善行都会带来某种程度的安慰，正如火带来热气，太阳放出光芒，发挥其作用力一样。一个冻得瑟瑟发抖的人必须起身活动才能浑身发热；同样，没有确据的人也不能呆坐不动，而要操练自己的恩典，疑虑才会消失。

忧郁症造成内心不得安慰的案例也屡见不鲜。良心正直的人在忧郁情绪的控制之下陷入疑虑、担忧、失望的情形，并不比病人呻吟、孩子受罚而啼哭更少见。这种病情若不经医生的医治，牧师再努力也常无济于事。你可以让这样的人不做声，却无法安慰他们。你可以使他们承认自己拥有某些恩典，却无法让他们因此得出使自己得安慰的结论。你能帮他们就自己的结局得出的所有美好结论，但这很难维持一两天之久。

---

① 《以西结书》14:4。

他们为罪、为上帝的忿怒哀哭，主要原因却是他们肉身的疾患。

3. 我要劝你思想以下诸方面，以**激励**自己去做自我察验的功课。

在是否有资格享有天国的问题上，人极易受蒙蔽。许多如今在地狱里受煎熬的人生前从未怀疑过自己心存虚妄的假象，他们有的曾经在属世之事上聪明过人，有的曾活在福音明晰的光照中，有的甚至还在讲道中责备别人忽视这个问题。在此重大问题上发生错觉是**常有的事**；实际上，多数世人皆如此。在古时的所多玛，我们竟找不到一个稍稍担心上帝审判的人。我们几乎所有的人都满以为自己可以得救；可基督告诉我们的是："引到永生，那门是窄的，路是小的，找着的人也少。"①受迷惑的人若是如此之众，我们岂不更该用心地省察自己，免得与他们同受蒙蔽吗？最**可怕**不过的莫过于在能否有资格进入天国的问题上做出错误的判断。属上帝的人若将自己的结局看得比实际情况糟糕，结果只能使人哀愁；而不属上帝的人若是误看自己的结局，导致的危害则不堪设想。这只会大大地助长他们去侍奉撒旦。这只会使本可让他们受益的获救之法在他们身上失去效用。这只会让人不怜恤自己的灵魂。它事关人的那一重大决定时刻——是永远得救，还是永远下地狱。你如果至死都活在错误的判断之中，其下场则会是**永久的灭亡**。危险既如此之大，哪个明智人不会昼夜不分地察验自己的心，直到确信自己安全无虞为止呢？请你想一想，与忽视此问题将导致的痛苦相比，做鉴察的功课付出的辛劳有多轻省啊！为避免受穷，你可以年复一年地汗流浃背、辛苦劳作；为免受永久的折磨，你何以连花费一点时间做自我省察都不肯呢？人最能使撒旦称心如意，最能伤害自己的，莫过于忽略此项功课了。魔鬼的伎俩就是用各种试探迷惑你，使你罔顾自己面临的危险，最终让你身受永火之苦；难道你还要助纣为虐，和那恶者一起欺哄自己吗？你只要替魔鬼做了这件事，就等于为他做了最大部分的工作。魔鬼为你做了什么，使你

---

① 《马太福音》7:14。

在他送你下地狱的计谋中殷勤相助？上帝要彻底察验你的日子已经近了。倘若今生只是因着受苦，你巴不得自己先前曾好好察验、评判自己，那样你或许能避免眼下上帝的审判。"你在哪里？莫非你吃了那树上的果子？"①上帝这声音曾使亚当不寒而栗。"你的兄弟在哪里？"②上帝这声音也曾使该隐惊恐万状。上帝还指着不知省察自己的世人如是说："他们心里并不思想我记念他们的一切恶，他们所行的现在缠绕他们，都在我面前。"③

你还要想一想，这自我检视的**结果会是何等甘甜**。如果你是生活正直而敬畏上帝的人，省察会使你径直得出自己蒙上帝慈爱的确据；如果你不是这样的人，自我察验虽会让你一时不安，但它可以使你蒙福，最终让你得到蒙福的确据。了解自己来世的命运如何，特别是自己灵魂的命运如何，我们将永久地居住在怎样的地方、怎样的状态之下，这难道不是十分令人向往的事吗？了解这些既令人向往，确知自己得救带来的安慰岂不更大得多！想到你享有上帝会是多么美好！上帝令别人丧胆的威严和公义将成为你的喜乐。想到基督和他流出的宝血，以及由此带来的恩福，你会感到多么快慰！"报福音传喜信的人，他们的脚踪何等佳美。"④上帝的如此话语，在你听来将会是何等的亲切！你若能确信上帝所有的应许都是就你而言，这些应许听来该是多么的悦耳！当你想起自己已远离危险，就连上帝警告世人的话也必成为你的安慰。当你有十足的把握称上帝为"阿爸，父"的时候，在祈求时你会有怎样的胆量和安慰！主的圣餐将会成为让你的心得力的盛宴。上帝的各种寻常的恩惠都会变得加倍的甘甜。那时再经历一切的苦难，你会觉得多么平安！那时再预想死亡和审判，天堂和地狱，你会觉得何等欣慰！这会令你在做主

---

① 《创世记》3:9，11。
② 《创世记》4:9。
③ 《何西阿书》7:2。
④ 《以赛亚书》52:7；《罗马书》10:15。

的工时何等欢欣，你对身边所有的人会成为怎样的祝福！它在你所有的恩典和爱心中将会注入怎样的活力！它会怎样激励你悔改，点燃你的爱心，增进你的渴慕，坚定你的信心；它会成为涌流不尽的喜乐之泉，让你心中洋溢着感恩，让你常在高处欢喜地做赞美的工，它会助你得到属天之心，又使你能在所有这些事上持守到底！由确据而来的这一切美好果效，必令你在地如在天。

读者啊，我虽确信以上激励是有站得住的根据的，但我唯恐你读过本书之后就置于脑后，似乎此后就再无事可做，因而完全不在察验自己的功课上下工夫。你要做的事可是与决定你永恒命运的那一时刻攸关啊，它关系着你要永远活在天堂，还是永远活在地狱。在此，我要替你的灵魂恳求你；毋宁说，我要以主的名义敦请你，不要再拖延，要让自己的心认真地进入正题，你要这样自问："在永恒的事上判断错误难道不是太容易，太普遍，太可怕了吗？错误的判断不是有许多种吗？人心难道不是异常诡诈吗？既如此，我又怎能不细察自己内心的每个角落，好知道自己的结局如何呢？不久，我就必须站在基督的台前受审，我何不现在就给自己一个评断？那时我要是不能得救，下场又何足以堪？现在我只消下点功夫就可得知自己能否得救，难道我还不肯为此而努力吗？"

但也许你会说："我不知该怎样鉴察自己。"接下来，我将就此加以指导；不过，你若不下决心将这指导付诸实施，我再指导也无济于事。因此，在阅读以下内容之前，你能否在主面前许愿，立即着手按照我依上帝的话语做出的指导做此项功课呢？我对你的要求没有一项是不合理或不可能的——你只消花几个小时的时间，去了解自己永恒的命运如何。若是有位邻居、朋友想占用你一个小时的时间，同你交谈，办某件事，或帮其他的忙，你一定不会回绝；在如此重大的事上，你更不该拒绝为自己花一点时间！我劝你接受我的请求，就如同我以基督的名义跪求于你；我会让自己再次跪在基督面前，求他说服你的心，去行使自己的责任。

4. 以下则是**如何鉴察自己的指导**。你要首先排除自己心中的一切忧虑与杂念，不让它们转移你的注意力或分你的心。没有其他事的干扰，这项工作本身就够繁重的了。然后，你要俯伏在上帝面前，诚心地祷告，求圣灵助你原原本本地揭示出你内心的真实光景，并在这项工作的全过程中始终光照你的心。你要选择最合适的时间、地点来做这件事；要选一个你最能安静独处的地方，在没有任何事情会打扰你的时间；如若可能，就在现在。你要事先记诵或写下一些定义圣徒及福音书中得救条件的经文，让自己相信这些都是绝对可靠的真理。你要借此审问自己。你要问的问题不是你里面有没有良善，也不是你在何种程度上有何种恩典，而是你里面是否真有这样或那样**使人得救的恩典**。你的心若是想从这种努力中退缩，你就要迫使其继续下去。你要命令它。你要让自己的理智介入其中，行使其权威。不仅如此，你还要以上帝的命令吩咐它，迫使它顺服，免得它因上帝不喜悦而受苦。要让你的良心担负起自己的责任，直到它能督促你的心去做工。也不要让你的心在本该努力做工时在那里消磨时间。你要像《诗篇》的作者那样"心里也仔细省察"①。只有能攻克己心的人才能赢得上帝的心。假如经过所有的努力，你仍不能肯定自己是否享有安息，就需要寻求帮助。你可以去找一位敬畏上帝、有经验、有能力，且忠实可靠的基督徒，向他诉说你的情形，让他尽己所能为你提供建议。你要像对待医生对你身体的建议那样对待这类忠告，它即使不能给你完全肯定的答案，也必大大有助于你继续努力，为你指明方向。不过，千万不要把寻求帮助当成你放弃自我察验的借口，而只能当作自己的努力不奏效时万不得已的补救办法。在你察明自己的真实光景后，你要对自己做出相应的宣判；你要么是名副其实的基督徒，要么就不是。在做此宣判时，既不要草率，不要自我粉饰，也不要因忧愁而恐惧；反要慎重而诚实地，秉着自己的良知，相信圣经和

---

① 《诗篇》77:6。

你的理智。根据你对自己的心所做出的宣判,你还要努力让它感受自己的结局。你若是未得赦免,就要思想你将面临的惨境;若你已是新造的人、已成圣,就要思想上帝使你进入了何等蒙福的境地。你要让这样的慎思继续下去,直到心里留下深刻的印象。然后,你起码要用文字将此宣判记录在案:"某日某时,经彻底省察之后,我发现自己的结局是这样或那样……"如此记录对你今后十分有用。你不能一辈子只靠这一次的结论,从此就不再评判自己;也不要让这一次的结论妨碍你每天察验自己的行事为人;若有必要再三重复这样的省察过程,也不必气馁。特别要注意的是,你如果尚未得重生,不要用你眼下的状况为你未来的结局下结论。不要这样想:"我不是属上帝的人,到死都会是这样;我是个徒有其表的基督徒,今后也只能如此。"不要灰心。尽管到目前为止你一直在辜负基督,在他面前敷衍,但只要你愿意,就没有什么能妨碍你成为属他的子民。

5. 以下,我还要为读者提供两个**标记**,可借以鉴别自己能否享有圣徒的安息。其一,你是否将上帝视为自己的终极福祉;其二,你是否真心接受基督做自己的唯一的救主和主。

唯有**将上帝当成自己的终极福祉的人**,才能拥有圣徒的安息。这安息仅在于完全而荣耀地享受上帝。凡不将上帝看作自己最高福祉和生活终极目标的人,骨子里都是不信上帝的人,都是邪恶的偶像崇拜者。因此,请容我追问你,你是不是真心把在荣耀中享受主看作自己最大的幸福?你能否这样说:"耶和华是我的产业;除你以外,在天上我有谁?除你以外,在地上我也没有所爱慕的"?① 你若是安息的承受者,对你来说便是如此。尽管你的情欲会向你乞求肉身之乐,尽管世界会偷偷地让你去爱它,然而在你素常的、笃定的、占优势的判断与情感中,你爱上帝胜过世上的一切。你将上帝视为自己渴慕和孜孜以求的唯一目标。你听

---

① 《诗篇》16:5;73:25。

道、祷告、想要活在世上的唯一原因是可以寻求主，并确保自己得到圣徒的安息。你寻求的热情虽不及应有的程度，但这才是你渴望和努力的目标，以至于你对其他任何事的所求、所爱都不及于此。为得此安息，你认为付出再大的努力和痛苦也不过分。你的肉体尽管有时会退缩，但你已立定心志并愿意为此经受一切。你对这安息的评价之高、爱慕之深，使你不肯用对它的拥有和对它的盼望换取世上哪怕天大的好处。倘若上帝将地上永久的享乐和圣徒的安息同时摆在你面前，供你挑选，你会决然摈弃世界而选择安息。

你若是还没有成圣，你的心就会爱世间的快乐胜过爱上帝；你口中虽可以说上帝是你的最高福祉，可你的心并不会如此尊崇他。因为世界才是你渴慕和努力的最终目标。你的心还在这世界上。你最大的关注和努力都是为保持你的名望或肉身之乐，极少为来世担忧或努力。你完全不懂得天上那尚未得见的荣耀是何等荣美，更不用说吸引你由衷地为寻求它而努力了。你为之付出的也可能是次一等的努力。上帝从你那里得到的只是世界所剩——你给他的时间、精力只是追求世界剩下的，你不停地、热切地、愉悦地思念过世事之后，才冷漠而漫不经心地略微想到上帝。而且你只要知道如何留住世界，就根本不肯为去天国做任何事。只为免使自己在留不住世界时下地狱，你才肯做一点什么。由于同一原因，你认为上帝的道路过于严苛，因此你不听劝告而持续努力按福音所要求的方式生活；当在基督和属世的好处之间必选其一的试炼来临时，你宁可冒失去天国之险，也不愿失去世界，所以明知不对也拒绝顺服上帝。上帝只要许你健康、富足地永远活在世上，你就当然地认为在地上比在天上安息还好——让那些愿意寻求天国的人去寻求吧，你情愿认为世上的好处才是你的最高福祉。如果这就是你内心的光景，你就没有重生，也还不能享受圣徒的安息。

你只要视**上帝**为自己的人生目标，又真心地**接受基督**做自己唯一的救主和生命之主，将来就必进入圣徒的安息。这前一标志涵盖了律法的第一个、也是最大的诫命,即"你要尽心爱主你的上帝"。①第二个标志则涵盖了福音的诫命:"当信主耶稣,你就必得救。"②履行这两条是敬虔与基督教信仰的总和。所谓"信"的定义不外乎于此。你是否由衷地认为,唯有基督才是你的救主,而只将自己的属灵功课、侍奉的工作看作上帝命定的服从主的方式,不在任何程度上认为属灵操练和做工能消除律法的咒诅,不再认为这些或其中某些事能够使人在律法面前称义,而是真心实意地将自己的得救全然仰望在基督的救赎之上?你是否也肯让他做你唯一的主和王,让他的律法、他的灵管理并带领你?哪怕他盼咐你履行最艰难的责任,哪怕这些责任与你肉身的愿望完全相悖,你是否也肯顺服他?当你在这方面违背了自己的决心时,这是否成为你忧愁的原因;当你不折不扣地顺服他时,这是不是你的喜乐?你能否拒绝用你的主、你的主人换得哪怕整个世界?名副其实的基督徒无不如此。可如果你只是个徒有其表的基督徒,情况就大不相同了。你或许口称基督是自己的主、自己的救主,但没有他,你从不感到失落,从而迫使自己去寻求他,信靠他,将自己的救恩全然寄托在他身上;至少,你从未由衷地认为他应以你主的身份管理你,从未置你的心、你的生命于他的治下,也没有把他的话看作自己思想、行为的准则。毫无疑问的是,在你死去的时候,你愿意基督救你脱离地狱之苦;但与此同时,除与你的名利或其他属世目标相合的事情之外,他就休想再命令你去做任何事!只要他容许,你情愿随着世界和肉体的情欲而活,而不愿遵从圣道与圣灵。尽管你偶尔可能也有与此相反的举动或动机,但以上所说的才是你内心常态下的愿望与选择。你因此并非基督的真正信徒,因为你口称信他,在实际行动中却不认他,"本是可憎恶的,是悖逆的,在各样善事上是可废弃的"③。这便是那些被关在圣徒安息以外之人的情形。

---

① 《马太福音》22:37。
② 参见《使徒行传》16:31。
③ 《提多书》1:16。

请留意，我特别要追问的是你的**心是否同意**或愿意。我问的不是你是否确信自己必然得救，是否相信你的罪已得赦免，或者你是否在基督里为上帝所爱。这些不构成使人称义的信，而只是信的美好果子，凡得了这些果子的人均因此而得安慰；但你有可能一生都得不到这些，却仍是一位不折不扣的圣徒安息的承受者。因此，不要说："我无法相信自己的罪已得赦免，也无法相信自己是上帝所爱，因此我就不是真正的基督徒。"这是一个极端错误的结论。问题在于你是否真心地接受基督，唯如此，你才能得赦免，与上帝和好，从而得救。你是否认同，将你赎回的基督才是你的主，他必以自己的方式领你进入天国？这才是使人称义、得救的信，也是你必须借以察验自己的标记。还要请你留意的是，这认同必须是真心实意、不含虚假、毫无保留的，不像那假意顺服的儿子，口里说"父啊，我去"，却是不去。①假如还有任何基督之外的事在支配着你，你就不是他的门徒。可以肯定，这两条乃是凡基督徒都在不同程度上带有的标记，没有这些标记的就不是真正的基督徒。诚愿主现在就说服你做严格的自我省察！唯如此，在那审判世人的主审判你时，你才不会心惊胆战，反能证明自己有权享有那安息；唯如此，在预想或临近死亡和审判时，你才能欢欣鼓舞，充满喜乐。

总之，基督徒若想得到不欺哄自己的心安，生命就要在恩典中努力长进，增强、增进自己内心对基督的关注，弱化、制伏自己对肉体的关注；不要用所谓"基督已完成了所有的工作，没有为你留下任何事做"的想法欺哄自己。相反，你要胜过世界、血气和魔鬼，并为此随时穿好军装警惕着，准备奋勇、坚忍地作战到底，这对于我们得确据、得救都是极为重要的。这也是我们受洗之后必做的十分重要的功课。人若不履行此责任，就必仅仅是形式上的基督徒。并不是每个假定自己有信心的，而是"**得胜的**，我（主基督）必将那隐藏的吗哪赐给他，并赐给他一块白

---

① 《马太福音》21:30。

石，石上写着新名，除了那领受的以外，没有人能认识；我必将乐园中生命树的果子赐给他吃；(他)必不受第二次死的害。我要在我父面前和我父众使者面前认他的名；我要叫他在我神殿中作柱子，他也必不再从那里出去；我要将我神的名和我神城的名（这城就是从天上、从我神那里降下的新耶路撒冷），并我的新名，都写在他上面。"不仅如此，"我要赐他在我宝座上与我同坐，就如我得了胜，在我父的宝座上与他同坐一般。圣灵向众教会所说的话，凡有耳的，都应当听。"①

---

① 《启示录》2:17, 7, 11; 3:5, 12, 21, 22。

第九章
上帝子民有责任激发别人求此安息

本章提要　　为基督徒在助人得圣徒安息方面所做甚少而感到悲哀：一、阐明这一责任的特性；具体而言，1. 要对弟兄灵魂的悲惨下场感同身受；2. 要利用一切机会向他们指明得救之路；3. 助他们参与集体敬拜，使他们继续受益。二、分析该责任严重受忽视的原因，驳斥不履行此义务的借口。三、敦促各类基督徒履行自己的责任：1. 有知识、有学问、有口才的；2. 与罪人相熟的；3. 照料濒死病人的医生；4. 有钱、有权的；5. 教会牧者；6. 蒙上帝之托照看子女、仆人的人。本章最后热诚恳请做基督徒的父母忠于上帝对自己的托付。

上帝岂不是已将圣徒的安息作为荣耀的赏赐摆在我们面前，又使我们得以承受那无可比拟的福分吗？既如此，上帝国度的儿女又怎可以不更进一步，助别人获得这安息呢？可悲的是，极少有基督徒对周遭的可怜灵魂担负起自己的责任！我们能看到那天国的荣耀，可他们看不到；我们了解不得进入其中之人的悲惨，可他们不了解；我们知道有些人远离通向天国之路，继续走下去也永远到不了天国，可他们自己却浑然不觉。然而，我们却不肯严肃地向他们指出，他们已误入歧途、命在旦夕，并帮助他们回归正途，使他们能得永生。可悲的是，全力以赴救人灵魂的基督徒少而又少！天国里若并不空落，我们弟兄的灵魂若没有永远地灭亡，都不是我们的功劳。请想一想，领别人进入安息的责任与上帝得荣耀、人们得福分是何等密不可分。以下我要说明的是：基督徒当如何行使这责任；它何以受到如此严重的忽视；然后，我还要提出一些值得考虑的方面，说服基督徒担负起这一责任。

第一，基督徒有责任激发并帮助别人了解自己是否享有圣徒的安息。

我并不是说人人都该成为布道家，或越过自己个人呼召的限制；更不是在鼓吹结党；尤其反对当面不说，在背后诟病别人的做法。我所说的责任其内容与这些截然不同，它包括对自己弟兄灵魂之悲惨结局要感同身受，要利用一切机会为他们指明得救之路，要让他们因参加集体敬拜而获益。

1. **我们的心要感受弟兄的灵魂将面临的痛苦**，要对他们有恻隐之心，急切盼望他们得复原、得拯救。只有我们真诚盼望他们悔改，我们的心热切地为他们着想，才会激励自己投入行动，上帝总是愿意赐福这样的行动。

2. **我们要利用一切可能的机会**，指示他们如何得救。对方若是无知，我们就要竭力使其明白，什么才是人类的最高福祉；人类之初曾享有这福祉；上帝与人类立的约是怎样的；人类如何违背了此约；因此导致了怎样的刑罚；人类为自己招致怎样悲惨的下场。要让对方了解他需要一位救赎者；基督又如何以慈怜之心介入人类生活，担当了人类应受的刑罚；他与人类立的新约是什么；人们如何被基督吸引；在他里面，人们享有的是怎样的丰盛与特权。假如对方对你的话无动于衷，你就要向他显示，被他轻看的荣耀是何等的无与伦比；下地狱的人将要遭受的乃是极度而永久的折磨，因故意拒绝上帝恩典而遭此痛苦是公平的；死亡与审判的可怕是确定无疑的，而且已临近；世上的一切都是虚空的；罪的性质如何令人发指；基督又是何其宝贵；重生、信心和圣洁于得救的绝对必要性，其真实特性又是怎样的。讲过这些之后，你若发觉对方仍怀有虚妄的盼望，就要督促他察验自己内心的状况，说明这样做的必要性；并在察验中帮助他；在他了解到自己的悲惨结局和补救方法之前，你就不要放下他不管。要向他说明，基督的救恩与人的努力无法共同使人称义，这种想法且是有害的。但你一定要吸引他使用上帝的各种赐福手段去寻求安息，如听道、读经、呼求上帝，以及参与圣徒的团契，等等；要劝他离弃罪恶，逃避罪的一切试探，特别是不再与恶友相伴，并在使用各种赐福手段的同时，耐心等候上帝，这样就必能寻见上帝。

由于你行使此责任时的态度事关重大，因此你要遵循以下的原则：在进入此项工作时应怀有**正确的动机**。使别人得救的目的是让上帝得荣耀。切忌为自己扬名，以赢得人的尊敬为目的，或者为使别人依赖你，或成为你的追随者而做此事；反要以顺服基督，效仿基督，和珍爱人灵魂的态度行事。不要像有人调教子女、仆人那样，只是不许他们做与他自己不利或他自己不喜欢的事，而不是求按上帝指定的方式挽救他们的灵魂。做这项工作要**从速**。你如果不想让对方贻误回转的机会，就不要在力求使他们回转的工作上拖延。在你思量着是否该去劝导、帮助一个人的同时，也许对方正更多地欠下罪债；也许上帝的盛怒正在蓄积；罪也许正在扎根；积习也许正把他越绑越紧；犯罪的诱惑也许在成倍地增加；他的良心也许正在枯萎；他的心也许变得越发刚硬；也许魔鬼控制了他；基督被关在门外；圣灵受到抗拒；上帝也许每日都在受羞辱；上帝的律法遭到违犯；上帝应得的敬拜正在受剽窃；时间正在流逝；死亡和审判已到门前；就在你思量该如何避免这一切发生的时候，对方若是死去，堕入地狱，又怎么办！若有人肉身处于危困之中，你不可对他说："去吧！明天再来，我必给你"①；在可能贻误了救人灵魂的时候，更是如此！因医生的漠不关心而延误了病人的医治，导致了病人死亡，或失去治愈的机会，这种医生与凶手又有何异？所以，你要将各种借口及所有次等重要的事放在一边，"趁着还有今日，天天彼此相劝，免得你

---

① 《箴言》3:28。

们中间有人被罪迷惑"①。你的劝勉要**出自于同情与爱心**。冷嘲热讽和责骂羞辱都不宜用来使人归正、转向上帝。你眼含泪水地劝勉可怜的罪人，让他们看到你确知他们的结局是悲惨，看到你由衷地可怜他们的处境。你要以诚恳而谦卑的规劝待他们。你要让他们感受到你在一心一意替他们着想，除为了他们永恒的福分之外，你别无目的；只因你察觉到他们面临着危险，又爱他们的灵魂，才不得不对他们讲你要讲的话；而且是因你"知道主是可畏的，所以劝人"②，是唯恐看到他们受永世的折磨。你要这样对他们说："朋友，你知道我不是为了寻求自己的好处。我若只为讨好你，保持与你的友情，就会投你所好，或对你不闻不问了；可是，爱心不容我眼看着你沉沦却保持沉默。我求的只是你自己获得永恒福分必不可少的事，此外我别无所求。你如果能到基督面前来，得益处、得安慰的是你自己。"我们若能像这样寻访每个蒙昧无知、陷在罪中的邻舍，很快就会看到蒙福的果子！

要尽可能以**坦率诚恳**的态度去做这项工作。不要对他们的罪轻描淡写，也不要纵容他们虚假的盼望。假如你发现对方的情形很危险，就当坦率地对他说："邻居啊，你的灵魂恐怕还没有得到上帝的更新。你恐怕还没有'从撒旦权下归向上帝'③。你恐怕还没有达到情愿要基督胜过一切的程度，也未真心将他看作对你有着至高权力的主。否则，你就一定不敢轻易违抗他，也不敢忽略在家里、在教会里敬拜他了；更不可能这样急切地跟从这个世界，只谈论属世的事了。你若是'在基督里'，就必成为'新造的人，旧事已过，都变成新的了'④。你的想法、举止、与你为伴的人、你为之努力的事，乃至你的生命，就都是新的了。若非这样，你绝无可能得救。你也许不这样想，也许只是一厢情愿地怀有其他

---

① 《希伯来书》3:13。
② 《哥林多后书》5:11。
③ 《使徒行传》26:18。
④ 《哥林多后书》5:17。

的盼望，但那些都会欺骗你，最终与你同归于尽。"你要想对他们有帮助，就必须这样忠实地告诉他们真相。医治人的灵魂不同于医治身体，医生有时不能告诉病人他们面临的危险，以免对治疗构成妨碍。在灵魂的医治中必须有人自己的参与，人们若不了解自己面临的悲惨结局，就永远也不会为此哀哭，也不会明白自己需要一位救主。

你在行使这项使命时还要**严肃认真、充满热情**，力求有效。要竭力使对方明白，天堂、地狱绝不可当作儿戏，或略想一下就置于脑后。你应当这样告诉他："毫无疑问的是，终有一天，你不是置身于永远的喜乐，就是陷入永久的痛苦。难道这还不该令你猛醒吗？找到生命之路的人实不多见，可走向灭亡的人是何其多啊？要逃过灭亡的命运有多么不易，而半途而废岂不是很容易吗？难道你还要久坐不动，虚掷光阴？你究竟打算如何？这世界正在过去，它所提供的享乐、名誉、各种好处都在破灭，并离你而去。永恒已离你近在咫尺。上帝是公义的，是忌邪的。他的警告绝非虚言。那审判的日子甚是可怕。时间正在流逝，而且你的寿数长短无人能知。你已经严重滞后，你的情况危在旦夕。万一你明天死去，你还远没准备好啊！若是那样，你的灵魂在离开身体的那一刻将会带着何等的恐惧！难道你还要继续混日子？你要想想，在你虚掷时光的同时，上帝一直在等待你。他在忍耐，在长期地以耐心容忍你；他在用怜悯之心规劝你。基督为你抛洒热血，为你成就了救恩。圣灵一直在劝导你。良心在指控你。撒旦在等着俘获你。是时候了，机不可失，时不再来！难道你宁愿在地狱之火中永久地受煎熬，也不愿在今世悔改吗？难道你宁愿让魔鬼折磨你，也不愿让基督来管理你吗？难道你宁愿与上帝及其荣耀无缘，也不愿丢弃自己的罪吗？朋友啊，你对这些事究竟怎样想？上帝既把你造成人，你就切莫在最该使用理性的事上弃之不用。"说几句半玩笑半认真、亦庄亦谐、半昏睡半清醒的话，索然无味，岂能使麻木的罪人猛醒！若有房子失了火，你绝不会在那里不动声色地描述火的性质及其危害，反会边跑边喊："着火了！着火了！"若是像以利对他儿子那样柔声细语地指出他们的罪，或像约沙法指责亚哈王那样轻描淡写，"王不必这样说"①，其益处并不比害处更大。不愿得罪人只会害了他们。

不过，为避免你走极端，我建议你在做此事时**要谨慎，要因材施教**。首先，你要选择适当的时机。在人们发怒时，在他们将此看作羞辱时，就不要和他们做这样的谈话。土壤只有在松软时，犁才能耕得动。当人陷入困苦或为新近的某次讲道所感动时，往往是得人的好时机。基督徒的忠心要求我们，不仅要利用找上门来的机会，还要留意寻找机会向人传讲安息之道。你还要因应对方的特质、秉性而施教。对于善于思考的人，你要多讲道理，少些劝说。对于蒙昧的人，两者就需兼用。对于已信主的人，你要以激发他们的爱心为主。对于顽梗之人，则必须尖锐地指责他们。对羞怯的人态度要温和。你要以爱心、坦诚而严肃的态度对待所有的人，但有些人难以承受惊骇的言语。还应注意的是，你要选用最恰当的表达方式；不恰当的词语只会使听者对他们本该赖以生存的食物产生厌恶感，对邪僻的耳、世俗的心来说尤其如此。

你所有的责备、劝勉都要以**上帝的权威**做依据。要让罪人相信，你不仅是在谈自己的看法而已。你要将圣经中上帝定他们的罪、要求他们履行自己责任的确切章节指给他们看。人的话是容易受轻视的，而上帝的声音却是大而可畏的。人们可以不听你的话，却不敢抗拒那全能者的话语。

在这劝导工作上，你不可一曝十寒。我们既然要"常常祷告，不可灰心"②，因上帝愿意让我们坚持不懈地寻求他，那么最能服人的，无疑也是我们持之以恒的劝导。正因如此，上帝才吩咐我们要"天天彼此相劝"，同时还"要用百般的忍耐"③。打火石不总是敲击一下便能打出火

---

① 《列王纪上》22:8。
② 《路加福音》18:1。
③ 《路加福音》18:1；《希伯来书》3:13；《提摩太后书》4:2。

星来的；人对上帝的爱也不总是经一次激励就能点燃的；即便我们一次就点燃了人的爱，若是不跟进，这爱也很快会变为冷漠。你要用爱和热心的劝勉跟进罪人，不容他们在罪中安歇。这才是真正的爱心，才是救人灵魂的方式，在永恒中回想起这些，会使你倍感欣慰。

要力争使你所有的劝勉都**奏效**。假如我们的话极令人信服，可我们关心的只是自己的话，成功机会就不大；上帝祝福的往往是那些一心要使对方回心转意，是那些竭力争取让自己的努力奏效的人。如果你是在责备某种罪，在犯罪的人答应离弃这罪并避免再犯之前，你就不要止步。如果你是在劝人去做某项属灵功课，就要督促他答应刻不容缓地行动。如果你是在吸引人到基督面前来，在对方承认自己眼下未得重生的状况将导致悲惨的下场，承认自己需要基督，承认自己需要改变，并承诺将认真使用上帝赐福的手段之前，你就不要放过对方。诚望每个基督徒都能陪伴自己被罪奴役、不认识基督的邻舍走过这段路！

再者，你不仅要用言语，也要用**你做出的典范**去劝导人。要让他们看到，在你教他们做的属灵功课上，你自己从来力行不辍。要让他们从你的生命中看到你所称道的超越世人之处。要让他们从你不懈地为天国劳力而看到，你切实相信你让他们相信的。你圣洁而属天的生命要能不断地刺痛你周遭罪人的良心，并说服他们迷途知返。

3. 除行使个别劝诫的责任之外，你还要努力**帮助他们在参与集体敬拜中受益**。为达此目的，你要尽力为他们找到忠心的好牧者，这是他们亟须的。经上说："没有传道的，怎能听见呢？"①你要为此而大发热心，殷勤努力，直到目标达到。你还要最大限度地扩展自己的目标。借着你为人找到良牧，有多少灵魂终能得救啊！这种爱心远比救死扶伤还要高尚。一位要人若愿在学业上资助经他在才干、敬虔上精心挑选的年轻人，最终能使这年轻人胜任侍奉，由此带来的益处该有多大啊！在找到

---

① 《罗马书》10:14。

忠心的牧者之后,你要帮助灵里尚处贫穷的人从牧养中享用由此而来的果子;吸引他们常参加聚会;与他们经常重温所听的道——若有可能,让他们在家里或其他场合再次听到同样的信息;激励他们除参加集体敬拜之外,还经常参与团契(不是其他教会的,而是本教会的),因这些人需要比别人更勤奋,才能弥补失去的时间,他们也需要在去往天国之路上彼此扶持。你还要努力让他们保持对教会事工和牧者的尊敬,人很难从所轻看的东西中获益。有位使徒说:"弟兄们,我们劝你们敬重那在你们中间劳苦的人,就是在主里面治理你们、劝诫你们的。又因他们所做的工,用爱心格外尊重他们。"①

第二,让我们来探讨一下基督徒极大忽视助人得安息之责任的原因,只有找到障碍何在,才更易于移除这障碍。

使基督徒不能行使自己责任的障碍之一是,**人自身的罪与罪疚**。他们自己尚未因属天之乐而着迷,又怎能吸引别人去热切地寻求它?他们尚未感到自己的灵魂处于迷失的状态之下,也未发现自己需要基督,需要圣灵更新的工作,又如何能发现别人的光景和需要?他们有该谴责自己的罪,这使得他们愧于谴责别人的罪。

障碍之二是,**暗藏的**不信在人心里占了上风。我们若真心相信凡未得重生、不圣洁的人都必受永久的折磨,当我们望着对方的脸——尤其当对方是我们最亲密、最珍视的朋友——的时候,怎能止住自己的口不说,怎能不为他们哭泣呢?因此,是我们心中暗藏的不信在耗损我们各种恩典的活力,阻碍我们行使自己的责任。基督徒啊,如果你切实相信自己不敬上帝的邻舍、妻子、丈夫、儿女,若不在被死亡掳去之前彻底悔改,就必永远地身陷地狱,岂不会使你昼夜不分地劝说他们,直至他们被说服为止?若不是这该受咒诅的不信在作祟,我们自己和邻舍的灵魂都定能比眼下更多地受益。

---

① 《帖撒罗尼迦前书》5:12—13。

对人的灵魂缺乏爱心与恻隐之心，也在很大程度上阻碍着我们去做助人得安息的尝试。我们对悲惨的灵魂冷眼旁观，像祭司和利未人一样，从他们身边走过去。①罪人虽因被罪所伤，又受着撒旦的迷惑，不想让你帮助他；但他的悲惨下场在那里大声哭号。若不是上帝在听到我们的呼求之前，先听到了我们的悲惨下场在呼号；若不是上帝在被我们的苦苦哀求打动之前，先动了慈心，我们也许会长久地继续处于撒旦的奴役之下。你既愿意为这些罪人祈求上帝，求他打开这些人的双眼，使他们的心意回转；你若一心希望他们能够信，又何不为此而做出自己的努力呢？如果你不希望他们信，又何必为此而祈求呢？在祈求上帝使他们信而回转的同时，你何不恳求他们仔细思考并回转呢？你若见到自己的邻居落入陷阱，在求上帝救他上来的同时，你既不伸出手去搭救他，也不教他如何自救，人们不都会因此而指责你冷酷、虚伪吗？就肉体而言如此，对灵魂来说也不例外。假如有人"看见弟兄穷乏，却塞住怜恤的心，**爱上帝的心怎能存在他里面呢**"？② 他对弟兄的灵魂又怎能谈得上有爱心呢？

阻碍我们的还有低级的**讨人喜悦**的倾向。我们总是渴望保有他人对我们的赞誉和好感，这最能使我们毫无道理地不履行自己的责任。只因怕让病人烦恼而宁可任其死去的医生，只能说是愚笨而没有职业道德的医生。我们的朋友们若是精神错乱了，讨好他们只会使他们病情加重。他们如今是在得救一事上失去了理智，正在狂乱中冲向地狱，可我们却因怕得罪他们而不加以制止。若是"爱人的荣耀过于爱上帝的荣耀"，我们又算得什么基督徒？因为如果我们"讨人的喜欢，就不是基督的仆人了"③。

助人得安息的责任还普遍受到**羞怯**之罪的阻拦。我们本该让世人因羞愧而离弃他们的罪，我们自己反倒羞于行使这责任。这些罪人难道可

---

① 《路加福音》10:29—37。

② 《约翰一书》3:17。

③ 《约翰福音》12:43；《加拉太书》1:10。

以不为诅咒、酗酒、忽略对上帝的敬拜而赧颜，还要指责我们；而我们却因指出他们的罪，劝他们离弃自己的罪而脸红吗？在急迫情形下害羞是不合时宜的。顺服上帝而劝人离罪、归向基督，这绝不是一项该令我们感到羞惭的工作。读者啊，你的良知难道没有多次向你明示你的责任，并催督你去找可怜的罪人恳谈吗？你竟因羞于开口，任他们自生自灭！请看主是怎样说的吧："凡在这淫乱罪恶的世代，把我和我的道当作可耻的，人子在他父的荣耀里，同圣天使降临的时候，也要把那人当作可耻的。"这话怎能不令你战兢？

　　阻拦我们的还有我们的**懒散而缺乏忍耐之心**。这往往是一件在人面前"吃力不讨好"的工作，甚至有人还会因此而对我们心生敌意。若是不持续跟进，单凭我们一次的努力很难见成效。对于蒙昧无知的人，你需要长期教导他们；对于顽梗的人，你需要长期地规劝他们，才能指望奏效。我们可曾想过，在我们深陷罪中的时候，上帝曾经以怎样的忍耐对待我们？假如上帝也像我们对别人那样缺乏耐心，我们早已大祸临头了。

　　我们的另一阻拦是**利己主义**。我们"都求自己的事，并不求耶稣基督的事"①，也不求自己弟兄的事。对很多人来说，**骄傲**是另一大障碍。若是去与一位大人物谈话，且谈话不会开罪对方，尚且有人愿意做；可有谁愿意到穷人中间去，在他们的陋室中辛勤教导他们呢？很多人会因通过自己使有身份的人信主而欢天喜地，他们当然有理由这样做；可他们却常忽视了普罗大众，似乎人的灵魂在上帝面前有高低贵贱之分。可叹的是，这些人没有想过基督曾怎样为我们屈尊降卑！有钱人、贵族、博学之士蒙召的甚少，而接受福音大好消息的往往是穷苦人。还有的基督徒浑然不知有此责任，这也妨碍了他们尽责——他们要么是不了解这是基督徒的本分，要么是至少不了解这是他们自己的责任。读者啊，如

---

① 《腓立比书》2:21。

果你就属于这种情况,我希望至此你已认识到自己的责任,并愿意着手行使你的责任。

不要因自己无力准备一篇训导辞而放弃此责任;你既可以邀请擅长此道的人来做,也可以忠实、谦卑地以自己现有的能力——像软弱人那样——告诉他们,上帝在圣经里是怎样说的。也不要因需要忠告、劝勉的人地位高于你而放弃自己的责任,在对方有需要的情形下,你只好忽略与他们地位上的差异。尽管对方是丈夫、父母、官长,只要他们有此需要,你就必须教导他们。父母若是陷入贫困,子女就只能帮补。丈夫若是卧病不起,妻子就只能在家庭事务中担当他的角色。财主若是沦为乞丐,也只能接受别人的救济。医生若是患病,也得有人为他医治。在同样的情况下,最低微的仆人则只能劝导主人,儿女只能劝导父母,妻子只能劝导丈夫,平民也只能劝导官长。只有这样,人们在有真正的需要时才能得到帮助。劝导的人还要尽量采取谦卑、有礼、柔和的态度。请不要说,这会把我们都变成传道人;因为每个好基督徒都理应成为教导者,他们对自己邻舍的灵魂都负有不可推卸的责任。在找不到正规医生,病人的病情又不重,人人都可以解救的情况下,人人都是医生;在同样的情况下,人人也该成为教导者。你对成功要有信心。成功岂不是上帝所赐?他赐下成功难道不是通过各种途径?你不必哀求对方,那样只会像是把珍珠丢在猪面前。在受到被撕成碎片的威胁时,基督尚且让你忍耐,更何况你并未受到这样的威胁呢?只要对方愿意倾听,你就要有勇气讲,而不要把他们像猪一样抛弃。也不要这样想:"这人是我必须依靠的朋友;要是向他指明他的罪和他悲惨的结局,我可能会失去他的爱,那样我就完了。"难道你把对方的爱看得比他的安危还重要?把从他而来的好处看得比他灵魂得救还重要?难道只因他是你的朋友,你就任凭他下地狱?这难道就是你对他友情的最佳回报?难道你情愿让他永受地狱之火的焚烧,也不愿失去他的好感和从他而来的生计吗?

第三,为激励每个敬畏上帝的人竭力助他人得到这蒙福的安息,**我**

还要劝各位考量下述动机：

其一，不仅**人性**——尤其是**恩典**——决定了人理应相互传递美好的事物，所以，拒绝这样做是既违背人性，也是违背恩典的罪。你难道不觉得有人手上明明有食物来源，却容儿童、邻舍饿殍街头是没有人性吗？那么，容他们永远灭亡却不开口搭救他们的人，岂不是更无人性了吗？毫无怜恤之心的冷酷之人无异于可憎的恶魔。你连费几句口舌去搭救别人都不肯，上帝若是命你把财产分给他们，或舍命去救他们，你肯定会拒绝。难道你丈夫、妻子、儿女、邻舍的灵魂连几句话都不值吗？对人身体的冷酷无情是该受咒诅的罪恶，而对人灵魂的冷酷无情则更有甚之，因为灵魂的价值高于肉体，永恒的价值高于寿数。殊不知，眼下可能有多少灵魂在地狱里受煎熬，他们在自己的罪中死去，是因你不曾忠实地告诫他们。

请想一想，**为救人的灵魂基督是怎样做的**。他认为人的灵魂值得他洒尽热血，难道我们认为他们还不值我们费几句唇舌吗？在基督付出高昂代价的事上，你难道连稍稍付出都不肯？请想一想，不敬上帝的世人是多么该让我们怜悯的对象。他们在过犯与罪孽中是死的，他们的心感觉不到自己的惨境，也不懂得怜恤自己。别人若不怜悯他们，他们就得不到怜恤；是他们所患疾病的性质决定了他们不能怜恤自己，这也是毁灭他们的最冷酷的杀手。请想一想，曾几何时，你的情形也如此。上帝要求以色列人怜恤寄居者的依据是，他们自己"在埃及地也作过寄居的"①。既如此，你也应当怜恤那些对基督、对圣徒享有的盼望与安慰感到陌生的人，因为你自己也曾是这样的陌生人。再请你想想，你与这些罪人的关系。你有责任爱之若己的是你的邻舍、你的弟兄。人不爱天天见面的弟兄，又怎能爱他不曾谋面的上帝呢？眼见弟兄向地狱狂奔却从不尝试拦阻他，这种人对弟兄有何爱可言？

---

① 《出埃及记》22:21；《申命记》10:19。

请想一想，不履行此义务令你自己的灵魂负上何等**沉重的罪咎**。你犯的罪乃是谋杀，是使所有受你忽视的灵魂下地狱，是有分于他们犯的一切罪恶，并在他们使上帝蒙羞的事上有分，你还有分于他们的罪恶为其所居住的城乡招致的一切审判。请想一想，若眼见你可怜的朋友在永火中受煎熬，再想到你当初的漠然处之是导致如此后果的重要原因，那时你心里的感受将会是怎样的啊！如果你只能在那里同他们一起灭亡，这会大大加重你必受的折磨。如果你有幸到了天上，听到众多的可怜灵魂在永无休止地责骂你："当初你若能坦率地指出我的罪和由此导致的危险，彻底讲明这一点，我或许不致忍受这些折磨，还可能如今已享受安息了！"这是多么令人心痛的声音啊！只要天上有可能存在着痛苦，这必定就是那令人痛苦之想。请想一想，你若在天国里见到由你领到那里的灵魂，看到他们的面孔，并永远地同他们一起颂赞上帝；是通过你，他们才认识并跟从了耶稣基督，那时你会是何等地快乐啊！再请想一想，你也许导致了不少灵魂走上地狱之路，或在那条路上一意孤行。在我们愚昧无知的年月里，我们伙同别人一起犯罪，是我们怂恿、鼓动了他们。如今为救拔他们，难道我们还不该起码付出同样的努力吗？还要请你想一想的是，这些灵魂的仇敌都在极力把他们拖向地狱。魔鬼在日以继夜地引诱他们，他们内心的情欲尚在为毁灭他们而努力，他们的肉欲尚在为他们的淫乐辩护，他们旧日的伙伴正在让他们日益厌恶圣洁。若无人殷勤助他们去往天国，他们会落入何等田地？

请想一想，**到我们的良心觉醒时**，忽视此责会让我们多么深地陷入伤痛。在人濒死之际，良心会责问他："你一生都做了哪些善事？救人灵魂才是最大的善事；你在这方面都做了些什么？你曾为救几个人而认真地做过努力？"我不止一次地观察到濒死之人的良心因在此事上的疏忽而悔痛不已。就我本人而言，在我一度临近死亡之时，我的良心因在救人灵魂上的疏忽之罪，比因其他的任何罪对我的谴责都更甚——良心将每个处于无知、污秽中的邻舍都带进我的记忆，我从没能让他们了解自己面临的危险；我的良心曾对我说："你本该找这些人个别交谈，向他们明示其所面临之极大危险；你没有别的时间，还有用来吃饭、睡觉的时间。"良心还让我想起，某年某日我同某个尚未得救的无知之人在一起，某年某日又与某个明知故犯的罪人乘车同行，我有劝导他们的绝好机会，却没有和他们谈，至少没有很中肯地告诫他们。蒙主恩准，我在后来的有生之年能更好地遵从自己的良知，好让它在我临终时少一点指控我！请想一想，你现在做这件工作是多么合时。在有些年代谈及这些事都是要冒风险的，还可能让你失去自由，乃至生命。况且，你的邻舍不久就会死去，你也不例外。所以，你要趁能与他们交谈之时，不失时机地劝导他们。再请想一想，此乃最大的爱心使命，但人人又都能履行这使命；人无论贫富，无不具备一张能劝罪人悔改的口。

　　还要请你想一想的是，忠心完成**此项使命的蒙福后果**。基督为救人灵魂而降世、受死，上帝的天使为人得救而欢喜快乐，而救人灵魂是通过你而进行的。得救之人此后在地、在天都必祝福你，上帝必因此而大得荣耀；教会必因此而人数倍增，大得建造；你自己的灵魂必在属天生命中更得长进与活力，你的良心必更得平安，你的灵里必会有更多的喜乐。在我个人所领受的众多恩惠之中，最令我欢喜称颂上帝的，除他在基督里对我本人灵魂的爱之外，就是在别人身上的辛劳所获得的丰硕成果。我若能更忠心地努力，收获的果子则会更可观！我知道，我们必须格外小心提防自己在这方面诡诈的心，切忌让自己的欢喜出自骄傲。凭着人性，我们总是愿将行善所得的赞誉归给自己；然而，上帝儿女的本分乃是在良善、怜恤人上效仿自己的天父，并为自己在这方面获得的进步而感到欣慰。所以，我愿以自身经验劝你，你一旦了解到为人带来真正喜乐的是什么，即使经历再大的挫折，你也会乐此不疲。

　　因此，每个有嘴会说话，且是基督的仆人的人都要兴起，参与你主人的工作。他为什么要赐你一张会说话的嘴，还不是为让你用言语侍奉他？有什么能比奋力救人灵魂更明显是在侍奉主呢？在末后的日子将宣告你为有福,又因你看顾他困窘的肢体——"给他吃,给他穿,又来看他"——而邀请你到"为你所预备的国"里去的那一位,①也必因你带领人的灵魂进入他国度的卓越贡献而宣告你为有福的。说"常有穷人和你们同在"的那一位,②也让不信的罪人常与你同在,好容你在更多的事上操练自己的爱心。你若是有基督之心,或是有人心,就让你的心怜恤那些无知、不敬上帝的邻舍吧。要像撒玛利亚四个长大麻风的人那样,对彼此说:"我们做得不好!今日是有好信息的日子,我们竟不做声!"③上帝对你怀有如此丰盛的恩慈,你怎能对自己可怜的邻舍毫无怜悯之心呢?这一责任是属于每个基督徒的,尤其是属于那些为此事工蒙召或受装备之人的。因此,我还要特别勉励如下各类基督徒努力助人得安息:

  1. 上帝特别期望蒙他赐下更多**知识、学问**与更佳口才的基督徒比别人更多地担负此责任。上帝造就强者是为让他们扶助弱者,造就明眼人是为让他们给瞎眼人指路。上帝期望你忠心地发挥自己的能力与恩赐,你若置之不用,反不如根本不曾领受过;因为,若是那样,你的能力和恩赐只能使你获罪更重,不仅不能使别人得救,也不能使你自己得救。

  2. 所有**特别熟悉**某些不敬上帝之人并对他们特别感兴趣的基督徒,上帝也期望你们去行使这责任。基督自己也曾与税吏、罪人一同吃喝,为的是做他们的医生,而不是做他们的酒肉之交。上帝或许正是为此目的才让你对他们感兴趣,为的是借由你而使他们得以复原。因为听不进陌生人话的人,很可能听进去一位弟兄、姐妹、丈夫、妻子或密友的话;而且亲密关系也会令你对他们投入特殊的仁爱与恻隐之心。

  3. 常有机会接触临终病人的**医生**当秉着良心,以特殊的方式担负起这一责任。医生的有利条件是,劝诫的对象就在眼前;他们面对的是患病在身、有生命危险的人,这种人一般比在健康时耳朵更愿聆听,心也

---

① 《马太福音》25:34—36。

② 《马可福音》14:7。

③ 《列王纪下》7:9。

不像健康时那样刚硬；而且这样的病人往往视医生为决定自己生死命运的人，至少是最能救他们的人，他们因此最重视医生的忠告。从事这一高尚职业的人，不要以为救人灵魂是与自己的呼召不相干的工作，仿佛那只是牧师该做的事；除非你认为这与上帝对你"好怜悯"①的呼召无关，也与你做基督徒的呼召无关。所以，你切不可忽略了帮助病人为去天国做好准备的工作！不管你知道他们是死、是活，都要教他们如何去死，如何去活，并像为他们指出身体医治之法那样，为他们指出灵魂医治之法。感谢上帝的是，这个时代的不少领衔医生都以敬虔之心，维护了自己的职业，免于无神论和世俗主义的恶名。

4. **多有下属的富人及当权者**，在劝人悔改一事上具备极为有利的条件。上流人士若有心发挥他们对别人的影响力，带来的益处会是巨大的！你的名望、财富哪一样不是来自于上帝？基督不是说，"多给谁，就向谁多取"吗？② 倘若你能为上帝和下属的灵魂着想而劝导他们，他们即使把牧者的话当作耳旁风，也会重视你的话。你若是看重上帝的荣耀、看重你的心安和人们灵魂的得救，就要发挥自己对租户、邻舍的影响力；你要走访他们的家庭，看他们能否在家里敬拜上帝；你还要利用一切机会，督促他们做各种属灵的功课。你不可轻视他们。不要忘记，上帝对所有人都一视同仁。你要让人们看到，你在敬虔、同情心、勤做上帝的工方面，如同在世间的财富、名望上一样胜人一筹。我承认你这样做会显得与众不同，但你将得的荣耀也必与众不同；正如经上所说："蒙召的有能力的不多，有尊贵的也不多。"③

5. 至于**福音的执事们**，你们蒙召恰恰是为助人去天国而效力。你要将此看作你研经、讲道的主要目的。有能力、有才干的牧者，乃是最善于教导、说服、劝勉，最终为天国得灵魂的人；最好的讲道正是在这些

---

① 《弥迦书》6:8。
② 《路加福音》12:48。
③ 《哥林多前书》1:26。

方面最精到的信息。你寻求的若不是上帝,而是你自己,上帝会使你成为人类中的不齿之徒。基督谈及你的生命时说:"爱惜自己生命的,就丧失生命;"①你的名声亦如此。你要让自己教导的活力显示出,你认识到自己受差遣而做的事是何等的重要。你的讲道要既严肃又有热忱,体现出你对自己所讲的教义坚信不疑,而且你深知自己必须说服听道者,否则他们就会下地狱。不要以为你的工作范围只局限于自己的书房和讲坛。你是牧者,所以你必须了解你的每一只羊,知道他们病痛何在,指明他们在何处迷失,帮助他们医治病患,从迷失中把他们领回家。你要学习保罗,不仅在"众人面前"教训自己的羊,还要"在各人家里"教导他们。②要询问他们在知识、圣洁上的成长情况,询问他们得救的盼望建立在怎样的根基之上,他们的生活是否正直,是否在各自家中做属灵的功课。你要了解他们是否在家中敬拜上帝,教他们如何在家里敬拜。你要熟识他们,才能保持对他们的关注。你要完全为着上帝而增进与他们的关系。你要了解他们从公开教导中受益的情况如何。有人若对圣灵的事领受不多,你当可怜他们,而不是忽略他们。有人若是行为不检,你要勤奋而耐心地挽救他们。有人若是愚昧无知,这可能既有他们的错,也有你的错。只要豺狼醒着,你就不要睡去。对任何一只羊,你都不可掉以轻心。有些牧者不敢开诚布公地指出会众的罪,或是因对方是大人物,或是因对方是敬畏上帝的人,似乎该直面的只有小人物和罪人。你要做的是,努力使自己的教导慎重而有技巧,使教导方式与其本身的荣美性质相称。每个有理性的灵魂都既具备判断能力,也具备感受能力,因此有说服力而属灵的讲道也必须具备这两种特性。你要研经又祷告,祷告又研经,直到你能成为"无愧的工人,按着正意分解真理的道"③,以至会众听你的道既不感到缺憾,也不感到厌烦。你还要让你的

---

① 《约翰福音》12:25。
② 《使徒行传》20:20。
③ 《提摩太后书》2:15。

行事为人与你的道同样使人受益。你在圣洁而属天的生活上要积极进取，要像你劝别人做到的那样。你要让你的言语既属灵又能造就人。你宁可忍受任何事，也不能让福音和人的灵魂受损。要让人们看到，你的侍奉不只是你用以谋生的职业，你是一心为了人的灵魂受益着想。凡你凭福音书所教他们的温柔、谦卑、殷勤、舍己，你要不折不扣地行出来，为他们做典范。你还要努力争取维护教会的合一与和睦。你若真想让人接受基督的国度，使自己的会众得救，就要以和平与爱心行事。想要在争竞中培育出会众健康的悟性，敏锐的良知，活泼、高尚、属天的心志和正直的生活，实在是难上加难，难如在暴雨中极力保持手中的蜡烛不灭。主耶稣如是说："主人来到，看见仆人这样行，那仆人就有福了。"①

6. 我也要劝凡在**指教儿女**、仆人的责任上受上帝之托的人，担负起助人获得属天安息的责任。请想一想，上帝是多么明确、急迫地命令你，要求你这样做。他吩咐你："要殷勤教训你的儿女，无论你坐在家里，行在路上，躺下，起来，都要谈论。教养孩童，使他走当行的道，就是到老他也不偏离。只要照着主的教训和警戒养育他们。"②约书亚曾这样立定心志，说："至于我和我家，我们必定侍奉耶和华。"③上帝还亲口就亚伯拉罕宣告说："我眷顾他，为要叫他吩咐他的众子和他的眷属遵守我的道。"④

请想一想，仅从**公平**的角度看，你也有责任助自己的儿女得安息。是从你，他们继承了本性中的污秽与不幸，因此你有义务尽一切可能助他们复原。请想一想，你的子女与你何等的亲近，他们是你的一部分。你临终时若看到儿女亨通，会把这看作你生命的延续，看做你自己在他们的生命中兴旺；在他们的永恒安息一事上，你难道不该同作此想吗？

---

① 《路加福音》12:43。
② 《申命记》6:7；《箴言》22:6；《以弗所书》6:4。
③ 《约书亚记》24:15。
④ 《创世记》18:19。

否则，你必见证自己的灵魂有罪。你为儿女的身体付出的牵挂、辛劳、花费必将定你的罪，因为你竟不顾惜他们更宝贵的灵魂。不仅如此，就连畜类都会定你的罪，它们有哪个不顾惜自己的幼崽呢？

请想一想，上帝将你的子女、仆人置于**你的照管**之下。人们都承认自己在牧师的照管之下，你对自己家人的责任，岂不比牧师能对他们负的责任还要重大？他们若是灭亡，上帝必定要向你讨他们丧命的罪。①上帝托付给你的责任没有比这更大的了。你若任凭家人因你不教导他们而稀里糊涂地混日子，因你不纠正他们而活在罪恶之中，你就有祸了！请想一想，在他们的性情和生命里，你有多少工作要做。他们的罪何止一种，而是千万种。他们个性中有遗传而来的疾患。你必须教训他们的事又与他们肉体的兴趣、欲望相抵触。求主让你意识到自己要做的工作何其多，你的责任又何其大！

请想一想，你对子女疏于教导**为自己带来怎样的忧患**吧！他们若成为你眼中的刺，那刺是你扎进去的。你既悔改、得了救，难道就想不到他们会下地狱，而且是由你自己造成的吗？你若是在自己的罪中死去，他们会在地狱中怎样高声声讨你啊！"这些都是你的错，你本该更用心教导我们，可你没有；你本该管束我们，不让我们犯罪，你本该纠正我们，可你没有。"这些高声指责会怎样加增你的地狱之苦啊！反之，请想一想，你若忠实地履行自己的义务，得到的将是多么大的安慰啊！即便你的努力不成功，你也使自己的灵魂得到解脱，使自己的良心得到安宁。你的努力若是成功，得到的欣慰将是难以言喻的；他们会以爱心与孝敬供奉你之所需，在你奔向荣耀剩下的路上让你欣慰不已。不仅如此，你全家都会因一个虔敬的孩子或仆人得到美好的回报。而你最大的喜乐还在于，将来见主面时能这样说，"看哪，我与上帝所给我的儿女都在这里

---

① 《以西结书》3:18。

了"①；从此以后，你必与他们在欢喜中共度永生。请想一想，教会的兴旺、国家的福祉是多么有赖于父母担负起这一责任。洗心革面的工作若不始于家庭，再好的法律也不能改造人。缺乏对孩童的敬虔教育——这正是我们教会、国家一切悲哀的始因。

我还要请身为父母的基督徒想一想，在帮助子女得救方面，他们有着多么优越的**有利条件**。子女尚且稚嫩、柔软的时候，是与你们在一起；你们要矫正的只是嫩苗一枝，而不是老树一棵。世上任何人都不及你们从子女感情上的获益更多，而且你们在他们面前享有最高的权威。他们的养育全仰赖于你们。你们最了解他们的性情、好恶。你们与他们形影不离，从不缺乏劝导他们的机会；尤其是做母亲的不要忘记，在孩子年幼时，你们比他们的父亲与他们相处的时间更多。为他们身体的安康，你们付出了多少心血！为他们来到世上，你们忍受了多大的剧痛！难道你们竟不肯为他们灵魂得救付出同样多的心血？你们对孩子有着最温存的爱，难道这爱竟不能令你想到他们永远灭亡的可能？我要替你们的亲生骨肉恳求你们，要教导他们，劝诫他们，为他们守望，在把他们带到基督面前之前，你就不要让他们停步。

最后，我要恳切地请求所有读到这些文字的基督徒父母，你们要对自己可怜的孩子的灵魂怀有怜恤之心，不要辜负上帝对你们的莫大信任。你们若是不能对孩子做一切想做的，至少可以做自己能做的。我们的教会和国家，城市和乡村，都在因忽视孩童的圣洁教育这重大的责任而叹息。你们的子女既不认识上帝，也不懂得上帝的律法，反"妄称耶和华的名"②，轻看对他的敬拜，而你们既不教导他们，也不管教他们；正因如此，上帝才要管教他们，也要管教你们。你们对他们过于温和，致使上帝对他们、对你们都无法温和。无怪乎上帝要让你们因自己子女

---

① 《以赛亚书》8:18。

② 《申命记》5:11。

的罪受刑罚,是你们忽视了调教他们的重任,因此有分于他们所犯的一切罪恶。你们是否从此定意承担起自己的责任,不再忽视它呢?请你们牢记以利的教训。①你们的子女有如"搁在河边芦荻中"的婴儿摩西,若没有人"把他从水里拉出来"就会死去。②你们若不想在上帝面前获杀戮儿女灵魂之罪,也不想让儿女在永火中责骂你们,就务必要教他们如何远离那地狱之火,领他们进入圣洁和对上帝的敬畏之中。我恳请你们每个做父母的,凭着对上帝的忠心,既不要拒绝行使,也不要忽视了助子女得安息这一不可推卸的责任,否则你们很快就会因以不忠交账而咎由自取了。既明白这是你们至为重大的责任,若仍不肯承担它,就是反叛耶稣基督的人,而不真是他的臣民了。如果你肯这样做,却不知如何而行,我就再补充几句做说明来帮助你。你们要用自己做出的榜样带领他们祷告、读经,并履行其他在上帝面前的责任;你们要教他们认识真理,将真理牢记在心;要端正他们的心志,激发他们的爱心,使他们的良心保持敏锐;你们要约束他们的口,教会他们说爱心的言语;改正并留意他们外在的行事为人。为达此目的,你们要为他们提供圣经及其他敬虔书籍,还要督促他们去读。要经常检查他们学到些什么,特别要把主日的时间花在这项工作上,不要容他们在主日嬉耍或无所事事。要为他们讲明他们所读、所学内容的含义。你们要用圣经的经句去教导他们。不要让他们与恶友相伴,帮助他们结识敬畏上帝的朋友。你们尤其要让他们看到侍奉上帝的必要性,以及侍奉的美好与快慰,努力让他们将这些都铭记在心。

---

① 《撒母耳记上》2:12—17, 22—36; 4:12—18。

② 《出埃及记》2:1—10。

第十章
圣徒的安息不可指望在世上得到

本章提要　　为说明期望在世上享受安息是有罪而愚妄的，作者论证了：一、今世受苦的合理性：1. 受苦是通向安息的必由之路；2. 可使我们避免错看自己的安息之所在；3. 可使我们避免偏离通往安息之路；4. 可激励我们加快奔向安息的步伐；5. 苦难主要搅扰的是我们的肉体；6. 在苦难中，我们常能预尝到未来安息的甜蜜。二、在今生享受中得安息的荒谬性：1. 这是偶像崇拜；2. 它违背了上帝赐下享受的目的；3. 只能使上帝拒绝赐下或收回我们的享受，或使其由甜变苦；4. 任凭我们在世上得安息是最大的咒诅；5. 这是在无安息处求安息；6. 若没有上帝，受造之物只会使我们的结局更惨；7. 所有这些都得到了人生经验的证明。三、论基督徒不愿死去而得圣徒安息的荒谬。

我们尚未到达我们的安息之地。圣经不是说有安息为我们"存留"吗？① 因此，在今世寻求、指望得到这安息是我们的重罪，也是我们的愚妄！不该受此谴责的基督徒又到哪里去找？我们全都期望今世长盛不衰，只因这可以使我们的肉体感到舒适安乐，却没有想到这种愿望是何等的荒谬。在享受房屋、物产、田地、收入的便利，享受上帝为我们灵里的好处而赐我们生活所需的同时，我们常在这些享受之中求安息。无

---

① 《希伯来书》4:9。

论我们身处顺境、逆境，显然总是过分地将受造之物当作自己的安息。在缺少属世享受时，我们为之朝思暮想，常远胜过对上帝的渴慕。在拥有属世享受时，我们的快乐常远超过了对上帝的享受。在失去这些享受时，我们的烦恼常远超过失去上帝。难道在去天国路上这些能为我们提神加力的帮助还不够，我们还一定要把这些享受当成自己的天国不可？基督徒读者啊，我只要知道如何能办得到，就愿让你像觉察世上其他的罪一样，觉察到这明明是罪；主与我们的最大争端即在于此。正因如此，我要恳切地请你思考，我们今生受苦是多么合理，在今世的享受中求安息，不愿死去以获得永恒的安息又是多么荒诞不经。

首先，为明白**今生受苦的合理性**，你要思考：受苦是通向安息的必由之路；受苦可以使我们避免错看何为自己的安息，使我们避免偏离通往安息之路；受苦可令我们加快奔向安息的脚步；受苦主要搅扰的是我们的肉体；在苦难之中，上帝的子民常能预尝到属天安息的无比甘甜。

1. 请你想一想，达至安息**总**要经过辛劳与困苦，自然与恩典的顺序均无例外。不经疲劳人怎能安歇？你难道不总是辛苦劳作在先，安歇在后？劳苦的白日难道不总是在先，然后安歇的夜晚才来到？我们又怎能指望恩典的顺序有悖于自然的规律呢？上帝的命定是："我们进入上帝的国，必须经历许多艰难"；"我们若能忍耐，也必和他（主）一同作王。"①我们算什么，竟想随心所欲更改上帝的命定？

2. 受苦大有助于防止我们错看什么才是自己的安息。基督徒向天国行进是自愿的，而不是被迫的。受苦因此便成为非常有益的工具，有助于我们了解自己的安息何在，促成我们得安息的意愿。我们灵里的最大危险，莫过于错将受造之物当上帝，错将今世当天国。我们对世界所怀的意念是多么情深意切啊！只有苦难能冷却并遏制这意念。苦难所说的话最具说服力，人们信服它更胜过信服牧师的话。有不少软弱的基督徒

---

① 《使徒行传》14:22；《提摩太后书》2:12。

所思所念常在钱财、肉身享受和人们的赞扬上，因而品尝不到基督的甘甜和从天而来的喜乐；直到上帝突然拿去他的财富、子女、良知或健康，使他先前误以为坚固的大山顷刻崩塌，情况才改变。

3. 受苦是上帝使我们不偏离安息之路的最有效手段。没有这荆棘篱障在道路两旁，我们很难在去天国的路上不迷失。出路若只有一条，我们找到它，循着它走到底，就如水到渠成般容易了！在我们变得放肆、属世、骄傲的时候，疾病等苦处会多么有效地使我们收敛啊！不仅仅路德，而且每个基督徒可能都会称苦难为自己最好的老师，也会像大卫一样说："我未受苦以先走迷了路，现在却遵守你的话。"①千百万个重生的罪人都会异口同声地慨叹道："那是一场使我怎样受益的病啊！那是使我怎样得安慰的悲哀啊！那是让我怎样富足的贫穷啊！那是一段怎样令我蒙福的苦难日子啊！"我们会说："'安慰我'的不仅有'青草地'和'可安歇的水边'，更有那'杖与竿'。"②上帝的话语和圣灵所做的固然是主要的工作，但苦难能有力地开启人的心门，使人更容易听进上帝的话语。

4. 同时，困苦也有助于我们**加快奔向安息的步伐**。仅靠慈爱若就能说服我们，我们若总是靠着吸引而不是驱赶向天国迈进，那固然好。可我们的心既然极其败坏，仁慈便不足以达此目的；因此，用鞭子驱策我们前行胜过容我们耽延，就像愚拙的童女那样直耽延到大门关上。③我们健康时和患病时的祷告是何等的不同啊！我们在顺境和逆境中的悔改又有着多么大的差异！若不是不时地感受马刺的刺痛，我们多数人去往天国的脚步会是多么拖沓缓慢啊！我们卑贱的本性既需要驱策，又何不愿让上帝用刺痛的手段为我们带来益处呢？基督徒啊，请你自己判断，你在苦难中是否比在安适顺利中在天国的路上走得更谨慎，步伐也更快。

---

① 《诗篇》119:67。
② 参见《诗篇》第23篇。
③ 《马太福音》25:1—13。

5. 请再想一想，在受苦时感受困扰、伤痛的主要只是**我们的肉体**。在多数的苦难中，我们的灵魂是自由的，除非是因我们自己使它受苦。"既如此，我的灵魂啊，你为何要站在肉体一边，和它同声抱怨呢？你要做的当是'攻克己身，叫身服我'①；上帝既替你做了这工，难道你还不满意？你灵里几乎所有的痛苦岂不都源于它对肉体的顺从？不顺从它岂不是令你更喜乐吗？保罗和西拉只因双脚被捆锁在桎梏中，难道就不能唱诗赞美上帝了吗？② 他们的灵是禁锢不住的。我不配的灵魂啊！上帝爱你，远远胜过爱你的肉身，难道这就是你对他的感恩吗？当肉身在坟墓中朽坏时，你却要与'被成全之义人的灵魂'③在一起。到那时，你所得的安慰哪里是肉体能感受到的？既如此，在上帝对付你的肉体时，你就不要抱怨，仿佛这是因他不爱你，仿佛他不是这样对付他所有圣徒的。永远也不要指望你的肉体能正确诠释主挥竿的用义何在。它会将爱当作恨；在上帝拯救你时，它会说上帝在摧残你。肉体是你生命受苦的那一部分，由它来做判断因此是不相宜的。"只有到我们能信赖上帝，能以他的话语来判断他对我们的作为，能以受苦于我们的灵魂有益、与我们的安息有关的想法来做判断，只有到我们的耳朵能不再听从肉体的喧嚣时，我们才能对苦难做出比较正确的判断。

6. 还要请你想一想的是，上帝很少让他的子民像深处患难时那样，预尝到未来安息的甜蜜。他总是将他最珍贵的佳酿留到子民最失魂落魄、最危难时给他们喝。只有在知道子民亟须，会珍视这佳酿时，只有在他们一定会因预尝而感恩，会因预尝而欢喜快乐时，上帝才会将这佳酿赐下。尤其是在我们直接为他的缘故而受苦时，他总不忘将我们的苦杯变甜。殉道士们是一些曾享受到最令人销魂之喜乐的人。基督何时像

---

① 《哥林多前书》9:27。

② 《使徒行传》16:25。

③ 《希伯来书》12:23。

在门徒因他即将离去"就大大地忧愁"时那样,对他们讲了如此安慰的话?① 基督何时像在门徒因怕犹太人而大门紧闭时那样,在他们中间显现,说"愿你们平安"②? 司提反何时看见天开了,还不是在他为见证耶稣而舍命的时刻?③ 最大限度享有上帝的时刻,岂不才是我们的最喜乐的时刻? 除了享受上帝之外,我们渴望去天国难道还有别的原因吗? 我们寻求天国若是在求一个肉身享受之地,终必发现自己大错特错了。由此,你可以得出这样的结论,苦难对于天国之旅中的圣徒来说并非太坏的情况。难道我们比上帝还有智慧? 难道他不比我们更了解什么对我们有益? 难道他不比我们更顾念我们的益处? 上帝顾念我们的益处若不百倍地胜过我们自己,他对我们的爱若尚不及我们对他或对我们自己的爱,我们早就有祸了!

请不要说,"别的苦我都能受,就是受不了这种苦"。上帝若是让你在可承受的事上受苦,你就既不能发现自己内心的偶像,也不会远离它。也请不要说,"上帝若是很快来解救我,我或许就愿意忍受了"。他应许的是,苦难"为你的益处效力"④,难道还不够吗? 你可以确信自己必在死去时得救,难道还不够吗? 更不要说,"我的苦难若让我还能担负自己的责任,我就可以承受"。苦难不会让你失去能力而不能履行使你自己受益的责任,它会成为你能指望获得的最大动力。至于你对他人的责任,当上帝令你无法再去行使这责任的时候,这些就不再是你的责任了。也许你会说:"偏偏是信主的人在让我受苦;如果他们是些不信的人,我还可以承受。"无论谁是使你受苦的工具,这苦处都是来自上帝,而你才是让自己受苦的肇因;因此,你多仰望上帝,少顾影自怜,岂不是更好? 你难道不知道,就连最优秀的人在某种程度上也是有罪的吗?

---

① 《马太福音》17:23;《约翰福音》第 16 章。
② 《约翰福音》20:19。
③ 《使徒行传》第 7 章。
④ 参见《罗马书》8:28。

不要为自己狡辩说："我若能得到为圣徒存到苦难时刻的安慰，受苦也受得心满意足；可我一点都没有感受到那种安慰。"你越是为义的缘故受苦，就越能指望得到这种祝福；你越是为自己所做的恶事受苦，那甘甜就离你越遥远。你可能忽略或回绝了所期望的安慰，也未可知。你的苦难是否在你身上做了善工，使你变得更适于得安慰了呢？不是受苦，而是受苦在你的心里得胜和由此结出的果子在预备你得安慰。

第二，为了解**指望在今世享受中得安息是荒谬的**，我们必须思考如下几个方面：这是在拜今世享受为偶像；这样做违背了上帝赐下享受的目的；只会让上帝要么拒绝赐下，要么收回我们的享受，要么使其由甜变苦；任凭人在今世享受中求安息是对人的最大咒诅；这也是在无安息处求安息；若没有上帝，受造之物只能加剧我们的悲惨结局；为证实这些，我们还可以参照自己和他人的经历。

1. 错将任何受造之物或赐恩手段当安息，都是明显的**偶像崇拜**。唯有上帝有权成为人类灵魂的安息。将安息寄托在名利之上，是明显的偶像崇拜，而将安息寄托在宝贵的赐恩手段之上，只是不易察觉的偶像崇拜而已。在主像对我们拜偶像的同类不满那样对我们表示不满的时候，我们必定大大地冒犯了我们亲爱的主；他这样控诉我们说："我的百姓作了迷失的羊，竟忘记了安歇之所。①我的百姓可以安歇在任何事物上，却不安息在我里面。他们能够以彼此为乐，却不能以我为乐。他们可以因我所造和我的宗教仪式而欢喜，却不因我而欢喜。他们甚至在辛苦侍奉和属灵功课中求安息，却不在我里面求安息。他们宁愿去任何地方，也不肯同我在一起。难道那些就是他们的神？难道是那些东西救赎了他们？对他们来说，难道那些东西比迄今我待他们更好，或将要待他们的更好？"倘若你的妻子、丈夫、儿女情愿去任何地方也不肯陪伴你，只有离你远远的才高兴，你能不被激怒吗？我们的上帝也必然如此。

---

① 《耶利米书》50:6。

2. 将今世的享受错当安息是与**上帝赐下享受的目的背道而驰**的。上帝赐下享受是为帮助你寻求他，难道你非但不因上帝所赐而爱他，反爱上了这些享受？他赐下享受是为让你在征途上稍事休憩，难道你竟在这客店安身，不再前行？各种安慰和圣礼对我们而言，正如圣经就以色列人所说的那样，"耶和华的约柜在前头行，为他们寻找安歇的地方"①。上帝赐下的一切恩惠也同样，它们不是那安息。如同施洗约翰承认自己不是基督一样，这些只是那"旷野上呼喊的人声"，敦促我们预备自己，因我们真正的安息——天国——已经近了。②所以，在地上求安息违背了上帝赐下一切恩惠的目的，也违背了我们自身的利益，这是将原本用来帮助我们的事物变得于我们有损。

3. 这样做导致的要么是上帝拒绝赐下我们所求的恩惠，要么是将我们享有的恩惠挪去，或至少使其味道变苦。上帝忌恨我们在世间享受中求安息胜过忌恨我们任何其他的恶。你如果有个仆人，妻子爱这仆人更胜于爱你，你难道不为这样的妻子恼火，再将这仆人赶出家门吗？同样，主若是看到你在世上安营扎寨，说"我就在这里安息吧"；难怪他很快就让你寝食难安了。他既爱你，就难怪他把你用来毁灭自己的东西挪去了。长期以来，我的观察是，有许多人或是图谋成大事，大功刚告成；或是在世上树立远大的目标，目标刚达到；或是曾活在许多烦恼之中，烦恼刚被克服；于是开始对眼前的状况感到满足，并安歇其中；随之，他们往往离死亡或毁灭就不远了。一旦人这样对自己说，"灵魂啊，你只管安逸吧"；紧接着要发生的通常是："无知的人啊，今夜（或这个月、今年）必要你的灵魂，你所预备的要归给谁呢？"③无知的人徒有华美的豪厦，自己却不能居住其间！你、我都要谨慎省察，这是不是我们自己的情形。有不少上帝的仆人恰恰是因受评价过高、受爱戴过深，而

---

① 《民数记》10:33。
② 《马可福音》1:3；《马太福音》3:2。
③ 《路加福音》12:19—20。

被从世上挪去。我深信，甚至我们的不满、抱怨也不如过分享受、安于令人愉悦的现状更能激怒上帝，也更有损于罪人自己。上帝若是在妻子、儿女、朋友、财产等问题上对付你——或是将这些挪去，或是将这些带给你的安全感挪去——你就当想一想，以上所说是否个中原因；因为不管你试图在哪里停留安息，心想，"我现在还不错"，你就是在将这状况看作自己的神，引起上帝对它的嫉恨。无论你与上帝为友还是为敌，你永远无法指望上帝能容你安然享受自己的偶像。

4. 纵令上帝容忍你在世上安歇，那也是能落在你身上的最可怕的咒诅。反不如你在世上无一宁日，因为若是那样，厌倦也必促使你寻求真正的安息。而上帝若任凭你在世上安营扎寨，在世上安息，在整个永恒里你都必成为不得安宁的可怜虫。"只在今生有福分"①，是多数结局悲惨、正走向灭亡之罪人的命运。既如此，难道基督徒还应在地上期待那样多吗？我们的安息就是我们的天国；我们在何处安息，就是在把何处当作天国。你想得到的难道就是世间如此不堪的"天国"吗？

5. 在地上求安息乃是**在无安息之处求安息**。你的努力会一无所获；你如果一直这样下去，你灵魂永久的安息也会失去。我们的安息只在于完全达到自己人生的终极目的。这在今生是不能指望的；因此，安息也不可指望在今生得到。即使是在地上最好的教会里，我们能像在天上那样享受上帝吗？即使享有最佳的赐福手段，圣徒在地上对上帝的享受又何其有限，让我们自己的怨言来作证吧。若没有上帝，再完美的圣礼也带不来安慰。客旅能在途中安息吗？不能，因为他的家在旅程的终点。你即使享有一切受造之物和赐恩的手段所能提供的，又是否得到了你所信、所求、为之受苦的目标呢？相信你不敢这样说。我们有如迷了路的孩子，上帝正领我们返回家中，可我们见房子就要进，在沿途每样东西面前都要流连、戏耍一番，每经过翠堤河畔都要坐下，在领我们回家的

---

① 《诗篇》17:14。

路上有着数不清的干扰。我们正处于劳苦、危难之中,地上何有安息可言?我们手上有对弟兄姊妹、对自己的灵魂、对上帝何等艰巨的责任!我们面对的每项责任都须付出艰苦的努力!在这一切劳苦之中,我们又怎能安息?诚然,我们在地上也会有休息的时刻,就如圣经就约柜所说,"在约旦河中站定"①,那只是短暂的休憩;又如亚伯拉罕想要留三位天使歇息,天使却不肯在那里住下。以色列人岂可在旷野之中,在毒蛇、仇敌、困乏、饥馑之中安身立命?挪亚岂能以方舟为家,大水退去也不肯走出方舟?水手岂能在大海上安家,把暗礁、流沙、狂风恶浪当成自己的安身之所?战士岂能在敌人的重重围困之中得安息?基督徒岂不正像客旅、海员、战士一样吗?我们岂不总是内有忧惧,外有忧患?岂不总是处于危难之中?在我们的吃喝、睡觉、劳作、祷告、听道、行事为人之中,网罗无处不有,我们又何能在其中久留安息呢?

基督徒啊,你要努力不懈,警惕自己面临的危险,持守到底,赢得阵地,先在战场上获胜,才能指望长久的安息。无论我们何时在地上妄谈安息,都是像彼得在变像山上那样,②不知己之所云。基督在十字架上对信了他的强盗说的若不是"今日你要同我在乐园里"③,而是让他在十字架上得安息,岂不成了笑柄?我认为,在病患、烦恼、逼迫、危难的重重包围中,安息实在是难上加难。如果其他都不能令我们相信这一点,我们身上残存的、极易搅扰我们的罪,肯定能马上让信徒心服口服,看到地上不是他的安息之所。因此,我要对所有想在地上安息的人说:"起来去吧!这不是你们安息之所,因为污秽使地毁灭。"④世事就其本质而言,无法成为真基督徒的安息。它们过于贫乏,无法使我们富足;它们过于卑贱,无法提升我们达至幸福;它们过于虚空,无法充实

---

① 《约书亚记》3:17。
② 《马太福音》17:1—9。
③ 《路加福音》23:43。
④ 《弥迦书》2:10。

我们的灵魂；它们的存在太短暂，无法给我们永恒的满足。世上的成功以及一切我们向往的事都过于低劣，无法做我们崇拜的对象，因而也无法做我们的安息之所。能让灵魂安息其中的，必须足以为灵魂提供永久的满足。而受造界所能提供的满足都会变旧，稍经享受就魅力不再。上帝若真从天上撒下天使的食物，我们肯定会立刻厌倦了地上的吗哪。花样翻新更不能持久，它带给我们的世间之乐总是很快变得乏味。所有受造之物于我们就如同花丛之于蜜蜂，每朵上只有些微的花蜜，故此只能浅尝而止，下一朵也同样。对世事了解越多，由它而来的满足感就越少。被它迷住的只是一些为其外在之美障目，而看不透其内在虚无性质的人。一旦我们深入了解了别人的真实状况，发现他们善恶兼有，长短并存的时候，就不会对人佩服得五体投地了。

6. 没有上帝，各种受造之物和赐恩手段只能**使我们的结局更惨**。假如上帝说"接受我所造的一切、我的话语、我的仆人、我的圣礼吧，只是你们没有我"；你会把这看成是祝福吗？假如你有上帝的话语，却没有那"就是上帝"的"道"①；或只有主的粮，却没有作为"真粮"②的主；假如你能像犹太人那样高呼"耶和华的殿"，却没有圣殿之主；那能算什么福分啊！迦百农的民因亲眼见基督在他们那里行的异能，亲耳听基督说的话，其结局是更有福还是更悲惨了呢？③ 那些只会加重我们的罪、使我们的下场更惨，而显然不是我们的安息。

7. 为证明这一点，我们不妨参照自己和别人的经历。无数人都在世上尝试过，又何曾有人为自己的灵魂找到过安息之所呢？我不否认有些人曾找到过快乐，但安息与满足却无人找得到。前人都不曾找到过的，难道我们以为自己可以找得到吗？得不到拿伯的葡萄园，整个王国对亚

---

① 参见《约翰福音》1:1。本句英文原文作："If you had the word of God, and not 'the Word,' who is God."

② 《约翰福音》6:32。

③ 《马太福音》11:23—24。

哈来说都算不得什么；得到葡萄园之后，他是否就得到了满足呢？① 你是否该像挪亚的鸽子那样，遍地找寻安息之地，最后肯回到主人身边，承认自己找不见呢？你去求问名望："这其中有没有安息？"它会告诉你，你还不如在狂风呼啸的山巅，在烈焰熊熊的埃特纳火山上安息。你去求问财富："这其中有没有安息？"它会告诉你，财富能给你的安息就好比睡在铺满荆棘的床上。你追求的若是世间享乐带来的安息，那安息无异于鱼儿吞下鱼饵时的感觉——味道虽美，死却临头。你甚至可以去请教圣礼，求问你的灵魂可否在其中安息。作为上帝借以赐安息的手段，圣礼可使你与永恒发生关联，你或许能从其中得到橄榄枝般的盼望；而要想从圣礼本身得满足，你还会像往日一样惶惶不安。所有这些都会像雅各回答拉结那样回答我们："我岂能代替上帝。"② 你却到我这里来求灵魂的安息？在世上所有的人类国度里，人都找不到这安息，不论是在宫廷中还是在穷乡僻壤，不论是在小镇还是在都市，是在商家还是在农地，也不论是财宝、藏书、隐居、团契、研经，甚至讲坛，无一能为人提供圣徒的安息。倘若你能询问历世历代的亡故之人，询问各国各民中活着的人，他们都会对你说："安息在地上是找不到的。"别人的经验如果都无法改变你的想法，就请回顾一下你自己的经历吧。你可曾记得自己有过全然满足的状态，即或有，事实证明它能否长久？相信我们所有人谈及自己在地上的安息，都会像保罗谈及盼望时那样说，我们若是"只在今生有指望，就算比众人更可怜"③。

那么，既然无论圣经还是理智，无论我们自己的经历还是全体世人的经验，都使我们相信如此，我们就该明白世上并无安息可言。然而，在地上求安息的罪在我们身上又是何等普遍而严重啊！要断绝多少事，我们才能将主看作自己的安息啊！上帝要如何将我们驱赶、把我们从各

---

① 《列王纪上》第 21 章。
② 《创世记》30:2。
③ 《哥林多前书》15:19。

种处境中放逐，才能防止我们在其中安营扎寨啊！他若是赐给我们成功、钱财、荣誉，我们的心就会在这些面前欣喜若狂，就如以色列人在他们的金牛犊面前欢然起舞一样，说："这就是你的神。"还得出结论："在这里真好。"①上帝若是让这些在我们眼中由甜变苦，我们会多么焦躁不安，直到我们的状况再次由苦变甜，于是我们又能在其中安营扎寨，在其中享受"安息"了！上帝若是继续医治我们，挪去我们在其中求安息的受造之物，我们就会又劳碌、又哭喊、又祷告，求上帝将它还给我们，那样我们就又可以把它当成自己的安息了！在上帝夺去我们先前的偶像时，我们不是投靠上帝，而是以指望重得那偶像为乐，并将那指望当成自己的安息，或是从受造之物到受造之物，上下求索，只求找到其他事物来填补先前的偶像留下的空缺；不仅如此，若找不到什么来填补，我们宁可在世上这困苦、可怜的状态中安息，也不肯抛弃一切而投靠上帝。

可悲啊，我们的灵魂对上帝的离弃是当受咒诅的！哪怕地狱里有痛苦稍可忍受的地方，我们的灵魂也会把那当成自己的安息之所而不归向上帝。而且，即便是在上帝领我们归向他，使我们确信他的道路和侍奉他的宝贵之时，灵魂最后的诡诈也要出来作祟——我们宁可在通向上帝的道路上安身，在关乎上帝的圣礼上住下，在从他而来的恩赐上常住，也不全然归向上帝。基督徒啊，请不要因我冗谈我们在这些事上求安息而见怪；却要留意，免得你自己落入这种光景。我想，读到这里，你已能确信财富、名誉和享乐的性质纯属虚空，也能比较容易地撇弃这些事。若能如此固然很好；但你可能在仰赖赐恩手段上缺乏警惕，以为自己不会过分以此为乐，尤其是在你看到世人轻视这些手段，极少以这些手段为乐的情形下。我深知，凡基督徒都会珍惜这些赐恩手段，而且凡爱属世之事胜过爱上帝赐恩手段者都不是基督徒；然而，我们若是满足

---

① 《出埃及记》32:8；《马太福音》17:4。

于没有上帝的圣礼，喜爱教会的崇拜胜过爱慕置身天国，喜欢做地上教会的成员胜过爱慕做天上完美教会的成员，就是在犯可怕的错误。让你的灵魂暂且在圣礼中得安慰吧，因为其中确有上帝与你相伴；但不要忘记，圣礼不是天国，只是天国"初结的果子"①。正如经上所说，"我们住在身内，便与主相离"②；我们既与主相离，便与属天的安息相离。假如上帝像我们愿与他相离那样愿与我们相离，假如他不肯成为我们的安息就像我们不肯在他里面安息那样，上帝必会任凭我们留在不得安宁和与他永久分离的状况之中。总之，你要像认识到自己属世的不知足是罪那样，认识到自己在世上不时的满足感也是罪，要祈求上帝更多地赦免你的这种罪。而且，你务必要为免使自己在任何不及天国之处驻足，免使自己的灵魂信靠任何低于上帝的人和事而警醒祷告，比为这地狱侧厩中的一切灾难祷告还要迫切。

第三，还应反思的是，我们基督徒常常**毫无理由地不愿死去以获得圣徒的安息**。在主因着对我们的怜悯，硬拉我们离开之前，我们就像罗得流连所多玛一样对世间依依不舍。③我承认，死亡本身并不令人向往；但灵魂与上帝同住的安息却应是令人向往的，而要达至这安息，死亡乃是必经之途。

不愿死去其中隐藏着太多的**不信**。如果我们真相信圣徒将得荣耀的应许是出自上帝之口，而且相信上帝是言而有信的，并准备完全兑现这应许；如果我们真相信上帝确实为信徒预备了上好的福分，那么我们肯定就会像眼下怕死那样对活着不耐烦，在末后的日子到来之前，我们会度日如年。既真相信死亡将使我们从痛苦迁到无比的荣耀中去，又不愿死去，这有可能吗？如果是因不确知自己能否在那荣耀中有分而使我们害

---

① 《罗马书》8:23。
② 《哥林多后书》5:6。
③ 参见《创世记》19:16。

怕，在确知自己有权得到那荣耀之前，相信那安息确定无疑，无比荣美就只能令我们不安。我们往往满口谈论的都是信心和基督教信仰，心里却常藏着许多的不信和异教的想法，这恐怕是导致我们不愿死去的主要原因。

不愿死去也当归因于**我们对上帝的冷漠**。我们若爱自己的朋友，就必然渴望与他相伴；有他在身边，我们会感到欣慰，他不在身边，我们会感到离别之痛；他来看望我们时，我们会欣喜地接待他；他死去的时候，我们会哀伤不已，而且常常过分地哀伤。与一位忠实的朋友分离，有如从我们身上割去一部分肢体。我们若是真爱上帝，对他的渴慕岂不也该是同样的吗？不仅如此，我们对他的渴慕难道不该比这更深切得多吗？因为他配得我们敬爱远胜过我们所有的朋友。求主教我们仔细省察自己的心，警惕它在这一点上自欺！无论我们表面上是怎样的人，我们若是爱父母、丈夫、妻子、儿女、朋友、财富，或生命本身，胜过爱基督，就谈不上是他真正的门徒。① 当那大审判再来的时候，我们面对的问题不是，"谁讲道最多，谁听道最多，谁说得最多？"而是，"谁爱上帝最多？"基督不会容我们用讲道、祈祷、禁食取代对他的爱；不会的，也不会容我们用"将所有的周济穷人，又舍己身叫人焚烧"② 来取代对他的爱。我们怎可能既爱他，却又不在乎与他分离多久呢？雅各在埃及地与约瑟见面时是何等的欢欣啊？③ 我们怎能满足于不在荣耀中见基督的面，却又声称自己爱他呢？我们既如此恨恶死去，我虽不敢因此下结论说我们根本不爱主，却敢下结论说，我们若爱他更深，就必会更欣然死去。倘若我们满心燃烧着这爱的圣火，就必会像大卫那样发出如此心声："上帝啊，我的心切慕你，如鹿切慕溪水。我的心渴想上帝，就是永生上帝；我几时得朝见上帝呢？"④

---

① 参见《马太福音》10:37—38。
② 《哥林多前书》13:3。
③ 《创世记》46:30。
④ 《诗篇》42:1—2。

我们不愿死去，表现出我们对罪尚未感到太厌烦。若是感受到罪是极大的恶，我们就不会如此长久地甘心与它相守了。我们应当在上帝面前这样审判、鞭笞自己的心，说："你这无知而有罪的心啊！你长久以来都是所有贪欲的藏污纳垢之地，不断喷出过犯的苦水泉，难道你还不觉得厌烦吗？可怜的灵魂啊！你长久以来都在让自己的各种能力伤害自己，在自己的所作所为中严重地枯萎，成为结出众多恶果的邪恶土壤，难道你还不觉得累吗？难道你还愿在自己的不完全中苟且偷生？你的罪难道是让你获利丰足的商品，是你如此难舍难分的伙伴，是如此令你愉快的营生，让你这样怕有一日离开它？既如此，上帝赐你心中所愿，让你如愿以偿地与他相离，把你的耳朵钉在那痛苦之门上，将你永远排除在他荣耀之外，难道不是公平合理的吗？"

我们这样不愿听到、想到离世，说明我们还没有认识到世界的浮华。我们要这样唤醒自己的灵魂："你这无知而有罪的灵魂啊！有哪个囚徒不渴望自由？有哪个奴隶不期盼大赦之年？有哪个病人不向往健康？有哪个饥民不渴望享受食物？难道唯独你恨恶得自由？有哪个水手不愿看到陆地？有哪个农夫不盼望得收成？有哪个劳工不盼着领取报偿？有哪个旅人不渴望回家？有哪个赛跑运动员不盼望得奖？有哪个战士不想赢得战事？难道唯独你不想看到自己止息劳碌，不想达到你信心、受苦的目的地？你的种种哀伤难道不都是梦？若是那样，我想你就不该怕梦醒。抑或说，属世之乐不才是梦境幻影？也许世人近来对你比较友善？我们可以冒自身之险去迁就世界，世界却永远不会迁就我们。可叹，你这不配的灵魂啊！你情愿在这黝黯之地久居，在贫瘠的旷野上徘徊，也不肯与耶稣基督一起同享安息！你情愿与狼群为伴，逐日遭蝎蜇，也不肯与天使天军一同赞美主！"

不愿死去，实际上是在控告我们自己对主的背叛。这岂不是宁要世界也不要主？岂不是将今世的好处当作我们的福祉，从而把这些好处当偶像？我们若是真将上帝视为我们的人生目的、我们的安息、我们的产业、我们的至宝，又怎可能不渴望享受他呢？不仅如此，这也暴露出我们的虚伪。你若口称主是你唯一的盼望，说基督是万有之主，谈论与他同在的喜乐，与此同时却宁可忍受最艰辛的生活，也不肯死而与他同住，又怎能让人信服你的话呢？我们若是既指斥世界和血气，为罪孽和苦难悲哀叹息，又害怕终于为我们带来自由的日子，这是何等自相矛盾的表现啊！我们若口称为天国而努力、而争战，却不肯到那里去；还一小时接一小时地为我们不想获得的荣耀祷告，这又是何等的口是心非啊！我们的这种表现，其实是在诽谤主和他的应许，是在世人面前羞辱他的道路；这无异于劝世人质疑上帝是否言而有信，质疑是否真有圣经所说的伟大荣耀。当世人看到信徒舍不得放手世事，又声称自己凭信心生活，夸耀自己对来世的盼望，谈论与天上的事相比地上的一切都暗淡无光，这是在怎样鼓励世人的不信和追求肉身享受啊！他们会说："毫无疑问，声称如此的人如果真盼望得荣耀，像他们表面上那样轻看世界，他们就不会那样恨恶死亡了。"我们如何才能弥补因如此丑行带给上帝的羞辱和带给众人伤害啊？相反，基督徒若是在这一点上能活出自己口称所信，欢欢喜喜地迎接安息的到来，带给上帝将是怎样的荣耀，带给信徒的将是怎样的坚固，带给不信的人又将是怎样的笃信啊！

不愿死去也清楚地证明我们漫无目的地虚掷了许多光阴。我们不是一生都在为死亡做准备，我们不是多年来都在预备那一刻的到来吗？难道我们还远未预备好，因此才不肯死去？那么，我们先前都在做什么？我们一直在为什么而活？我们心目中难道还有比这更重要的事？我们难道还希望受到更频繁的提醒？死亡是多么经常地进入我们邻舍的居所！又是多么经常地叩响我们的门环！有多少疾病在困扰我们的身体，迫使我们接受死亡的宣判！经过所有这些之后，难道我们还没有准备好？这说明我们是一群多么漫不经心、麻木不仁的罪人，是对上帝的提醒怎样充耳不闻的不肖子孙！又是自己的灵魂怎样背信弃义的出卖者啊！

请想一想，**如果不死，我们就永远无法得到真福分**。逃避死亡其实是在错过天上的赐福,除非上帝让我们像以诺、以利亚那样不尝死味,可上帝的那种做法是空前绝后的。经上说:"我们若靠基督只在今生有指望,就算比众人更可怜。"①若是不肯死而去往天堂,你享有的比酒肉之徒或畜生又多在哪里?若是这样,我们如今的祷告、禁食、忧伤、遭世人蔑视又为哪般?我们为什么要做基督徒,而不做异教徒或什么都不信的人?基督徒啊,若是你永远留在世上,你的信心和劳苦岂不都枉费了?枉费的还有你所做的一切属灵功课、你所受的一切苦难,还有你生活的目的,也枉费了基督抛洒的一腔热血,落得只满足于享有世人、动物所享有的福分。你要像有位生命垂危病人被问及是否愿意死去时那样,说:"谁要是不愿意死去,谁就是不肯与基督同住。"难道上帝愿让我们经过死亡而得荣耀,而我们自己却不愿死而得荣耀吗?我想,假如有位君王想使你成为他的王位继承人,你可能不会不愿接受;拒绝如此好意只能暴露出你的不知感恩与不配。上帝既曾断然拒绝那些以种种借口不到基督面前来的人,说:"先前所请的人没有一个得尝我的筵席。"②那么,他断然拒绝我们这些在该到荣耀中去却还在制造种种借口而不去的人,也是公平合理的。

  我们的主耶稣基督为了我们,情愿从天降世,难道我们竟不肯为自己,也为我们的主,离世到天上去!主本可以这样说:"这些罪人受地狱之苦于我何干?他们若把自己的肉体看得重于灵魂,把自己的情欲看得重于我父的慈爱;他们若想白白地出卖自己的灵魂,受损的不是他们又该是谁呢?难道是我这被他们亏负的?难道他们一定要故意违背我的律法,却让我去受他们该受的刑罚?我有必要从天降世,穿戴人身,去遭人吐口水和戏弄吗?我有必要禁食、哀哭、流汗、受苦、流血,乃至受咒诅般地死去吗?这一切都是为了一群可怜虫。他们宁愿冒灵魂灭亡之

---

① 《哥林多前书》15:19。
② 《路加福音》14:16—24。

险，也不能克制自己去尝那禁果！他们如此轻率地抛弃了自己，我有必要付出这等重价去赎他们吗？"可见，基督有足够的理由不肯做他所做的一切；然而，他甘愿屈尊来救我们。我们却毫无理由不到他那里去，除非我们想找出理由，否认自己的盼望，并祈求让我们的痛苦永久化。基督从天降世，目的是要带我们到天上去；难道我们想让他白洒热血、白付劳苦，却带不走我们？为换得我们的安息，他付出的是怎样昂贵的代价？我们的产业岂不是主"用自己的血所买来"的吗？① 主在为我们做了这一切之后，我们竟不肯进入天国之中？可叹啊，诸位！有理由不情愿的是基督，而不是我们。求主赦免、医治我们在愚妄中对主的亏负吧！

我们不想死而去天堂，岂不是在魔鬼最恶毒的计谋上与**这最凶狠的仇敌携手**吗？魔鬼每天都在做什么？还不是竭力使我们的灵魂与上帝相离？我们难道也满足于此吗？我们在希求置身天堂之外的同时，岂不是在为自己求半个地狱？魔鬼的诡计因此与你基督徒之所求不谋而合；他知道无法将你投入地狱，可不死去却可以长期使你置身天堂之外，而且是你自己这样恳求的；这正中了撒旦的下怀！你不要将自己因此而受的伤害过多地归咎于魔鬼！岂不是因你日日害怕死去，才把自己的生活变成了没完没了的折磨？我们的生命原本可以日夜思念永生，亲切而欢喜地思念天上的福分而充满喜乐，可我们却让它充满了毫无道理的恐惧！是我们自己在糟蹋自己的安宁，夺去自己的真喜悦。我们本可以无论躺卧、起身、出门都心里充满上帝的喜乐，可我们却总是让莫名其妙的恐惧充斥着自己的心。怕死的人只能时刻处于担惊受怕之中，因为他总是有理由预期死亡的到来。常活在怕失去安宁的恐惧中之人，生活又怎会有安宁呢？对死亡的恐惧岂不是人手造出来的痛苦吗？似乎上帝允许我们受的苦还不够，我们自己还必须再加上一些。死亡本身给肉体带来的痛苦难道还不够，我们还得让这痛苦重上加重？上帝加在我们身上的苦

---

① 《使徒行传》20:28。

难导致的无一不是快乐的结局,其过程乃是:患难生忍耐,忍耐生老练,老练生盼望,盼望最终将达至荣耀。①而我们自己为自己制造出的痛苦却周而复始,永无完结:罪孽生痛苦,痛苦生罪孽,罪孽又生痛苦,以至无穷;不仅如此,在这一过程中,罪孽和痛苦都会成倍地增加;每次的罪孽都比前次的更重,每次的痛苦又比前次的更深。所以,我们如果不认为上帝造我们是为让我们自己折磨自己,就毫无理由对死亡心怀恐惧。

这种恐惧岂不是毫无意义,也是**毫无益处**的吗?我们的担忧"不能使一根头发变黑变白,也不能使身量多加一肘"②;我们的惧怕同样不能使我们免于苦难,或延迟死亡哪怕一小时——不管是否愿意,我们都终必离世。不少人的恐惧还加速了他们生命的终结,却没有一个人的恐惧能使他免于一死。担心死后的危险,诚然能使许多人受益,也极有益于防范这种危险;但作为基督的肢体,天国的承受者,却害怕进入自己的产业,则是有罪而无益的恐惧。难道不正是因为我们怕死,才使我们的灵魂常陷入网罗,也使很多试探变得更难抗拒吗?是什么使彼得不认主?是什么使叛教者在苦难时离弃真理?为什么信心尚未扎根的新叶常在逼迫的打击面前枯萎?怕坐牢、怕受穷或许在其中起了不小的作用,而怕死所起的作用则更大得多。我们对死亡有多大的恐惧,为上帝的缘故往往就有多大的怯懦;与无数出于不信的谋划、不满上帝的智慧安排、对他的旨意感到恼怒相比,对死亡的恐惧尤使我们负罪深重。

请再想一想,我们多数人都已**享有够长的寿命**。人必有一死,只要上帝认为合适,我们三四十岁死去,何不该像七八十岁死去一样甘心情愿呢?长寿是不能胜过败坏的;败坏绝不会随着岁月而枯萎。若不是在得长寿的同时也领受更多的恩典,我们凭着人性只能越变越败坏。让我们

---

① 参见《罗马书》5:3—5。
② 《马太福音》5:36, 6:27。

这样说服自己的灵魂吧：我的灵魂啊，你要平安地离去！你既不想在财富、名望中求无限，就也不要在寿数上求无限了。你若能意识到自己是多么不配享有上帝对你哪怕一个时辰的忍耐，就必明白自己享有的寿数已经很多了。那设定我们寿命长短的，难道不是上帝的智慧吗？他是借着不同的人和世代，而非借着一个人或一个世代荣耀自己。你既知道自己扮演完了自己的角色，跑完了为你指定的路程，就该心满意足地退下，让后来人接续你，他们也该像你一样享有自己的机会。人的寿命越长，责任就越多；所以，你要向上帝祈求恩典，以便更好地使用自己一生的时光；对于你享有的时间份额，你当知足。

"你也已享受到足够的人生安慰。上帝本可以让你的人生成为负担，使你像如今怕失去它一样厌倦拥有它。他本可以任凭你在愚昧中耗尽一生的时光，而不认识基督的真理——然而，他在你年少时就开启了你的双眼，及时让你了解到自己一生的要务何在。难道不是你的天父决定了你落生在欧洲而不是亚洲、非洲，在英国而不是西班牙、意大利的命运吗？你的天父不是让你一生充满了他的恩慈，难道你觉得自己分得的太少？你一生享有了多少美好的时光——得安慰的时刻、快乐的安息日、查经的喜悦，与主宝贵的团契、奇妙的获救、绝好的机会、有果效的辛劳、可喜的消息、温馨的经历，还有主令你惊讶的安排！莫非是因你的人生太甜蜜，才令你不忍离去？上帝这样吸引你，是为让你到他自己的甜蜜中去，难道你就是这样对他感恩的吗？你这愚不可及的灵魂啊！巴不得你像贪求这衰败与毁灭中的人生一样渴慕永生！巴不得你像贪求在世上长生不老那样渴慕在荣耀中与上帝同在！若是那样，你必会迫不及待地呼喊着：'他的战车，为何耽延不来呢？他的车轮，为何行得慢呢？'[1] 主啊，我还要等多久，要等多久？上帝如果容你在世上存活多年，却不给你迄今一直享有的恩慈，会是怎样？他如果不像赐鹌鹑给发

---

[1] 《士师记》5:28。

怨言的以色列人那样赐你长寿，又如何？他可以容你活着，直到你像犹大、亚希多弗急于结束自己的生命时那样，活得厌烦了；①他也可以让你活得像世上许多痛不欲生的人那样，恨不能亲手结束自己的生命。因此，你不要如此执意强求活着，那不是祝福，而是审判。古往今来，全球各地，有多少上帝所珍爱的仆人在你之前离世！你并非要走一条前无古人之路，也不是受命去做破冰之旅。除以诺和以利亚之外，有哪个圣徒逃过了死亡？难道你比他们都胜出一筹？千百万的圣徒都死去了，其数字远远大过现存于世的圣徒数目。你自己也有不少知己、同工离世，你为何如此恨恶跟随他们的脚步呢？更何况，耶稣基督自己不也曾行经这条路吗？他难道还没有洁净坟墓，还没有用自己的身体使尘土变得芬芳？所以你才不愿跟随他的脚踪行？你反要像多马那样，说：'我们也去和他同死吧。'②"如上所言，若还不能说服你，就说明连圣经、理智对你都说服乏力了。我就这一主题谈论如此之多，是因发现我自己和别人都亟须就此反思；是因发现在能为基督做许多侍奉、受许多苦的众多基督徒中，却很少有人欣然死去；是因发现在制伏了其他败坏的不少基督徒当中，却很少有人在怕死的败坏面前得胜。我绝不想劝不信的人不怕死；奇怪的是，他们对死亡的恐惧反而并未多一些，也没有天天在惊惶中度日。

---

① 《马太福音》27:5；《撒母耳记下》17:23。
② 《约翰福音》11:16。

第十一章
在地上过属天生活的必要性

本章提要　　以思念圣徒的安息为乐是合情合理的。作者基于如下考虑，勉励基督徒这样做：1. 思念圣徒的安息，可证明基督徒的敬虔是真诚的；2. 这是基督徒性情中最高的美德；3. 它导致的是最心安的生活；4. 思念安息，可成为对犯罪诱惑的最佳防范；5. 会使基督徒的恩典与尽责充满活力；6. 这必成为他们在苦难中的最佳强心剂；7. 思念安息，能使基督徒为他人带来最大的益处；8. 更能荣耀上帝；9. 若不以圣徒的安息为乐，我们就违背了上帝的命令，也错过了上帝话语所启示的最大恩典和可喜之事；10. 上帝百般顾念我们，我们理应对上帝报以同样的心；11. 天上有我们无尽的福祉和各种亲密的关系；12. 也没有什么比天国更值得我们思念。

上帝不是应许有安息为我们存留吗？那么，我们所思所念更多的怎可以不是这安息？我们怎可以不常以那安息之地为念？怎可以不在默想中常住那里？如此忽视这安息，其原因何在？我们忽视这安息难道是合理的吗？永生的上帝难道没有赐我们无比荣耀，应许要领我们到天上去与他同住吗？① 这难道不值得我们朝思暮想？我们心中最强的愿望难道竟不是得到这安息？难道我们能既相信这安息是真，却又常忘记它，忽略它？上帝若不准我们进入那光中，他所有的真诚邀请又做何解释？他

---

① 《启示录》21:3。

又何以严厉指责我们"专以地上的事为念",同时吩咐我们要"思念上面的事"①?可叹,我们的心是何等败坏!上帝反对什么,我们就更想去做什么;在他指示我们要以天上的事为念时,我们就无动于衷——正好比我们犯罪的先祖以色列人,上帝让他们上迦南地去,他们就叛逆,不肯行动;而在上帝命令他们不要上去时,他们却偏要擅自前行。②上帝若是说"不要爱世界和世界上的事",我们就偏偏爱它。我们是多么随意地念念不忘我们的享乐、我们的朋友、我们的劳作、我们的肉体及其私欲!我们念念不忘的还有我们的冤屈和不幸,我们的忧虑和苦楚!思念自己安息的基督徒又到何处去寻?事情怎会这样?难道我们的心已让喜乐占满,无须更多?难道天上没有什么让我们在喜乐中思念的?还是我们的心属肉体,早已麻木?我们当以自己没有基督,也没有属天荣耀的世俗之心为耻。这世界就是我们谈论的全部话题,人们会称我们为不信的人;既如此,我们又为什么不该称自己极少以基督、以天国为乐的心为不信的心呢?

我是在对那些产业在天上的人讲此番话。他们的盼望在那里,也已离弃所有,为要享有那荣耀;难道连劝这些人以天上的事为念都要让我灰心吗?基督徒同道们啊,如果连你们都不肯听劝而顺从,还有谁会听呢?我可以因劝瞎眼不信的世人而感到沮丧,像摩西那样说:"以色列人尚且不听我的话,法老怎肯听我这拙口笨舌的人呢?"③可是读者啊,你只要仍盼望在那荣耀中有分,我就要要求你,立刻斥责己心,斥责它有意冒犯上帝,不要再让你的心思意念追求世界的浮华,要强令你的心去寻求永恒的事,忙于思念来生;你要使自己习惯于这样的默想,不要让这默想一曝十寒或流于草率,反要让你的心沉浸在天上的喜乐之中;你常败退的心若是打退堂鼓,或是开始心不在焉,你则要将它唤回,迫使它专注于自己的工作,不要容它偷懒,也不要容它略过一次默想。当你

---

① 《腓立比书》3:19,《歌罗西书》3:2。

② 参见《民数记》第13—14章。

③ 《出埃及记》6:12。

能顺服上帝而尝试这样做，逐渐了解如何默想，并能谨守自己的心思意念，直到这心惯于顺服，那时你必发现自己已置身天国之郊，发现上帝的作为和道路中的确充满了甘甜，发现基督徒的生活乃是充满喜乐的生活。你会与你长久祈求、渴望、为之叹息的丰足安慰相遇；得到这安慰的基督徒何其少，因为他们不是根本不知有此通向安慰之路，就是没有凭良心而行在这条路上。

切莫说，"人是无法让自己的心去寻求天国的，那只能是上帝的工作"。尽管上帝是你心灵的主要掌管者，但你对自己的心拥有仅次于上帝的最大掌控权。尽管没有基督，你就不能做什么，但在他的掌管之下，你却可以，也必须做很多的事，否则这些事就会落空，而你也必因自己的疏失而灭亡。基督徒们啊，你们的灵魂若是健康而有活力，就必能察觉到，因信而对自己将得福分的喜乐思念，比饥肠辘辘时看到食物，比享受对其对象的最强感受还要快乐、甜蜜不知多少倍！因此，这项工作对你来说并不辛苦。既然我了解，我们身上尚有属肉体的残余，而任何"体贴肉体的，就是与上帝为仇"①，也是与此尊贵的工作为仇，使我们行动缺乏动力，因此，我要在此罗列出一些值得考虑的方面；你若能公正地对其加以审慎的考虑，我毫不怀疑这些会在你的心中产生效用，使你决心去做默想的美好的功课。具体而言，我们要想到：常思念天国的安息，能见证你的敬虔是真诚的；这是基督徒性情中最高尚的美德；它导致的是最心安的生活；它将成为对犯罪诱惑的最有力防范；它必能为你的恩典与尽责增添活力；能成为你在苦难中的最佳强心剂；能使你为他人带来最大的益处；这尤其能荣耀上帝；若是不做属天的默想，你就是在违抗上帝的命令，也错过了上帝话语最有恩典和最可喜之处；上帝将这样多心思放在你身上，你理当也将你的心思更多地放在上帝身上；天上有你丰足的福祉，有各种你亲密的关系；而且，也没有什么比

---

① 《罗马书》8:7。

天国更值得我们思念的了。

1. 请你想一想，**思念天国是你敬虔的真诚最无可置疑的凭证之一**，可清楚地显示出救恩在你心里的真实工作。有些基督徒常这样问："怎样才能知道我们是否已真正成圣？"出自耶稣基督之口的一个可靠标记便是："你的财宝在哪里，你的心也在那里。"①上帝乃是众圣徒的财宝与福分；他们将完全享有上帝的地方则是天国。因此，思念天国的心才是思念上帝的心；而借着基督而思念上帝的心，无疑才是救恩最真实的凭证。学识不能成为恩典的凭证；知识、侍奉、恩赐也无法做凭证，来自你口、你手的根据可以受到争议；那么，唯有你的心之所向能证明你的敬虔是真诚的。有的人悟性有限、记忆力差、笨嘴拙舌，是不引人注目的基督徒，可他总是以上帝为念，已将上帝当作自己的分，所思所想都是永恒，他所渴慕的尽都在天上；还常感叹道："巴不得我现在就能在那里！"一天不看到永生那令人振奋的景象，他就把那天看作被囚的日子。也有人具备过人的恩赐，其成效又博得了众人的赞赏，心里却对上帝不那么感兴趣；我的情况若是这样，我情愿死去。末后的日子，基督发现并指责"不穿礼服"的人，必定是那些没有属天之心的人。那时，你面对的问题不是，你知道的有多少，你口称相信的是什么，你谈论的是什么；而是，此前你对上帝的爱有多少，你的心曾在哪里？基督徒啊，你既想得到自己是否有权享受荣耀的凭证，就要勤奋努力，让你的心思想天上的事。罪和撒旦若不将你的爱慕从天国移开，就绝对无法阻止你本人到那里去。

2. **心系天国是基督徒性情中最高贵的美德**。正如基督徒与世人相比通常更优秀一样，这种灵里的高贵又使得优秀的基督徒有别于其他基督徒。正如最高等的受造之物有别于其他受造之物一样，最高贵的基督徒是些直面天国的人。在默想中深深被上帝吸引，或刚从对基督的拜谒中

---

① 《马太福音》6:21。

下来的圣徒，对天上的胜景会有怎样的新发现啊！他的言论会具有怎样的高度，充满怎样神圣的气息啊！他可使明白的听者确信他见了主，因为除了面见过上帝的人之外，无人能说出他那样的话来。唯如此，才可称为高贵的基督徒。最高耸的山峰、最挺拔的大树，其高度都是离天最近的，基督徒中的精华同样是心最经常、最喜欢在天国里的人。有人若在国王身边生活过，或见过波斯的苏丹、大特克，会被认为较旁人高出一筹。既如此，我们又当怎样评价日日神游高天，在那里面见过万王之王，常获准进入与上帝的同在，又常享用生命树之果的圣徒呢？就笔者而言，我对如此圣徒的评价，远高过世上最尊贵、最富有、最有学问的人。

3. 以天国为念是**活在安慰之中的真正捷径**。北极之所以是寒冷的雪原，皆因那地远离太阳。是什么使某些基督徒心里冰冷，不得安慰？还不是因他们远离了天国？又是什么使另一些基督徒心里火热，活在安慰之中？还不是因他们活在高天之上，离上帝更近？春天，当太阳临近我们生活的这部分地球时，万物是怎样为此而欢欣啊！大地披上绿衣，树枝抽出新芽，各种植物都恢复了生机，又有百鸟齐鸣，一切仿佛都在向我们微笑。只要我们在今生尝试与上帝同行，让自己常思念天上的事，内心就必充满春天般的欢欣！我们会把冬天的愁苦忘得一干二净！我们必能清晨起来就欢唱赞美我们伟大的造物主！基督徒啊，让你的心飞上高天吧！凡去过那里的人都发觉那里更温暖，相信你自己也曾有过如此经历。你得到最大的安慰是在什么时候？还不是在你与上帝相交，与天上的国民交谈，观览了他们的住所，灵里充满对天上荣耀的憧憬之时？只要你凭经验而知道何为属天的默想，我敢说，你就知道什么是灵里的喜乐。倘若事情恰如大卫所言，"上帝的光使我心里快乐，胜过那丰收五谷新酒的人"[①]，那么，最接近这光，最清楚看见这光的，肯定是最充满如此喜乐的人。那么，我们缺少安慰又当怪谁呢？还不是我们自己忽视

---

① 《诗篇》4:7。

了天上荣耀的心？上帝为我们预备了荣耀的冠冕，又应许不久就要将这冠冕戴在我们头上，可我们甚至连想都不想它。他盼咐我们要"看"，要"喜乐"①，可我们甚至连看都不去看它，还抱怨说得不到安慰。是因着我们的信，上帝才"将诸般喜乐平安充满我们的心"②；信心不再，喜乐平安亦将不再。圣徒的欢喜快乐寓于他们的盼望之中，盼望不再，欢喜快乐亦将不再。上帝的灵是借感动我们的灵去默想他的应许，将我们的心思意念提升到我们的安慰之地，而将安慰浇灌在我们心里。你若向贪财之人展示金银，他一定会心花怒放；上帝同样也是借着领他的子民走进天国，向他们彰显自己和与他同在的安息而使子民心花怒放。在我们心不在焉或沉湎于其他事的时候，他就点不燃我们的喜乐之心。只有当我们辛勤耕耘、播种、锄草、灌溉、施肥，并耐心等待上帝的赐福时，他才赐下地里的收获；只有当我们灵里同样辛勤时，上帝也才会赐下灵里的喜乐。读者啊，我以主的名义奉劝你，你既看重常有喜乐的生活，无愧的良心又是其享用不尽的佳肴，就要认认真真地开始做属天默想的功课，学会时时以天上的事为念，那时你会发现自己百倍地受益，其丰盛远超过你付出的努力。但人性的可悲之处就在于：尽管人人生来都恨恶痛苦，喜爱快乐无穷的生活，却鲜有人喜欢通往喜乐的道路，或愿意忍受获得喜乐须付出的艰辛；人们往往浅尝辄止，然后又以属世之乐满足自己，而不是到天上去寻求喜乐。到地上的一切都过去的时候，他们只能在天上享受喜乐，否则就根本享受不到喜乐。

4. **活在天上的心能最有效地防范罪的诱惑**。默想能使人的心忙于自己该做的事。当我们无所用心的时候，其实是在招引魔鬼诱惑我们，正如慢藏诲盗的道理一样。而以天国为念的灵魂却得以像尼希米那样回答

---

① 《路加福音》6:23。作者所引用的英王钦定本圣经作："Rejoice（喜乐）ye in that day, and leap for joy; for, behold（看哪）, your reward is great in heaven."

② 《罗马书》15:13。

诱惑者:"我现在办理大工,不能下去。"①它无暇贪欲、放纵、野心勃勃或属世。你若一心专注于自己当做之事,就不容易理睬身边的诱惑;更何况是你忙于在天上与上帝交谈的时候了。法官在审理生死攸关的案件时,怎会受人勾引,起身到街上去和孩子们戏耍?正在观览自己的永恒安息的基督徒,就更无暇去听撒旦诱人的谗言了。天国的儿女永远不该将时间花费在了无价值的事情上,特别是在他们专心于天国之事的时候;这专心正是圣徒对魔鬼的试探最有效的防范之一。

属天之心最不易被罪污秽,因为它对属灵的事有着真切而生动的了解。这样的人对罪的邪恶,受造之物的虚空本质,肉体与感官之乐的鄙俗有着深刻的洞察,诱惑因此很难左右他们。正如所罗门所说,"在飞鸟眼前张设网罗,是徒劳无功的"。②撒旦在对网罗一目了然的人面前张设网罗,往往同样徒劳无功。世界是撒旦诱惑人的地方,世事是他常用的诱饵;但这些又怎能捉住心已远离尘世与上帝同行的基督徒呢?与有智慧、学识的人交谈,岂不使人有智慧吗?更何况与上帝交谈了!旅游者若能带着智慧和经历满载而归,更何况做过天国之旅的人了!我们的身体若能适应多数人生活地区的空气和气候,那么与众光之父同住的人,其知性必更多地被光充满。住在下面的属世之人不知除世俗之外还有其他生活态度,他们既"心地昏昧",被撒旦"任意掳去"③就不足为奇了。从来就生长在泥土里的蚯蚓、鼹鼠眼睛如何能看得见?属世之人被世间的泥土蒙住了眼睛,难怪他们错将一己之利与敬虔,罪与恩典,世界与上帝,自己的愿望与基督的律法混为一谈,其结果是错将地狱当作天堂。而当基督徒远离属世之想,开始与天上的上帝相交时,我想,就如尼布甲尼撒由地上吃草的兽复归王位时那样,"聪明必复归于他"④。

---

① 《尼希米记》6:3。
② 《箴言》1:17(圣经新译本)。
③ 《以弗所书》4:18;《提摩太后书》2:26。
④ 参见《但以理书》4:28—37。

哪怕稍稍瞥见永恒又回望世界的人，也会深深痛悔自己忽视基督，追求肉身之乐，满心属世的忧虑！论及自己属世的欢乐，他会说"那是癫狂"，论及自己无聊的嬉笑，他会说："那对人有何益？"他切实地认为，明知而故意犯罪、轻看基督及天上荣耀的不配之人，实际上比精神病院里的病人还神魂颠倒！这往往使濒死之人变得比别人更明智，只因他们望见永恒正临近，因此比健康顺利时对永恒的想法更深入其心。人之将亡，就连平日与圣徒最势不两立的敌对者也会睁开瞎眼，像巴兰那样呼喊："我愿如义人之死而死，我愿如义人之终而终！"①但同是这些人，如果容他们从病中康复，失去对来世的观瞻，他们马上会丧失由此而来的觉醒！你不妨试与行将就木的罪人谈论财富、荣誉或属世之乐，他们无不会这样回答："这一切对我还有何用？我马上就得去见上帝，就我的一生交账了。"基督徒啊，看到永恒将近，既能对不信之人产生如此奇效，使他们比往日明智许多，你如果能常活在对上帝的仰望之中，活在永恒国度的现场感中，它又能在你心里产生怎样的奇效呢！可以肯定的是，信徒若能不断地增强自己的信心，在健康时也总是比罪人临终时对来生有更为真切的了悟。

　　属天之心能抵御试探，是因其情感彻底被另一世界高尚的喜乐占有。是爱之最深而非仅仅知之最多的人，最能抗拒犯罪的唆使。这种人的意志喜好从善而行，恰如理解力喜好真理一样；这往往是基督徒之力量所在。一旦你亲口尝过天上迷人的滋味，就不那么容易听信谗言而舍弃它了；就像孩子正品尝糖果的甜蜜时，你很难劝他丢弃口中的糖果一样。诚愿你多多以那隐藏的吗哪为粮，时常品尝天上的喜乐！这会大大坚固你的心志，使你藐视世人的蠢行，不屑受那些"孩童玩具"的欺哄。如果魔鬼前来攻击彼得时，彼得正在变像山上见摩西、以利亚同基督说话，他怎会轻易受诱惑而不认主呢？② 怎可能是在那个满眼荣耀的

---

① 《民数记》23:10。
② 参见《马太福音》17:3；26:69—75。

时刻？不会的。同样，笃信的人若被领到山上与基督同在，此时撒旦前来攻击他，这人会怎么说？"撒旦，退我后边去吧！①你休用微不足道的享乐引诱我离开这荣耀，休想从这安息中窃取我的心，也休想让我用这莫大的喜乐去换取虚空？世间的荣誉、享乐怎可与此相比？怎能如此有益，非让我放弃这安息不可？"不过，撒旦会等我们从山上下来，等属天的甘甜从我们口中消散，等到所见的荣耀甚至被遗忘，那时他就能轻易地蛊惑我们的心。以色列民在山下可以在自己的偶像面前吃喝，起来玩耍，在山上的摩西却不会这样。巴不得我们能让自己心灵的味觉常以属天的甘甜为饴，那时，我们将会以怎样的鄙夷，啐出口中罪恶的诱饵啊！

再者，我们的心若是思念天国，就是处于上帝的佑护之下。撒旦若攻击我们，上帝就会更极力保护我们，他毫无疑问会站在我们一边，还会说："我的恩典够你用的。"②人只要处于上帝的护佑之下，受犯罪诱惑的危险就小得多。基督徒读者啊，身处诱惑之中，你要多多使用这一带着能力的解救之法；要让你的心在天上与上帝亲近；专注于天上与基督一起做你该做的事，你会发现这是比什么都可靠的帮助；正如经上所说："智慧人从生命的道上升，使他远离在下的阴间。"③不要忘记，"挪亚是个义人"，是因他"与上帝同行"；也不要忘记，上帝曾对亚伯拉罕说："你要在我面前行事为人，你要作完全人。"④

5. **心系天国可使你的恩典保持旺盛，为你的侍奉注入生命。** 属天的基督徒是饶有生气的基督徒。是我们对天国的冷漠使得我们了无生气。即使想到靠不住且可朽坏的财宝，士兵也愿出生入死，水手也会不畏风浪，没有任何艰险能阻拦他们！基督徒若能时常想到自己永恒的财宝，其努力会是怎样充满活力啊！我们奔跑的脚步拖沓，我们懒懒洋

---

① 《马太福音》16:23。
② 《哥林多后书》12:9。
③ 《箴言》15:24。
④ 《创世记》6:9，5:24，17:1（圣经新译本）。

洋，只因我们不看重未来的奖赏。你只消仔细观察心思常在天国的人，就会发现他与其他基督徒不同；他在天上看见的，会在他所有的侍奉和待人接物中体现出来。他若是讲道，他讲的道会充满了天国的气息！他若是一般的基督徒，其言谈、祷告和举止必带着属天的馨香！让你的心常以天国为念吧，人们就会发现你的行事为人有如脸上发光，并会说："他一定是在山上与上帝在一起了。"反之，你若躺在那里抱怨自己死气沉沉，麻木不仁；抱怨自己无法爱基督，无法在他的爱里欢喜快乐，抱怨自己在祷告或其他侍奉中没有活力，却忽略了思念天国这带给你活力的事；那么，该抱怨的就是你自己。你的生命岂不是"与基督一起藏在上帝里面"的吗？① 除基督之外，你还能到哪里寻找活力？基督不在天上又会在哪里？② "然而你们不肯到我这里来得生命。"③你既想享受光和热，何不站在阳光之下？没有这对天国的依赖，你的灵魂就如没有点燃的灯，你的侍奉则有如不烧火的献祭。每日从这坛上取一块炭，看你的供物会不会焚烧。用这火点燃你的灯，然后每日给它添油，看它会不会明光照耀。时时靠近这复兴之火，看你的爱心会不会火热。既知道自己缺少对上帝的爱，你就要以信心仰望天国，瞩目其瑰丽，默想其荣美，看上帝的慈爱、他全然的美善能否让你的心着迷。正如操练身体可增进你的食欲，增强你体魄的强度与活力一样，属天的操练同样会迅速使人恩典倍增，属灵生命成长。

而且，你为你的祭物从天上取的火并非假火或异乡之火，相反，你默想天国而点燃的热心最可能是属天的热心。有些人的热心只是来自书本，有些人的热心是源自深重的苦难，有些人的热心得自于传道人打动人心之口，还有些人的热心是为引人注意；可是，凡了解这通天之道的人，天天从真正的火源汲取热情，日日因那生命之水灵里得力，并享受

---

① 《歌罗西书》3:3。
② 《以弗所书》1:20。
③ 《约翰福音》5:40。

圣徒特有的复兴。凭着这信，你能献上亚伯的祭，比常人所献的更美，"因此便得了称义的见证，就是上帝指他礼物作的见证"，证明这礼物是出自真诚的。①在别人像巴力的祭司那样因自己的祭物不焚烧而"自割、自刺"时，你却被感动以利亚的灵所感动，驾驭着默想的战车飞上高天，以至你的心、你的祭物都燃起熊熊烈焰，哪怕肉体和世人在其上泼满敌意之水。②莫要说，必死之人如何能上到天上？信心是有翅膀的，默想就是那战车。信心对你的祭物来说有如点火镜，而默想则使它对准了太阳；只是不要太快将你的点火镜移开，要让它在焦点上停留一段时间，你的心就必感受到那有福的效果。读者啊，每当你看到生气勃勃的基督徒，听到他热切的祷告和造就人的讲论时，难道不会想："这是多么蒙福的人啊！但愿我的灵也能处于这蒙福的光景之中！"在此我要奉上帝之命劝告你，正是让你的灵认真开始做这属天默想的功课，常在约旦河中洁净自己，使你患了大麻风、了无生气的灵魂复兴。这样，你才能"知道以色列中有上帝"③。只要你不是有意忽视上帝对你的怜悯，就必能活出饶有活力、充满喜乐的生命。

6. **常凭信心仰望天上的荣耀，是在一切苦难中最宝贵的强心剂。** 它借着振奋我们的精神，让我们的痛苦变得比较容易忍受，使我们能以忍耐与喜乐之心承受痛苦，且能坚定我们不因惧怕患难而离弃基督的心志。道路虽坎坷崎岖，但既是通向天国之路，难道我们还会觉得它漫长吗？有对未来安息的预尝相伴，就连疾病、羞辱、监禁，甚至死亡也会变得甘甜！它使痛苦只能伤及我们的肉体，却伤不到我们的灵魂。若不是尝到过些许安息的滋味（可惜太少！），笔者本人所受的痛苦就会剧烈难耐，死亡就会变得更加可怕。我完全可以这样说："我若不信在活人之地

---

① 《希伯来书》11:4。
② 参见《列王纪上》18:20—39。
③ 《撒母耳记上》17:46。

得见耶和华的恩惠，就早已丧胆了。"①我若不是因欢喜那安息的应许，"早就在苦难中灭绝了。有一件事，我曾求耶和华，我仍要寻求，就是一生一世住在耶和华的殿中，瞻仰他的荣美，在他的殿里求问。因为我遭遇患难，他必暗暗地保守我；在他的亭子里，把我藏在他帐幕的隐密处，将我高举在磐石上。现在我得以昂首，高过四面的仇敌；我要在他的帐幕里欢然献祭；我要唱诗歌颂耶和华。"②有这托住我们的喜乐，一切患难对我们来说就都算不得什么。当逼迫、惧怕使门徒大门紧闭时，基督就来，站在他们当中，对他们说："愿你们平安！"③保罗和西拉即使被下在内监里，身上打了许多棍，两脚上了木狗，他们的灵仍能生活在天。④殉道士们在烈火焚身之时，比他们威风一时、专横暴戾的逼迫者反更感到怡然自得；因他们预见到自己逃脱了地狱之火，烈火战车正载着他们驰向那安息之地。上帝的儿子既与我们同行，我们在烈火中就必安然无恙，这火反要吞灭将我们投入其中之人。亚伯拉罕"还不知往哪里去"，就顺服呼召，离开家乡，"因为他等候那座有根基的城，就是上帝所经营、所建造的"。⑤摩西"看为基督受的凌辱比埃及的财物更宝贵，因他想望所要得的赏赐。他因着信，就离开埃及，不怕王怒；因为他恒心忍耐，如同看见那不能看见的主。"⑥尚有圣徒宁可"忍受严刑，不肯苟且得释放，为要得着更美的复活"⑦。甚至连"为我们的信心创始成终的耶稣，（也）因着那摆在前面的喜乐，就轻看羞辱，忍受了十字架的苦难，便坐在上帝宝座的右边"⑧。

---

① 《诗篇》27:13。
② 《诗篇》119:92，27:4—6。
③ 《约翰福音》20:19。
④ 《使徒行传》16:22—25。
⑤ 《希伯来书》11:8，10。
⑥ 《希伯来书》11:26—27。
⑦ 《希伯来书》11:35。
⑧ 《希伯来书》12:2。

信心的超越之处就在于，它将手段与目的尽收眼底。我们不能忍耐、责怪上帝，其主要的原因就是我们两眼只盯着邪恶，而不能超越它而定睛在那更美之地。当年，凡只看到基督被钉十架，葬在坟墓里的人，都摇头叹息，以为他一败涂地；然而，基督的死、埋葬、复活与得荣耀，尽在上帝的视野之中。信心只要有应许的眼镜相助，在这方面是可以效法上帝。我们看到的往往只是上帝将我们埋在地下，却预见不到自己都要复活的春天。只要我们能清晰地远望天国，把天国看作上帝让我们遭际一切的目的，就必看到，他的做法没有一样是该令我们悲戚的。上帝哪怕愿将我们提上天国一次，我们也必会发现，尽管天国离罪有天渊之遥；然而天国与牢狱、放逐、大鱼之腹，与狮子坑或与重病、死亡近在咫尺。正如"亚伯拉罕欢欢喜喜地仰望基督的日子"①，我们在最孤独、绝望的困境中，也可以仰望基督赐我们安息的日子，且可以在这仰望中欢喜快乐。基督徒啊，我以福音的名义，为你灵里得安慰而力劝你，切莫空守着这属天的技艺不学，在你身临绝境时，最需要使用它。能像司提反那样"定睛望天，看见上帝的荣耀，又看见耶稣站在上帝的右边"的人，②必能神色自若地面对雨点般砸来的石头。因为，"靠耶和华而得的喜乐是你们的力量"③，喜乐必须到我们的喜乐之地去支取；而我们行走时若没有这能量作动力，又能走出多远呢？

7. "天上的国民"④是使周围人受益的基督徒。生活在异乡的人是多么高兴与同乡相聚，谈起他们的故土、故知、故事，他又是多么欢畅啊！当年约瑟得与自己的弟兄交谈，并问及父亲和弟弟便雅悯的近况时，曾怎样喜极而泣！⑤ 对基督徒来说，与神游过天国的弟兄交谈，问起他们天

---

① 《约翰福音》8:56。
② 《使徒行传》7:55。
③ 《尼希米记》8:10。
④ 《腓立比书》3:20。
⑤ 《创世记》43:26—34。

上的父及主基督，他们难道不是同样欢欣？属世的人只会谈论世界，政客只会谈论国事，学者只会谈论人类的学问，一般宣称信主的人只会谈论他手中的职责；而属天的国民谈论的则是天国，谈论其信心所望见的奇异荣耀，谈论我们不久将如何在荣耀中蒙福地相聚。他的描述对我们是何等的有助益又振奋人心啊！他的话能深深地打动并融化人冰冷的心，使听者变得判若两人！正如摩西的诗篇所唱："他的教训要淋漓如雨，他的言语要滴落如露，如细雨降在嫩草上，如甘霖降在菜蔬中。他的口要宣告耶和华的名，要将大德归与他的上帝！"①天上国民就天国的讲论如此馨香，有如一瓶极贵重的香膏，浇在基督的头上，令满室充满了它的香气，②周遭的人无不因之精神大振。

　　有一位属天牧者的会众是何等的蒙福啊！有一位属天的父亲或主人的孩子或仆人也是何等的蒙福！有一位属天同伴的人又是何等蒙福啊！他会警诫你的道路，在你软弱时坚固你，在你气馁时激励你，他也会用上帝赐给他的安慰来安慰你！③ 是他不断地吹旺你灵命的火种，将你的心吸引到上帝面前，并像撒玛利亚妇人那样对你说，"你来看，有一个人将我素来所行的一切事都给我说出来了"；他爱我们的灵魂以至于死。"莫非这就是基督吗"？④ 认识独一真神上帝的人不是有永生吗？⑤ 得见上帝的荣耀不是圣徒的荣耀吗？你要去到这人的家，坐他的席，他会以天上的珍馐飨宴你的灵魂；你要在征途上与此人同行，他会指引你去往天国之路，并在路上为你鼓劲；你要在世上与此人一起做生意，他会劝你去买那颗"重价的珠子"⑥。假如你屈枉了他，他记起基督怎样赦免对他的更大冒犯，就会宽恕你。假如你发怒，他想到主在天上温柔的

---

① 《申命记》32:2—3。
② 《马太福音》26:7；《约翰福音》12:3。
③ 《哥林多后书》1:4。
④ 《约翰福音》4:29。
⑤ 《约翰福音》17:3。
⑥ 《马太福音》13:45—46。

样式，就会温柔待你；即或他与你发生争执，他记起你们在天上必会是永恒之友，他也会很快与你和解。这是带有真正印记的基督徒，他周遭的一切都会因他而变得更好。相比之下，与其他各种基督徒的交往显得多么无益啊！若有人从天国而来，人们会多么渴望听他讲述彼岸的见闻，以及蒙福者在那边享受的一切啊！他们怎能不认为他是最佳的良伴，其讲道也是最有助益的呢？既如此，你为何不更看重与圣徒为伍，向他们请教，更喜欢他们的谈吐呢？圣徒都终有一日亲身前往天国，此前他们又何不在灵里时常光顾那里，何不以福音的望远镜常眺望它呢？就我而言，我情愿与有天国之心的基督徒为伴，胜过与学富五车的雄辩家或王侯贵胄般的大将军为伍。

8. **天上的国民比世上任何人都更能荣耀上帝**。子女若只能以豆荚果腹，以褴褛遮体，与流氓乞丐为伍，又怎能不说是父母的羞耻？我们若自称是上帝的儿女，却以地上的事为食物，灵魂的装束与世人的一样，我们的心也惯于混同于尘土，属于尘土，①而不常站在我们的父面前，难道不同样令我们的父蒙羞耻？若然，我们无疑是在作践自己君王儿女的身份，没有活出自己盼望的高度，也没有照着父家的供应和为圣徒所做的伟大预备而活。幸而我们的父有着慈悲心肠，他的儿女尽管衣衫褴褛，他依旧认他们做儿女。若不是他先引起对我们的兴趣，我们自己和别人都无法得知我们是他的子民。但若有基督徒能活在天上，灵里因那看不见的而喜乐，上帝会如何因这样的儿女而得荣耀啊！主必为他作见证，说：这人是信我的，他相信我的话是真，他还未得到我所应许的，就因我的应许而喜乐；他能因肉眼未见之事而感恩：他的喜乐在肉体之外；他的心与我同在；他渴望活在我面前，他必永远享受我的国度。"那没有看见就信的有福了。尊重我的，我必重看他。"②当迦勒和约书亚进

---

① 《诗篇》119:25。原文所用英文钦定版圣经中作"cleaveth unto the dust"。
② 《约翰福音》20:29；《撒母耳记上》2:30。

入应许之地，为弟兄们带回当地出产的果实叫他们品尝，又赞誉那地，鼓励以色列人上去的时候，上帝曾怎样因两位圣徒荣耀他而得尊荣啊！迦勒和约书亚后来得到的又是怎样美好的应许与报偿！①

9. **不思念上面之事的人是在违背上帝的命令，也不能明白上帝话语中最有恩典和最可喜悦的启示。**曾命令我们要信、要做基督徒的上帝，同样命令我们："你们当求在上面的事，那里有基督坐在上帝的右边。你们要思念上面的事，不要思念地上的事。"②不准我们杀人、偷盗、犯奸淫的上帝，同样不准我们忽略思念上面之事的重要功课；难道你竟敢故意违抗他吗？你在一些事上问心无愧，为什么在另一些事上就不然了呢？上帝不仅将此视为使你心安的手段，也把它视为你不可推卸的责任，这双重的约束可保守你不离弃上帝对你的怜悯。不仅如此，你若不思想上面的事，就会错过圣经对天国一切最荣美的描述，错过圣经对我们将受祝福的所有启示，也错过关于我们未来安息的所有宝贵应许。这些难道不正像圣经这穹苍上闪烁的群星，也是上帝书卷中的金句？在我看来，哪怕能得到整个世界，你也不可丢弃这些应许中的任何一条，万万不可。天国是上帝对我们一切慈爱的极致，同样，福音书就天国的应许则是福音的灵魂所在。上帝亲口说的充满安慰的话字字千金，世上所有安慰的话在它们面前都形同乌有。难道你竟可以忽视这些宝贵话语，对它们置若罔闻？上帝何以将自己如此之多的旨意启示给我们，事先把我们将得的大喜乐告诉我们？还不是为"叫我们的喜乐可以满足"③？若不是为让我们预知未来的祝福而心里充满喜乐，他本可以对他的旨意秘而不宣，在我们享有祝福之前完全不让我们知道。即使在我们得到自己的安息时，他也可以将这安息的永久性向我们隐藏，那样，害怕失去它会冲淡我们心中喜乐之甜蜜。但我们的父乐于公开自己的旨意，让我们了解他

---

① 参见《民数记》第 13—14 章；《约书亚记》14:6—15。
② 《歌罗西书》3:1—2。
③ 《约翰福音》15:11。

的心意，使我们的喜乐得满足，让我们能像国度的承受者那样生活于世。既如此，我们难道还能对它置若罔闻？我们难道还能活在属世的忧虑愁苦中，不为主写下而非隐藏这些启示而庆幸、感恩吗？国王若只是在封你为贵族的文件上加盖了印玺，你的眼光也会时常投向那封状，喜不自禁地仔细端详它，直到你实际得到那殊荣！至高的上帝已为你进入天国的特许状上加盖了印玺，难道你竟将它束之高阁，忘于脑后？诚望我们的心能与我们的盼望同高，我们的盼望又能与上帝颠扑不灭的应许同高！

10. **上帝既百般顾念我们，我们的心理应同样顾念他。**荣耀之主既然能如此降卑，关切我们这满是罪污的泥土，我以为，我们就该愿意听从劝告，常思念基督及其荣耀，并日日在爱慕中升到他那里，正如他曾从天上为我们极大地屈尊降卑一样。基督徒啊，你难道没有察觉到上帝在顾念着你？即便是在你既忽略了自己也忽略了他的时候，他依旧在以温柔的爱顾念着你。他难道不是每日以怜恤陪伴着你，感动你的心，供养你的身体，并保守你的身心？他难道不总是用慈爱的臂膀承托着你，并应许说："万事都互相效力，叫爱上帝的人得益处？"①他对你的每个作为都是为你的最大利益而量身定做，还"吩咐他的使者在你行的一切道路上保护你"②。你怎能耽于尘世之乐，忘记没有一刻忘记你的主呢？这是何等的不仁不义！请听上帝是如何谈论他对我们的恩慈的："锡安说：'耶和华离弃了我，主忘记了我。'妇人焉能忘记她吃奶的婴孩，不怜恤她所生的儿子？即或有忘记的，我却不忘记你。看哪，我将你铭刻在我掌上，你的墙垣常在我眼前。"③但论到我们对他的态度，情形则是大相径庭："处女岂能忘记她的妆饰呢？新妇岂能忘记她的美衣呢？我的百姓却忘记了我无数的日子。"④他仿佛是在说："你清早起来不会不记得遮

---

① 《罗马书》8:28。
② 《诗篇》91:11。
③ 《以赛亚书》49:14—16。
④ 《耶利米书》2:32。

盖自己裸露的身体，也不会忘记自己浮华的衣饰；这些难道比你的上帝还有价值吗？难道比你永恒的生命还重要吗？然而，你却日复一日地忘却你的上帝和你永恒的生命。"莫要再让上帝规劝我们了，却要让我们的灵每天清晨都专诚拜见他，让我们的心每时每刻都朝向他。

11. **我们的福祉是在天上，我们与天国关系密切**，这些都值得我们的心常常思念。天国里有我们的父在听政。我们呼求他："我们在天上的父。"①沉湎于世上的戏耍而对这样一位父无心的，是不配的儿女。天上有基督——我们的头、我们的丈夫、我们的生命；难道我们不该尽可能多地仰望他、常为探看，直到我们见他面的那一日？既然"天必留他，等到万物复兴的时候"②，也求天留下我们的心，让我们与基督同在。彼处尚有"那在上的耶路撒冷，她是我们的母"③。天上还有我们无数的基督徒先贤。那里也有我们的老朋友、老相识，他们在肉身里时，我们是那样喜欢与他们在一起；他们从地上离开时，我们是那样伤悲；这一切难道不让你向往吗？他们如果仍在地上可及之处，你必定会前去拜望他们；那么，你又何不在灵里更经常拜望他们，想到在天上见到他们就早早地喜乐呢？有位敬虔的老牧师曾经说："苏格拉底为自己即将死去而欢喜，因他相信死后会见到荷马、赫西奥德，及其他名人。我则更会为自己的死而欢喜快乐得多，因我无疑要面见真体中的基督——我的救主，上帝永恒的爱子；还要见到众多智慧、圣洁、载誉天下的族长、先知和使徒。"信徒的指望应当在天国，常默想历代圣徒蒙福的盛景，并这样思量："尽管我尚未享有与你们同在的福气，但那是我每日的安慰——你们是我在基督里的弟兄和肢体，所以你们的喜乐就是我的喜乐，你们的荣耀因我们的亲密关系也是我的荣耀；尤其是因为我与你们同信一位基督，同守一个信念，有着使你们显贵的同一顺服，并在灵里与你们同

---

① 《马太福音》6:9。
② 《使徒行传》3:21。
③ 《加拉太书》4:26。

乐，在每日的默想中庆贺你们蒙福。"

更何况，我们的居所和家乡都在天上，"我们原知道，我们这地上的帐棚若拆毁了，必得上帝所造，不是人手所造，在天上永存的房屋"。既如此，我们何不多眺望那永恒的家乡，何不"在这帐棚里叹息，深想得那从天上来的房屋"呢？① 我们地上的家虽与天上的不能比，我们也会记得它，因为那是我们的家。倘若我们被流放到一片陌生的土地，我们的心会怎样时常地思念家乡啊！天国于我们又何尝不是如此？我们必将在那永久的居所而不是在这地上安身，我们随时可能离开，且不再见到这地上的家，天上难道不才更是我们名副其实的家吗？在地上我们是寄居者，天上才是我们的家。我们是后嗣，天上有我们的基业，且是"不能朽坏、不能玷污、不能衰残，为我们存留在天上的基业"②。在世上，我们常活在无休止的危难与匮乏之中，天上却有我们取之不尽的家业，而且是"更美、长存的家业"③。不仅如此，我们灵魂的盼望也全然在天上；我们摆脱不幸的所有盼望，我们在痛苦时对幸福的所有盼望，都是"那给你们存在天上的盼望"④。亲爱的弟兄姊妹们啊，在天上我们有着如此多的福分，又怎能这样少地思念那天国呢？我们与天国的关系如此密切，怎能对它如此冷漠呢？我们以与客旅相伴为欢，因此忘记了我们的父、我们的主；我们以恨恶我们、使我们伤痛者为乐，因此忘记了自己最卓越、最亲爱的朋友们；我们对借来的小玩意儿爱不释手，因此忘记了自己永恒的喜乐与安息，这难道是合乎情理的吗？上帝常以对我们的所有权为由，得出结论说，他必做对我们有益的事，只因我们是他的子民，是他从全体世人中拣选出来的。因此，我们难道不该以在他里面的福分为由，让我们的心升到天上，只因他是我们的神，只因天国才

---

① 《哥林多后书》5:1—2。
② 《彼得前书》1:4。
③ 《希伯来书》10:34。
④ 《歌罗西书》1:5。

是属于我们的家园呢？人们往往过于珍爱、过于看重自己眼前的事，对它们过分在意。巴不得我们能更在意自己的永恒基业，看重它哪怕只有它配得的一半！

12. 再请你仔细想想，除天国之外，其实并不存在什么值得我们念念不忘的事。如果上帝得不到我们的心，又有谁该得到我们的心？如果你不在意自己的安息，又该在意什么？你可曾找到什么别的神或别的事，能取代安息，为你带来福分？你在世间可曾找到过永久的幸福？这幸福在哪里？是由什么构成的？有谁找见了它？新近享受到这幸福的又是谁？此人家住何方？姓甚名谁？抑或你是那开天辟地第一个在世上找到天堂的人？可怜的人啊！不要相信你找到的东西，在经验容你夸口之前，你就不要再夸口。切莫再为寻找地上并不存在的事而心焦了，免得你在习得惨痛经验的同时损失了自己的灵魂。其实，你大可不必付出这样大的代价，从上帝话语的警示中，从在你以先成千上万失丧之人的经历中，你都能找到答案。假若撒旦带你到山上受试探，"将世上的万国与万国的荣华都指给你看"①，你在其中找不到一样值得你日思夜想的，更找不到一样可与你的安息媲美的。当然，只要我们的责任和日常生活还少不了地上的事，我们就须安心关照它；可谁又该让自己受世事局限的禁锢呢？但我们若是紧抱住对世间忧虑和思念不放，就会发现其中最小的也会令人痛苦和沉重不堪。基督徒啊，你当看清所有世事的虚空本质，看清天上之事何其宝贵。你的心思如是像蜜蜂那样忙碌不停，一朵花、一朵花，一个受造物、一个受造物地找遍整个世界，回家时必定带不回一点花蜜或甘甜，除非你的心是在从你与永恒的关系中采蜜。上帝的真理尽管都是宝贵的，都值得我们为之辩护；但即便是我们对真理的寻求，也当同样与我们的安息相关；因为，"凡喜爱在信仰的问题上争执的人，均未被上帝之爱的哪怕一点火星打动过"；这观察是千真万确的。至于关

---

① 《马太福音》4:8。

心"教会和国家事务",只有当它能体现上帝的旨意,有助于福音的扎根,有助于基督的管理,其结果导致的是我们和我们后代的灵魂得救,才值得我们用心关注;只因这些与永恒密切相关。我们与世界的全部往来,我们的买入卖出、吃喝、建筑、嫁娶、和平、战争,只要与来世无关,只是为了满足自己的肉体,就不值得基督徒经常用心。至此,你的良心是否在告诉你,除天国及天国之路以外,没有任何事值得你念念不忘的呢?

那么,读者啊,以上诸方面是否值得你认真考虑?笔者是否证明了,时时以天国的事为念乃是你的责任?你的回答若是否定的,我敢断言你是在与自己的良心唱反调。你若承认自己负有此责任,却又偏要忽视你口称负有的责任,你的口就将定你的罪,你所承认的也将在那审判中指控你。满心愿意行使自己的责任,事情就等于做了多一半。接下来,我要给你一些明确的指导,以助你投入这美好的操练。不过,除非你愿意将这些指导付诸实施,即使提到它们也属枉然。尽管如此,我还是要将这些指导提供给你,并求主说服你的心去投入这项工作!

第十二章
指导如何在地上过属天生活

本章提要　　一、在地上过属天生活的障碍是：1. 人活在任何自己明知的罪之中；2. 怀有属世的心；3. 与不信的人相伴；4. 信仰只停留在观念上；5. 骄傲自大的心；6. 懒散怠惰的心；7. 只停留在对属天生活的预备上，而非真正进入属天的生活。二、为增进属天生活，应尽如下的义务：1. 确信天国是自己唯一的财宝与福分；2. 下功夫去了解自己在天国的福分；3. 认识到天国已不远；4. 经常而严肃地谈论它；5. 在各种属灵操练中努力，使你的爱心更亲近它；6. 以各种事物、事件提醒自己未来的安息；7. 多像天使那样做颂赞上帝之工；8. 让上帝的爱无法测度的信念占据你的心；9. 细心留意并珍视圣灵的感动；10. 也不要忽视对身体健康的应有关注。

你既然看重属天生活带来的安慰，在此，我就必须奉上帝之命，要求你担负起小心避开某些危险障碍的责任；你还要忠心、勤奋地做一些特别有助于你得到属天生活的**功课**。

一

我们首先来共同思考在地上过属天生活应竭力避开的障碍。

1. **活在任何自己明知的罪中**，对属天生活都会是莫大的障碍。它对你的灵魂极为有害！它能毁掉你的喜乐！对你的恩典带来极大的破坏！它能极大地干扰使你灵魂得力的属灵操练！基督徒读者啊，你是否在对自己的良心施暴？是否在忽视自己明知当负的责任，无论这是对大家的，对个人的，还是无人知晓的责任？你是否在受自己的嗜欲或其他支配你的肉体感官的奴役？你是否在以骄傲寻求别人对你的尊敬？你是否暴躁易怒，任何言语、眼神、自觉受轻视都会令你陡升怒气？你在与人交易中是否有欺诈，或不择手段以求致富？诸如此类的罪在你若属实，我敢说，天国与你的灵魂就判若云泥。"你眼中的梁木"①因此不容你仰望天国；它会成为你与上帝之间的密云。你若当真要尝试仰望永恒，让自己因来世而振奋，你的罪就马上会两眼直视着你，说："这些不属于你。你如此以肉体的情欲为乐，又怎能从天上得安慰呢？"这会彻底熄灭你的喜乐，想到那日子、那国度会成为你的烦恼，而不是美事！每个明知故犯的罪对于你的喜乐来说，都像是浇在火上的水，你希望让火烧旺，反会熄灭它。罪只会把你变得不适合，也无能力过属天生活，令你不再能飞升到属天的默想中去，更甚于鸟儿折翅不再能高飞。罪能从根本上斩断人属天生活的肌肉。且不知，你因此失去的是怎样的生活！你为廉价的情欲出卖的是每日何等大的喜乐！只有到天国与地狱相接，上帝变得喜爱罪恶时，你才可能活在自己的罪里，才可能一边袒护自己的败坏，一边预尝天国的荣耀，享受天上的生活。你务必要小心，免得让罪恶把你关在天国之外，正像它把你的心关在天国之外一样。即使你没有犯罪，在内心找不到起支配作用的罪，也有必要想一想，你自己若属于上述情形，该是多么悲惨的事！你因此要格外坚决地避免罪恶上身，远离各种试探。我们是何等需要日日这样向上帝祈求："不让我们陷入试探，救我们脱离那恶者！"②

2. **属世之心**是另一种必须谨防的障碍。你的心不可能既以上帝为乐，又以玛门（金钱）为乐，既以世界为乐，又以天国为乐。在属天信

---

① 《路加福音》6:42。
② 《马太福音》6:13（圣经新译本）。

徒在上帝里蒙福，并在未来荣耀的盼望中欢喜快乐的同时，你或许在以属世的成功为福，并在地上兴旺的盼望中欢喜快乐。在属天信徒将思念永远与他同住的基督、天使、圣徒当作内心的安慰时，你或许把财富当作自己的安慰，在查看你的现钞、债券、货物、畜群、房产中得安慰，从讨好大人物、拥有大片田产、为子孙的丰饶预备、家族的发迹、侍从的增添等想法中得安慰。基督既称那说"灵魂哪，你有许多财物积存，可作多年的费用"的人为"无知的人"，①你明知如此，还要对自己的心说同样的话，岂不是比基督说的那人更有甚之吗！你自己来判断，那无知之人的话与你所爱有何区别？不要忘记，你是在同那"鉴察人心"②的打交道。可以肯定的是，你在何种程度上以地上的安息为乐，抱住它不放，你的以上帝为乐就在何种程度上受减损。你属世的心或许与你外在的信仰表白和一般侍奉并不相悖，然而却无法与信徒属天的追求相容。你自己知道，一旦你急于换得全世界，你对天上喜乐的思念就变得稀少、冷漠、粗略而有保留。

　　看似虔诚的人为数不少，他们是在何等愚蠢地引咒诅上身啊！他们让自己陷入众多的事务，以致劳碌重压着他们，思虑挤占了他们的心，如同背负着大山行进，他们的灵魂无力与上帝交通；他们像肉身无法飞升到太空一样，不适合在默想中飞升到天国里去。他们在失去或曾有过的在地如在天的生活时，往往会拾起一些陈腐的论调，以证明自己的做法是合理合法的；而事实上，他们无法证明如此。尝过属天生活之乐的基督徒啊，我力劝你，你若想更多地品尝属天之乐，就要远离这属世之心的毁灭海湾。一旦你进入这"想要发财"的海湾，"就必陷在迷惑、落在网罗和许多无知有害的私欲里"③。你要像对待身上的外套那样对待这些事，必要时就将它脱下，搁置一旁；对上帝和天上的荣耀却要时刻

---

① 《路加福音》12:19—20。

② 《罗马书》8:27。

③ 《提摩太前书》6:9。

上心。你一刻也不要忘记圣经中的这些话:"岂不知与世俗为友就是与上帝为敌吗? 所以凡想要与世俗为友的,就是与上帝为敌了"①;"不要爱世界和世界上的事。人若爱世界,爱父的心就不在他里面了。"②事情就是这样显而易见,忠心领受它的人有福了!

3. 要谨防与不信的人为伴。我不是要劝阻你与他们必要的来往,或在他们身上行使爱心的责任;更不是要劝阻你为他们灵魂的益处而努力,只要有机会、有希望,你就该这样做;也不是让你得出他们是狗、是猪的结论,从而逃避责备他们的责任;甚至只要他们有一丝改变的希望,你也绝不该那样论断他们;我尤其不认同那些尚未以忠心和爱心劝诫人,也许还不认识或同他们说过话,就以猪狗论断他们的人。我要劝阻你的是,在不必要时与不信之人相聚,或与对你不利的伙伴过往太密切。不仅与亵渎上帝的、诅咒发誓的、酗酒的、与敬虔为敌的人交往于我们有害,这些人是我们首先要远离的;而且彬彬有礼、品性端正的人其生命空虚而不造就人,过于频繁地与之交往,也会在很大程度上使我们从天国分心。我们需要经常不断且强有力的帮助,是我们堕落的本性使然。倘若石头或土块能自胜其力而升空,在空中飞行,我们的心才能自胜其力而向天国移动。你无须拦截飞向天空的石头,你只要不为它助力就足够了;同样可以肯定的是,我们的心若没有强大的助力,即便不遇到一点阻拦,也极容易停止向上飞升。所以在选择与谁人为伴时,务必请君三思! 等到你的心对天国已趋之若鹜时,无须帮助它也能上腾,恰似火焰总是向上燃烧,还能点燃它所触及的一切,只有到那时,你才可对与谁为伴少些顾虑;但在此之前,你若向往属天生活之乐,就要在这方面谨慎。听人谈论市场行情、天气、未来趋势、轰动一时的新闻,于你的属天生活又有何益? 那些都是世人之谈。听人谈论这是一位有能

---

① 《雅各书》4·4。
② 《约翰一书》2:15。

力的牧者，那是一位杰出的基督徒，这是一篇出色的讲道，那是一本好书，或是听人谈论某些晦涩又无关宏旨的争论，于提升你的心到上帝面前又有何益？这些多半是你从徒有其表的、投机型的或只是嘴上相信而心仍是死的一类人那里听到的动听话题。不仅如此，你若新近才在默想天国的蒙福喜乐上心开始发热，这类谈话难道不会再次麻木你的感动，冷却你的心吗？我要吁请凡参加过如此议论的人对过后自己灵里的光景细加观察。人不可能津津乐道于一件事，同时又以另一件事为念，特别是在两件事性质迥异的情况下。年轻人尤其易受这种诱惑，因此当认真思考我的话；你怎能一边让自己的心遨游天际，一边又在酒馆里跻身喧闹的伙伴之中，或在自己的店里与满口脏话、"淫词、妄语和戏笑"①的人共事呢？绝无可能。我还要告诉你，你若是在上行的同时选择了这种伙伴，还乐在其中，就说明你还远未进入属天的生活，到目前为止，你的心还根本没有资格到天上去，而且在这种光景中也永远无法到天国里去。你的财宝若是在天上，你的心就不可能在与之大相径庭的事情上。总之，我们的同伴是我们天上福分之一部分，在我们上行的途中，与谁为伍尤其关系着我们是向上长进，还是受阻而流于失败。

　　4. **要避免在次要真理上争论不休，也不要让信仰停留在观念上**。在信仰的非本质问题上激烈争论的人，通常都对属天生活知之甚少。信仰只局限在自己的观念之中的人，会频繁而慷慨激昂地谈论自己的观点；而信仰建基于自己在基督里对上帝的认识与爱的人，会以极大的兴致谈论未来享有基督和上帝的蒙福时刻。这才是罕有而宝贵的基督徒，他能娴熟地运用自己清楚知晓的真理。因此，我建议凡追求属天生活的人，不要在与自己的灵魂不太相干的问题上花费过多的心思、时间和热情去争论，或谈论过多；相反，在假冒为善者以糠皮充饥的同时，你却要以天上的喜乐为食。但愿有能力为上帝的每个真理抗辩的人，为此能更多地

---

① 《以弗所书》5:4。

读经、思考；即便如此，我仍愿他们用精力思考主要真理，不要将心思浪费在永恒以外的问题上。人们争论最少的往往是至关重要的问题，这些才是我们的灵魂不可或缺的，也是对我们常有助益的。因此，圣经中的这类训词我们当悉心思考："信心软弱的，你们要接纳，但不要辩论所疑惑的事"①；"惟有那愚拙无学问的辩论，总要弃绝，因为知道这等事是起争竞的。然而主的仆人不可争竞"②；"要远避无知的辩论和家谱的空谈以及纷争，并因律法而起的争竞，因为这都是虚妄无益的"③；"若有人传异教，不服从我们主耶稣基督纯正的话与那合乎敬虔的道理，他是自高自大，一无所知，专好问难，争辩言词，从此就生出嫉妒、纷争、毁谤、妄疑，并那坏了心术、失丧真理之人的争竞。他们以敬虔为得利的门路。属上帝的人要逃避这些事。"④

5. 你还要**警惕骄傲自大的心**。骄傲的罪与上帝水火不相容，只要这罪在你心里占了上风，你就绝对无法让自己的心亲近上帝，上帝也不会亲近你的心。骄傲既能将天使赶出天庭，也必能将你的心排除于天庭之外。骄傲既能将我们的祖先逐出乐园，使上帝与我们人类分离，并为世间凡受造之物带来咒诅，它也必能将我们的心排斥在乐园之外，还要使受咒诅者与上帝的分离加剧。与上帝交通必使人谦卑，而谦卑能增进人与上帝的交通。人若习惯于常与上帝同在，悉心考察上帝荣耀的属性，就必会"在尘土和炉灰中厌恶自己"⑤，而这自我厌恶则是人重得接纳的最好预备。因此，在谦卑己心的一天过后，或是在患难中最感到卑微之时，人到上帝面前往往最畅行无阻，也最能品尝到属天生活之甘甜。上帝喜悦的是"虚心痛悔，因我的话而战兢的人"⑥；人的喜悦在乎上帝；哪

---

① 《罗马书》14:1。
② 《提摩太后书》2:23—24。
③ 《提多书》3:9。
④ 《提摩太前书》6:3—5, 11。
⑤ 《约伯记》42:6。
⑥ 《以赛亚书》66:2。

里有这相互的喜悦,哪里就有最慷慨的接纳、最热情的款待和最经常的交流。相反,上帝绝不住在骄傲人的心里,也不会容这样的心接近他。正如经上所言的,"耶和华从远处看出骄傲的人"①;"上帝阻挡骄傲的人,赐恩给谦卑的人"。②骄傲之心在狂妄中自高,妄自尊大,他们寻求的是自己的私欲;谦卑之心却因以上帝为尊才真正高贵,他们寻求的是圣洁。这两种心截然相反,正如我们所知,战争多发生于君主和君主之间,而不是发生在君主与农夫之间。

那么,在你自己眼中,你是不是值得看重的人呢?听到别人推崇的话时,你是否备觉欣喜?听到别人轻看你的话时,你是否倍觉懊丧?你是否喜爱最尊敬你的人,厌恶不尊敬你的,哪怕他们是敬虔而诚实的人?你周遭的人是否都必须投你所好,受你判断的支配,把你的话当作金科玉律?你的话、你的意愿若遭否定,你是否会怒火中烧?你是否容易把谦卑看成低三下四,当你对上帝犯了罪或伤害了弟兄时,你是否不知谦卑认罪?你是否常以冷眼看待虔诚的穷人,将与他们相伴看作羞耻?你是否既能在高位上,也能在低位上侍奉上帝?你克制自夸是否出于谨慎多过谦卑?你是否期望所有人的目光都集中在你身上,期望听到人们这样说:"那位就是他?"你是否看不到己心之诡诈与败坏?你是否为自己的清白辩解多,引咎自己、承认错误少?你是难以忍受人们的直言责备,还是将此看作别人以真诚待你?如果你内心无法否认有以上病症,你就是骄傲的人。你心里有太多的地狱,因此并不了解天国;你的灵魂与魔鬼太相似,因此无法与上帝亲近。骄傲之人把自己奉为神,立自己为自己的偶像;既如此,他的爱慕如何可能在上帝身上?他的心又如何能在天上?他的口可以杜撰或学效别人说谦卑、属天的话,但他灵里的天国一点也不比他的谦卑更多。我之所以在此问题上着墨较多,是因这

---

① 《诗篇》138:6。

② 《雅各书》4:6。

是最常见、最危险的道德败坏之罪,也最易酿成背信的大罪。

　　基督徒啊,你若想要常活在你主面前,就要让你的"自我"躺卧在尘土中死去,主会将你从那里扶起。主对我们的训诲是:"我心里柔和谦卑,你们当学我的样式,你们心里就必得享安息。"①否则,你的心就会"好像翻腾的海,不得安静"②;你非但得不到在上帝里面的喜悦,你的骄傲反会使你充满无休止的不安。谦卑做"小孩子"的人必在天国里成为最大的,他今生也能最多地预尝到那个国度。上帝"与心灵痛悔、谦卑的人同居,要使谦卑人的灵苏醒,也使痛悔人的心苏醒"③。所以,你"务要在主面前自卑,主就必叫你们升高"④。纵令"人使你降卑,你仍可说,必得高升;谦卑的人,上帝必然拯救"⑤。

　　6. 怠惰懒散的心是属天生活的另一障碍。而且我确实地认为,对于有良好悟性的人来说,最大的障碍莫过于灵里的怠惰。如果这只是活动活动身体、动动嘴、屈屈腿的事,人们登上天国就会像造访朋友一样平常。然而,要想使自己的思念与爱慕远离世界,唤起自己所有的恩典,让各样恩典都因用在应有的目标上而得以加增,且坚持不懈,直到这工作在我们手中得成功,则实属不易。读者啊,天国位于你的正上方,你以为无须艰辛和坚强的意志就能完成这急遽的升攀吗?你躺着不动,无须努力,难道就能让属世的心到天上去,将后退的心思意念带到上帝面前去吗?你若是躺在山脚下,眼望着山顶,但愿自己置身那山顶上,就能达到目的,那就天天能有人做天国之旅了。然而,"天国是努力进入的,努力的人就得着了"⑥。完全得到天国须靠努力,得到这初熟的果子同样须靠努力。即便我不告诉你,你自己难道就没有如此体会吗?你若

---

① 《马太福音》11:29。
② 《以赛亚书》57:20。
③ 《以赛亚书》57:15。
④ 《雅各书》4:10。
⑤ 《约伯记》22:29。
⑥ 《马太福音》11:12。

不极力驱策自己的心，它会自动上行吗？你明知天国是自己唯一的盼望；因为世上的任何事都不能为你带来安息；而且你的心若只是偶尔想到天国，从那里也得不到什么安慰；你本该在天国行走，与上帝同在，难道却偏要贻误时机，在地上蹉跎？你既赞赏属天生活的甘甜，又将过属天生活的人判断为最优秀的基督徒，难道自己却从不尝试照着行吗？懒汉会一边在床上伸着懒腰，一边喊着，"巴不得我在勤奋工作！"你也同样，一边若无其事地空谈，一边虚度光阴，还说，"巴不得我能让自己的心升到天上！"有多少人在读书、听道时，期望获知比在圣经里可找到的更简易的方式或捷径来得到安慰啊！有多少人要求提供属天生活的指导，若只是听过指导就足够了，他们就都可成为属天的基督徒了；我们若是指明他们该下的功夫，告诉他们无法以更便捷的方式得到属天的快乐，他们就会像那少年人一样忧忧愁愁地离开我们。①

　　读者啊，你若确信这操练是得到心安的必由之路，就要立志身体力行。你的心若是退却，你就要以理智的命令迫使它前行；你的理智若是开始争辩，你就要向它出示上帝的命令，并用自己的需要以及前章供你考虑的各点激励自己。不要让无与伦比的财宝只因你将双手揣在口袋里，而徒然摆在你面前；也不要让你本可成为盛宴的生命，只因你不劳动自己，而成为无休止的烦恼。不要徒让安慰摆在你眼前，你却郁郁寡欢地坐着不肯动，如同一个置身百花园中的人，既不起来采摘花朵，也不去欣赏花朵的芬芳。基督的确是生命之泉，这是毋庸置疑的；但那井很深，你只有把水打上来，才能用以解渴。诚然，你若是属灵的，就无须这番发奋努力；但你在某种程度上仍是属肉体的，只要这是事实，你就有辛勤努力的必要。　帕提亚人有一种习惯，即父母每早若不见儿女脸上劳动的汗水，就不给他们饭吃。你会发现这也是上帝通常的做事程序——儿女若不开始辛勤寻求，他就不让他们尝到这属天的喜乐。因此，你要做

---

① 《马太福音》19:22。

出判断，属天生活与你肉体的安逸哪样更美好，从而做出明智的决定。不过，请容我再补偿几句，作为对你的勉励。你无须比现在动更多的脑筋，只要将头脑用在更美好、更可喜悦的目标之上。你眼下每日用在世事上和用在虚浮、无关紧要的事上的许多认真思虑，若是用在来世其美无比的荣耀之上，你的心就离活在天上不远了。就总体而言，"懒惰人的田地，荆棘长满了地皮；①懒惰人的心愿，将他杀害，因为他手不肯做工；②懒惰人说：'道上有猛狮，街上有壮狮。'门在枢纽转动，懒惰人在床上也是如此。懒惰人放手在盘子里，就是向口撤回也以为劳乏。"③不同之处仅在于，我们谈论的是用生命的粮喂养自己。懒于做属天的努力不是在丢弃上帝赐我们的安慰，从而丢弃买来这安慰的宝血，又是什么？因为"工作懒惰的，是灭亡人的兄弟"④。你要将这话应用在自己的属灵操练上，深刻思考其含义。

7. 在对属天生活完全陌路的同时，我们却常满足于为这生活的预备，这也是一种危险，而不易发现的障碍。我们往往刚开始学习属天之事，研究其概念，或仅是在彼此谈论这些事，便觉得这就足以使我们成为属天的人了。对于从事带领别人灵修，特别是传讲福音的人而言，这是再危险不过的了。这些人又是多么容易受蒙蔽啊！他们只是在阅读、研究有关天上的事；传讲、祈求、谈论天国的事，就说："难道这还不是属天生活吗？"差矣！所有这些都仅仅是属天生活的预备；这只是准备建筑材料，而不是建造房屋本身；这只是为他人收集吗哪，而不是亲身享用、消化吗哪。就如同有人坐在家里能画出各国准确的地图，却从未亲眼见过或游历过那些国家一样；你也可能为别人描绘出天上的喜乐，自己的

---

① 《箴言》24:30—31。
② 《箴言》21:25。作者使用英王钦定版中作："The desire of the slothful kills him; for his hands refuse to labor."
③ 《箴言》26:13—15。
④ 《箴言》18:9（圣经新译本）。

心却从未靠近过它。就像盲人只要经过学习,也能就光、色与人辩论一样;你同样可以为别人阐释天上的大光,自己的灵魂却并未得其光照;你甚至可能在自己会众的心里点燃属天之火,自己的心却并未因这火而变得火热。巴兰的预言里有多么美好的属天片断啊!① 可这些并没有进入他的心。不仅如此,比起其他人,我们面临着一种更隐蔽的诱惑,它拖住我们,令我们不得进入属天的生活。研究、传讲天国较比心中思念、口中谈论属世的事看起来与属天生活更相似,这相似很容易蒙蔽我们。这就好比正因我们桌上有面包,所以才悲惨地死去,而且是饿死的;又好比为别人从井里打水,自己却干渴而死;我们以为每天与水打交道就够了,自己却从未喝进去,以振兴自己的灵魂。

二

以上既说明了阻拦属天操练的各种障碍,我便指望你下决心加以防范,认真对此加以思考,并真心实意地避开这些障碍,否则你的努力便会成为枉然。我还必须告诉你,你若看重预尝天国带来的欢喜,我在此便期待着你做出承诺,凭良心履行如下具体责任:

1. 你要确信天国是你唯一的财宝与福分,还要努力了解它是怎样的财宝与福分。若非相信天国是人的终极福祉,你永远不会思念它;而且这信念必须渗入你的情感,因为它如果只停留在观念上,就不会有什么作用。夏娃当初假设禁果比爱上帝、享受上帝更有价值,那禁果比上帝更令她倾心就不足为奇了。在你的判断中,你若看肉体之乐重于与上帝同在的喜乐,你的心就绝无可能在天上。由于不了解地上之事的虚空性质,人们常过高估计其价值;同样也是由于不了解天上喜乐之大,人们才对其置若罔闻。如果你看到一袋金币,却相信那只不过是些用以计数的工具,就无从诱发你对它的欲求。因此,并非事物本身的美好,而是

---

① 《民数记》第 23—24 章。

认识到其美好才能引起人们的渴慕。愚昧人若见到一本含有艺术或科学奥秘的书籍，由于对其内容一无所知，只会把它看作平常书一本；对其内容有所了解的人却会珍视它，甚至为读这本书而废寝忘食。犹太人处死了他们苦苦等候的弥赛亚，只因不认识他；世人同样苦苦寻求安息，忙碌地追求享乐和幸福，只因他们不知道什么才是安息；他们若是彻底了解了这安息，就不会如此轻看这永恒的财宝了。

2. 你要力求知道，天国是**属于你自己的福分**。我们虽对享有天国感到失望，却可能承认那是人的最佳结局；倘若我们发现得到它是大有可能的，或许就会渴慕它、寻求它；不过，在我们从某种程度上相信它是属于我们自己的之前，就不会因它而欢喜快乐。赤身露体的人看到别人的盛装能算是什么安慰呢？无处栖身的人看到别人的豪宅能算是什么快乐呢？这些岂不反会加深他的哀愁，使他更加感到自己的不幸？因此，对一个了解天国之荣美却不知自己能否享有它的人来说，这了解或许能提升他对天国的渴望，促使他去寻求，却不会因之感受到什么喜乐。有谁会去记挂别人的财产？你的房屋、物品、畜群、子女若都不是你自己的，你就不会对其如此在意，也不会以它们为乐。基督徒啊！在你能称属天安息为自己的之前，千万不要止步；你要把你的心带到审判台前，将历代圣徒作为天国子民的资格放在一边，将你自己的灵魂放在另一边，分辨两者相像的程度如何。你现在就要用那大日子接受审判时的话来审判自己。更不要错看圣经对圣徒的描述，这样你就不会在错误的基础上，判自己为无罪，或定自己为有罪。因为无根基的盼望易导致错误的判断，这正是使多数人下地狱的最主要原因；而缺乏根基的怀疑同样易导致错误的判断，这也正是使圣徒困惑、忧愁的主要原因。所以，为能做出可靠判断起见，你首先要奠定好根基，然后审慎而坚定地推进这项工作，在你能判明自己有资格还是没资格得到这安息之前，你不要半途而废。人们若是能真知道上帝是他们的父，基督是他们唯一的救主和头，上帝和基督所在的天国就是他们永恒的住所，他们将永远居住其中，在其中欢喜快乐；预想天国时，怎能不心驰神往啊！基督徒仰望太阳、月亮、群星时，若能在基督里把这一切看作是自己的，说："这些都是我主为我预备的祝福，而且还有比这些更伟大无比的祝福"；他灵里感受到的则会是怎样圣洁的欢喜啊！

有些人为自己的不信辩护，对上帝怀有不信任感，对自己的救主怀有不公正的想法；有些人对圣约的描述就仿佛它事关人的行为，而不是上帝的恩典；有些人将基督描述成敌人，而不是拯救者；主基督分明是在频繁而亲切地召唤世人，并担当了世人自己当受的痛苦，却被说成似乎他情愿看到人们因不信而死。我们人是何等的败坏！我们本该在他的爱里欢喜快乐，却不停地猜忌他；就仿佛在基督拣选人之前，谁都能选择基督，谁都比基督更愿意让他自己蒙福。丢弃这些不是亵渎就是诽谤的想法吧！你心里只要有这类的想法，就要将它抛得远远的，还要小心别再产生这类想法。上帝已将他子民的名书写在天，就如你将自己的名写在、刻在你的财物上一样；难道我们非要将自己的名从天上抹掉，写在地狱之门上不可？但"上帝坚固的根基立住了"；他因着人的信，以他的能力保守他们得着救恩。①上帝是值得称颂的。

3. 你也要力求明白，**你的安息已近在咫尺**。我们对近在眼前的事往往比对远在天边的事更能感受到其存在。审判或赦免若遥遥无期，我们谈到它时就不会太在意；而这些若已迫在眉睫，我们便不是为之战兢，就是为之欢喜了。人们对天国的意识之所以如此淡薄，是因将它看得仍很遥远，以为那是二十年、三十年，以至四十年以后的事。可我们若能"断定自己是必死的了"②，视永恒为近在眼前的事，对其感受就会深刻得多。笔者在思考、写作这一主题时，永恒的安息正在逼近我，甚至在我意识到之前，或许就走了进去。不管你是谁，你在阅

---

① 《提摩太后书》2:19；《彼得前书》1:5。
② 《哥林多后书》1:9。英王钦定版圣经中作："We had the sentence of death in ourselves."

读本书的内容时，时光都在飞逝，你今生的生命转瞬即逝，"好像一声叹息"①。你若确信自己明天就必死去，今晚你会多么郑重其事地思考天国的事啊！当撒母耳对扫罗说"明日你必与我在一处"时，②扫罗的心受到了莫大的震撼。而基督若是对一位信徒的灵魂说，"明日你必与我在一处"，必能把他在灵里提前带到天上去。你一定要把自己当作即将进入天国，这必大有助于你更认真地关注它。

4. 你要让自己永恒的安息成为**你时常严肃谈论的话题**，尤其要同言语由衷，又有成熟属天品格的信徒常谈论。可惜的是，基督徒一旦聚在一起，散去之前谈论的往往并不是他们在天国相聚，也不是如何达至此目的。可惜的是，他们将无数时间都花在闲谈和毫无价值的争论上，却不认真谈论天国。我认为，基督徒的聚会当以谈论我们的安息，从而挑旺灵里的火为目的。若是听到有位基督徒以生命与能力，凭着福音的应许，畅谈那蒙福而荣耀的国度，我想，必能让我们发出这样的感叹："他给我们讲解圣经的时候，我们的心岂不是火热的吗？"③腓力斯听人大有能力地讲论他的审判便战兢恐惧，④信徒听人描述他永恒的安息，心又怎不该从冷漠中苏醒呢？恶人在一起谈论他们的恶尚且可以快乐，基督徒谈论基督，承受天国的人谈论他们将得的基业，岂不更该喜不自禁吗？这必令我们的心为之苏醒，正如雅各听到受邀去歌珊的消息，又见到接他去见约瑟的马车，"心就苏醒了"一样。⑤诚愿上帝为我们装备足够的技巧与心志，能将人的无谓话题转移到这更崇高而宝贵的事上去！在人们开口闲谈时，让我们能知道如何为天国插上一句话，就像彼得论及自己肉身的食物时那样："这是不可的，凡俗物和不洁净的物我从来没有吃

---

① 《诗篇》90:9。
② 《撒母耳记上》28:19。
③ 《路加福音》24:32。
④ 《使徒行传》24:25。
⑤ 《创世记》45:26—27。

过。"①这样做，我们会为别人和自己带来多大的益处啊！若不是为阻止我们无益的闲谈，基督就不会针对我们这样说了："凡人所说的闲话，当审判的日子，必要句句供出来。"因此，你在聚会中要像《诗篇》的作者那样，说："若不看耶路撒冷过于我所最喜乐的，情愿我的舌头贴于上膛。"②那时你必发现，"温良的舌头是生命树"③，这话是千真万确的。

  5. 在敬拜、读经、祷告等操练中，你要**努力使自己的爱心与天国更亲近**。上帝之所以为他的子民设立圣事，目的在于使其成为多级台阶，助我们进入自己的安息；借着圣事，在对基督的顺服中，我们每天都能使自己的爱慕之心升到天上去。在进行圣事时，务必要以此为目的，圣事就肯定不会流于形式。在你无法与友人晤面时，哪怕是他写来的几行字也会使你不胜欣喜！我们虽身离上帝依然遥远，难道就不能在圣事中与他交通了吗？读到含有我们将得之产业和去天国之特许的文字，我们的灵难道就不能喜不自禁吗？尽管我们尚未得到眼见天国的福气，但读到上帝爱的表达，听说我们天上家乡的事，我们也会感到无比欢欣与振奋！相隔万里的人们通过书信往来，可以进行数额巨大，收益丰厚的贸易；基督徒难道就不能借明智地利用属灵操练，前去获得这安息吗？因此，你要摈弃信仰上的形式主义，例行公事和人的喝彩，在私下或公开的祷告中向上帝俯伏屈膝，盼着在站起之前能让自己的心与上帝更亲近。当你翻开圣经或其他书籍时，要怀着这样的希望，希望能在其中发现含有属天真理的片断，它伴随着圣灵的赐福，能使你更充分地品尝到天国的滋味。在去教会这上帝的家时，你要这样对自己说："我希望在那里听到来自上帝的信息，在回来之前能提升我的爱心；希望圣灵能让我与他同在，让我的心能感受到属天喜乐的甘甜；我希望基督能向我显

---

① 《使徒行传》10:14。
② 《诗篇》137:6。
③ 《箴言》15:4。

现,'从天上发大光,四面照着我'①;让我听到他吩咐我、令我苏醒的声音,使我眼上的鳞掉下,能看到更多我尚未看见的荣耀。希望在我回去之前,我的主能把我的心带入永恒安息的景象中,让它置身父的面前,让我能像见了天上异象的牧羊人回去时那样,'因所听见、所看见的一切事,就归荣耀与上帝,赞美他'②。"美洲印第安人最初见到英国人借书信交流时,以为信内封着某种神灵。基督徒若能同样在属灵操练中与上帝交通,旁观者也会惊异,在经文中,在讲道中,在祷告中,是什么使基督徒心中充满喜乐,感动忘情。因此,你永远也不要忘记为自己的牧者祈求,求上帝将属天的信息放在他口中,让这信息在你灵里留下属天的甘味。

6. 利用每件物品、每件事提醒你的灵魂,它已离自己的安息不远了。上帝的一切安排及他所造的一切,既然都是使我们最终得安息的手段,所有这些就都将我们指向其目的。上帝如今对我们的厚爱若不预示着未来更大的厚爱,它就连其一半的甜美也没有。你若只接受上帝对你的怜悯而忘记了为你预备的冠冕,就好比只收取少得可怜的定金而忽略了全额付款。但愿基督徒都能谙知此道!你可以翻开圣经,学着解开有关创世及赐福的书卷,从中你读到的是上帝和他的荣耀。这样做,可使我们从每餐普通的饭食中比多数人从圣餐中还能更多地品味到基督与天国的甘甜。你若在世上亨通,就要因此更感受到你永恒的兴旺。你若因劳碌而困乏,就要因此让自己对永恒的安息更向往。假如事情不顺利,你就要因此更热切地渴望哀痛、疾苦永久止息的日子。你因食物和睡眠而恢复了精神吗?你就要因此想到与基督同在时无法言喻的欢畅。你听见什么好消息了吗?你就要因此想到,听到上帝的号吹响,基督在掌声中宣判时,你将会何等欢欣鼓舞。你喜爱与圣徒团契吗?你就要因此想到天

---

① 《使徒行传》22:6。

② 《路加福音》2:20。

上的团契将是何等完美的团契。上帝在与你的灵交通吗？你因此就要想到自己被极大提升的时刻，那时你与上帝的交通和喜乐将会变得完全。你听到罪人狂怒的叫嚣，看到世界混乱一团吗？你因此就要想到天国里蒙福的和谐。你听到战争的风声吗？你因此就要想到自己置身于完美的和平之中的那一天，你将永远住在和平之君的羽翼下。所以，只要我们有心利用，每种情形、每一受造之物都可为我们的属天生活提供便利。

  7. 你要多像天使那样从事赞美上帝的工作。人的灵越是多以属天之事为业，就越能变得属天。颂赞上帝正是天上的天使与圣徒的工作，也是我们未来在永恒中的工作。我们如今越是多参与其中，就越会像我们将要有的样式。渴慕、信心、盼望不及爱与喜乐持久，讲道、祷告、圣事这类对我们信心、盼望的表达与认定同样也会止息，只有我们对爱和喜乐的欢声表达将持续到永远。我在世上见到的天国最生动的象征，莫过于上帝子民因深深感受上帝之尊荣与厚恩，内心充满了爱与喜乐，因此同声、同心用欢乐而美妙的歌声赞美他。圣徒的如此欢欣有如圣灵的见证，证明他们是上帝的儿女。

  我们很少知晓，把对上帝的赞美排除在我们的祷告之外，或只让赞美在其中占有极小的空间，却让认罪、祈求充满我们的祷告，这是在多么严重地亏待我们自己。读者啊，我要请你记住：你要让赞美在自己的属灵操练中占有更多的空间；要事先想好要为之称颂上帝的事，一如想好需要认罪、祈求的事。为达此目的，你要常思想主的荣美与良善，就像常想到自己的需要和不配一样；你也要常思想你受到的怜悯和上帝应许的是什么，就像常想到自己所犯之罪一样。经上说："正直人的赞美是合宜的。凡以感谢献上为祭的便是荣耀上帝。你们要赞美耶和华，耶和华本为善；要歌颂他的名，因为这是美好的。我们应当常常以颂赞为祭献给上帝，这就是那承认主名之人嘴唇的果子。"[①]大卫就曾全力投入这

[①] 《诗篇》33:1，50:23，135:3；《希伯来书》13:15。

属天的工作，他的灵难道没有因此成为最为属天的灵吗？只是读到摩西的颂赞之诗和大卫的诗篇，我们的心不也有时能飞升到天上去吗？那么，我们自己若是能娴熟而经常地投入这一工作，又能怎样提升我们的心，使我们振奋呢！有些年轻人将本该用在这人类最崇高的工作上的脑力、体力，浪费在了无意义的享乐和肉体的情欲之上，这是何等地荒唐啊！不少圣徒容自己的心浸没在抑郁之中，在抱怨、呻吟中荒费时日，使自己的身心无法适任于美好而属天的工作，这又是何等地有罪和不智啊！他们不与子民同声颂赞上帝，反质疑自己是否配得这样做，眼睛只盯住自己的不幸，使上帝不能得荣耀，也使他们自己不能得安慰。但在这侍奉中最能毁掉我们安慰的是，口中虽附和着赞美的旋律，却让自己的心在其中无所事事；我们的心本该在赞美中担任主要角色，并因赞美的旋律而得复兴、得振奋。

8. 你要时刻让自己的心在信心中思想上帝无尽的爱。是上帝的爱吸引人去爱他。被爱，却不愿报之以爱，这样卑鄙的人并不多见。对上帝硬心的想法，把他想成要咒诅我们，而不是要救我们，势必导致我们属天生活的终结。这无异于将值得称颂的上帝与撒旦相提并论。当我们的愚昧和不信在想象中勾勒出上帝备受歪曲的形象时，我们就会抱怨说无法爱他，也无法以他为乐。成千上万的基督徒都是如此。可怕的是，我们竟如此亵渎上帝，如此摧残我们自己的喜乐！圣经言之凿凿地告诉我们说："上帝就是爱；他心中不存忿怒；他不喜悦恶人死亡，惟喜悦恶人转离所行的道而活。"① 何况他向自己拣选的人更多地见证了他的爱和他要救他们的定旨呢。但愿我们总能像看待挚友那样看待上帝；看到他由衷地爱我们，更甚于我们爱自己；看到他一心一意要使我们受益，所以才为我们预备了永远与他同住的居所！若能如此，心系上帝对我们来说就不会有那样难了。爱之至深，思念也至切，也最是情不自禁。恐怕多数

---

① 《约翰一书》4:8；《以赛亚书》27:4；《以西结书》33:11。

基督徒都看朋友的爱重于上帝的爱；因此他们爱友伴胜过爱上帝，信赖友伴胜过信赖上帝，情愿与他们同住胜于与上帝同住，又何足为奇呢？

9. 要留意观察并珍视圣灵的感动。你的心只要能超越这世界之上，并开始熟悉属天的生活，圣灵对于你就会像战车对于以利亚那样；而且，你必须遵照圣灵的永生原则才能移动和上升。所以，你切莫让自己的向导担忧，切莫熄灭自己的生命之火，切莫卸下自己战车的车轮！你或许想不到的是，你恩赐的一切活力和你灵里的一切喜乐在何等程度上依赖于你对圣灵甘心乐意的顺服。圣灵或是督促你在私下里祷告，或是禁止你犯罪，或是为你指出当走的路，你又罔顾他的感动，就难怪天国与你的心形同陌路了。在圣灵引你到基督面前进入你的属灵操练时，你都不愿跟从，他又何必领你去往天国，带你的心到上帝面前去呢？时刻顺服圣灵的人必发现，在他接近全能上帝时，圣灵是何等神奇的帮助，足以使他大胆前去啊！而常逃离要带领他的圣灵的人，在这方面又是多么犹豫迟疑、多么笨拙愚钝，到上帝面前去又带着多大的羞愧啊！基督徒读者啊，你难道不常感到使你远离世界去亲近上帝的一股强劲的驱策力吗？你不要抗拒它，反要顺从它，在这"旋风"临到你时乘风而上。我们越是抗拒圣灵，带来的伤害就越深；我们越是顺服，上行的步伐就越快。

10. 为助你进入属天生活，我还要劝你切莫忽视对自己身体健康的必要关照。你的身体若能得到应有的而不是过分的爱护，它会成为你有用的仆役；但你若容它怀有非分之想，它则能成为最暴戾的暴君；你若无理拒绝供给它生存之需，它会成为一把折磨你的钝刀子。想到人们多么经常在对待身体的问题上走极端，能正确使用身体的人又是何其少，我们就不会对人们让身体严重阻碍自己活在天上而感到奇怪了。多数人都受自己嗜欲的奴役，很难拒绝自己肉体的任何要求；因此，他们在该提升自己的心思意念到上帝和到天国那里去的时候，却受着肉身欲望的驱使，到游乐场、物质利益的角逐，或对其无益的同伴中去了。你只要爱惜自己的灵魂,就"不要为肉体安排,去放纵私欲",反要记住:"体贴肉体的就是死;原来体贴肉体的,就是与上帝为仇,因为不服上帝的律法,也是不能服。而且属肉体的人不能得上帝的喜欢。这样看来,我们并不是欠肉体的债,去顺从肉体活着。你们若顺从肉体活着必要死,若靠着圣灵治死身体的恶行必要活着。"[1]也有少数人是因不为身体提供必要之需,使身体无法为他们服务,从而严重影响了他们的属天喜乐。他们亏待的若只是自己的肉身,还关系不大,但他们亏待的同时还有自己的灵魂,正如毁坏房屋的人也会伤及其中的住户一样。如果我们的身体有病,灵里凋敝,对天国的思念和为得天上喜乐的努力也会变得无比沉重。

---

[1] 《罗马书》13:14;8:6—8,12—13。

第十三章
属天默想的性质；适合默想的时间、地点及心态

本章提要　　作者力劝基督徒奉行默想天国的属灵操练，又定义何为属天默想，并对该定义做解释。对默想的具体指导：一、最适合默想的时间：1. 在固定的时间；2. 经常进行；3. 每天都合时，特别是每个主日；更特别是在因感受属天之事而热心升温时，在经受苦难或试探时，在临近死亡时。二、最适合默想的地点。三、最适合默想的心态：1. 以最远离世界之心；2. 以诚惶诚恐之心。

读者啊，你既认识到自己有如上阐明的义务，又不敢有意违抗圣灵；你既看重圣徒在高处的欢喜和属天默想引人入胜的操练，我就要再次力劝你潜心学习，尽快开始按以下的指导认真演练。假如借助这些方法，你并未发现自己的各种恩典加增，并未长成高于一般基督徒的身量，并未在自己的位置上变得更合主用，也并未在明眼人眼中变得更宝贵；假如你灵里并未更多地享受与上帝的团契，你的生命并未得更丰盛的安慰，你在离世的时刻并未得到更有力的支持；你尽可以丢弃这些指导，然后斥我为骗子。

我殷切敦促你实行默想的操练，现在就要教你如何去做的，乃是"用你全副心力，以持之以恒而庄重的行动，默想自己永恒的安息"。为更完整地阐明这一操练的性质，在此，我要先就上述定义略做解释，再说明最适合默想的时间、地点和心态当是怎样的。

看来不无必要就该以怎样的态度从事我所说的默想操练（或曰思

考、默想属灵之事）稍做说明。所有基督徒都**承认有此义务**，而在实践中，大多数基督徒都在否定此义务。许多能忠心做其他属灵功课的人，却轻易忽视了这项功课。人们会为错过一次讲道、一次禁食，或一次集体或私下的祷告感到不安；却可以一生从未做过默想而不觉稍有不妥；殊不知，唯有靠着默想，其他一切操练才能得以长进，也唯有靠着默想，人的灵魂才能消化吸收真理，使自己得到营养与安慰。上帝曾吩咐约书亚说："这律法书不可离开你的口，总要昼夜思想，好使你谨守遵行这书上所写的一切话。"正如身体的消化功能可将吃进的食物化作乳糜、血液，为人带来健康活力一样，默想同样可将人领受、铭记的真理化作火热的爱心、坚定的意志和圣洁的生活。

  这默想是**灵魂全力以赴的行动**。这是活人而不是死人的工作。这是至为属灵而崇高的工作，不是属世、属血气之心能做得好的。人需要与天国建立起关系，才能在那里生活得如鱼得水。我劝人在安息的默想中喜乐的同时，是在假设他们是有资格享受永恒安息的人。我既设想你是基督徒，现在就要劝你成为一位勤奋的基督徒。我要让你操练的是灵魂，因为身体的操练在这方面益处甚少。默想且必须有灵魂所有能力的参与，才能有别于学者的普通思考；因为认识能力不是整个的灵魂，所以无法完成属天默想的全部工作。一如在身体之中，胃必须先将食物变成乳糜，预备为肝脏所用，肝脏、脾脏再将其转换成血液，预备为心脏和大脑所用；就灵魂而言亦如此，认识能力必须先接受真理，预备为意志所用，而意志又将真理预备为情感所用。基督和天国有着各样的荣美，上帝在造人的灵魂时，于是就赋予其不同的能力去感受所有这些荣美。我们若没有嗅觉，再芬芳的鲜花对我们又有何用？若没有听觉，语言或音乐再美妙对我们又有何用？若没有味觉，吃喝在我们又有何乐趣？同样，如果我们没有对爱与喜乐的感受能力，天上再大的荣耀于我们又有何益？我们又如何能以上帝的至善至美为乐？而你如果不操练这能感受永恒之美好与力量的灵魂，默想永世又能感受到什么美好与力量呢？基督徒若以为默想只是操练认识和记忆能力，连学童或恨恶他们所想之事的人也能做到，就大错特错了。由此可见，你要做的不只是记忆和思考天国。正如有些工作不仅是动手、动脚，而是要劳动全身一样，默想也是要劳动整个灵魂。由于罪人不仅把认识能力，也把情感放在世界上，投靠偶像而远离上帝；因此，他们的认识能力和情感都需要回归上帝；他们的整个灵魂先前怎样被罪充满，如今也需要怎样被上帝充满。请看大卫怎样描绘蒙福之人的吧，他说："惟喜爱耶和华的律法，昼夜思想，这人便为有福。"①

属天的默想当是持之以恒且严肃的工作。祷告之中既有使我们全心投入的严肃祷告，也有在做其他事的同时，向上帝发出简短呼求的即兴祷告；同样，默想也既有全心投入的严肃默想，也有在其他事务中思想上帝之美善的短暂默想。严肃祷告既不是安排在敬拜过程中的，也不是在特殊节期偶尔进行的，严肃默想也同样如此。我虽愿劝你在工作过程中，也在特殊场合指引下从事默想，但我更希望你把默想当作持之以恒的日常功课，正同你听道、祷告、读经一样；也希望这默想不与其他事务相杂，就如同你不容祷告或其他定期的圣事混在其他事务中一样。

此处所说的默想是**就你永恒安息的默想**。我不是要让你弃绝其他各种默想，而是说，天国既然是完美之最，就当然是我们该默想的。到拥有这安息时，我们的幸福将达到极致；在默想这安息时，同样也会带给我们最大的喜乐。其他的默想无计其数，多如圣经的经句，多如宇宙万物，多如上帝管理世界的无数具体旨意。只是此处所说的默想是登锡安山之旅，是从属世国度到圣徒国度之旅，是由地而天之旅，是从今生到永恒之旅，是遨游太阳、月亮、星辰之上，遨游在上帝的花园、乐园里。那里看似遥不可及，但灵的运行迅捷无比；无论这灵是在我们身内还是身外，其动作都只在须臾之间。你无须像世人那样害怕，免得这种

---

① 《诗篇》1:2。

想法令你六神无主。我要劝你去的是天国，而不是地狱。我要劝你操练的是喜乐，而不是哀愁。我促你观看的不是残陋的目标，而是圣徒令人神往的荣耀，是上帝的荣耀之无与伦比的荣美，还有他爱子脸上放射出的光芒。人想到自己仅有的福分怎能不喜不自禁？困苦人想到上帝的怜悯怎能不喜不自禁？身陷囹圄的人预想自由怎能不喜不自禁？穷苦人想到即将得到的丰盛与荣耀怎能不喜不自禁？在我看来，经过默想，人若仍想活在这充满灾祸的世上，居住在匮乏与疾患之中，置身于恶人的狂暴之下，而不想在恩福中与基督同住，倒成不可理喻的了。经上说："但智慧之子，都以智慧为是。"[①]与知识为敌的只有无知。除对此天国之旅一无所知或从未将此默想付诸实践的人之外，从没有人非议它。我更担心的是赞成属天默想的人却忽略它，甚于对它的反对或非议它的观点。

一

至于**最适合做属天默想的时间**，我只想提出如下建议：在自定的时间进行、经常进行、合时地进行。

1. 你要为默想划出**固定的时间**。你的时间安排如果是以工作优先，那么在时间上，你就没有为自己的信仰留出位置，你无须怕它成为拘泥形式的礼仪。定时是对履行责任的约束，可抵御忽略责任的各种试探。有些人的时间无法自行支配，无法定规自己的默想时间；还有为数不少人十分贫困，家计的需求使他们身不由己；这类信徒应留意找出时间默想，利用随时出现的空闲，在他们奉召劳力的同时，尽量多默想和祷告。对于在生活所需以外有空余时间的人和可以自由支配时间的人，我仍建议他们定时坚持默想的操练。其实，每天的各项工作若各有其时，我们就既能更好地利用时间，也能更好地从事属灵操练了。

2. 默想不仅要定时，也要经常进行。究竟该有多频繁，我无法判

---

① 《路加福音》7:35。

定，因为人们的环境各异；但总体而言，圣经既说到"昼夜思想"，便是在要求我们经常从事默想。所以，对那些有忽略其他事务之便的人，我建议他们至少每日默想一次。

经常从事属天默想，对于防止上帝与你的灵魂之间关系疏离尤为重要。经常相聚才能培养出亲密的关系，而亲密的关系则能增进我们的爱心与喜乐，使我们能放胆与上帝交谈。默想的主要目的即在于与上帝相知、相交；因此，你若在默想上一曝十寒，就会让自己在他面前再次变成陌生者。当我们感觉需要上帝，在紧迫关头只能寻求他的帮助时，去求告一位自己认识、熟悉的上帝，定会感到无所顾忌。在这种时刻，属天的基督徒能够这样说："哦，我知道该到哪里去求助，也知道该到谁那里去求助。此前，我去过那里无数次了，我要去求的就是我每天与之交谈的那位上帝，我每天都走那条路。上帝对我很熟悉，我对他也有些了解。"反之，人若是在危难中才不得不到上帝面前去，必会惶恐胆怯，会这样想："糟糕！我不知到哪里去寻求上帝。我从来没到那边去过。我在天庭里谁也不认识。我的灵必须对上帝讲话，可我根本不认识他，只怕他也不认识我的灵魂。"尤其是到我们即将离世，马上就要站在上帝面前，就要进入他永恒的安息时，经常默想与否的区别则会清楚地显露出来。到时能这样想的人该是多么欢欣啊："我以前常从天国尝到喜乐，现在我就要到那里去了，要到我在默想中常与之相会的上帝那里去了！我的心以前去过天上，也曾多次品尝过使我复兴的甘甜；仅是品尝，我的眼睛就变得那样明亮，我的灵就变得那样舒畅，现在我马上要尽情享用它，那情形又该是怎样的呢！"与此相反，如果我们到时只能这样想该有多可怕："我就要死去了，还不知死后往哪里去；我就要从一个我所熟悉的地方，去到一个人生地不熟的未知之地去！"一个行将就木的人对上帝和天国却是陌生的，那种恐惧是无法比拟的。我深信，是因疏于默想，使人们如此普遍地不能接受死亡，对死亡感到不安，甚至连信徒也如此。因此，我才要力劝大家常常默想天国。

经常默想不仅可以使你避免在上帝面前羞怯，也可使你避免拙于这操练本身。人们在初次着手从未做过的工作时，总难免笨手笨脚！而常做，那项工作就会变得得心应手，游刃有余，甚或变成乐事。初次登上山顶，你也许会上气不接下气，但只要常攀登，日后你甚至可以跑上山去。

经常默想还可以使你避免失去既已取得的热情与生命。如果你两三天才吃一顿饭，你的力量来得快，去得也快。假如你在属天默想中能与基督亲近，心能被那爱火温暖，然后你就很少到他面前，你先前的冷漠很快就会卷土重来；尤其因为这默想是极属灵的工作，它与人堕落本性的倾向相抗衡，所以就更不能一曝十寒了。其他各种操练交并一起，特别是暗中的祷告，固然可大有助于你保守自己的心在天上；不过，默想是各项操练的命脉，对天国的观瞻又是默想的命脉。

3. 你还要选择最合适的时间从事默想。万物总是在应季时最华美。劳力不合时会令你收获不到劳力的果子，会增加工作的难度，甚至还会把操练变成罪。同一时刻对某人是合时的，对另一人可能却不然。做仆人、劳工的只能选择他们做工允许的时间默想，或是在工作之中，或是在路上，或是在不眠的夜晚。能自由选择在一天之中哪个时段默想的人则应留意观察，看自己何时灵里的活动最活跃，最适合默想，然后将其划为每日定时默想的时间。我总是觉得傍晚日落与黄昏之间的这段时间对我来说最合适。我特别提到这段时间，更是基于一位更优秀、更有智慧之人的经验；圣经中清楚地这样写着："天将晚，以撒出来在田间默想。"①

主日是格外适合进行属天默想操练的日子。有哪天能比象征我们未来安息的日子更适于用来默想我们的安息呢？这一天既适合于各种属灵操练，我想，就绝不该将默想这尤为属灵的操练排除在外。我切实地认

---

① 《创世记》24:63。

为，这是基督徒在安息日也要做的首要工作，它与设立安息日的真正目的最相符。何时能比主的日子更适合我们与自己的主交谈呢？哪日能比主在地上复活，彻底战胜死亡和地狱的日子更适合我们的心升到天上去呢？一个真正的基督徒最该有的特征就是像使徒约翰那样，主日住在圣灵里。①有什么能比在灵里看到自己正走向荣耀，更能将我们带入在圣灵中的喜乐呢？你要注意的是，在主日只参加集体敬拜，不留时间给个人的操练，从而忽略了默想这一属灵操练，这对你的灵魂是十分有害的。在主日有时间闲逛、说无聊话的人，一旦你熟悉了默想的操练，就不再需要别的消遣了；你会嫌这漫长的一天太短，只恨夜晚的降临令你的默想不能尽兴。基督徒啊，你要让天国占有你安息日更多的时间，因为过不多久，你就要在天国里守你永远的安息日了。你要利用地上的安息日作你进入荣耀的阶梯，直到你走过每个台阶，到达天国之中。尤其是劳苦之人，你一周之内既无法如愿以偿地花时间默想，就更要好好利用主日这一天，在身体从劳碌中得安息的同时，也要让你的灵从上帝得安息。

除每日（特别是主日）适合默想之外，还有一些时刻默想天国特别合时。例如在上帝以天上之火使**你灵里火热**之时，你的心能更自由地向上升腾。在这种时刻，不必费很大努力，你也能让自己的心升到天上去，而在其他时候，你可能会事倍功半。你要留意圣灵刮起的旋风，留意基督的灵如何感动你的灵。"离了基督，我们就不能做什么"。②所以，我们要在他做工之时做工！在他来时，我们千万不可走开，也不可睡着了。当圣灵像彼得在监里被铁链捆锁时那样找到你的心，并拍醒你说："快快起来，跟着我来！"你务必要起来跟随他；你必会发现自己身上的铁链脱落，牢门大开，你还未察觉，你的心却早已到了天上。③

---

① 《启示录》1:10。英王钦定版圣经中作："I was in the Spirit on the Lord's day."
② 《约翰福音》15:5。
③ 参见《使徒行传》12:6—10。

另一特别适合默想的时刻是在你受苦、悲哀或受试探的情况之下。我们什么时候需要服强心剂，岂不是在近乎昏厥的时候？什么时候更适于奔向天国，岂不是在我们不知世上哪个角落可以安身的时候？什么时候我们的心思意念最能活在天上，岂不是当我们在世上除忧伤之外别无所有的时候？什么时候挪亚的鸽子只得藏身于方舟之内，岂不是在"遍地上都是水，找不着落脚之地"的时候？① 在我们甚至不得世上的豆荚充饥之时，想到的除了我们的父家之外，还会是什么？这无疑正是上帝让苦难临到我们的目的。贫穷的人啊，你若能让自己的贫穷发挥这样的用途，就有福了！疾病缠身的人啊，你若能这样利用自己的疾病，就有福了！我们在埃及的重担加重，在旷野陷入困境之日，正是该奔向应许之地之时！你若知道认真仰望天国的荣耀乃是你在悲苦中的强心剂，对这些有益无害的纷扰的惧怕就会少一些，你还能因此更好地利用这保守、复兴你的良方。大卫在《诗篇》中写道："我心里充满忧虑的时候，你就安慰我，使我的心欢乐。"②保罗则这样说："我想，现在的苦楚若比起将来要显于我们的荣耀，就不足介意了。"③他还说："所以，我们不丧胆。外体虽然毁坏，内心却一天新似一天。我们这至暂至轻的苦楚，要为我们成就极重无比永远的荣耀。原来我们不是顾念所见的，乃是顾念所不见的，因为所见的是暂时的，所不见的是永远的。"④

另一特别适合这一属天操练的是，上帝的信使呼唤我们**离世**的时候。何时能比我们知晓此生即将结束时，更能让我们常用信徒对永生的思念来愉悦自己的心呢？没人能比濒临死亡之人更需要喜乐的支持，而这喜乐只能从我们永世的喜乐中支取。天堂之乐在没有任何属世的因素掺杂时才最甜美，基督徒临终时感受到的喜乐，因此往往是有生以来最甜美

---

① 《创世记》8:8—9。
② 《诗篇》94:19，中文新译本。
③ 《罗马书》8:18。
④ 《哥林多后书》4:16—18。

的喜乐。以撒、雅各临终给儿子们的祝福是先知般的祝福！① 摩西又是以怎样的属天诗歌和祝福作他一生的终曲啊！② 主即将离开门徒时给他们的教训、为他们祷告则完全是属天的！在保罗就要"被浇奠"而离世之前，③给腓立比、提摩太和以弗所圣徒的训词和劝勉又是何等的属天！使徒约翰被囚拔摩岛时，他的灵离天国是何等的近，那正是他即将升往天国的日子！在离天国最近的时候，圣徒的性情总是最属天。读者啊，假若你也如此，察觉到死期正在临近，你的心眼下不与基督同在，又更待何时？我想，你甚至可以看到他站在你身边，你该像对自己的父亲、丈夫、医生、朋友一样与他交谈。我想，你依稀能看到天使围绕着你，最后一次守候着你的灵魂；那不曾嫌弃将拉撒路的灵魂放在亚伯拉罕怀里的天使，也会不假思索地领你到那里去。你看自己的痛楚和疾病，要像雅各看待约瑟打发来接他的马车那样，让你的心苏醒，④说："基督还活着；因他活着，我也要活着。⑤这就足够了。"你需要最佳的强心剂吗？默想天国这强心剂比世界所能提供的最好的都有效；默想中有天上的喜乐，甚至还能望见上帝和基督，凡是福分在默想中一样也不缺。这些天飨是基督亲手递给你的；他已为你签收了福音的应许；他已为你预备好了天上的一切；你只需伸出信心之手去享用它，欢喜快乐地活着。主像对以利亚那样在对你说："起来吃吧！因为你当走的路甚远。"尽管你要走的路已不远，但却充满了泥泞，因此你要听主的话，起来吃喝，仗着这饮食之力，走到那圣山。⑥你要像摩西那样，死在他所登的山上。⑦你要像年迈的西面那样说："主啊，释放仆人安然去世吧，因为我的眼睛已

---

① 《创世记》27:27—29，39—40，49:2—27。
② 《申命记》32:1—43。
③ 《提摩太后书》4:6。
④ 参见《创世记》45:27—28。
⑤ 《约翰福音》14:19。
⑥ 《列王纪上》19:7—8。
⑦ 《申命记》32:50。

经看见你的救恩。"①

二

至于**最适合属天默想的地点**，我只消说，你最好退到一个可独处的地方去，就足够了。我们的灵需要各种帮助，以摆脱对这操练的种种阻拦。基督就独自祷告这样教导我们说："要进你的内室，关上门，（让）你父在暗中察看。"②我们在默想时也应当这样做。基督自己也曾常常退到山上、旷野、荒地上去。我的这个建议不是针对特殊场合的默想，而是针对定时的、严肃的默想的。所以，你要从与人的——甚至是信徒的——共处之中抽身，让自己享受一段与主的团契。学者操练创意和记忆力的研究尚且不能在人声嘈杂中进行，更何况你在默想中要操练的是灵魂的全副能力了，其目标又远比自然界更高远，因而就更不能在人群中进行了。我们逃离过分拘泥于形式的退隐已经太远，以至于连默想灵修时的独处也废弃了。我们很少读到上帝或他的使者在人群中向他的先知或圣徒显现，却常读到当这些人独处时，上帝、天使向他们显现。

只是你要为自己留意，什么地方最适合你的灵，室内、室外都好。我相信，以撒"出来在田间默想"③的范例也适用于大多数人。我们的主一贯在僻静的花园中祷告、默想，甚至犹大要出卖他，都知道到那里找他。主虽带着自己的门徒同去，然而在独自祷告时，却"离开他们"④；经文中虽只描写主祷告，并未写明他从事默想，但上下文中却有对此的清楚暗示；他只有对自己受难、死亡的痛苦默想在先，之后才能在祷告中为此向父倾诉。基督既然有自己常用的默想地点，由此就可看出他时常默想；我们也必须照样做。他有一个僻静的地点，常退到那里

---

① 《路加福音》2:29—30。
② 《马太福音》6:6。
③ 《创世记》24:63。
④ 《路加福音》22:41。

去，甚至离开自己的门徒；我们也必须照样做。他的默想比他的思想更进一步，感动并深入他的心、他的灵；我们的默想也必须如此。只是主与我们默想的目标大不相同：基督默想的是我们的罪招致的痛苦，父的震怒因而击穿了他整个的灵魂；而我们要默想的却是主赎买来的荣耀，好让上帝的爱和圣灵的喜乐能进入我们的意念，苏醒我们的爱，充满我们的心。

三

接下来我的建议是，你要为这属天的默想**预备好自己的心**。这一工作是否成功，很大程度上取决于你的心态。 人心中若是没有任何使圣灵担忧的事，它就成为其创造者喜悦的住所。若不是人用自己的不配激怒上帝，将他逐出，上帝就不会退出人心这住所。在人心成为有罪的，成为太可憎的地牢，上帝因而无法安居其间之前，它与上帝曾经是亲密无间，毫无保留的。而一旦这灵魂复原到以前无罪的状态，上帝即刻就会回到他先前的住所；不仅如此，只要人心经过圣灵的更新与修复，从它的情欲中得到净化，又因上帝的形象而变得美丽，主便仍旧认这心为属他的；基督会向它显现，圣灵会把它当作自己的殿、自己的居所。人心在何种程度上适合与上帝交通，就能在何种程度上享受他。所以，"你要保守你的心，因为一生的果效，是由心发出的"。[1]更具体而言：

1. 在默想时，你要尽可能让**自己的心摆脱世事**。要将与你的事务、烦恼、享乐有关的一切想法，以及所有可能占据你心灵空间的事，全部搁置在一旁。你要尽可能将自己的心腾空，好让它被上帝充满。你或许可以用部分的心思从事某些外在的侍奉，另一部分心思却不在上面；但我可以肯定地说，在默想的侍奉上，而且尤其是在此事上，你是无法三心二意的。一旦进入默想的山中，你会像眼前堆满大堆金币的贪婪人，

---

[1] 《箴言》4:23。

一边竭力多拿，一边只恨自己不能带回更多；你会尽自己狭小的心灵所能容，尽可能多发现上帝和荣耀，除你心灵的有限容量之外，没有什么能阻止你去完全拥有眼前的一切。那时你会想："只恨我的知性、我的情感不能容纳更多！这里不能成为我的天堂，更多的是因我不胜其美，而不是其他原因。'耶和华真在这里！我竟不知道！'① '满山有火车火马围绕'②，可我的眼是闭着的，看不到。基督说了多少爱的话语，彰显了多少爱的奇迹，我却听不到！天堂早已为我预备好，可我的心还没有为天国做好预备。"读者啊，你在默想中享受上帝的程度既然更取决于你心里的容量与状态，你若想在今生寻求上帝，就要以你的全心去寻求。你不要将基督推到畜厩、马槽里去，就好像客店里住着更尊贵的客人。你要像基督对自己的门徒说的那样，对所有属世的事务和念头说："你们坐在这里，等我到那边去祷告。"③又要像亚伯拉罕献以撒为祭时，对他仆人说的那样："你们在此等候，我往那里去拜一拜，就回到你们这里来。"④你甚至要像祭司催乌西雅王出殿那样（乌西雅本想在殿里烧香，祭司们忽见他身上长出大麻风来），⑤你就要像这样将属世的念头赶出你的心灵之殿，因那上面挂有上帝禁止的标牌。

2. 你务必要以诚惶诚恐的心进入默想的工作。因为圣事之中无小事。"上帝在亲近他的人中要显为圣"。⑥默想这属灵、非凡而提升人灵魂的圣事若是使用得当，会对人极为有益；但若使用不当，对人却是极为危险的。因此，你要努力深切地感受上帝的同在，思想他无与伦比的伟大。倘若"除非王伸出金杖"⑦，就连王后以斯帖也不得靠近，那么就请

---

① 《创世记》28:16。
② 《列王纪下》6:17。
③ 《马太福音》26:36。
④ 《创世记》22:5。
⑤ 《历代志下》26:16—20。
⑥ 《利未记》10:3。
⑦ 《以斯帖记》4:11。

想一想，要亲近那位借其口中话语能造出诸世界，承托地球如在掌心，使太阳、月亮、星宿各按其预定轨道运行，又为翻腾的大海划定界限的上帝，我们更该怀着怎样的敬畏之心啊！你要与之交通的那一位，连地也必在他面前震动，魔鬼将在他面前战栗，你和一切世人不久就将站在他的审判台前，接受最后的审判。你要想到："我那时将亲眼目睹他的威严。我昏昏欲睡的灵那时将惊醒，我的不敬那时将消除殆尽。既如此，我何不现在就因感受他的伟大而觉醒，让他名的可畏占据我的灵魂呢？"你还要努力领会你要尝试的工作是何等的大事，并尽量深刻地感受其重要性及卓尔不凡。你在世上的法官台前为自己活命申辩时若丝毫不敢掉以轻心，那与默想上帝相比还算是小事。你担负的若是大卫对阵歌利亚这类关系国家命运的战事；①那与默想上帝相比就算不得什么。假设你前去像雅各那样的较力，②或是在观看三位门徒在山上所见的异象，③你在前去和观看时会带着怎样的恭敬之心啊！假设在你默想的同一时间、同一地点，有天使竟奉命从天上来见你，你会充满怎样的惶恐啊！所以，你要思考，该以怎样的心面见主，又该以怎样的恭敬与敬畏每日与他交谈。你还要思考，这默想的工作若成功，将带来怎样的祝福。那将表明你已获得进到上帝面前的许可，那将表明你永世的荣耀已在地上开始；那将使你活得较他人更高一等，那将把你安顿在天使的隔壁，让你无论活着还是死去都充满了喜乐。奖赏既是如此巨大，你的准备就要与之相适。世上无人能像谙知属天生活之道的人那样活得喜乐、蒙福。所有其他人的欢喜，相形之下都好比孩童的游戏、愚人的痴笑或病人的健康之梦。赢得天国的人，才是真正的赢家，而忽略天国的人，则是真正的输家。因此，默想的工作当以怎样的惶恐之心去做才对啊！

---

① 参见《撒母耳记上》第17章。
② 《创世记》32:22—30。
③ 《马太福音》17:1—8。

第十四章
深思、情感、自语和祷告在属天默想中的功用

本章提要　　一、深思的功用及其对心灵的重大影响力。二、默想受到情感的推动。特别是从 1. 爱；2. 渴慕；3. 盼望；4. 勇敢；5. 喜乐之心得到助力。　三、自语和祷告在属天默想中的作用。

既调整好了心态，现在我们要谈及的就是这音乐本身。有了胃口之后，现在我们就来到这筵席面前，让你的心饱享骨髓肥油。①来吧，因为万事都已具备。天国、基督，还有那"极重无比的荣耀"②尽在你面前。不要轻看这邀请，也不要开口推辞。无论你是谁，无论你是穷是富，是住养老院还是在病房里，是道路通达还是障碍重重，我奉上帝之命要做的是，只要可能就催你进来享用；到上帝的国度中吃喝的人是有福的！这吗哪就在你营帐四周；你要走出营帐，收取吗哪，把它带回家中，享用它。为达此目的，我只需指导你如何在默想中运用深思、情感、自语及祷告。

一

深思是借以完成这属天功课的主要手段。这种思考必须出于心甘自愿，而不是被迫的。有些人迫不得已才动脑思考；上帝所以才将罪人的

---

① 《诗篇》63:5—6。
② 《哥林多后书》4:17。

罪摆在他们眼前,①迫使他们想到自己的罪;下地狱的人也将不得不思想他们曾蔑视的基督之荣美,以及他们因愚昧而失去的永恒喜乐。在感动人的情感、让诸事在人心里留下深刻印象方面,深思有着极大的功效;其功效具体体现在如下方面:

1. 深思能开启头脑与心灵之间的门户。认识力既领受了真理,将它们储存在记忆里,深思的作用则是将真理由记忆传递给情感。头脑和心灵之间的阻隔若是打开,情感若是与认知相符,知识、学识就会变成何等的美事啊!最优秀的学者总是具备最敏锐、清晰而强劲的理解力;而最优秀的基督徒其理解力通常最深刻,同时又最富感情;基督徒不只是脑、耳相通,更是心、耳相通。这其中固然是圣灵在起主导作用,但在我们人的方面,这相通的通路则须靠思考来打通。

2. 深思将至关重大的事呈现给情感。最可爱的物件,人若是看不见,就带不来快乐,最可喜的消息,人若听不到,也无法感染人;深思能将我们靠肉身看不见、听不到的事物带入在我们视野,将它们呈现给我们灵魂的眼和耳。基督和荣耀难道不是令人感动的事物吗?这两者只要被人清楚地认知,我们对这两者的认识,只要能在某种程度上与其宝贵相称,它们难道不会对我们的灵魂产生奇妙的作用吗?是深思将两者呈现给我们的心,这便是基督徒能坐地观天的视野。

3. 深思以最感人的方式将至关重大的事呈现出来。它对人自己的心就此事做分析推理。信徒若是愿意劝自己的心去从事属天默想,就会有无数理据自上帝和基督,自天上的诸种完美,自我们昔日与现今的光景,自上帝诸多的应许,自眼前的痛苦与享受,自地狱和天堂呈现出来。所呈现的无一不能唤起我们的喜乐,而深思便是那逐一将它们收取而来的手;又将各条理据叠加起来,直到我们心灵天平的指针移动;这就是深思在劝人喜乐时所做的工作,它令我们的疑惑、忧愁哑口无言,

---

① 《诗篇》50:21。

又将喜乐的理由明摆在我们面前。有时，我们虽不能肯定别人的目的是让我们明白，还是蒙蔽我们，其劝说仍对我们产生说服力；我们对自己的劝说就更该具有说服力，因为我们对自己的目的总是一清二楚的。那么，上帝的劝喻岂不是对我们更有说服力得多！因为我们确信这劝喻绝无可能欺哄我们，或是自欺！既然深思原是重温、重申上帝的理据，说服自己重归父家；我们也要照样说服自己的情感，说服它们回归我们天父永恒的居所。

4. 深思**将理性提升到其合理的权威地位**。它帮助理智摆脱感官的奴役，将它重新放在灵魂的宝座之上。理智若不发声，它就永远处于从属地位；因为只有当它睡去时，感官才能作威作福。深思却能唤醒我们的理性，让它像参孙挣断绳子那样，挣断欲望的捆绑，拆毁肉体的妄念。狮子若是睡了，还怎能发威？国王若被废黜，与旁人又有何两样？我们必须靠默想唤起的属灵的理智，而不是靠幻象或属肉体的感觉，对天上的喜乐做出正确判断。深思以信心的对象为尊，相对地贬抑肉体感官的对象。因此，最不善思考的人往往是最受欲望驱使的人。人们太容易、太普遍地违反知识，却极少违背自己冷静、强力和坚持思考的结果。

5. 深思能**强健、活跃**人的理智。此前，人的理智像是一潭死水；而此时，它变成无往不利的激流。此前，它像是躺在溪水中的砾石；而此时，它有如大卫机弦上的石头，击中我们的不信这歌利亚的额头。恶人之所以仍是恶人，是因他们没有行使自己的理性，使其运作起来；同样，属上帝的人不得心安，也是因容自己的理性和信心躺在那里酣睡，没有借默想的操练唤醒它们起来工作。有时连梦境都能引起我们极大的恐慌、愁苦和欢喜；更何况是严肃的默想，它岂不会更深刻得多地影响我们！

6. 深思能使这理性的应用**继续**，并持之以恒。默想让理智与信心持续工作，不断吹旺火焰，使其彻底燃烧。只是跑几步不会让人浑身发热，而持续行走一个小时却可以；同样，只是偶尔想到天国不能让我们的情感上升到任何属灵的热度，而默想却能使我们对天国的思想持续，直到我们的心变得火热。由此可见深思在属天默想中提升灵魂的能力。

二

让我们继而共同探讨，操练**情感**如何能推动属天的默想。是借助深思，我们先诉诸记忆，从那里取出我们要做默想主题的属天教义；如永生的应许、对圣徒荣耀的描述以及复活，等等。然后，我们将此呈现给自己的判断力，让我们的判断力对它们做审慎的观察和准确的衡量，并就我们天上福乐之完美做出公正的判断，这判断打破肉体和感官的专权，让主在我们心里为尊为大，直到让我们充满了圣洁的仰慕之心。然而，我们主要操练的还不只是自己的判断力，且有我们对应许真实、牢固的信心，还有我们个人对应许以及拥有所应许之一切的渴慕。如果我们切实而坚定地相信这荣耀的存在，且无须多日，我们将亲眼目睹这荣耀，心中会唤起何等大的热情！这带来的会是对永生多么惊人的了悟！在我们心里激起的又会是怎样的爱慕与渴望啊！它能极大地调动起我们的各种情感！哪怕是对我们得到这应许最小的确据，也会使我们喜不自胜！如果我们的信心是静止的，就根本无法指望心中激发出爱与喜乐，它们必须有信心引路。因此，你要日日操练信心，要将应许是白白赐下的、上帝敦促万民接受这应许、基督满有恩典的性情、他大爱的一切佐证、他许诺的诚实可靠，以及他的爱在我们心里的凭证等，尽都放在你信心的面前；你要将这些统统汇总起来，思想这些是否在见证主、在拯救我们上的美意，是否正好驳斥了我们的不信。当判断做出，信心了解到我们福分的真实性之后，默想就能进而激发我们的情感了；具体而言，就是爱慕、渴求、盼望、勇敢（或曰胆量）和喜乐之心。

1. 属天默想中首先要唤起的就是**爱慕之心**；爱的目标是美善。基督徒啊，这乃是默想中使你灵魂苏醒的部分。你要到自己的记忆、判断和信心中去，让它们展示出你未来安息的无比美好；又要将此美好呈现给自己的爱慕之情，你会发现自己仿佛置身于另一世界。你只消清楚地道出那荣美，爱能听得见。你只消展示信心所见，爱能看得见。是兽欲对世界的爱瞎了眼，而属天之爱却眼光超凡。你要让信占据你的心，要让它看到你永恒住地华美的建筑，你父家光华四射的装饰，基督正为你预备的住处，还有基督国度的荣耀；要让你的信带着你的心来到上帝面前，越近越好，并对你的心说："你要仰望那亘古常在的主耶和华，他的名是那——**自有永有的**。是他，借着自己的话语造了诸世界，①是他承托着万有，②是他在掌管万国，③是他在安排万事；他治服仇敌，④管辖着翻腾的海浪，⑤驾驭着风，使太阳不停运转，又让星宿运行有序。是他，自亘古就爱你，造你于母腹中，赐你这灵魂，使你出生母胎，显给你光明，使你跻身于地上万物之冠的人类中。他赋予你聪明才智，用他的恩赐美化你；他养育你的生命，赐你生命中的所有欣慰，又将你从结局极悲惨、堕落之至的人中分别出来。这位主才是配得你爱的对象！你当倾尽自己灵魂之能去爱他！爱他多深也不过分！是这位主，以丰盛的恩惠祝福你，'在你的敌人面前，为你摆设筵席；使你的福杯满溢！'⑥受天使和圣徒同声赞美，受天军永远尊崇的就是这位上主！"你就要像这样以细述的方式颂赞上帝，将他的尊荣向你的心展开，直至爱的圣火渐渐在你胸中燃起。

假如你仍未感觉到自己的爱心燃烧，你就要带着自己的心继续前行，将永生上帝的儿子指给它看，他的名称为"奇妙、策士、全能的上帝、永在的父、和平的君"⑦；再将那荣耀宝座上圣徒的王指给它看，他

---

① 《希伯来书》11:3；《诗篇》33:6。
② 《希伯来书》1:3。
③ 《诗篇》22:28。
④ 《诗篇》81:14。
⑤ 《诗篇》89:9。
⑥ 《诗篇》23:5。
⑦ 《以赛亚书》9:6。

是那首先的，也是末后的；是昔在、今在、永在的；①他是那永生的，他曾死过，现在又活了，且要活到永永远远；借着他在十字架上所流的血为你成就了和平，②他还为你预备了与他同住的平安居所。他的职分是那伟大的和平之君；他的国度是和平的国度；他的福音是和平的喜讯；他如今对你说话的声音是和平的声音！你要靠近他，仰望他。你难道听不见他的声音吗？他就是曾唤多马近前来看他的钉痕，探入他的伤口的那位主，他也是那召唤你的主："靠近来察看你的救主。不要疑惑，总要信；愿你平安。是我，不要怕。"③你要仔细观看他。你难道不认识他吗？他就是从地狱的深渊中将你救起的那一位，他撤销了你下地狱的判决，担当了你该受的咒诅，使你重得丧失了的祝福，赎买来你将永远承受的赠予。你难道还不认识他吗？他的双手曾被钉穿，他的头曾被荆棘刺伤，他的肋旁曾被枪扎，他的心脏曾被刺透，从这些标记你永远能够认出他。你难道不记得，他曾见你躺在自己的血泊中，就动了慈心，包裹好你的伤处，把你带回家，还对你说："你要活下去！"④你难道忘记了吗？为医治你的伤口，他自己受了伤，为止住你流血，他洒尽了自己的鲜血？你即使不能从他的容貌、声音、双手认出他，总可以从他的心认出他，那怜恤人灵魂的心是他的，且唯独是他的；爱与怜悯是其确凿无疑的特征，是他为你能得活，而宁愿自己舍命；是他凭着自己的血，在父面前不住地为你代求。他若不受苦，你要遭受何等大的痛苦啊？在你离地狱只有一步之遥的当口，是他挡住了地狱之门，是他承受了你当受的击打。难道这些还不足以让你的爱心之火燃烧？难道你跳动的心至此还在竭力保持平静，而不像约瑟那样"寻找可哭之地"去哭一场？⑤难道

---

① 《启示录》1:17, 4。
② 《歌罗西书》1:20。
③ 《约翰福音》20:27。
④ 《以西结书》16:6（圣经新译本）。
⑤ 《创世记》43:30。

你爱的泪水还没有沾湿眼前的文字？既如此，你就要继续前行，因为爱的天地是广阔的；仰望、爱慕将是你永世的工作；你眼前的默想功课也还有不少。

　　有多少次，你的主见你像夏甲那样坐地哭泣，对自己的灵魂感到绝望，主却为你开了一口安慰之井，又使你的眼睛明亮，能看见它！① 有多少次，你身陷以利亚的困境，只想在痛苦中死去，主却意外地为你摆了一台安慰的筵席，然后差你精神振奋，勇气十足地做他的工！② 有多少次，你像以利沙的仆人那样惊呼："哀哉！我们怎样行才好呢？车马军兵已经围困了我们！"而主却对你说："睁开你的眼，你要更多地看到帮助你的，而不是攻击你的。"③有多少次，你像约拿那般发怒，觉得死了比活着好，主却温和地对你说："你这样对我发怒，对我牢骚满腹，合理吗？"④又有多少次，主吩咐你"要警醒祷告"，要悔改，要信，可他回来，却见你睡着了；可他将爱的斗篷轻盖在你的疏失上，温柔地为你辩解说：你的"心灵固然愿意，肉体却软弱了"⑤。想到此，你的心还会是冰冷的吗？记起这些无尽的怜悯，你的心岂能自己？读者啊，你要像这样对自己的心细说基督的美善，像这样劝解你冰冷的心，直到你能与大卫异口同声："我的心在我里面发热。我默想的时候，火就烧起。"⑥倘若这还不能唤醒你的爱，你可以再思想基督一切的荣美，他对你每样具体的怜悯，他与你甜美而亲近的关系，还有你将与他永远同住的福乐。只是你要让自己的心循此方向想下去。你要像基督问彼得那样扪心自问，主曾三次问彼得："你爱我吗？"直到彼得忧愁地对主说："主啊，你知道

---

① 《创世记》21:14—19。
② 《列王纪上》19:9—18。
③ 《列王纪下》6:15—17。
④ 《约拿书》4:1—4。
⑤ 《马太福音》26:38—41。
⑥ 《诗篇》39:3。

我爱你！"①你也要让自己的心因忧愁、悔恨而摆脱它的愚迟，直到你能发自内心地说："我知道，而且主也知道，我爱他。"

2. 属天默想接着要唤起的是**渴慕之心**。渴慕的对象是美善，你要将其看作不存在于世，是尚未得到的。爱若是火热，渴慕就不会冷淡。你要这般地思量："我望见的是怎样的景象啊！那荣耀是多么不可思议，那美丽实在无与伦比！此刻就在享受它的灵魂是多么有福啊！我从远处，穿过黑暗，隔着云层能望见的，他们看得要清楚千倍。我与他们的光景有着何等大的差异啊！我在叹息，他们在欢唱；我在冒犯上帝，他们在讨上帝喜悦。我和约伯、拉撒路一样，是可怜出奇的人，他们却是完美无瑕。我在地上受着属世之爱的羁绊，他们则是全然沉浸在对上帝的爱里。我的忧虑、胆怯，在他们荡然无存；他们无须在暗中哭泣；无须因愁苦而憔悴；上帝'擦去了他们一切的眼泪'②。彼处的灵魂是何等的有福，是千百倍地有福！可惜，我眼下只能活在罪孽的肉身之中，而我天上的弟兄和朋友们却得以与上帝同住！我活在地上，看不见也触摸不到他们崇高的享乐！我对上帝的想法是多么贫乏无力！对上帝的情感是何等的冷漠！他们生活其中的那生命、那爱、那喜乐，在我身上实在可怜！即令我有的那一点点也是稍纵即逝，接踵而来的是更深的黑暗！时而有个把火花掉在我心上，到我定睛看它时，它却熄灭了，更确切地说，是我冰冷的心冻灭了它。他们却时刻能在主的光中得见光，时刻能享用那喜乐之泉。在地上，我们用纷争彼此烦恼，他们却在同心同声，在完美的和谐中，日日高唱天上的哈利路亚。我的信心望见了何等丰盛的筵席，而我的灵却仍处于饥渴之中！天上有福的灵魂啊！我不愿，也不敢妒忌你们的福乐；反要因弟兄们的福乐欢喜，我也乐于想象自己被接纳到你们的团契中的那一天。我绝不是想取代你们，反因想到将要与你们

---

① 《约翰福音》21:15—17。
② 《启示录》21:4。

相聚，就感到无比欣慰。我何必一定要留在地上哭泣等待不可呢？我的主已经离去，他离开了这世界，进入了他的荣耀中；我的弟兄们也已离去；我有好友在那边；我的住所、我的盼望、我的一切都在那边。如今，我离我的上帝甚是遥远，因此为自己的哀愁抱怨也不足为奇；愚昧的米迦都会因他的偶像而哀愁，①我的心又怎能不为又真又活的上帝哀愁呢？若不是有来日享受福分的盼望，我会逃往荒漠，藏身其间，在那杳无人迹的旷野中躺卧、哭号，在徒然的意愿中荒度一生；但我有应许中安息的国土，有我必将前往的荣耀国度，而且我的灵魂离它越来越近，很快就要到达那里，因此我就要爱慕、渴望它，仰望、期盼它，且要嗟叹：'主啊！你容我苦盼、叹息还要多久！你何时才能为我这日日等待、渴望与你同在的人放行啊！'"基督徒读者啊，你要像这样让自己的心燃起热望，直到你能有大卫那般的渴慕："甚愿有人将伯利恒城门旁井里的水打来给我喝！"②直到你能像他那样说："耶和华啊，我切慕你的救恩！"③基督的肉身母亲、弟兄因人多而不得到他跟前时，给他带口信说："你的母亲和你的弟兄站在外边，要见你"，你也要这般给主传口信，他必把你当作亲人；因他说过："听了上帝之道而遵行的人，就是我的母亲、我的弟兄了。"④

3. 另一当在属天默想中操练的是**盼望之心**。盼望有助于在苦难中支撑我们的灵魂，在最大的困难中鼓舞我们的心，在最严酷的试炼中使它坚定，在侍奉中使它活跃有生气；盼望乃是驱动生命所有车轮的动力。若不是因为有得着天国的盼望，谁能有信心，谁能为之努力呢？若不是有着说服上帝的盼望，有谁会祷告呢？你的盼望若是死了，你的侍奉、你的努力、你的喜乐，连你的心也就都死了。你的盼望若是不在运作之中，而是睡去了，它就几乎是死的。所以，基督徒读者，在你向着天国唤起自己情

---

① 《士师记》18:17—24。
② 《撒母耳记下》23:15。
③ 《诗篇》119:174。
④ 《路加福音》8:19—21。

感的同时,切莫忘记唤起你的盼望。你要这样思想,并规劝自己的心:

"我的灵魂既在满有怜悯的救主手中,那国度又是在厚赐恩福的上帝掌管之下,我何不该信心十足地、心安理得地盼望呢?他何曾在使我得益的事上显出丝毫迟疑?他何曾在让我灭亡的事上显出丝毫的意愿?他曾起誓说:'我断不喜悦恶人死亡,惟喜悦恶人转离所行的道而活。'①他所行的难道不全都见证了他的誓言吗?为使我逃离险境,他难道没有在我尚不知惧怕时就提醒我?为使我得享福分,他难道没有在我连想都未曾想到时告知我?在我沉沦时,他曾多少次吸引我转向他和基督!他的圣灵是怎样不住地劝导我的心!他若是愿意让我灭亡,怎会做所有这一切呢?若有诚实人答应给我他权下的一样东西,我怎不该盼望得到呢?如今我得到的是上帝的圣约和誓言,我难道不更该因此而生盼望吗?荣耀固然是我们肉眼看不到的,我们同样望不见天上圣徒的住所;然而,上帝的应许难道不比我们的视力更可靠?我们得救并不在乎眼见,而'在乎盼望,只是所见的盼望不是盼望,谁还盼望他所见的呢?但我们若盼望那所不见的,就必忍耐等候'②。我曾因'依靠人血肉的膀臂'而蒙羞,而对上帝应许的盼望却绝'不至于羞耻'③。即便是在最深的苦难中,我也要说:'耶和华是我的分,因此,我要仰望他。凡等候耶和华、心里寻求他的,耶和华必施恩给他。人仰望耶和华,静默等候他的救恩,这原是好的。因为主必不永远丢弃人。主虽使人忧愁,还要照他诸般的慈爱发怜悯。'④我虽衰微将死,却仍要满怀盼望,因为'义人临死,有所投靠'⑤。我虽将躺卧在尘土与黑暗之中,可在那里,'我的肉身要安居在指望中'⑥。我的肉身虽无可喜之处,但我要'将可夸的盼望

---

① 《以西结书》33:11。
② 《罗马书》8:24—25。
③ 《耶利米书》17:5;《罗马书》5:5。
④ 《耶利米哀歌》3:24—26,31—32。
⑤ 《箴言》14:32。
⑥ 《使徒行传》2:26。

坚持到底'，因为'义人的盼望必得喜乐'①。诚然，我若只能靠自己满足上帝的义，就毫无指望；但基督已'引进了更美的指望，靠这指望，我们便可以进到上帝面前'②。我所指望的若只是软弱的受造之物，我的指望就甚是微小；因为受造之物怎能让我的身体从尘土中复活，提我到比太阳还高的地方去？对从无而造出天地的全能者来说，这算得了什么？那使基督从死里复活的权能，难道不能让我复活吗？荣耀了教会的头的那一位，难道不也要荣耀众肢体？毫无疑问的是，上帝必因他立约的血，将属他的被囚者'从无水的坑中释放出来'，所以，我要像被囚而有盼望的人，回转归向我的保障。"③

4. 在属天默想中还要操练的是**勇气**（或曰，胆量）；勇气导致的是决心，达成的是行动。在默想中，你既已焕发起自己的爱、渴慕与盼望，就要再接再厉，暗自这样思量："上帝不是确实要与人同住吗？天上的荣耀不是靠着盼望即可获得的吗？那么我何不紧紧地抓住这盼望呢？我灵里的勃勃生机来自何处？我为什么不'束上我心中的腰?'④向围困我的仇敌发起攻击，奋勇地冲破仇敌所有的抵抗？有什么能够阻止我？有什么能把我吓倒？在这属天的操练中，上帝是会帮助我，还是敌挡我？基督是会站在我一边，还是不会站在我一边？'上帝若帮助我，谁能敌挡我呢?'⑤在我们犯罪的行为中，几乎诸事都帮助我们，唯有上帝和他的仆人阻拦我们；这样的行为在我们手中结出的是怎样的苦果啊！可是在我奔向天国的进程中，几乎诸事都在阻拦我，唯有上帝帮助我；这努力因此结出了怎样的乐果啊！我是在凭自己的力量，还是凭着基督我主的力量投入属天的操练？靠着那加给我力量的，我岂非凡事都能做吗?⑥

---

① 《希伯来书》3:6，《箴言》10:28。
② 《希伯来书》7:19。
③ 《撒迦利亚书》9:11。
④ 《彼得前书》1:13。
⑤ 《罗马书》8:31。
⑥ 《腓立比书》4:13。

可曾有哪个仇敌能阻止他？他虽曾受攻击，却何曾被战胜过？既如此，我的肉体又怎能用努力中的困难劝阻我？在全能者面前，岂有难成的事？基督只需发出吩咐，彼得不就能在海面上行走吗？彼得开始下沉，是因基督的能力软弱，还是因彼得的小信？假如世人的恐吓就足以赶我下地狱，我岂不该着下地狱？假如众口的责骂就足以阻吓我奔向天国，我岂不该着被关在天国之外？哪怕阻吓我的是父母、配偶、我世上最要好的朋友，又怎样？要拖我下地狱的怎配称作朋友？凡使我与基督相隔绝的，我难道不该统统离弃？他们的友谊岂能化解上帝的憎恶，他们的友谊岂能安慰我沦入地狱的灵魂？我怎能屈从于人的愿望，而向自己的主刚硬？即便他们跪地求我，我也不会停下脚步看他们一眼，对他们的哭喊我会听而不闻。任凭他们是褒是贬，任凭他们唇枪舌剑地反对我，我却立定心志，靠着基督的力量，冲破阻拦，只将他们看作尘土。纵使他们以官位升迁利诱我，纵使他们用世上的万国诱惑我，我也只会把它看作粪土。天上蒙福的安息，荣耀的国度啊！有谁荒唐到愿以你为代价去换取梦幻与泡影？有谁愚昧到愿受诱惑、恐吓而不再寻求你？为得到你，只要一息尚存，有谁不愿奋勇努力、争战、谨守、奔跑？不愿意的肯定都是些对你一无所知的人，或对你荣耀根本不信的人。"

5. 你在属天默想中也要操练**喜乐之心**。爱、渴慕、盼望和勇气都有助于加添我们的喜乐。喜乐是人人生性中向往的，是构成人幸福不可或缺的组成部分；对这能使你生活快慰的事，我想无须多费笔墨劝你得到它。我设想，你已确信肉体的享乐是低级的，它转瞬即逝，而你可靠、持久的喜乐只能来自于天上，因此我也无须再劝说你，而是直接进入指导。读者，你前面的功课若是完成得好，就该能望见自己的安息，能相信这安息的真确性，能确信它好得无比；你已对它心生爱慕。你渴慕它，盼望它，立志勇敢前去获得它。但这其中是否有喜乐的功课呢？我们总是因自己拥有美好而快乐；眼前可享有的美好才是喜乐的目标；你会说：'可我还没有获得这美好啊！'只是请你再仔细想想。你手中握有上帝的赠礼契据，它难道是微不足道的吗？上帝绝对可靠的应许，难道不是你喜乐的依据吗？日日活在进入上帝国度的期待之中，难道是平淡无奇的事吗？来世必得荣耀的确据，难道不足令你喜不自禁吗？天国的承受者眼下虽与奴仆无甚分别，但想到不久就将拥有的那一切，难道还不能令你欢喜吗？主难道没有盼咐我们要"欢欢喜喜盼望上帝的荣耀"①，没有为我们设立榜样吗？

至此，你要再将自己的心带上那至高的山顶，将基督的国度及其荣耀指给它看；你要这样对你的心说："这一切主都将赐给你，因为你信他，是敬拜他的人。'你们的父乐意把国赐给你们。'②你看到天上那动人心魄的荣耀了吧？这都是属于你的产业。这冠冕是你的，这些享乐都是你的；这团契，这美轮美奂之地，全都是你的；因为你是属基督的，基督也属于你；远在你与他联合时，就与他共同拥有了这一切。"你还要将自己的心带到应许之地；将那佳美的山、肥沃的谷指给它看；向他展示你采摘的一串串的葡萄，使它确信那是蒙福之地，那里流淌着的比奶与蜜还好。你要进入圣城的城门，走遍新耶路撒冷的街巷，"周游锡安，四围旋绕，数点城楼；细看她的外郭，察看她的宫殿"③，好向你的心述说。那城中岂不是遍满了"上帝的荣耀"？那城光彩夺目，岂不正像"极贵的宝石，好像碧玉，明如水晶？"④那"城墙有十二个根基，根基上有羔羊十二使徒的名字。墙是碧玉造的，城是精金的，如同明净的玻璃。城墙的根基是用各样宝石修饰的；十二个门是十二颗珍珠，每门是一颗珍珠。城内的街道是精金，好像明透的玻璃。未见城内有殿，因主全能的上帝和羔羊为城的殿。那城内不用日月光照，因有上帝的荣耀光照，又有羔羊为那城的灯；得救的列国要在城的光里行走。这些话是真实可

---

① 《罗马书》5:2。
② 《路加福音》12:32。
③ 《诗篇》48:12—13。
④ 《启示录》21:11。

信的。主就是众先知被感之灵的上帝,差遣他的使者",和他的爱子,"将那必要快成的事指示他仆人看"。①目睹这一切,你要对自己说:"我的灵魂啊,这才是你的安息!这必成为你永久的安居之地。"所有的锡安之子都"应当欢喜,耶路撒冷的女子应当快乐。因为耶和华本为大,在他的城里、在他的圣山上该受大赞美。锡安山,大君王的城,居高华美,为全地所喜悦。上帝在其宫中自显为避难所"。②

你还要继续前行。爱上帝的灵魂常升到天上去,熟悉地走遍天上耶路撒冷的街道,拜望族长、先知们,向使徒们致意,赞叹殉道者的阵容;你也要带领自己的心走过一条条的街道;带它进入大君王的宫中;领它走入一间间的内室。你要对你的心说:"这必定就是我的住所;这必定是我要度过永生的地方;我必将在这里赞美上帝,爱上帝,并在这里为上帝所爱。无须多久,我就会成为这天上乐队的成员,那时我会更谙熟于天上的韵律。我必将跻身于这蒙福的团契之中,我必将与众灵同声唱出赞美的旋律。那时,我的眼泪将被擦干;我的叹息将化作欢呼;我的泥屋将换成这豪厦;我褴褛的囚衣将换成华美的衣袍;我将脱去污秽的肉体,穿上明光闪耀的灵体;'因为以前的事都过去了'。③'上帝的城啊,有荣耀的事乃指着你说的'!④ 在我仰望这荣耀之地时,尘世在我看来不啻为粪土、地牢!虚弱、伤痛、呻吟、将死、要在阴间腐烂的人,与这些胜利凯旋、光芒四射的圣徒,在我看来有着天渊之别!我将要喝这喜乐之河中的水,'这河的分汊使上帝的城欢喜'⑤。以色列尚能在律法的捆绑下,因万事富足,就'欢心乐意地侍奉耶和华'⑥,那时我无疑就更能因他荣耀的丰足而欢心乐意地侍奉他了。备受逼迫的圣徒们'家业

---

① 《启示录》21:14,18—19,21—24;22:6。
② 《诗篇》48:11,1—3。
③ 《启示录》21:4。
④ 《诗篇》87:3。
⑤ 《诗篇》46:4。
⑥ 《申命记》28:47。

被抢走，也能以喜乐的心接受'①；那时我一切的损失都将得到完全的补偿，岂不是更要喜乐有加？'犹大人脱离仇敌得平安、转忧为喜、转悲为乐的'②日子不是值得欢庆吗？到那时，我的灵魂将得的安息、面临的转变要比这更大，且大得无比，那喜乐又该是怎样的呢？博士们望见基督的星，'就大大地欢喜'；而我不久就要去见的那位就'是明亮的晨星'③。门徒们既听说他们的主'从死里复活了'，就大大欢喜地离开坟墓,④到我看见他在荣耀中做王，我自己被提，与他幸福地同在，那欢喜又该是何等的大啊！那时，我将真实地拥有'华冠代替灰尘，喜乐油代替悲哀，赞美衣代替忧伤之灵。而锡安将变为永远的荣华，成为累代的喜乐'⑤。既如此，我又为什么不从灰尘中站起，停止抱怨？我又为什么不将虚空之乐踏在脚下，却以预见中的荣耀之乐为食粮呢？我的生活何不该成为取之不尽的喜乐？天上的气息何不该恒久地充满我的灵呢？"

此处我想说明的是，你在操练上述情怀时既无须严格依循以上的次序，也无须一次操练各个方面。有时，你的某种情怀更需要受到激发，而另一种情怀却比其他的更强健有力；假如时间不够，你可以一天操练这样，另一天操练那样；全交由你的智虑决定。你若愿意，还可从反面或多方面地操练自己情怀，如恨恶罪之心，因为罪能夺去你心中恒久的喜乐；又如敬畏之心，免得你滥用上帝赐你的怜悯；倘有滥用发生，你还可操练敬虔的羞愧、伤痛之心；你还要真心悔改，自我悔恨，谨慎己心，也要怜悯有失去永恒喜乐之危险的人。

三

我们还应注意到自语和祷告如何能推动属天的默想。沉思在其中固

---

① 《希伯来书》10:34。
② 《以斯帖记》9:22。
③ 《马太福音》2:10;《启示录》22:16。
④ 《马太福音》28:7—8。
⑤ 《以赛亚书》61:3, 60:15。

然是主要手段，但仅靠它，仍不易打动我们的心。在此方面，默想类同于讲道，单靠阐释真理和义务很难达至将真理和义务实在地应用到人良心上的果效，特别是在人恳切寻求伴随此应用而来的祝福的时候。

1. **靠着内心独白**（或曰，自我辩答），你要在默想中唤醒己心。你要与自己的心认真地辩论，用最动人、最有影响力的语言向它陈情，用最有力、最重要的理据规劝它。历代属上帝的先贤们都是这样做的。大卫曾这样规劝自己说："我的心哪，你为何忧闷？为何在我里面烦躁？应当仰望上帝，因我还要称赞他。他是我脸上的光荣，是我的上帝。"①他还说："我的心哪，你要称颂耶和华，不可忘记他的一切恩惠！"②内心独白当根据自己的不同心态及灵里的不同需要而加以运用。这是人对自己讲道；正如每个家庭的好家主、好父亲都是自己家庭的好牧师一样，每个好基督徒也应当是自己灵魂的好牧师。因此，凡基督徒都当力求以牧者用来教训人的方法教训自己。你要留意最能触动人心的牧者是怎样讲道的，其讲道的内容和方式如何，让他成为你效法的榜样；他怎样对会众循循善诱，你也要怎样对自己循循善诱。在属天默想中你则要这样做：向自己解释你要默想的事；借助经文坚固你对这些事的信心；然后依据这些事的特性及你自己的需要，将这些应用于己身。你不必因觉得无此能力而拒绝努力。上帝岂不是吩咐你："要殷勤教训你的儿女，无论你坐在家里，行在路上，躺下，起来，都要谈论"吗？③你既有能力教训自己的儿女，就更该有能力教训自己；你既能对别人谈论天上的事，怎会没能力对自己的心谈论这些事呢？

2. 一如在内心独白中对自己讲话，在祷告中对上帝讲话同样能对属天默想起到推波助澜的作用。有感而发的祷告完全可以当作操练的一部分而夹杂在默想之中。我们常发现大卫在同一诗篇中，时而规劝自己的

---

① 《诗篇》43:5。
② 《诗篇》103:2。
③ 《申命记》6:7。

心，时而祈求上帝。使徒保罗要求我们"用诗章、颂词、灵歌彼此对说"①；我们自然也可以用这些向上帝倾诉。这可以让我们的心时刻感受到上帝的同在，也能极大地激发、提升我们的心。上帝是我们思想的最崇高目标，所以我们仰望他，与他交谈，祈求他，比默想中任何其他的努力更能升华我们的心灵，更能唤起我们对上帝的爱。在我们劝诫自己的时候，自己可能无动于衷，但当我们转而向上帝说话时，便不能不触动自己的敬畏之心；我们谈话对象之圣洁和威严，使得我们谈话的内容和言辞能更深地打动自己的心。"以撒出来在田间默想"这节经文的旁注将"默想"解作"祷告"；其原因是该词在希伯来语中兼有"默想"和"祷告"的含义。因此，据我理解，在我们的默想中能时而自语、时而祷告，时而与己心、时而与上帝交谈，乃是属天操练所能达到的最高境界。我们也不应以为只消祷告就够了，而将默想搁置一边；因为祷告和默想仍是两种不同的功课，二者不可偏废。这两者我们都需要，忽视哪一样都是在亏待我们自己。而且，这两者若能像和弦一般交相辉映，就会更加美丽动人，因为两者可以彼此注入活力。在默想中对自己讲话当先于对上帝讲话。若不循此应有的顺序，人在对上帝讲话时的恭敬与爱慕之心，就会远不如天使显现时对天使说话，或在法庭上为活命而对法官讲话时的程度。在祷告中向天国的上帝讲话是人的重大责任，其重要性远远超过多数人所了解的程度。

---

① 《以弗所书》5:19。

第十五章
借助易察之事做属天默想；
要防范自己诡诈的心

本章提要　　维系属天之事对人的切实影响力不易。因此，一、属天默想可以借助可感知之事；1. 由感知极力推想；2. 将感知的对象与信心的对象做比较。二、想到以下各点，可助我们防范自己的心在属天默想中行诡诈：1. 面对默想的退缩之心；2. 在默想中白白耗费时光；3. 在默想中偏离正题；4. 过于仓促地结束默想。

属天默想最困难之处在于，在心中维系对天上之事鲜活的意识。整天想到天国尚属容易，可让这些念头保持活泼、热切，哪怕是一刻钟也难。我们的生命只得到了部分的更新，所以信心是不完全的，同时，我们面临着不计其数的阻拦；而且属天影响力是超自然的，若非持续受到激发，就很容易衰退萎缩。感知却因肉体的强劲而是强劲的；它是属自然的，只要人的自然之身尚存，知觉就会延续。信心的对象远在天边，感知的对象却近在眼前。我们只能到天上去支取喜乐。要想为我们见所未见，也未曾听说有人见过，只凭圣经应许的事而欢喜快乐，当然不及为看得见摸得着的事而快乐来得那样容易。因此，我们只能谨慎地邀请感知来做信心的助手。若能将常成为我们对头的感官变为朋友，若能将常使我们远离上帝的感官变为提升我们到上帝那里去的工具，则是对感官的正用。感官若是不能用来赞美上帝，上帝为什么要赐我们感知能力及其普通对象呢？圣灵在描写新耶路撒冷的荣耀时，为什么甚至要用悦人耳目的方式？是为让我们相信天堂是以金银、珍珠造就的吗？是为让我们相信圣徒、天使在天上又吃又喝吗？不是。那只是为帮助我们凭现有的能力去想象天上的事，那只是在借一些的词语为透镜，让我们在终能亲眼看到那一切之前，得以了解其描写虽不尽如人意的事物本身。本章除了要说明属天默想能如何借助于可感知的对象之外，还要指明如何使默想免受我们诡诈之心的干扰。

一

在**借助易察之事做属天默想**方面，我只想为读者提供两点建议，一是从可感之物极力推想，二是将感官的对象与信心的对象做比较。

1. 为了在属天默想中挑旺你的爱慕之心，你要**从可感之事竭力推想**天上的事，要像圣经描述天国时那样，大胆地思想天上的喜乐，要使你的想象降至感知所及。爱和喜乐都只能靠熟悉的事物推动。在我们尝试思念上帝和天上的荣耀时，若不是有圣经的描述，我们必会觉得茫然，觉得思念无着；也会觉得思念的对象遥不可及，以致对这对象的想法生疏，容易以为上头的事与我们无甚干系。将上帝和荣耀仅看作超乎我们想象的事，导致的爱慕就会少得可怜；而将其看作超乎我们爱之所及，又只会让我们的喜乐少得可怜。因此，你在默想时对基督的定位不要远于他给自己的定位，免得其属天性质再次对你变得遥不可及。你要将基督想作与我们同具得荣耀后的特性。你要将得荣耀的圣徒想作是已得完全的人；要假定自己在使徒约翰巡视新耶路撒冷时与他同行，与他一同观看那宝座、那威荣、那天军，还有他所看到的光华美景。要假定自己是约翰遨游天际时的旅伴，也看到万千圣徒"身穿白衣，手拿棕树枝"；听到他们"唱上帝仆人摩西的歌和羔羊的歌"①。你若是真的看到、听到这些事，会怎样陶醉其中啊！你越是将此假设真切地看作是发生在自己身上的事，默想就越能提升你的心。切忌像天主教徒那样将这些画成图

---

① 《启示录》7:9, 15:3。

画！却要借默想圣经的描绘，让你的心看到尽可能生动的画面，以至你能这样说："我想我瞥见了荣耀之一斑！我想我听见了喜乐颂扬的欢呼声！我甚至站在亚伯拉罕和大卫，彼得和保罗，还有其他得胜灵魂的身边！我甚至看见上帝的爱子从云中显现，世人都站在他的审判台前接受他的判决；我听见他说：'来吧，你们这蒙我父赐福的，'① 又看见圣徒在他们恩主的喜乐中欢喜快乐！只消梦见这些事，有时都会让我深受感动；对这些事的设想岂不会更深地感动我？我若能像保罗那样看见难以言说之事，又该如何？我若能像司提反那样'看见天开了，人子站在上帝的右边'，又该如何？仅只那一望，肯定也使受暴雨般的石头击打变为值得。我若能像米该雅那样'看见耶和华坐在宝座上，天上的万军侍立在他左右'，又该如何？属上帝的人看到了这样的事，很快我要看到的定比他们脱离肉身之前多得多，我也将脱离这肉身。"由此你可以看出，在属天默想中，凭借圣灵以俯就我们的语言描述的蒙福情景，人自肉身感官出发，努力做出身临其境的假想，可使我们的爱慕之心得到怎样的激发。

2. 我们的感知可推动属天默想的另一途径是，**将感知的对象与信心的对象做比较**。例如，你可以与自己的心激辩，使其从世俗者以堕落为乐转向以天上的事为乐。你可以这样想："罪人不是以作恶为乐吗？与上帝同住才是真正的快乐。酗酒之人不是以贪杯为乐吗？连对咒诅的惧怕都不能吓阻他们。放荡之人不是宁愿丢弃自己的名誉、财产和救恩，也不愿丢弃兽欲之乐吗？通向地狱之路尚且能为人提供这样的乐趣，天上圣徒的欢乐又该是怎样的！贪财之人尚且能从他的财富得到快乐，野心勃勃的人尚且能以世上的权力、名望为乐，圣徒面对他们永恒的财富和天上的荣耀时又该当如何！那时，我们在天上要被册封为执政掌权的，还要成为基督荣耀的新妇！沉溺酒色的人醉心于朝欢暮乐的生活，或是昼夜不分地坐在牌桌赌台前！到我们进入安息，望见永生上帝的慈容，欢

---

① 《马太福音》25:34。

声颂赞天父、羔羊时,又该怎样的欣喜若狂!"

你也可以正当而适度的感官享受比照天上的大喜乐。你不妨这样想:"在我饥饿时,食物吃起来是多么可口,这食物若是以撒所谓'我所爱的美味'①,投我所好,合我胃口,就更是如此。而到那时,我的灵魂吃的将是基督这'生命的粮',而且要'在他的国里,坐在他的席上吃喝'②,那该是怎样的乐事!一碗红豆汤在以扫饥饿时也是那样甘甜,他甚至愿用长子名分的重价去换取。我又何不该将这永不朽坏的食物看作无价之宝!③ 极度干渴时,一掬甘泉可为人带来难以形容的快意,它足以使参孙'喝了精神复原!'④而我的灵魂要从活水之泉饮用的将是那'喝了就永远不渴'的水!⑤ 芳芳的香气对嗅觉而言;动听的妙韵对听觉而言,宜人的美景对视觉而言,是怎样的享受!曾浇在我们荣耀救主头上极贵重的香膏,那时必浇在他所有的圣徒头上,使香气充满整个天庭!天上真正的美景又会是多么令人心旷神怡!那'不是人手所造'的房屋、上帝居住其间的圣所、'上帝的城'里的街道和胜景,还有那天上的乐园又该是何等的荣耀啊!⑥"

你还可用我们从自然知识得到的乐趣与天国的喜乐相比。知性之乐远远胜于感官之乐,而天上之乐就更是感官之乐望尘莫及的了!你要这样想:"阿基米得竟如此痴迷于数学演算,甚至死亡的威胁也未能让他放下手中的工作,他甘愿死在自己的冥思之中。我痴迷于天上荣耀带来的享受,其程度难道不该远胜过阿基米得,我难道不该在对天上荣耀的冥想中死去?更何况,我的离世将使我的喜乐得以完全,而阿基米得的喜乐却与他一同死去了呢?"能探知大自然的神奇,能揭示人文与自然科学

---

① 《创世记》27:4。
② 《约翰福音》6:51,《路加福音》22:30。
③ 《约翰福音》6:27。
④ 《士师记》15:18—19。
⑤ 《约翰福音》4:13—14。
⑥ 《哥林多后书》5:1;《启示录》21:3;《诗篇》46:4。

的奥秘，特别是在就某一学科有了新发现时，我们是何等的惊喜！然而，认识上帝和基督带来喜乐更是崇高无比！人类学识如此美好，使得感官享乐相形之下变得卑下粗俗，上帝与之相比则更是奇美无比！遇见一部书中佳品，我们必会日以继夜，废寝忘食地捧读！而置身上帝的右边，蓦然知道我们该知道的一切，那又该是怎样的享受啊！

你也可将品行高尚和人间深情带来的欣喜与天上的喜乐相比。不少自我节制而不信上帝的人以界定与实践道德责任为乐，他们将因崇尚美德——而非仅因惧怕惩罚——而有良好德行的人视为正直人；不仅如此，他们还十分看重道德情操，甚至认为人的终极福祉端寓于其中！因此，你要这样想："我们在天上得完全时所拥有的，我们将目睹的上帝非受造的完美中又蕴含着何等超升的美德！无论是对子女、对父母、对共负一轭的同工，还是对知交，我们在操练对人的爱时是多么甘甜！大卫悼念约拿单道：'你向我发的爱情奇妙非常，过于妇女的爱情。'① '约拿单的心与大卫的心深相契合。'② 基督不也有一位'所爱的门徒，常靠着他的胸膛'吗？③ 亲密而真诚的友情尚且如此愉悦人心，我们在与那至高者的友情中，在与众圣徒的挚爱中，感受到的又该是怎样的快慰！与世间的友情相比，那必定是更严格意义上的友情，是比日光底下所见的一切朋友更可爱、更可意的朋友；我们对天父和救主的爱，尤其是他们对我们的爱，将是我们在地上见所未见过的。一位天使既能毁灭大批军兵，这说明灵的情感也远强于血肉之躯的情感，所以我们那时的爱将会比眼下所能要炽热千百倍。上帝的全部属性和作为是人类的理解力不能企及的，他的爱同样如此：他将以他无限的爱爱我们，超过我们对他最完全的爱。那时，上帝与人的彼此相爱该是怎样的啊！"

你还可将我们眼所能见的辉煌造物之工与天国的荣美相比。上帝所

---

① 《撒母耳记下》1:26。

② 《撒母耳记上》18:1。

③ 《约翰福音》21:20。

造万物彰显出他何等的智慧、能力与美善！造物主的尊荣多么真实地映照在这世界的画布之上！正如《诗篇》所说："耶和华的作为本为大，凡喜爱的都必考察。"①他以属天的技艺模造了人和动物的形体！每株植物都是那样华美！每朵鲜花都是那样娇艳！各种草木、果蔬、矿产林林总总，各具其用！全地以及居住其上的万物蕴含着多少奇妙！汪洋大海昼夜涌动而守其界限；春夏秋冬轮替更迭，从不止息。因此，你要这样想："这些不过是罪人的差役，尚有着不可思议的价值，上帝居住的地方，也是为在基督里被造成完全的义人所预备的，又更当如何！就连天边最小的星星也如此璀璨！天上的月亮和诸行星是何等华光闪耀的光体！太阳的光辉灿烂是多么不可思议！然而，所有这些在天上的荣耀面前都显得暗淡无光！在那里，太阳将被弃为无用，因为它在天父居住其中的无比荣耀辉映之下，只能称作晦暗。就连我自己那时都将与太阳同辉。这全地都不过是我父的脚凳。雷鸣只不过是他令人生畏的话音。大风只是他口中的呼吸。连'降给好人，也降给歹人'②的雨露都充满奇妙，那只照在圣徒和天使身上的荣耀又该是怎样奇妙夺目？"

你还可将上帝赐教会和世界的**恩典之奇妙**与天上的享受相比。我们若能看到"以色列人下海中走干地，水在他们的左右作了墙垣"，而法老全军被水淹没；若能看到埃及的十灾；看到水从磐石流出；看到吗哪和鹌鹑从天而降；看到地开了口子，将恶人吞下去，③会是何等令人震惊的场面？我们将要看到的事远比这些大得多，那场面不仅更加奇妙，而且令人欢欣！其中不会有流血与震怒；我们也不会像伯士麦人那样惊呼："谁能在耶和华这圣洁的上帝面前侍立呢？"④若是看见日头在空中停留，

---

① 《诗篇》111:2。
② 《马太福音》5:45。
③ 《出埃及记》14:21—28，7:14—12:36，17:3—6，16:4—36；《民数记》16:25—33。
④ 《撒母耳记上》6:20。

亚哈斯的日晷后退十度，①我们会感到多么诧异！而我们将看到的是太阳被废弃，或毋宁说，我们将永远地仰望着那光辉无限的"太阳"。若能像以利亚那样，凭祷告就可决定干旱或下雨，让火从天上降下烧灭敌人；或者能像使徒那样，奇迹般地医好疾病，说各国的语言，②我们会有怎样的生活！然而，这些与我们将要从上帝那里看到、享有的奇妙相比，简直微不足道，而且所有那些都将是美善与爱的奇迹！我们自己将成为比所有这些都奇妙的恩慈的承受者。约拿在大鱼腹中三日三夜就复活了，③我们则要从多年的朽坏与尘土中复活，那尘土还要被提升到强似阳光的荣耀中去，且那荣耀将是永世长存的。毋庸置疑的是，我们只消观察上帝的普通恩典，如太阳的运行，大海的潮汐，地球的常立，雨水浇洒其上如同喷淋花园，败坏、混乱的世界仍保持着基本的秩序，还有其他种种，就会感到所有这些都令人称奇。可与上帝的锡安相比，与上帝的威荣相比，与天使天军完美的秩序相比，这些实在是不足挂齿！

你个人所享受的和一生经历过的恩典，也可用来与你在天上将蒙的大恩相比。回首你少时及成年后蒙受的怜悯，无论是在你的顺境或逆境中，无论是在你所到之处或各种人际关系中，这种恩典岂非难以计数，无比美好，丰富动人？上帝曾为你释解疑虑，驱散忧惧，免除了按你的主张会使你陷入的麻烦，他消除了你的痛苦，医治了你的疾患，恍如从死亡、坟墓中使你重生；这一切是何等的甘甜！你因此要这样想："这些恩典尚且如此甘甜而宝贵，若没有这些恩典，我的生命岂不会是无休止的惨剧？上帝从天降下的恩典把我从苦难中高高举起，正如诗人所说：'你的温和使我为大。'④那么，与他在荣耀中同住，更会是怎样的甜蜜！他永恒的爱将把我抬举上到高天！我要被变成怎样，才能与他的伟大团

---

① 《以赛亚书》38:7—8。
② 《列王纪上》17:1；《列王纪下》1:9—12；《使徒行传》5:12—16；2:1—7。
③ 《约拿书》1:17；2:10；《但以理书》12:2；《帖撒罗尼迦前书》4:14—16。
④ 《诗篇》18:35。

契！我的朝圣和争战之中尚且有如此的恩典，在我天家的欢欣中，我又将感受上帝怎样的大恩呢？在我还做罪人时，上帝就频频赐恩，到我成为得完全的圣徒时，他赐下的又将是什么！我在离他万里之遥时就如此蒙恩，到我站在他的宝座前与他相近时，蒙受的又该是怎样的恩典啊！"

你还可将从地上的圣事中所得的安慰与天上的喜乐相比。圣经对你岂不像一眼活泉，日夜不停地喷涌着安慰？上帝的应许怎样如及时雨般流入你的心田，让你能与大卫异口同声地说："我若不是喜爱你的律法，早就在苦难中灭绝了！"①你因此要这样思想："上帝的话语若是满带着安慰，我们从上帝本身得到的安慰，又将会怎样涌流不尽啊！他写给我们的信，尚且能如此安慰我们，与他同在的荣耀，又该是我们何等大的欢喜！他的应许尚且如此甘甜，这些应许的应验又该当如何！主的圣约和我们去往天国的特许，尚且带给我们如此心安，我们拥有天国时又该当如何？"

你还要进一步思想："我在牧者传讲的上帝话语中得到了何等大的快慰！坐在台下听属天且洞察人心的牧师讲道时，我心里是多么火热！我甚至觉得自己几乎已置身于天国。有多少次，我心神不宁地去参加聚会，回来时却满心欢喜！有多少次，我带着疑惑去参加聚会，上帝送我回家时却满载着他在基督里的爱！在每次争战中，我得到的是怎样的强心剂，令我心力倍增！传上帝话时，摩西的脸上尚且满是荣光，②上帝的尊荣本身又该如何华光四射！'那报佳音、传平安、报好信、传救恩的，这人的脚踪（尚且）是何等佳美'③，那和平之君的荣面又该是何等华美！这瓦器中的宝贝尚且这样可贵，那积攒在天上的财宝又该当如何！④能望见唯在天上可见之事的眼、能听见唯在天上可听之事的耳是有

---

① 《诗篇》119：92。
② 《出埃及记》34：29；《哥林多后书》3：7。
③ 《以赛亚书》52：7；《罗马书》10：15。
④ 《哥林多后书》4：7；《马太福音》6：20。

福的。在天上，我将聆听以利亚、以赛亚、耶利米、使徒约翰、彼得，保罗等先贤讲道，他们不再是向好争辩的人传讲，不复在监禁、逼迫和叱责声中讲道，而是欢天喜地地颂扬将他们提到尊贵、荣耀中的恩主。"

你还要这样思想："在祷告中能接近上帝又得接纳是多么令人欣慰的事！我无论何时都可以来到上帝面前，向他陈情，向他倾诉心怀，就像对挚友一般！而到我无须祈求就得到一切祝福，到我一切的需求、苦难都化作乌有，到上帝自己成为我灵魂的福分和产业时，那喜乐就更该是无以言喻的了。"

就主的筵席，你要想到："能获准坐我主的筵席，他在席间又与我立定了圣约，这是何等大的恩惠啊！而天上的永生和安乐必向我保证，来世我得享的将是永久的平安。主在地上最后的晚餐和那大日子羔羊的喜筵，相差何止千里！那日，他摆设筵席之处，将是充满荣耀的天庭；参加筵席的将是全体天使和圣徒；那里没有犹大，也没有不穿礼服的宾客，只有谦卑的信徒坐在天使、圣徒旁边，他们的飨宴将是他们共同的圣爱和喜乐。"

就圣徒的团契，你要想到："与睿智而属天的基督徒一同生活是多么惬意！大卫谈到这种人时说：'他们是我最喜悦的。'[①]到那时，我在天上享有的又会是多么令人欢快的团契！我看到约伯在灰堆上受煎熬，就不禁赞叹他是忍耐的榜样！如若看到他在荣耀里的形象，又当如何！听到保罗、西拉双脚戴着木狗在歌唱，心里是多么喜悦！[②] 如若听见他们在天国里唱诗赞美，又当如何！大卫用他的琴弦弹出多么悦耳的旋律！[③] 如若听见天堂里的合唱定会觉得动听千百倍！保罗刚从三层天上下来时，我若有幸能同他交谈哪怕一个小时，也是怎样的美事！而过不多久，我就能亲眼看见他所见的那一切，还必拥有我所看见的。"

---

① 《诗篇》16:3。
② 《使徒行传》16:24—25。
③ 参见《撒母耳记上》16:17—23。

你还要思想与众圣徒在地上同声赞美上帝的情景:"我若是那些牧羊人,能看见、听到天使大军赞美'在至高之处荣耀归与上帝,在地上平安归与他所喜悦的人'①,该有多好!可我将看见、听见的必是更加荣耀的事。我若听见基督感谢他的父,定会觉得自己实在蒙福!到我听见他宣告我为有福的时候,又该如何!以色列人将约柜抬入耶路撒冷、圣殿重建落成时,人们曾一片欢腾!② 在新耶路撒冷又该是怎样的盛景!所罗门登基时,人们欢声震地,③而教会的君王再临时,信徒欢呼的声音又该当如何!倘若'地的根基立定时,晨星一同歌唱,上帝的众子也都欢呼'④,到那荣耀的世界不仅立定了根基,且已完工时,在最后一块石头垒上之后,当'圣城如新妇妆饰整齐',被羔羊迎娶时,⑤圣徒的欢呼、赞美又该是怎样的!"

你也可将圣徒奔向天国的路途中和预尝天国时的喜乐与你在天国里将得的喜乐相比。上帝只消向他圣徒中的任何一位稍事启示自己,圣徒心中的喜乐岂有与那启示不相符的?在主变相的山上,所见的一切令彼得心醉神迷,所以他说:"主啊,我们在这里真好!你若愿意,我就在这里搭三座棚:一座为你,一座为摩西,一座为以利亚。"⑥他的意思是:"我们不要回到那边逼迫我们的暴民中去;不要再回到那恶劣的受苦环境中去。我们既到了这里,留下来岂不是更好?在这里与我们相伴的人有多么好,这里的快乐岂非宜人得多?"保罗在三层天上看到的一切多么引人入胜!摩西与上帝交谈之后脸上放出了异彩!这些圣徒对天国特殊的预尝,不过是天上蒙福胜景之一斑。有多少次,笔者读到、听说濒临死亡的圣徒们满心欢喜;在身患重病、痛苦难耐之时,他们的灵却为天国深

---

① 《路加福音》2:13—14。
② 《历代志上》15:25—28。
③ 《列王纪上》1:39—40。
④ 《约伯记》38:6—7。
⑤ 《启示录》21:2。
⑥ 《马太福音》17:4。

深吸引着，其喜乐因此大大胜过了痛苦！在患难的苦海中，若是连这一点火星都如此耀眼，那荣耀本身又该当如何！殉道士们在熊熊烈火中感受到的是何等的喜乐！他们和我们一样，不过是血肉之躯；当他们的身体在烈焰中灼烤时，他们必是看到了极美的事，灵里才充满了喜乐。读者啊，所以你要在默想中这样想："一定是因他们预尝到了天上荣耀的美妙，才使那烈焰变得容易忍受，才让他们能迎接死神的来临。既如此，那荣耀本身又会是怎样的啊！是怎样蒙福的安息，使保罗想到它就'情愿离世与基督同在'①，令圣徒们认为唯有死去才会有安好！当年，桑德斯②既以能拥抱火刑的木柴，高喊着：'欢迎你，十字架！'将来我岂不会更加兴高采烈地拥抱自己的福分，欢呼着：'欢迎你，我的冠冕？'当年，布雷德福③曾亲吻为他施火刑的柴捆，将来我岂不更要亲吻我的救主？一位贫穷的殉道士曾因她双脚能戴上菲尔波特④先前戴过的脚镣而欢喜，我的心难道不会因住进基督和他使徒先我住进的同一荣耀之处而欢喜快乐？烈火、柴捆、牢狱、放逐、鞭打、尖刻的嘲讽对圣徒来说，难道比基督、荣耀将来对我来说可喜？绝无可能！"

你要将地上教会和基督在自甘降卑状态下的荣耀与天国的荣耀相比。基督在替罪人受苦时尚且满有威荣，在他父的右边又该如何！处于罪和仇敌重压之下的教会，尚且显出许多美好，到羔羊迎娶她时又该是何等美丽！上帝的爱子在取了奴仆形象时尚且充满了神奇！在他降生时，一颗新星赫然出现，引导陌生人前来朝拜躺在马槽中的他，天使天军还唱

---

① 《腓立比书》1:23。
② Laurence Saunders (1500s—1555)，英国基督教新教殉道士。他因在讲道中批评"天主教的谬误"及英国教会"对基督和他的福音麻木不仁"而被捕，1555年2月8日受火刑殉道。桑氏以其就义前的言论"欢迎基督的十字架，欢迎永生"而著称。
③ John Bradford (1510—1555)，英国宗教改革运动领袖，殉道士。他在临刑时鼓励同受火刑的信徒说："放心吧，弟兄，我们今晚会高高兴兴地与主共进晚餐！"
④ Mr. John Philpot (?—1555)，受过良好教育的英国贵族讲道士，曾任温彻斯特教区的总执事长，因在主教面前为宗教改革运动争辩而多次受审、入狱，并戴上脚镣。他在刑场上说："我的救赎主既不惜为我极为卑贱地死在十字架上，难道我还以受火刑为耻吗？"

诗庆贺他的降生。在他还是个孩子时，竟能在圣殿里与教师辩论。进入侍奉后，他以水变酒，用几个饼、几条鱼喂饱数千人，洁净大麻风，医治病人，使瘫子行走，让瞎子得看见，甚至让死人复活。那么，在天上的荣耀里，他又该是何等奇妙呢！为迎接骑着驴驹的耶稣进入耶路撒冷，众人尚且砍下树枝，又把衣服铺在路上，欢呼"和散那"；到他同天使在荣耀中再来时，又会是怎样的场面！听到他"传天国的福音"的人尚且承认，"从来没有像他这样说话的"①；到那时，在他的国度里看到他威荣的人必定会说："从来没有像这样的荣耀。"前来捉拿他的敌人竟退后倒地；他死去时，大地竟震动，圣殿的幔子裂为两半，引发日食，死去的圣徒的身体起来行走，旁观者都叹服道："这真是上帝的儿子。"②到了死人全都复活，站在他面前，他"不单要震动地，还要震动天"③，当太阳从苍穹挪去，在他的荣耀面前永远变为暗淡的时候，到人们无不口称基督为主、为王的时候，又该是怎样的日子！主既复活，死亡和坟墓既失去了权能；天使竟"把石头滚开"，吓得守墓人"和死人一样"④，天使还将主复活的喜讯传给主的众门徒；门徒既亲眼见他升到天上；他如今拥有的，我们也要与主永远共同拥有的，该是何等的大能、权柄和荣耀啊！基督离世后，几个穷渔夫、织造帐棚的人尚且能医好瘸腿的、瞎眼的、有病的，能打开牢门，使欺哄圣灵的倒毙，使死人复活，使仇敌害怕；在天上，凡圣徒都能做比这还要大的工，那将是怎样的世界！福音的传讲尚且带着莫大的能力，能知晓人心中隐藏的秘密，能使骄傲的罪人谦卑，能使最顽梗的人战栗；福音既能使人们焚毁邪书，变卖田产，把所卖的价银拿来放在使徒脚前；福音既能使数千人信

---

① 《马太福音》4:23；《约翰福音》7:46。
② 《马太福音》27:54。
③ 《希伯来书》12:26。
④ 《马太福音》28:2,4。

主，能"搅乱天下"①，出自庭前受审的囚徒之口的教义既能使审判者战栗；基督和他的圣徒在身处卑贱的日子里，在命定受苦、受辱的日子里，尚且能有如此大的能力和荣耀，他们在自己荣耀的国度里，在掌有绝对的治权，全面承受基业时，又更当如何！

　　也可将圣灵在地上使你心里发生的**荣耀改变**，与你最终的荣耀改变加以对比。你身上的恩典只要是真实的，就不可小视，它比西印度群岛的全部财富都可贵；你对基督热诚渴慕的心也不可小视，它比世上万国的总和都有价值。得到更新的人性是上帝的形象；它是"基督住在我们心里"，是"上帝的灵住在我们里面"；是上帝的荣面放出的光辉；是"上帝的道存在我们心里"②，理性灵魂的内在之美端在于此。这更新了的人性使人比所有贵族都高贵；它能明白何为其创造者所喜悦的，能行造物主的旨意，能承受他的荣耀。这粒芥菜种尚且是如此宝贵，"上帝乐园中的生命树"③又当如何！常处于与败坏的对抗之中，只是冒出几许渴慕的火花，且在叹息中的生命尚且如此有价值，那生命之源又该是怎样光耀无比啊！在我们承受着有罪身体的重压之时，圣经尚且说我们有着上帝的样式，到我们内心全然没有罪的时候，必会更加像他得多。我们对天国的渴望和爱慕既如此美好，天国本身又该怎样奇美无比？由我们预想、信仰天国而来的喜乐既如此甘甜，完全拥有天国的喜乐又该是怎样？当基督徒感觉到自己对上帝的心开始冰释，先前在罪中对主的冷酷也开始融解，他心中是多么快慰！就连痛悔也能为基督徒带来喜乐，到我们达到极致的完美时，认识、爱慕和赞美上帝又将带来怎样的喜乐！你要暗自思量："我与生俱来的光景如今发生了多么大的变化！我曾被习惯死死地捆绑，有千百种罪在指控我；我若是像那样死去，只能永远地沦落地狱！上帝竟使重罪重重的我能称义，得以从各种可怕的灾祸中解脱，

---

① 《使徒行传》17:6。

② 《以弗所书》3:17；《约翰一书》4:13，3:9。

③ 《启示录》2:7。

将我变成天国的承受者,这是何等惊人的变化!每每想到自己的重生,我都会禁不住叹谓:'那是个何等蒙福的日子!'我因见到了这一日而称颂主!既如此,我在天上又会怎样惊叹:'这是何等配得赞美的永恒啊!'我必因主将我带到那里而称颂他!看到我信主,上帝的众天使曾为我欢喜;毫无疑问,那日他们也必将庆贺我得救的福分。这恩典如今像埋在灰烬中的火星,在世人眼中,它被肉身包裹着,在我自己眼中,它有时被败坏包裹着;我永恒的荣耀却不会被任何东西遮住,我的灯也不再会'放在斗底下,是放在山上'①,而且是放在锡安山,上帝的山上。"

最后,你还要将圣灵在地上赐你的**预尝**与天国的喜乐相比。上帝有时会异乎寻常地将自己启示给你的心,将他的点滴荣耀照射在你灵里。这时,你会喜不自禁地说:"巴不得我能留住这荣耀!"在漫长而哀伤的期盼之后,你难道从未像殉道士那样欢呼:"主临到了我!主临到了我!"在天国生动的启示之下,在你退身默想蒙福之境的时刻,难道你从未感受到你消沉的灵得复兴,你沮丧的心昂起头,有天国之光在你灵魂面前破晓?你要这样思量:"这些只是少许的定银,怎能与未来我全面继承产业相比?所有这些光亮都令我惊异,令我欢喜,但那只是来自天上一柄烛光,照我走过这幽暗的世界!有些敬虔的信徒还在这光面前应接不暇,呼喊道:'停一停吧,主,我已承受不了了!'那么我在天上的欢喜又该当如何!那时,我的灵必得看见并享受上帝,他的光辉尽管比太阳还要强万倍,可我的眼却能永远地仰望着它!倘若你还不曾有过这种甜蜜的预尝(并非每个信徒都有过如此感受),你就要利用你感受过的喜乐,更好地体会你来世的感受。"

二

接下来我要说明的是如何在属天默想中**谨防自己徘徊的心**。我首先

---

① 参见《马太福音》5:14—15。

要做的是揭示其危险，由此引出针对各种危险的对策。人心必证明自己是属天默想的最大障碍；它要么是在这功课面前却步，要么是在操练中白白消磨时间，要么是在默想中再三偏离正题，要么是真正的默想还未真正开始便草草收场。你若看重这功课带来的平安，就必须切实抵制这些危险的恶行。

1. 我想，你会看到自己的心在属天默想面前，比在世上任何工作面前都容易退缩。它能找到的借口无奇不有！它可借各种理由加以逃避！它尽管对这功课的益处确信无疑，却一味地拖延、抗拒！它不是质疑默想是否必要的功课，就是认为默想只对别人有必要，对自己却不一定如此。你的心会这样对你说："这是牧师该做的功课，他们没有别的事可想；或者，这是比你悠闲的人该做的事。"假如你是牧者，你的心会对你说："这是会众该做的功课；你为教导他们而做默想已足够了，让他们去默想自己听过的道吧！"这听起来似乎你的责任只在为会众烹饪食物，摆在桌上，只有他们该摄取食物，消化吸收，并靠它生存。这些若是不能阻止你，你的心会告诉你，你还有别的事要做，让你去惦记别的事；因为它宁愿做任何其他工作，也不愿从事属天默想。它也许会告诉你："别的责任更重大，所以默想的事只能让路，因为你没有时间两者兼顾。大家的事更为重要；思考、传讲灵魂得救只能摆在优先位置，然后才是你个人的默想。"这听起来就似乎为了关顾别人，你就没时间关顾自己的得救了；似乎你对别人的爱心太大，所以就必须忽略自己永恒的福分；更好像，比起亲身证实自己传讲的教义，牧者还有更适合的途径能服务于人。天国无疑是点亮牧者蜡烛的最佳火源，也是牧者要默想的最佳书本；牧者若能听劝告而多多默想天国，就必能为教会提供更多天上的亮光；而且，牧者所思若是属天的，牧者的灵若是属天的，所讲的道也必然是属天的，那样的牧者也才真配被称为属天的。你的心若是没有任何理由反对这默想的功课，还会让你在拖延中虚掷时光，今日推明日地应允要做，却始终不能付诸实施。或者，你的心就干脆拒绝去做，用它的不愿意去对抗你的理智。你的心只要是属肉体的，以上种种就是针对它而说的；因为我知道，人的心若是属灵，就会断定属天默想是世上最美好的工作。

　　既如此，我们又该怎样做呢？我若告诉你，你愿意照我说的去做吗？你是否也会像类似情形下的主人那样说："仆人不肯做工，马儿不肯上路，我该怎么办？岂能留他们在家里摆样子？"你要像这样认真对付自己的心——劝它行动，不容它拒绝，它却步就申斥它，你要用强力对付它。你无法驾驭自己的想法吗？你的意志无法持定默想的主题吗？而且还是在你的判断指导着你的意志的时候？连同你的新人性一起，上帝肯定赐给了你左右自己想法的能力。难道你再次成为自己堕落人性的奴隶？你要恢复自己的权柄。你要呼求基督的灵帮助你，圣灵在如此美好的工作面前绝不会迟疑，在如此正当的事面前绝不会袖手不帮助你。你要这样祈求圣灵："主啊，你赐给我掌控自己思想、情感的理智，我对自己思想、情感的权柄来自于你。你看，它们拒绝服从你的权柄。你吩咐我要让它们行动起来，做属天默想，可它们行反叛之事，就是不肯做这功课。求你助我行使你赐我的权柄。求主赐下你的灵，让我能执行你的命令，有效地迫使我的思想、情感顺服你的旨意！"如是，你必看到自己的心降服，其反叛必被制伏，其退缩必会变作甘心顺从。

　　2. 你的心也会因白白耗费本应用来默想的时间而背叛你。例如，你本有一个小时用来默想，时间白白地流失掉，你的心却还没有进入状况。这样的默想等于没做，其损失和错过默想是同样的。在默想时，要让你的眼睛时刻盯着自己的心；不要过分在意你在这操练上花费多少时间，而要在意你默想的质与量如何。借着仆人所做的工，你便能看出仆人是否殷勤。你要扪心自问："我还有哪些情感还没有受到激发？我朝天国究竟走近了多少？"不要听任你的心闲散不做工，那样会使你灵里的顺服毁于一旦；因为，即便是再敬虔的心也只是部分地成圣，只要它还有属肉体的成分在，就会抗拒默想的工作。你要思想自己堕落的本性；不要容有罪的无所事事取代了上帝的命令；不要让一种罪成为犯另一种罪的理由；也要思想上帝已为我们指定了激发对他的爱心的途径。属天默想中自我劝说、独自深思的工作是挑旺、增强对上帝爱心的最有效手段。所以，在你感到爱在驱策自己之前，切莫忽视这项功课，就像冻僵之人在感到温暖之前就不离开篝火一样；你反要坚持不懈地做下去，直到你心中的爱火被挑旺，让这爱催逼着你进入下一步的操练。

3. 你的心还会从属天默想中开小差，去**想题外的事**。它会偏离正题，就像个心不在焉的仆人同每个过路人搭讪一样。在本该专注于天上事之时，你的心却在想各样要做的事，想你的苦处，甚至是你眼前的飞鸟、树木和景物。对此的医治方法仍如前所说：警醒己心，强迫它做此刻该做的事。你要对自己的心这样说："怎么！我来这里难道是为思想世上的工作，思想人、地、新闻、虚空之事，或任何天国以外的事吗？这些事有那样好吗？难道你就不能'警醒片时'①？你不是要离开这世界，永远在天上与基督同住吗？难道你眼下连一个小时都不愿离开这世界，在默想中与基督同在？'这是你恩待朋友吗？'②难道你爱基督，爱那永生之地，爱那蒙福的住所，还不如这世界？"漂浮的思绪这贪食之鸟若吞吃了以天国为目标的默想，就也同时吞食了默想本应带给你的生命与喜乐；所以，你要将它们从你献的祭物上赶走，让你的心完全专注于默想的功课。

4. 你的心欺骗你的另一方法是，尚未真正开始默想就**仓促收场**。你在其他操练中也不难看到这种现象。在私下祷告中，你的心是否也常催你将其缩短，不断提示你赶快结束呢？在属天的默想中，你同样会对这工作不耐烦，你的灵尚未温暖过来，你就中止了自己的属天之行。你要以上帝的名义命令它继续，不容如此美好的工作半途而废。你要这样对

---

① 《马可福音》14:37。
② 《撒母耳记下》16:17。

它说:"愚蠢的心啊!你若乞讨许久,还没得到施舍就走了,岂不是空手而归?你的旅程还没达到目的地,你就止步,岂不是白走一遭?你是怀着望见自己必将承受的荣耀的希望才来这里,难道你即将登上山顶却止步不前,即将望见那荣耀却中途折返?你是怀着与上帝交谈的希望才来这里,难道你还没见到他就要离开?你是因想在安慰的溪水中沐浴才来到这里,为此,你是否已脱下包裹着自己的属世思绪?难道你刚到水边就要返回?你是来'窥探那应许之地'①的,所以在为你的弟兄带上一挂葡萄以鼓舞士气之前,你就不能回去。你要让他们从你欢快的心看出你已尝过那甜酒;要让他们从你振奋的表情看出你已被圣油膏抹;要让他们从你性情的温柔和举止的纯良,看出你是靠天上的奶与蜜喂养的。天上的火能使你心中的冰冷消融,炼净它,使它变得属灵,而这一切都需假以时间才能奏效。"所以,你要在这功课中锲而不舍,直至达成某种效果,直至你身上的各种恩典都发动起来,直至你的爱心得到焕发,直至你的灵被天上的喜乐振兴。假若你不能一次达到所有这些目的,你就要在下次默想中越发努力。"主人来到,看见仆人这样行,那仆人就有福了。"②

---

① 《民数记》13:17。
② 《路加福音》12:43。

第十六章
默想天国的示范,全书结束

本章提要　　激起读者留意以下的默想示范。1. 天上的安息美妙绝伦；2. 这安息已然临近；3. 对罪人而言，它是噩耗；4. 对圣徒而言，它是喜讯；5. 这安息是主重价赎买来的；6. 它与世界的迥异之处；7. 劝说己心；8. 赶出暗藏的不信；9. 可怜不知厄运将临的世人；10. 天上的安息是圣徒爱慕的对象；11. 是圣徒的喜乐；12. 为人心在天上喜乐面前退缩而感到悲哀；13. 属天的安息是圣徒渴慕的目标。

读者啊，接下来你要做的是，依照上述指导，不仅在祷告中，也在默想中一丝不苟地逐日操练自己的恩典。你要退到一个不受干扰的地方，在你自己最方便的时间，将所有世间的念头搁置一边，以尽可能肃然敬仰的心态仰望天国。不要忘记，那是你永恒的安息之地。你要默想其荣美与实在，要借将天上的喜乐与地上的喜乐相比，由感知而生出信心。你接下来可在独白中插入随感而发的祷告，直到你在上帝面前恭敬地恳求，同时又劝服己心顺服上帝之后，使自己从一团泥土，变作一团爱火；从一个健忘的罪人、世界的情人，变作切慕上帝的人；从一个胆小怕事的懦夫，变作立定心志的基督徒；从不结果子的可怜虫，变作满心欢喜的生命。总之，直到你将自己的心从地上规劝到天上，从行在低处变为与上帝同行，直到借助上帝在世间为你提供的帮助，即对你永恒安息的默想，能使你的心如同安息在主怀里一般为止。

以下，笔者要就圣徒永恒的安息为读者做一示范。

主的应许是："必有一安息，为上帝的子民存留。"①

1. "**安息**！这是何等甘甜的声音！它在我听来不啻为动听的旋律！对我的心而言，它是令其复苏的强心剂，从它发出的是活泼的生机，搏动起我灵魂的所有脉动！安息！这安息不是石头躺在地上纹丝不动，不是死人的肉身安放在坟墓里，也不是世人所向往的那样。到我们能'昼夜不住地说：圣哉，圣哉，圣哉，主上帝是昔在、今在、以后永在的全能者'②之时，我们停止了犯罪，能永无止息地敬拜主；到止息了痛苦、忧伤，喜乐却永不止息的时候，那将会是何等蒙福的安息！到我能与上帝一同安息，能安息在我主怀中，能在对上帝的认识、爱慕、喜乐、赞美中安息，那将会是怎样的日子！那时，我完美的灵魂、身体将完美地享受极致完美的上帝！其本身就是爱的上帝将用完全的爱爱我，我将在他对我的爱中安息，也要在对他的爱中安息；他将因我而欢喜，用歌唱来表达因我带来的喜乐，正如我因他而欢喜快乐一样！

2. "那最蒙福、喜乐的日子**已近在咫尺**！它正飞快地临近。'那要来的就来，并不延迟！'③ 我主虽看似延迟到来，但只还有一点点时候，他就必来到。④只是几百年过去又算得了什么？他要来的兆头是何等的确定无疑！他会在转瞬之间临到不知忧患的世人，甚至如'闪电从东边发出，直照到西边'⑤。他曾怎样往天上去，也要怎样从天上再来。我仿佛听见他的号角在吹响，仿佛看见他正同侍从的天使在威严与荣耀中驾云降临！

3. "祸哉，自以为稳妥无忧的罪人啊！你那时如何是好？你那时能往哪里藏？又有什么那时能遮蔽你？众山都不见了；先前的天地也过

---

① 《希伯来书》4:9。
② 《启示录》4:8。
③ 《希伯来书》10:37。
④ 参见《马太福音》24:48；《希伯来书》10:37。
⑤ 《马太福音》24:27。

去了①;那吞灭一切的火焰已将所有的化为灰烬,唯剩下罪人,他们将成为地狱永火的燃料。 巴不得你能与这地一同烧尽,与天一同销化!可惜,这愿望那时将化作泡影!羔羊自己本来可以成为你的朋友;他本可以爱你,做你的王,此时此刻他本可以拯救你;可你当初不愿意,现在为时已晚。不要再呼求,主啊,主啊;那时已经太晚,太晚。你为何要左顾右盼?还有谁能救你吗?你能往哪里奔逃?有谁将你藏起?让自己陷入如此境地的人是多么可怜啊!

4. "信靠、顺服主的**圣徒蒙福了**!得安息是你持守信心与忍耐的目的。你往日的祷告和等候无不为此。此时,你还会后悔自己受苦、哀伤、舍己、过圣洁的生活吗?你流过的悔改泪水如今是苦是甜?看啊,那审判者在怎样向你微笑!他的眼神中充满着爱;他救主、丈夫、头的名号写在他慈祥、发光的荣面上。听啊,他在呼唤你的名!让你站在他的右边——不要怕,他将自己的羊都聚拢在那里。他的宣判是何等令人欢喜!'你们这蒙我父赐福的,可来承受那创世以来为你们所预备的国。'②他牵着你的手进入了天国的门,那门是敞开的,那国是属于他的,因此也是属于你的;他宝座前有你的位置!天父接纳你为他爱子的新妇,祝贺你获得荣耀为冠冕。尽管你十分不配,但你必被冠以冠冕。这都在白白赐人的救赎计划之中,也是永恒之爱的心意。这恩典是何等配得称颂!这爱是何等配得称颂!那时圣徒的爱与喜乐会怎样升腾啊!只是,我的语言难以表达,我的想象力难以想象。

5. "这喜乐是**用忧伤换来的**,这冠冕是用十字架换来的。我主曾经哭泣,为的是如今我的眼泪能被擦干;我主曾经流血,为的是我如今能欢喜快乐;我主曾被离弃,为的是我今天不被离弃;我主曾死去,为的是我如今能得永生。这白白而来的怜悯啊,竟能高高地抬举一个败坏透顶

---

① 《启示录》16:20, 21:1。

② 《马太福音》25:34。

的罪人！这恩典在我是白白得来的，基督却为此付上了重价！这恩典离弃了成千上万的罪人却拣选了我！我旧日的同伴只能在罪中受地狱之火的煎熬，与此同时，我却在天上的安息中满心喜乐！在这里，我将在安息中喜乐！在这里，我将与众圣徒同住！与我敬虔的老相识欢聚是多么令人快慰！我曾与他们一同祷告，一同哭泣，一同受苦，一同经常谈论如今这日子、这地方。我知道坟墓关不住你，是同一大爱也赎买、救拔了你。

6. "这住处截然不同于我们的泥屋、牢狱和世上的居所。这欢声笑语截然不同于我们昔日的怨言、不耐烦的呻吟和叹息；这悦耳的赞美，也截然不同于我们在世上听到的嘲笑辱骂和诅咒发誓。这身体截然不同于我们昔日的身体，这灵魂截然不同于我们昔日的灵魂，这生命也截然不同于我们昔日的生命。我们已换了地方与国度，换了衣着与心思，我们的容貌、谈吐和身边为伴的也都改换一新。旧日，圣徒或许是软弱而受蔑视的，他骄傲、易怒，我们往往很难发现他的恩典；而如今，这圣徒是多么光耀动人！曾经令他自己和周遭人厌烦的有罪身体，如今到哪里去了？我们昔日各自不同的判断、当受谴责的名、不合一的心，我们的盛怒，我们相互的无情指责，如今都到哪里去了？如今，我们有的是同一个判断、同一个名，同一的心，同一个家，同一的荣耀。那是多么甜美的和谐！那是多么欢乐的合一啊！福音再也不必因我们的蠢行而蒙羞。我的灵魂啊，你再也不必为众圣徒受苦，为教会遭毁而哀伤了；你也再不必为你受痛苦的朋友们忧伤，在他们临终的床前或坟墓前哀哭了。你再也不必受撒旦、世界或自己的肉体先前对你的试探。你所有的病痛已痊愈；你再不必有身体的软弱和疲惫的缠累；你的头痛、心痛，你的饥渴、睡眠、劳苦也都没有了。这是何等巨大的改变啊！这改变是从粪堆到宝座！从逼迫人的罪魁变为颂赞主的圣徒！从卑贱的肉身变为'发光如同天上的光'①的灵体！从常感受到上帝的不喜悦到完全地享

---

① 《但以理书》12:3。

受他的爱！从我种种的疑虑、忧惧到拥有上帝所应许的，一切疑虑尽释！从对死亡的种种恐惧到这喜乐的永生！这是何等蒙福的改变啊！别了，罪与痛苦；别了，我摇动、骄傲、不信的心；别了，我属世、贪图享乐、属肉体的心；我要欢迎你，我这全然圣洁、属天的特性。别了，悔改、信心和盼望；我要欢迎你，爱、喜乐与赞美。我如今无须耕耘、撒种也会有收成；无须听道或应许也满有喜乐；所有这一切都是从上帝本身而来。溪水中或许混有杂物，而从他那源头涌出的却是纯然的喜乐。在这里，我将被永恒环抱，永远活着，永永远远颂扬赞美主；我的脸上不会有皱纹，我的头发也不会变白；因为'这必朽坏的总要变成不朽坏的，这必死的总要变成不死的。死要被得胜吞灭。死啊，你得胜的权势在哪里？死啊，你的毒钩在哪里？'①我生命的租期再不会终止，我不必再因想到死而不安，也不必再因怕失去喜乐而失去喜乐。几百万年过后，只是我荣耀的开始；再过数百万年，这荣耀也远不会终结。每日都是正午时分，每月都是收获季节，每年都是大赦之年，每个年纪都是正当年，所有这一切都在一个永恒之中。蒙福的永恒啊！你是我荣耀中的荣耀，我完美中的完美！

  7. "你这昏昧而属世的心啊！想到这复活的日子，你怎会如此冷漠！难道你情愿坐在泥土中，也不愿在上帝的宫中行走？难道你这时想起的只有你属世的事务，你的情欲、世间之乐和快乐的同伴？待在世上难道比在天上与上帝同在还美？你在地上的伙伴难道比天上的还好？你在世上的快乐难道比天上的还要大？远远离开那些吧！不要找借口，也不要耽延。上帝是这样吩咐的，我也要这样吩咐你：你要束起腰，登上高山，以信心和庄重的心环顾周围的景象。不要朝身后的旷野回望，除非是为将天国与那狂风呼啸的荒漠做比较，更深刻地感受两者间的巨大差异。彼处是你父的荣耀；我的心啊，你离开此身后必将迁居彼处；在主

---

① 《哥林多前书》15:53—55。

使这身体复活与你的灵魂相合之后，你必与上帝在彼处永住。那里有新耶路撒冷的荣耀，有珍珠为门、为根基，街道乃是以透明的精金铺就。眼下为这个世界照明的太阳，在那里将变得无用；因为连你自己也将变得像太阳一样光明；上帝将是天上的光源，基督就是那大光，而且在主的大光中，你也将熠熠生辉。

8."我的灵啊！难道你'对上帝的应许，因**不信而心里起疑惑**'[①]？我怀疑你的确如此。因为唯有对这应许确信无疑，你才能更受它的感动。上帝的应许难道不是有他签名、盖章，并起了誓的吗？难道上帝会说谎？那本身就是真理的，难道会有假？上帝有什么必要说漂亮话或欺骗你？他为什么要对你应许得多、兑现得少？你竟敢以此指责智慧、全能而信实的上帝。在你信主一事上，有多少应许在你身上应验！上帝难道会以如此大能去兑现假话？不信的心是何等地可悲！上帝为你做出了安息的应许，难道你要证明自己不配？在上帝的哪怕一个应许能令你失望之前，你的眼、耳、所有的感觉必定会先证明自己是虚妄的。对于写在圣经里的应许，你可以比亲眼所见、亲手摸到的事还肯定。你能肯定你是活着，是站在地上，能看到太阳吗？你若能，天上的荣耀对圣徒来说就是同样肯定的事，我将永住在比天边的星星还高的圣城里，欢声颂赞我的救主，也是同样肯定的事，只要我不因'不信的恶心'被关在天国门外，被'永生的上帝离弃了'[②]。

9."这安息既是甘甜无比、千真万确的，**若无其事**的世人是怎么想的？他们可曾知道自己疏忽的是什么？他们难道从未听说有此安息？还是他们仍在沉睡，或是死了？在他们久坐不动、追逐蝇头小利的同时，是否确知冠冕就摆在他们面前？他们一定是昏了头，在匆匆奔向另一世界、永恒福气垂危的同时，他们一心关注的却是路上的供应。哪怕他们

[①]《罗马书》4:20。

[②]《希伯来书》3:12。

有一星半点理智，也不会为得劳苦而变卖自己的安息，为得世上的浮华而变卖自己的荣耀，为得罪中之乐而冒失去天国的风险。可怜的人们啊！巴不得你终能想到自己正在冒怎样的危险，那时你就会对眼前的诱饵不屑一顾！从这蛊惑人的黝黯中救拔人的大爱是配得永远称颂的！

10. "我的灵啊，你要带着**最炽热的爱**，靠你的安息更近一些！这是你要全力默想的事，是你值得全心爱慕的事。请看，你眼前呈现的一切是何等美轮美奂！它难道不胜过地上全部美的总和？相比之下其余所有的美岂不都是丑陋残缺？难道现在你还需经人劝说才能爱慕它吗？眼前的一切是你眼睛及心灵所有能力的盛宴，难道你还需经恳求才能去享用吗？你还能去爱那个黝黯的世界，那去爱那块会行走的泥土吗？你怎能不全心去爱那如此真实、可爱无比的上帝、基督和荣耀呢？你因朋友爱你而爱朋友，可朋友对你的爱如何能与基督对你的爱相比？他们为你流泪、流血不能安慰你，也不能将你为之流泪、流血之事坚持到底；然而，从你主流出的泪水和鲜血却有极好的医治功效。我的灵啊！爱若是配得到并该激发爱的回报，摆在你面前的则是不可测度的爱！纵使你为此倾尽所有的情感，也远远不够。你巴不得自己的感情能更丰富，千百万倍地丰富！你巴不得向那位为你耗尽全力，舍弃生命，倾倒出爱的、献上长子和你灵魂的全副力量。

"我的灵魂啊，你爱的是**佳美荣华**吗？你的安息之地乃是大光充满的境界，而这地是幽暗之地。天上闪烁的群星、光华的月亮和光耀四射的太阳，都只是你父家之外挂出的灯笼，要为你在黑暗的世上行走照明。只是对你父家里面的荣耀与福分，你却知之甚少。

"你爱的是**配得你爱的对象**吗？有谁能比基督更配得你爱？他的神性与人性、他的富足与白白赐予、他的甘心情愿与坚定不移，都表明他是最配得你爱的朋友。你在惨境之中，有什么能比受怜悯更令你欣慰；你在罪孽与卑贱之中，有什么能比荣耀与完美更令你向往？有什么地方比天国更配得你渴慕？这个世界值得你的向往吗？你难道还没有受够它的试炼？你爱的是利益和亲近的关系吗？你在哪里能比在天上有更大的利益，在哪里能比在天上有更亲近的关系？

"你爱的是与你相识、相熟者吗？尽管你从未亲眼见过自己的主，但你听到过主对你讲话，领受过主的好处，一直活在主的怀抱里。主教你认识你自己，又认识他；主为你打开可望见天国的第一扇窗口。你可曾记得，在你的心尚处于浑噩之中时，是主唤醒了你的心；在你的心还在刚硬时，是主让它软化；在你的心还在顽固时，是主令你的心降服；在你的心平静时，是主搅动它；在你的心完整时，是主使它破碎；在你的心破碎时，是主又医治了它？你可曾记得，他发现你在落泪，听到你在暗自呻吟、叹息，就放下一切，前来安慰你；你可曾记得，他如同将你抱在怀中，轻声地问你：'可怜的人啊，是什么让你难过？我曾为你多次哀哭，难道你还要哭泣？你可以放心，你所受的伤痛是为让你得救，而不是为置你死地；是我让这些伤痛发生，我不是要伤害你；我即便容你流血，也不会让你的生命流失。'我记得他的声音。他曾怎样温柔地从地上扶起我！他曾怎样精心地为我包扎伤口！我仿佛仍能听见他在对我说：'可怜的罪人啊，你虽曾无情地待我，将我赶出，但我不会像你待我一样待你。你虽曾轻看我和我诸般的恩慈，但我仍要将我的恩慈连同我自己全给你。我能赐给你的，你从哪里能得到？有什么是你需要，我却不能给你的？我所有的若能让你欢欣，你必能得到。你想要得赦免吗？我就白白地免去你所有的罪债。你想要得恩典与平安吗？你必能两者一样也不少。你想要得到我自己吗？看哪，我是你的，是你的朋友、你的主、你的兄长、你的丈夫，也是你的头。你想要天父吗？我会带你到他面前，你必在我里面，借着我而享有他。'这是我主为使我得复兴而对我说的话。

"在我对他的爱心存疑虑时，我想，我毕竟还记得他无可辩驳的道理：'罪人啊，为向你证实我的爱，我已做了这么多，难道你仍要怀疑？长此以来，我将自己和我的爱主动赐给你，难道你仍要质疑我是否愿意属于你？我还要付上怎样的重价，才能让你明白我爱你？你难道不相信我惨烈地受难是出于爱？在福音书中，我岂非将自己变成你仇敌面前的狮子，你面前的羔羊，难道你对我羔羊般的品性视而不见？我若愿意任凭你灭亡，又何必做这样多，受这样多的苦呢？我何须以如此大的忍耐和急切的恳求跟随着你？你为何告诉我你缺少什么？难道我拥有的不够你和我用？你为何告诉我你不配？假若你自己是配得的，你又会怎样对待我的配得？我可曾邀请、拯救过义人和配得的人？何况，在地上哪有这样的人？你一无所有吗？你失败、痛苦、无助、孤独吗？你可相信我是能满足一切的救主，你可愿意得到我？看哪，我是你的，接受我吧。只要你愿意，我就愿意是你的。无论是罪、是撒旦都无法破坏我们之间的关系。'这就是主的灵从福音书对我发出的恩言，他致使我扑倒在他脚下，呼喊道：'我的救主啊，我的主！你使我的心破碎，你也令我的心复兴；你征服了我的心，也赢得了我的心。请你将它拿去，它已属于你。假若这样一颗心能使你得喜悦，就请你将它拿去吧；它若是不能使你得喜悦，你就将它变成你愿意接纳的样式吧！'我的心啊，你要像这样铭记你与基督之间亲密的关系；相知若能导致相爱，你就倾心地去爱你的主吧！是他，曾站在你的病床边，缓解了你的痛楚，让你在疲乏中打起精神，消除了你的恐惧。只要你真诚地寻求他，他总是一百个乐意；他曾在集会中，私下里与你相遇；在会众中，在你家里，在密室中，在田野上，在你的不眠之夜里，在你身陷危难之时，你都不难寻见他。

"慷慨与怜悯若是能吸引人的爱，我对上帝的爱就该是无边的爱！充满我生命的所有恩慈，我迄今居住的所有地方，我所认识的所有团体和个人，我所参与其中的所有工作和关系，我所处的各种境遇，我所经历的各种变化，无不在告诉我，那活水涌出的皆是主的美善。主啊，我欠你爱的债何其多！且这债台在不断高筑！我当以怎样的爱才能回报你如此丰盛的爱？我怎敢想自己能酬谢你，或用我的爱报答你所有的爱？我小如螨虫的爱怎能回报你大如金矿的爱；我爱的微弱愿望怎能回报你不断赐下的慷慨大爱？我的爱微不足道，它与其说是我的，倒不如说是你的，你的大爱无法测度。我怎敢将自己的爱与你的相比，用自己借来的、微弱的火星与你爱的太阳相比？我的爱岂能像那爱本身一样长阔高深？我岂能像那位造我、使我能够爱、又赐我仅有的一点爱的那样爱？上帝啊，你的大能，你创造、养育、掌管世界的作为岂是我能企及；在爱的上面，我同样远远无法企及。主啊，我要降服于你，我已被征服了。这是何等蒙福的征服啊！让你的爱继续得胜凯旋吧！在你领我在凯旋中从地到天，出死入生，从审判台前到宝座前的同时，你爱的俘虏将颂扬你的胜利！我本人连同凡看到这一幕的，都必承认你已得胜，都会说：'看哪，主是多么爱他！'只是，请容我在对你爱的臣服中爱你吧，我只是被你救赎的俘虏，而非与你同等。 我怎能因爱你不能达到你爱我的程度，就索性不去爱你？但愿我能像爱朋友和我自己一样，深情地说：'我爱你！'尽管我不能像使徒彼得那样说：'你知道我爱你'①，但我可以说；'主啊，你知道我愿意爱你。'我恼恨自己不爱你的心；我斥责我的心，它却没有改进；我给我的心讲道理，悉心劝告它，却见不到它受激励；我用圣事去搓热我的心，却感觉不到它在我里面发热。

"你这不配的灵魂啊！你难道没有定睛在唯一值得爱的目标之上？你难道看不见众圣徒那令人神往的荣耀？难道你仍旧没有渴慕之心？你难道不是一个理性灵魂吗？理性难道没有告诉你，这地与天上的荣耀相比只是土牢一座？你本不是个灵吗？难道你却不爱上帝，'他是灵，是万灵之父？'②你为何对自己必腐坏的肉体百倍珍爱，而不更渴慕天上的荣耀？你到天上去的时候是否会有爱？那时，主将让你的身体从坟墓中复活，使你永远在荣耀中如日头般发光；到那时你是爱，还是不爱？天国岂不就是爱的众灵相聚之处？永生岂不就是爱的状态？那不就是羔羊迎娶的

---

① 《约翰福音》21:15。

② 《约翰福音》4:24（圣经新译本）；《希伯来书》12:9。

大日子？天上的工作岂不就是爱？人的灵魂在那里岂不是要与基督一起被爱充满？既然如此，我的灵魂啊，你在地上就要开始爱！你只有眼下'思爱成病'①，到了天上才能因爱而得痊愈。你只有眼下就'保守自己常在上帝的爱中'，不让'无论是死是生'，还是任何事将我们与'上帝的爱隔绝'，才能被永远地保守在爱的满足之中，没有什么能减损你的快乐或将那甜蜜稍稍变苦；因为主已预备好一座大爱之城，在那里，他要将爱源源不断地赐予他拣选的人，'爱他的人也要住在其中'②。

11. **醒来吧，我昏睡的心**！在恩典之光下昏睡是不明智之举，在荣耀的光正临近时就更是如此。醒来吧，我呆滞、凝固的灵；你的主盼咐你'**要喜乐；还要喜乐**'③。你已在你肉体的牢狱中躺卧得太久，撒旦是你牢狱的看守，忧虑是你的镣铐，惧怕是你的刑鞭，你以生计为粮，以苦难为水；在那牢狱里，愁苦是你的住所，你的罪和仇敌是你的床榻，不信的心是把你囚禁其间的狱门和铁栏。有圣约的天使正呼唤、盼咐你："快快起来，跟着我来。'④起来吧，我的灵魂！你只要高高兴兴地顺服，你牢笼的门闩和栅栏就会统统大开——无论羔羊往哪里去，你都要跟从。你竟害怕跟从这样一位领路人？太阳怎会领你去一个黑暗的国度？他舍身而死，就是为救你脱离死亡，难道他还会领你走向那里吗？跟随他吧，他将把上帝的乐园指给你看；他会让你望见那新耶路撒冷，他会让你品尝那生命树的果子。从牢狱中出来吧，我消沉的心，脱下⑤你的冬装；让人们从你的'喜乐、赞美衣'知道春天已来了；你如今看到你的安慰发绿，不久之后必看到那庄稼'发白，可以收割了'，那时，你会被唤去收割、聚拢，并得为产业。难道我的喜乐要延迟到那一天吗？在收获的喜

---

① 《雅歌》2:5。
② 《犹大书》1:21；《罗马书》8:38—39；《诗篇》69:36。
③ 参见《腓立比书》4:4。
④ 《使徒行传》12:7—8。
⑤ 参见《以赛亚书》61:3；《约翰福音》4:35。

乐之前,难道不该先有春天的喜乐?在得产业之前,授权书难道就算不得什么?后嗣难道不比奴隶的结局更好?我主曾教导我要'欢欢喜喜盼望他的荣耀'①,又教我如何透过牢笼望见它;我正为义受逼迫之时,他命令我'应当欢喜快乐',因为我'在天上的赏赐是大的'②。

"我知道,主愿意让我的喜乐超过我的痛苦。他怎样喜悦'谦卑、痛悔的人',也怎样更喜悦'以他为乐'③的人。我主岂不是在这旷野上为我摆设了筵席,席上装点着永恒荣耀的应许,又将天使的食物放在我面前?他不是常邀请我坐下享用,不必吝惜吗?他不正是为此才赐我理性、信心和喜乐的性情吗?他怎可能竟不愿让我欢喜快乐呢?'要以耶和华为乐'岂不正是他的盼咐;'将你心里所求的赐给你'岂不正是他的应许?④ 他难道没有指示你'要常常喜乐',而且还要'大声欢呼,发声欢乐'吗?⑤ 那么,我为什么还要沮丧?我只要愿意支取,我的上帝就愿意赐下。他因我的欢喜而欢喜。他的心意是让我在信心的默想中亲近他,活在对他的美善最甘甜的思想中,并把这当成我寻常的生活模式和每日要务。这蒙福工作对于上帝的儿女来说是多么合宜啊!但是,主啊,我若没有胃口,就不能受用你的盛宴。你已将天上美食摆在我面前;可惜我是瞎眼的,看不见它们!我是个病人,尝不出它的美味!我是如此的麻木,不能伸出手取而食之!因此,我要谦卑地向你祈求恩典,你怎样用自己的话语将天国向我敞开,也求你怎样打开我的眼睛,让我看得见它,打开我的心门,让我能以它为乐;否则,天国对我而言就不成其为天国了。赐生命的圣灵啊!求你将你的恩赐吹进我心里;求你牵着我的手,提我升离这地,让我能看见'你为爱你的人所预备的'⑥荣耀!

---

① 《罗马书》5:2。
② 《马太福音》5:10,12。
③ 《以赛亚书》57:15;《路加福音》1:47。
④ 《诗篇》37:4。
⑤ 《诗篇》81:1。
⑥ 《哥林多前书》2:9。

"既如此，折磨灵魂的忧惧，烦恼人心的愁苦，远远离开我吧！至少你们先忍耐片刻，站在一边；你们要留在下面，待我上去望一望我的安息之地。这在我是一条陌生的路，在基督却不然。那里是他荣耀神性的永久住处；他将自己将得荣耀的身体也带到了那里。赎买这安息曾是他的工作，他如今正预备这安息，也为这安息预备我，并要带我到那里去。那真理的永生上帝已赐我他的应许、封印和起誓：'一切信他（基督）的，就不至灭亡，反得永生。'①我的灵魂很快就要被迁移到那里去，我的身体无须多久也会随之而去。我的心若不在我里面欢腾雀跃，我的口怎能说我不久就必与上帝同住？我不带着喜乐这样说，又怎可能是带着信心说的？我的信心啊，此刻我才明显察觉到你是多么微弱！不过，不信虽使我的光晦暗，使我的生命呆滞，压抑着我的喜乐，但它无法击败我，毁灭我；不信是在妒忌我将得的一切安慰，尽管有它的阻拦，我就是在地上也必能得到一些安慰；若不是有它的阻拦，我得到的安慰更会丰盛得多！如是，天国的大光会照进我的心，我对那里的熟悉程度会与对世界的相差无几。因此，我的心，你要离开这世界！不要再去听那不信的愚昧之言，你能反驳它的所有强辩；即便你不能反驳它，也能将那些强辩踩在脚下。你要离开这世界，不要再驻足定睛于那坟墓，不要再翻动那些骸骨，也不要把尘土当你的课本了，那些字迹很快就全要被抹去。你倒要抬头仰望天国，观看那用金字'记在被杀之羔羊生命册'②上的你的名字。

"若有天使前来对你说，在天上为你预备了住处，那住处必永远属于你，如此好消息怎能不令你高兴？既这样，难道你竟轻看上帝应许的凿凿之言？这些应许是圣灵，甚至是上帝的爱子亲口传达给我们的。假设你看到一辆火轮马车前来接你，像载以利亚那样载你到天上去，怎能不

---

① 《约翰福音》3:16。
② 《启示录》13:8。

让你欢喜？而你主清楚地告诉你说，拉撒路的灵魂'被天使带去放在亚伯拉罕的怀里'了。①酒徒在杯觥交错之间，饕客在佳肴美味之中都可以那样酣畅，我不久就必在天国里，难道却不因此欢喜？在我饥渴的时候，饮食岂不令我快乐？我在曲径、花园漫步，在方便的住所中居住，岂不感到惬意？美丽的物品怎不悦目？芳香的气味怎不悦闻？动听的旋律怎不悦耳？瞻念天上的福分难道却不令我心欢畅？我想，我可以沉浸在书本悦人的内容之中而忘记尘世，又可怜那些有钱有势的人不知此中的乐趣；而到了天上，我的知识将变得完全，那时我必定是快乐无比！示巴女王若'从地极而来，要听所罗门的智慧话'，要看所罗门的荣耀；而我是从地升到天上，观看那永恒至尊者的无比荣耀，登上智慧的极顶，地上最饱学之士相形之下也成为愚氓白痴，我的心又应该是多么畅快啊！假若上帝让我成为这地的支配者；假若我'只用一句话就能挪动大山，治好疾病，或把鬼赶出去'②，我怎会不因有如此特权和殊荣而欢喜？我的名字已记录在天，难道我不该更百倍地欢喜吗？

"我在地上享受父母之恩或友朋情意时，无不感到些许快意；特别是在我以全心对待朋友时，是对自己爱心多么宜人的发挥啊！那么，活在上帝永无止境的大爱之中更会是怎样！大卫在《诗篇》则是这样吟唱道：'弟兄和睦同居，是何等的善，何等的美！'③看到一家人活在爱里，夫妻、父母、子女和家仆都因彼此相爱而尽心竭力；看到一个城镇的居民活在爱里，没有妒忌、纷争、吵嚷、争讼、内斗或分裂，人人爱人如己，认为为别人做多少都不过分，在彼此相爱上互不示弱，那是一副多么可喜的景象啊！那么，天国的大家庭和新耶路撒冷的和平居民就更是有福的群体，那里没有分裂与歧见，没有嫌隙与生疏，没有虚伪的友谊，没有冷漠的表情，没有怒目相对或忿恨的想法；人人都将在基督里

---

① 《路加福音》16:22。
② 《马太福音》8:16；《马可福音》11:23。
③ 《诗篇》133:1。

合一，而基督与父原为一；①人人都活在上帝的爱里，而上帝就是爱！人的灵魂与其说是在天国里活着，毋宁说是在那里爱着。那时，我的灵魂将与上帝无比亲近，我将由衷、热烈而乐此不疲地爱他！败坏、不信的心啊，你既能想到如此幸福的日子，又怎能像这样郁郁寡欢地工作、生活呢！只是我未来的享受会比这更活泼而有生气。

"看见并思想上帝创造中较低层次的作品，怎能不令人心旷神怡！今生我们住在如此美妙的构造之中；地上布满了花草树木，又有泉水河流浇灌着；天棚如此宽阔，上面的点缀迷人！在太阳、月亮、星辰、大海和吹拂的风中，蕴含着怎样的奇妙！如此美妙的房屋，难道不是上帝为必朽坏的血肉之躯，为受囚禁的灵魂预备的吗？他难道没有赐予同自己为敌的人以万千奇观吗？那么，他为自己所爱的儿女预备的居所又将是怎样的啊！新耶路撒冷的荣耀将怎样远远超过眼前地上的美妙！我的灵魂啊，你要在默想中复兴，你对天国荣耀的向往要远远超过对地上荣华的向往！在你必须做出如此美好的改变时，不要惧怕离开这身体、这世界，反而要像某位圣徒临终时那样，说：'我欢喜得简直想欢呼雀跃！时间到了，大能的耶和华啊，我一向在对大自然的探求中景仰你的伟大，我一向爱慕你的美善，我一向凭着信心渴慕、寻求你，你终于要面对面地将自己显给我看了！'

"上帝护佑的作为又是多么奇妙！看到至为伟大的上帝，竟亲自眷顾几个谦卑、祈求，又受人轻视之辈的安全和长进，回想他使我的生活变得美丽、甘甜的特别恩惠，我心里是多么快慰！有多少次，我的祷告蒙他垂听，我的眼泪蒙他垂怜，我惶惑的心得平复！有多少次，我主让我放心！这些经历、这些我父慈爱的清晰见证对我惊恐、小信的心，曾是何等大的支持！到我得到的只有仁爱、完全的仁爱，我又能全然享受主的仁爱时，到我站在那仁爱的大海岸边，回首自己安然渡过的惊涛骇浪

---

① 《约翰福音》10:30。

时，到我回首自己的劳苦与忧伤、惊惧与眼泪时；到我得到这一切的目的——荣耀时，将会是何等蒙福的日子啊！只要有一丝活泼的信心能混合在这样的思考之中，我也必能带着为天国陶醉的心，过每天的生活！我是多么愿意信啊！'但我信不足，求主帮助。'①

"我的心啊，圣事对于你是何等的甘甜！你在祷告、感恩中，在属天的讲道中，在与圣徒的团契中，在看到'主将得救的人加给教会'②时，是何等的欢喜！到我得见天上得完全的教会，被准许进入天上的圣殿，与天使天军永远一起赞美主时，我的心该是何等的喜不胜收啊！上帝口中的言语在约伯看来，难道不重于他需用的饮食吗？上帝的律法在大卫看来，难道不是比蜂房下滴的蜜更甘甜吗？上帝的话在耶利米看来，不是他心中的欢喜快乐吗？③ 到那日，我们能完全享有这言语的主，不再需要这些写在纸上的诫命和应许，除荣耀上帝的荣面之外，也无须再读其他的书，那又是何等的蒙福！听了基督在地上所说的话，人们岂不'都稀奇他的聪明和他的应对，稀奇他口中所出的恩言'吗？④ 到我能看见他的威荣时，又将怎样为之倾倒啊！

"只因憧憬主的荣耀，就能使殉道士欢迎十字架，甚至拒绝获释；主的荣耀在轻得多的苦难中难道就不能令你振奋吗？难道主的荣耀能让殉道之火变得可忍受，却不能让你的生活、你的病痛、你的正常死亡可忍受吗？他们和我岂不是要活在同一个天国里？他们的上帝和我的上帝岂不是同一位上帝吗？他们的基督和我的基督岂不是同一位基督？他们的冠冕和我的冠冕岂会有两样？难道我却要用如此昏昧的眼，如此呆滞的心，如此沮丧的表情仰望这一切？我已稍稍预尝到它的滋味，即使这一点预尝也比一切属世的事可爱得多！那么，全然享有它又当如何！

---

① 《马可福音》9:24。

② 《使徒行传》2:47。

③ 《约伯记》23:12；《诗篇》19:10；《耶利米书》15:16。

④ 《路加福音》2:47, 4:22。

"今生圣灵未完全赐下的恩典已是如此的美丽！然而，这与我们将要享受的完全的恩典相比，实在是微不足道！倘若我能竭诚爱上帝，今生也应活得很幸福；可我能全心全意、一刻不停地爱他吗？我的心啊，你愿用什么换取这样的生活？倘若我能如愿以偿地认识上帝，认识他的道；能在所有困境中完全信靠他；能在各种属灵功课中充满活力；能常将上帝看作自己的渴望和喜乐；我就不会羡慕世人的名声和享乐。我的灵魂啊，你不久就要进入那蒙福的国度，那时你将获得的远比你如今渴望的要丰盛得多，你将在亲眼仰望上帝的状态下——而不像眼下对上帝的蒙昧无知和与他相距甚远的状态下——运用自己得完全的恩赐！

"基督的教会虽有过犯、有苦恼、受逼迫，不也远比任何有恩典的个人荣美得多吗？到这教会聚齐、得荣耀之后，到她从流泪谷走上锡安山，到她不再会有过犯、不再受苦时，又该如何！旧耶路撒冷的荣耀必在新耶路撒冷的荣耀面前，变得暗淡而有残缺。当我们看到那天上的圣殿是何等的荣耀，再想起地上教会的粗陋时，我们又该怎样放声欢呼！

12. "可是，我在默想中**迷失**了！我以为我的心始终在全神贯注于这默想，但我知道它并非如此。在没有爱的空洞想法、言语中，怎会有生命？无论上帝还是我自己都无法从中得到喜悦。你这不配的心啊，我向你打开永远的宝藏时，你去了哪里？难道上帝徒然给你天使才得享有的快乐，你却在那里抱怨生活缺少安慰，抱怨他让你充满痛苦，你难道不感到羞愧？你若一直在紧跟着我，这默想本可以振奋你的精神，使你欢呼雀跃，忘记自己的辛劳与痛苦。没想到，我的心是这样难于喜乐！

13. "主啊，你是为天上存留着我完美的喜乐；因此，求你**帮助我**向往那喜乐，直到我得到它的那一天；在我还无法如愿像那样喜乐之前，求你让我渴慕它。我的灵魂啊，不幸的是，你知道自己尚未得到安息。我何时才能进入那安全而平静的港湾？在那里，全然没有眼下的风浪与危险；在那里，我不会再有疲惫、不安的日日夜夜。那时，我的生命不再会是盼望与惊恐，喜乐与痛苦的混合物；我的灵与肉不再会在我里面争战不休；我的信心与不信，谦卑与骄傲也不再会没完没了地相互对峙。我何时才能将这些折磨人的惊恐、忧虑与哀伤抛在脑后？何时才能摆脱这对抗、诱惑、欺哄灵魂的肉体，摆脱这必朽坏的血肉之躯，摆脱这虚空、扰人的世界？如今，我只能忍看教会和基督为之舍身的目标在纷争中动荡不安，被用来屈从私利或迷惑人的新花样。在天上的耶路撒冷绝不会有这中间的混乱；在那里，我只会看到完美之灵和谐无间，他们同心顺服、同声赞美自己永生的君王。哪怕在那里做一个守门人，也比在这骚动的世上做指挥千军万马的将军要强百倍。我为什么不能更加厌倦这早该厌倦的一切？为什么常因这些而忘却自己的安息之地？我的心啊，所以你要以升腾最高、最热诚的心渴慕它！在这肉身能同你一起渴慕它之前，你不要止步；你不要指望肉身感觉会理解你蒙福的目标，不要让它告诉你去追求什么。

"难道不是因你对安息的渴慕迟钝，才使你不知恩又愚拙，从而变得极为可憎？你的主用何等重价为你换来安息，难道你竟轻看它？主先去为像你这样的罪人预备荣华的住处，难道你竟不愿前往去拥有它？那荣耀之主渴望与你相伴，难道你竟不愿在他身旁？难道这地对你来说一定要变成十足的地狱，你才愿与上帝同在？请看一看人这最可爱的受造之物，看一看他们最令人满意的状态，你不愿与上帝同在，还愿在哪里？他们的贫穷是重负；富足是网罗；病痛折磨人；健康不可靠；险恶的世界伤你的脚跟；欢笑的世界毒蜇你的心；人怎样爱世界，以世界为乐，世界就怎样伤害、危及爱它的人；世界既不值得人去爱，又怎值得人渴慕它呢？你若是受到赞誉，这会成为极易使你染病的病源；你若是受贬损，受人恶意利用，我想这不会引发你的爱。你劳苦的成功和你敬虔的朋友若让你感觉胜似与上帝同住，这就是上帝把它们从你身边挪去的时候了。你默想的过程若是甘甜，岂不也带着苦涩？这甘甜再怡人也远不如能永远亲眼仰望着真理的上帝。你在今生的朋友固然能带给你快乐，他们岂不也为你带来烦恼和悲伤？他们虽和蔼可亲，岂不也是有罪的吗？

他们很友善,旋即不就会变得对你不满?他们谦卑,同时又是那样骄傲!他们身上的恩典虽然甜美,他们的恩赐大有助益,但他们身上的败坏岂不又令人伤痛,他们的不完美岂不也造成损害?既如此,难道你仍不愿从依赖他们转而信靠上帝?

"我的心啊,你的眼光要超越这充满痛苦的世界!你久已感受到苦难这带刺的杖,却仍不能更好地了解它的深意吗?它对你的每次击打难道不都是在驱赶你离开这地?其声音岂不是在像对以利亚那样对你说:'你在这里做什么?'①你难道忘记了主的预告:'在世上你们有苦难,但你们可以放心(有平安)!'②我亲爱的主啊,现在我能体会你的用意了;它写在我的肌肤上,铭刻进我的骨头。所有的苦难都是以我的心为目的;你的杖是在驱赶我,你的慈绳爱索是在牵引我;全是为把我的心带到你面前。主啊,像这样的心怎能配归你所有?求你让它变得配得,它就将属于你;你将我的心取走,也就将我也取走了。我这块泥土有生命可以搅动,可它却无法飞升。就好似柔弱的婴孩对自己温柔的母亲一样,它可以抬头仰望你,向你伸出小手,欣然愿你将他抱起。尽管我还不能说,'我的心切慕你'③,但我可以说,'我渴望有一颗切慕的心'。我的'心固然愿意,肉体却软弱了'④。我的灵在向你呼喊:'求你的国降临,否则让我到你的国里去吧!可我的肉体却怕万一你听了我的祈祷,把我的话当真。你的恩典是值得称颂的!这恩典甚至利用我的败坏去除灭那些败坏;以为我惧怕自己的惧怕,为自己的忧愁而忧愁,又渴慕有更大的渴慕;所以为使我渴慕你而设的刺痛手段能增添我对世界的厌倦,它使我在呻吟中渴求安息。

"主啊,我的心处于两难之间,不知该选什么;但你知道该赐下什

---

① 《列王纪上》19:13。
② 《约翰福音》16:33。
③ 《诗篇》63:1。
④ 《马可福音》14:38。

么：'离世与你同在，是好得无比'；但眼下'在肉身里活着'①似乎还有必要。你是知道的，我并不厌倦做你的工，只是厌倦了痛苦和罪；在你仍要用我的时候，我愿意在世上逗留，快快地做你交给我的工作；但我恳求你，到我的工做完之后，不要让我在世上耽延；在我必须留在世上时，求你让我不断得医治，不断上行；求你把我变得更好，最终将最好的我取去。我不敢那样没有耐心，强求你缩短我的年日，在我未预备好时将我提去；因为我知道，我永恒的状况，在相当大的程度上，取决于我今生的长进。同样，我也不敢在自己的工作结束时在地上停留，以至在我的弟兄欢庆得胜的同时，我却在地上继续犯罪。我这地上的蠕虫被你前进的步伐踏伤，而那些星辰却在明亮的穹苍闪耀。他们是你的儿女，我也是你的儿女。基督是他们的头，也是我的头；两者之间何以差别如此之大？但我承认你的方式是公平的，虽然我们都是你的儿女，但我是那浪子，更适于在这他乡以豆荚充饥，而他们却常与你同在，享受你的荣耀。他们所处的光景曾与我的相同，我不久也将进入他们的光景。在得到最崇高的形象之前，他们曾有着最卑微的形象；在做王之前，他们曾备受苦难；他们'是从大患难中出来的，如今却在上帝宝座前'；难道我不愿像他们那样去赢得冠冕；在与他们同'在那国里之前，喝他们所喝的杯？'②主啊，我愿在你为我所定的年日里留在地上，也愿走你走过的路，在你认为合适的时候被你提到天上，在你认为我成熟时将我收入你的谷仓。在此之前，我会渴慕天上的家，却不该自怨自艾；我会对它满有信心与盼望，却不会因匆忙而犯罪。我愿意等候你，而不愿失去你。你若发现我未见你面就过分满足，就求你激活我对你委顿的渴望，吹旺我快要熄灭的爱的火星；求你不要离我而去，直到我能由衷发出这样的呼声：'上帝啊，我的心切慕你，如鹿切慕溪水！我的心渴想

---

① 《腓立比书》1:23—24。
② 《启示录》7:14—15；《马太福音》20:20—23。

上帝，就是永生上帝。我几时才能朝见你呢？我是天上的国民，在等候救主。我思念上面的事，因为有主基督坐在那里，我的生命也藏在那里。我行事为人是凭着信心，不是凭着眼见。我愿意离开身体与主同住。'①

"这虚空的世界对我有何益处？这世上有什么那样美好，能诱使我的渴慕离开我的神，使我不愿飞离它？每当我用审慎的眼睛看这世界时，就发现它是一片狂风呼啸的旷野，其间太多的居民都是为所欲为的怪兽。我能将其所有的美丽都看作丑陋，将其所有的享乐都看作能被几滴忏悔的泪水淹没，或被叹息的大风吹散。求主让这肉体不要勾引我的灵魂，使它贪爱乏味的此生胜过渴慕环绕你宝座的欢喜！尽管人的天性憎恶死亡，但你的恩典让我看到你的荣耀如何值得渴慕，即便是死亡，那恐怖之王也会传递我喜乐的信息。求你不要让我的灵魂被强力逐出，违背它的意愿而夺去它的住所；求你用你慈爱的神秘能力，吸引我的灵魂奔向你，如同春天的阳光吸引万物脱离其冬日巢穴一样；求你在途中与我的灵魂相会，像磁铁吸引铁屑，像烈焰吸引火星那样，将它吸到你身边！求你驱散我面前遮住你慈爱的云雾，除去使我的眼看不见你的鳞片；因为唯有你荣面放出的光辉，唯有对你伟大拯救的初尝，此外再没有什么能令我发自内心地说：'如今，释放仆人安然去世吧！'②但若能这样说，对你一般的认识是不够的；这努力之艰巨，不能没有你相应的帮助。求你将我对死亡的惧怕变作强烈的渴望，将我对死亡的恨恶变作对你的憧憬！在我尚与你相离时，求你让我的心痛苦呻吟，如同我的身体在病痛中呻吟一般！倘若我在世上还要度过一段时间，求你让我住在你里面而忘却这世界，正如我有时住在世上而忘却你！只要我一念尚存，求你让我不要忘记你；只要我口能讲话，就让我欣然谈到你；只要我一

---

① 《诗篇》42:1—2，《腓立比书》3:20，《歌罗西书》3:1—3，《哥林多后书》5:7。
② 《路加福音》2:29。

息尚存，就求你让我寻求你，为你而活；只要我的双膝能弯，就让我日日跪拜在你的脚凳前；倘若你让我卧病在床，求你'给我铺床，记数我的病痛，把我的眼泪装在你的皮袋里！'①

"正如我的肉体想得到我灵所憎恶的东西那样，求主让我的灵渴盼我肉体所憎恶的那一天吧；不要让我的朋友们在悲哀中等候我的灵魂离去，因为我的灵魂正怀着喜乐在等候离去！那就让我'如义人之死而死，如义人之终而终吧'②；其实，这是迁移到那永无终止的荣耀里去！那就让你的护送天使将我离去的灵魂带到义人得完全的灵中间去吧，让我跟随先我在基督里离世的亲朋好友而去；在我哀伤的朋友于我目前哭泣的同时，让我的灵在安息中和你一起共享安恬；在我的遗体于尘土中霉烂的同时，让我'能与众圣徒在光明中同得基业！'③主啊，你是连我的头发都数过的主，求你数算我身体躺卧在尘土中的日子；你是将'我被造的肢体都记录在册'④的主，求你也记录下我散落的骸骨！我的救主，求你快些再来吧！求你差遣你的使者，让那振聋发聩而令人欢欣的号筒吹响！主啊，求你不要耽延，免得活着的人停止盼望；求你不要耽延，免得这地变得有如地狱，免得你的教会因分裂而支离破碎；求你不要耽延，免得你的仇敌在你的羊群面前得手，骄傲、伪善、世俗倾向和不信胜过这一小群余民，分了你的全部产业，到你来时发现世上不再存有信心；求你不要耽延，免得坟墓得以夸胜，学会其住客的叛逆，到时不向你交出属你的人！主啊，让那伟大的复活之日快快到来吧！那时，你命令一发出，必无人敢违背；那时，大海和陆地都必交出它们扣押的人质，凡在坟墓中睡去的都要醒来，在基督里死了的人必先复活；⑤那

---

① 《诗篇》41:3, 56:8。
② 《民数记》23:10。
③ 《歌罗西书》1:12。
④ 《马太福音》10:30；《诗篇》139:16。
⑤ 参见《以赛亚书》26:19；《帖撒罗尼迦前书》4:16。

时，你所撒的能朽坏的种子必结出不朽坏的果子；那接纳腐尸、尘土的坟墓还给你的，必如星宿、太阳般明光闪耀！正因如此，我不怕让自己的身体躺卧在尘土中；我将这身体全然交托，不是交托给坟墓，而是交托给你。正因如此，我的肉身将在盼望中安歇，直到你让它复活，去赢得永恒的安息。'主啊，快来吧，我们要等到几时呢？愿你的国降临！'[①] 你苦等的'新妇在说，求你快来！'因你的圣灵在她里面说：'求你快来！'圣灵又教她'用说不出来的叹息祷告'；整个受造界都在说：'求你快来！'它在'指望脱离败坏的辖制，进入上帝儿女自由的荣耀'[②]。你自己曾应许说：'我必快来。'阿们！正因这样，就求你快来吧！"

---

① 《诗篇》90:13；《马太福音》6:10。
② 参见《启示录》22:17；《罗马书》8:26, 21；《启示录》22:20。

结　语

　　读者啊，以上我已尽己所知，就如何维系属天生活为你提供了指导。你若无法像这样系统而全面地默想，至少也可以尽力为之；唯应切记的是，这默想当以认真的态度经常去做。一旦你熟悉了这一属天的功课，就必能从某种程度上熟悉上帝，你的喜乐必因喜乐对象的蒙福性质而成为属灵的、得胜的，而且经久不衰；无论是生是死，你都能坦然处之。在你既没有钱财，也失去健康和世间的享乐时，你仍能有平安。即便你周围没有一个朋友，没有朋友的帮助，没有牧者，也没有书读，甚至没有任何赐福手段，即便所有这些都从你身边挪去，你也仍能有满足而真实的平安。你身上的恩典仍能强劲、活泼，使你得胜；每日从天上汲取的喜乐将会成为你的力量。你必如站在高山之巅，俯瞰着世界，仿佛整个世界都远在你的脚下，田野、森林、大城、小镇在你看来仿佛只是些斑块。你也能像这样小视世间的一切事。最显贵的王侯仿佛只是些跳动的草蜢，忙碌、争闹、贪婪的世人仿佛是蚂蚁一群。人们的恫吓对你来说毫不足惧，今世的声名也不足以吸引你；诱惑仿佛失去了力量，难以加害于你；苦难也仿佛失去了毒刺，不再令你悲伤；你会更能了解和品味上帝的各样怜悯。此时，在上帝之下，要由你来做出选择，你是要这种蒙福生活，还是不要，笔者为你付出的所有辛劳是得兴旺，还是付诸东流。如果是因你的疏忽，使我的努力全杆费，你会看到受损失最大的是你自己。

人啊人，对你而言，最要紧的不是上帝和天国又是什么？你离世的日子岂不正在迫近？你难道没有日日看到，不是这种就是那种的疾病要将你的灵魂从身体释放出去？坟墓岂不正等待着成为你的住所，百虫岂不正等着以你的肉体为食？倘若你的脉搏只能再跳动数次，你咽气前还有短促的几次呼吸，在你睡在尘土中以前只有几个夜晚可睡过，你要怎么办？这一切都过去之后又会怎样？这一切岂不是转眼就会过去？过不多久，你就必看到自己的计时器走完，你会这样对自己说："我的生命完结了！我的时间用尽了！它已成为过去的回忆！我眼前只剩下了天堂或地狱！"若然如此，眼下你的心不在天堂，又该在何处？你可知道，临终时若对天国心存陌生感和怀疑是多么可怕的事吗？那会令你从病榻上惊起。而人若是先前从未认真思想过天国，除去怀疑，他还能怎样？

有人会说："我们如果能肯定天上的喜乐是属于我们的，又知道那喜乐是巨大的，就不必费时费力地想象天上喜乐之大了。"只是，因这些人不顺服上帝要他们做"天上的国民"和"要思念上面的事"①的命令，就因拒绝上帝放在他们面前的快乐，而情愿让自己的生命成为悲剧一场了。若仅如此，还算事小。请看忽视如此属天之乐接踵而来的是怎样的祸患吧：这忽视即使不泯灭，也会阻滞人对上帝的爱慕之心；它会使人无法以思想、谈论或侍奉上帝为乐；它会令人对上帝的作为和圣事做出歪曲的判断；它会让人贪爱世界、放纵情欲；它会使人屈从于各种苦难和诱惑的淫威，而这屈从会成为全然背信的前奏；它还会使人惧怕死亡，不愿离世，因为若是不以上帝或天国为乐，谁又愿意到上帝、天国那里去呢？若不是有更好的在前头，谁又愿意舍弃他地上的享受呢？如果我在本书中为你推荐的是一条通向苦闷、恐惧、哀伤之路，你提出反对尚有道理。但你必须要有属天之乐，任何其他快乐都是短命的。上帝愿意让你每日与他同行，并从他这源源不绝的活泉中汲取安

---

① 《腓立比书》3:20；《歌罗西书》3:2。

慰；你若是不愿意，就只能承受由此而来的损失，到你临终时，你到所有可能的地方去寻求安慰，看世俗之乐是否会对你不离不弃。不管你是否愿意，那时良心都会记起，有位牧者曾劝你走上一条通往无比喜乐之路——这喜乐本可以伴你走过死亡，直走到永恒。

上帝若已让你的心离弃了地上的一切，我希望你珍视默想这属天的生活，每日到新耶路撒冷巡行一番。上帝既是你所爱慕、渴望的，你一定愿意与自己的救主更相熟；而且我知道，你在为自己的心不去亲近、不能更深地爱他，并以他为乐而忧愁。那就尝试这默想你属天安息的生活吧！它让你的心灵——在浪里漂荡的方舟——可以停泊在高山上。你要让世人看到，因着你的属天生活，信仰不再是些观念、争论或履行外在义务的责任而已。基督徒能活出他应有的样式，行事为人能与他口称的原则、信仰相符，必定都是他在默想的功课上最认真、最勤奋的时候。正如摩西临终前登尼波山观看迦南地一样，①基督徒登上的是默想的高山，凭信心观览的是自己永恒的安息。望见自己荣耀的住处，他会说："上帝的城啊，荣耀的事"是配得"指着你说的！"②他仿佛听见天上乐队唱出的旋律，就会说："遇见这光景的百姓便为有福。有耶和华为他们的神，这百姓便为有福！"③望见其中得荣耀的居民，他会说："以色列啊，你是有福的！谁像你这蒙耶和华所拯救的百姓呢？他是你的盾牌，帮助你，是你威荣的刀剑！"④望见身为他们荣耀的主，他会在安息中情不自禁地"俯伏敬拜那活到永永远远的，并说：圣哉！圣哉！圣哉！主上帝是昔在、今在、永在的全能者！你是配得荣耀、尊贵、权柄的！"⑤望见得荣耀的救主，他会不由得应着"愿颂赞、尊贵、荣耀、权势都归

---

① 参见《申命记》32:48。
② 《诗篇》87:3。
③ 《诗篇》144:15。
④ 《申命记》33:29。
⑤ 《启示录》4:10, 8, 11。

给坐宝座的和羔羊,直到永永远远"的新歌,说"阿们!"① "因为你曾被杀,用自己的血从各族、各方、各民、各国中赎买了我们,叫我们归于上帝,又叫我们成为国民,作了祭司!"② 当他回望这世间的旷野时,就祝福那些笃信、忍耐又受人蔑视的圣徒,同时也怜悯那些无知、顽梗而结局悲惨的世人;就自己的蒙福,他会像彼得那样说:"在这里真好!"又像亚萨那样说:"我亲近上帝是与我有益;远离你的,必要死亡。"③ 但以理怎样在被掳的情形下,每日朝向遥不可见的耶路撒冷的窗户,来到上帝面前祷告;虔信的灵魂也可以怎样在这肉身的囚禁中仰望"那在上的耶路撒冷"④。正如保罗与歌罗西的圣徒同在那样,地上的信徒与得荣耀的灵魂也能"身子虽与他们相离,心却与他们同在",望见他们天上的完美秩序就欢喜。⑤ 百灵鸟在振翅高飞时才会发出美妙的歌声,降落在地时歌声便停止了,人的灵魂在属天默想中定睛仰望上帝时,同样也是他最欢畅、最属天的时刻。可惜我们在天上停留的时间往往过短,然后便降落到地上,将自己的天籁之韵搁置一旁!

但是,恩慈的万灵之父啊!你是爱的磁石,你是喜乐的海洋,求你将众人的心如铁屑般吸附到你身上,求你留住他们,直到他们脱去世俗与杂质。求你成全你仆人这微薄的努力,说服读到以上文字的人,将此喜乐的属天功课付诸实施!也不要容你这最不配的仆人在为他人描述的喜乐面前成为陌生人,反要在我还留在世上时保守我,让我每日活在对你的渴求之中,凭着对你的信心和爱慕与你同行!到你再来时,盼你发现我不是在侍奉自己的肉体,也不是睡着了,灯里却没预备油⑥,而是正在等候、盼望我主的再来!求你让凡读到以上属天指引的人不仅习得我

---

① 《启示录》5:13。
② 《启示录》5:9—10。
③ 《诗篇》73:28,27。
④ 《但以理书》6:10;《加拉太书》4:26。
⑤ 《歌罗西书》2:5。
⑥ 《马太福音》25:1—5。

默想的成果，而且也获得我殷切盼望与爱慕的生命气息；让读者如同能看到我敞开的心，能看到上帝爱子荣面发出的一缕光辉深印其中；让他们读到我外在的生命之言的同时，在我里面找不到半点虚荣、贪求或骄傲，使这文字不会成为对我的指控；反倒让读者看到，这一切都是发自作者内心，让它借着你的恩典，在读者心里发挥效用，成为作者与读者对永生的共尝！阿们。

"在至高之处荣耀归与上帝，在地上平安归与他所喜悦的人。"①

---

① 《路加福音》2:14。

译后记

  与地上的其他生命相比，你我何以有此丰富的人生？我们此生的目的何在？此生之后我们又往哪里去？诸如此类的问题常因我们百思不得其解而被视为无解，即或勉强作解，也常难免误解。其原因端在于我们作为被造之物，眼界天生受到自己生命性质的局限。生命的答案理所当然地掌握在造物主上帝手中，正如房屋、汽车、电脑的设计师对自己设计的产品了如指掌。若不是上帝通过圣经将答案告诉人类，人类就会永远对自己存在的真相处于混沌蒙昧的状态。

  本书作者理查德·巴克斯特则以其对圣经真理的深刻了解、令人折服的说理，以及对人灵魂的深切关爱，将圣经关于人生真谛的答案提取出来，明示于我们眼前。通过本书，他更是让耶稣基督降生、受死、复活、升天的拯救福音，在我们心中显出了无法回避的意义。不仅如此，作者还如我们的诤友，指出我们各自生命的真实状况，其结局如何，并指导我们如何才能达至人生原本无比美好的目的。正如位于作者生活、侍奉多年的基德明斯特市中央的巴克斯特纪念碑上所志："他将人们指向通往永恒安息之路。"①

  《圣徒永恒的安息》的原著长达八百余页。在1650年出版后的八年中每年再版，到作者去世时已再版了十二次之多，并很快在世界各国传

---

① 引自 *The Saints' Everlasting Rest*，Epworth Press 1962 年版的 Introductory Essay。

播，无数读者的生命因本书而得到改变，获得了得救的确据和平安、喜乐的人生，如今他们多已在天国里享受永恒之福。而本书仍在影响着每个用心读它、实践其教导的人，"因本书向人示明，耶稣的道路乃是正直与爱的道路，这道路是靠天国之光照明，并引向荣耀的目的地，其影响必将继续向未来扩展。"①

在这弯曲悖谬、人心迷乱的世代，本书的中译本能与中文读者见面，不能不说是上帝对我们这人口众多之民族深情的眷顾，也是对这世代适时的警号。正如作者所指出的，无论是贫是富，无论是尊是卑，人生中无处不写着"无常"二字，我们此生须臾即过去，而且上帝对人类的大审判正日日临近，此后人永存的灵魂不是在天国与万福之源上帝永远同在同乐，便是永远地失去上帝的所有祝福，即沦入痛苦无比的地狱。作者苦劝我们，切莫错失所剩不多的时日，要及早看清自己灵魂的现状，做出与自己永生攸关的抉择，抓紧时机为得救而进入永福做好准备。

对于我们这些自认为是基督徒的灵魂，作者也以那大牧者之心，教导我们省察自己生命的真实状况，借默想上帝及天上永久的福乐而加快朝圣的脚步。作者在书中强调了看重、热爱我们人生目标，并为达至这目标竭诚努力的重要性。他认为，连仅仅沉湎于上帝在世上赐恩手段的人，都算不上是基督徒，更遑论爱世界胜过爱上帝和天国的人了。②上帝怎会将他自己和那上好的福分赐给轻看他的人呢？

本书对于因基督而遭受逼迫和深受各种苦难的圣徒则是莫大的安慰与激励，因为今生他们跟随生命之主走的路乃是永生之路。他们虽肉身受苦，灵魂却必得主的保守。在永恒安息中等候他们的是荣耀的冠冕和与主同坐宝座，是对上帝完全的喜乐享受。

您手中的这本中译本，译自本杰明·弗赛特（Benjamin Fawcett）牧

---

① 引自 *The Saints' Everlasting Rest*，原著 Christian Focus Publication 1998 年版 Preliminary Essay。
② 见本书第十章。

师1758年的缩写本：*The Saints' Everlasting Rest*, by Rev. Richard Baxter, abridged by Benjamin Fawcett, A. M., published by The American Tract Society, 150-Nassau-Street, New York。该版本出版后的五年间同样年年再版。编者在谈到出版缩写本的目的时写道："我们希望借此较小而紧凑的版本，使这部杰作得到更广泛的传播。"①这也是我们选择迻译缩写本的意图，为的是"在无机会或不擅读长篇巨著的人中间，扩展原著饶有裨益的影响力"②。

只是有两点需要说明：其一，为适应中文读者的阅读习惯，中译文不得不从原版著作中补译个别词句，加入这缩写版译文之中，以求上下文能较好地衔接；其二，因作者完全是依照圣经对圣徒永生的应许而写就这本著述，所以译者只得将原版中作为论据的圣经经文，以及经文出处的注释捡回来，放在译文中。这样做的目的是为体现作者论点和论据原有的权威性，也便于读者借此查考圣经，甚至可将本书作查经材料之用。

就译者本人而言，翻译这部传世佳作是历来最艰辛，也是最快乐的一次劳动。细读之间，译者领略了永恒真理之美；遵行教导的同时，也初尝了天国的甘甜。所谓"近水楼台"是也。然而，在翻译这样一部伟大著作的过程中，译者深感自身功力的诸多欠缺。不仅在表达超然之事时感觉语言的绝对匮乏，而且作者属天的高度只怕表达出来的不及其一二。既受命，就只求圣灵能借我这不配的工人做工；同时也相信，圣灵能借这不完美的译作在人心中成就完美的事。愿主的旨意借此中译本行在我们国人的心中，如同行在天上。

译　者

2012年6月30日

---

① 见本书第十章。
② 引自本书前言。